www.tredition.de

Roman Nies

Die Jüngerbriefe

Petrus, Johannes, Judas

www.tredition.de

© 2020 Roman Nies

Verlag und Druck: tredition GmbH, Halenreie 40-44, 22359 Hamburg

ISBN

Paperback: 978-3-347-08087-4

Hardcover: 978-3-347-08088-1

e-Book: 978-3-347-08089-8

Die Jüngerbriefe

Petrus, Johannes, Judas

Ein heilsgeschichtlicher Kommentar

von

Roman Nies

Inhalt

Die Petrusbriefe

Die Johannesbriefe

Der Judasbrief

Vorbemerkungen

Die Lebensgeschichten der Jünger Jesu sind hochspannend. Leider weiß man nicht viel über die meisten Jünger. Aber selbst von den bekannteren von ihnen und bei denen, von denen Briefe erhalten sind, tun sich mehr Fragen auf, als man beantworten kann. Das gilt auch für Petrus, dem seit jeher in der Kirchentradition ein hoher Rang unter den Aposteln eingeräumt wurde. Es gibt sogar eine Kirche, die ihn als ihren ersten und größten Führer betrachtet. Ob man dabei Petrus immer richtig eingeordnet und verstanden hat, ist allerdings ein Kasus für sich.

Von Petrus gibt es nur zwei kurze Briefe. Wer sie auslegen oder kommentieren möchte, vor allem, wer sie verstehen möchte, der muss sich aus den übrigen Schriften des Neuen Testaments informieren. Dabei ist zu beachten, dass es für die Jünger Jesu gewissermaßen ein Leben vor der Auferstehung Jesu gab und eines danach. Die Briefe wurden danach geschrieben von einem Apostel, der jedenfalls schon einen langen, beschwerlichen Weg mit seinem Glauben gegangen war. Das, was nach der Auferstehung Jesu geschah, steht nur in den Briefen und der Apostelgeschichte des Lukas. Diese wird man daher auf die Biographie von Petrus hin untersuchen müssen, um schwerpunktmäßig folgenden Fragen nachgehen zu können:

- wie ist das geistliche Wachstum von Petrus?
- was sind seine Aufgaben?
- was sind seine Erfolge?
- was sind seine Schwierigkeiten?
- in welcher Beziehung steht das zum Werdegang des messianischen Judentums
- in welcher Beziehung steht das zur Verkündigung seines Evangeliums
- in welcher Beziehung steht das zur Verkündigung durch Paulus

Danach wird man besser verstehen können, wie Petrus gedacht hat und was ihn bewegt hat, als er die Briefe an die Juden in der Diaspora schrieb.

Petrus war einer der ersten, die verstanden haben, dass Jesus der Messias und lebendige Sohn Gottes ist (Mt 16,16). Er verstand seinen Herrn zunächst oft nicht. Später erging es ihm selber ganz ähnlich. Im Allgemeinen haperte es nicht nur Petrus, sondern auch den anderen Jüngern oft an Verständnis. Das bekamen sie von Jesus sogar noch nach der Auferstehung zu hören: *„Nachher offenbarte er sich den Elfen selbst, als sie zu Tisch lagen, und schalt ihren Unglauben und ihre Herzenshärtigkeit, dass sie denen, die ihn auferweckt gesehen, nicht geglaubt hatten."* (Mk 16,14) Jesus hatte ja Seine Auferstehung angekündigt und dennoch hatten Ihm die Jünger nicht geglaubt. Sie reagierten wie durchschnittliche Menschen, die ohne den Geist Christi auch nur in einem oberflächlichen Glaubensverhältnis zu Gott stehen können. Als sich einmal Leute bei Jesus beschweren, dass die Jesu Jünger nicht in der Lage waren, einen Dämon auszutreiben, gilt der Kommentar sicher nicht nur denen, die ihn ansprechen, sondern auch den Jüngern, die ebenfalls zu diesem „ungläubigen Geschlecht" dazugehören: *„Er aber antwortete ihnen und spricht: Ungläubiges Geschlecht! Bis wann soll ich bei euch sein? Bis wann soll ich euch ertragen?"* *1

Dass die Jünger ihren Meister oft nicht verstanden haben, belegen die Evangeliumstexte vielfach. Nach diesem Bekenntnis, dass Er der Messias sei, sagte Jesus zu Petrus: *„Du bist Petrus, und auf diesen Felsen will ich meine Gemeinde bauen, und die Pforten der Hölle sollen sie nicht überwältigen."* (Mt 16,18)

Petrus ist nicht immer bei diesem Bekenntnis für Jesus geblieben, denn er hat dann Jesus am Todestag Jesu verleugnet. Und er hat sich wie die anderen Apostel ängstlich und zweifelnd hinter verschlossenen Türen verbarrikadiert, aus Sorge, dass man sie abholt und ebenso hinrichtet. Das zeigt schon einmal eine gewisse Unkenntnis und Unaufgeklärtheit über die Aufgaben des Messias. Das passt zu dem, dass Petrus dem Jesus ausreden wollte, sich in Jerusalem töten zu lassen und am dritten Tag aufzuerstehen. Jesus nannte ihn deshalb Satan (Mt 16,21-23).

Drei Jahre war Petrus bereits mit Jesus zusammen und war immer noch nicht so weit, dass er vollends Jesus vertraute. Er schenkte den Worten Jesu nicht vollumfänglich Glauben. Man kommt zu der ernüchternden Feststellung, dass die Jünger ein limitiertes Leistungsvermögen hatten und dass ihr Glauben an den Messias oberflächlich zu nennen ist.

Wenn man nun aber annimmt, dass dann mit der Auferstehung und Himmelfahrt für die Apostel alles klar gewesen wäre, hat man den Bericht von Lukas über die späteren Ereignisse in der sogenannten Apostelgeschichte nicht richtig gelesen. Die Schwierigkeiten, mit denen Petrus später konfrontiert wurde, werden von Kirchenleuten meist nicht thematisiert. Sie passen nicht in das Bild einer Gemeinde, mit der es ständig aufwärts ging. Dieses Bild ist nicht biblisch, sondern traditionell. Angeblich soll Petrus dann das Haupt der Kirche gewesen sein. Das hatte doch Jesus selber angekündigt, oder nicht? Nicht ganz! „Und ich sage dir auch: Du bist Petrus, und auf diesen Felsen will ich meine Gemeinde bauen." (Mt 16,18) Wenn jemand eine Gemeinde mit Jesus als Haupt bauen will, dann weiß er, dass das nicht mit einer einzigen Person zu machen ist, weil die einzige Person, auf der alles aufbaut, bereits als Grundstein vorliegt. Die Steine, die darüber gelegt werden sind hingegen viele. In einer Gemeinde gibt es viele Aufgaben und Funktionen wie in einem Leib eines Lebewesens.

War Petrus ein Führer der Gemeinde? Petrus war nicht derjenige, der bestimmte, wer der zwölfte Apostel sein sollte. Das überließ man dem Los (Ap 1,24-26). Es waren die Apostel insgesamt, denen Jesus zusicherte, den zwölf Stämmen Israels im Reich des Messias vorzustehen (Mt 19,28) und die bestimmten, dass Petrus und Johannes nach Samaria zum Predigen gehen sollten (Ap 8,14). Paulus nennt sie in seinem Brief an die Galater „Säulen", stellt ihnen aber den Nichtapostel Jakobus voran. Jakobus, der Halbbruder Jesu, war keiner der Jünger Jesu gewesen.

Es sind dann auch Brüder aus der Jerusalemer Gemeinde, die Petrus, als er wieder nach Jerusalem kommt, zur Rede stellen, warum er mit unbeschnittenen Männern

Gemeinschaft gehabt hatte. Abgesehen davon, dass man daran ersehen kann, dass Petrus eben kein Oberhaupt dieser Jerusalemer Gemeinde war, zeigt das, dass man nach wie vor daran glaubte, dass ein Messiasjünger beschnitten sein müsse, denn das war das Zeichen des Bundes mit Gott. Ein Anhänger des Messias Jeschua zu sein, bedeutete einen Bund mit Gott JHWH zu haben. Und dieser Bund verlangte die Torah zu befolgen. Das war der Konsens unter allen Juden und Jesus hatte nichts Anderes gelehrt.

Petrus war in späteren Jahren in der jüdischen Diaspora, also auch da, wo Paulus unterwegs war, bekannt. Paulus tadelte die Korinther für ihre Unsitte, dass sie Anhänger von jemand anderem als Jesus sein wollten (1 Kor 1,12). Er nennt dabei sich selber, Apollos und Kephas, den aramäischen Namen des Petrus. Vielleicht ist das eine leise Andeutung, dass Paulus ihn nicht als Verkündigung unter den Griechen sah, weshalb er den griechischen Namen nicht benutzte. Dass es in der Diaspora welche gab, die Petrus besonders anschauten und verehrten, erklärt sich bereits durch die Tatsache, dass er am längsten mit Jesus zusammen war. Petrus war seine rechte Hand. Und Petrus hatte viel zu erzählen als Augenzeuge über die drei Jahre, die er mit Jesus zusammen verbracht hatte. Da konnte ein Paulus natürlich nicht mithalten. Das, was Paulus über sein Verhältnis mit Jesus sagen konnte, war zumindest zweifelhaft. Jesus sei ihm erschienen! Klar, wenn man nach der Himmelfahrt Jesu zum Glauben an Ihn gekommen war, dann konnte man nur behaupten, dass man Ihm begegnet war, wenn es der verherrlichte Jesus war. Aber warum sollte Jesus ausgerechnet einem Christenverfolger diese Ehre erweisen und nicht Petrus oder Jakobus? Wollte Paulus sich wichtigmachen oder seine theologischen Sonderlehren stützen? Er war ja keiner der zwölf und er war ehrgeizig. So haben damals sicherlich viele gedacht, das kann man daher wissen, weil heute ganz genau so gedacht wird.

Nach dem biblischen Befund hat es den Anschein, dass Jakobus, ein Bruder von Jesus, der Oberhirte der Jerusalemer Gemeinde geworden war. Jakobus hatte nicht wie die zwölf Jünger von Jesus den Auftrag bekommen, in ganz Israel das

Evangelium zu verkündigen. Das Amt von Jakobus tritt dem Bibelleser erstmals in Ap 15 richtig vor die Augen, wird ihm aber schon in Ap 12,17 nahegelegt. Die Jünger Jesu befolgten ihren Missionsauftrag, dem Volk Israel das Evangelium zu verkündigen in zwei Abteilungen. Erstens dem Volk Israel in Israel und zweitens dem Volk Israel in der Diaspora.

Dass Jakobus der Gemeindeleiter in Jerusalem wurde, mag einerseits damit zusammenzuhängen, dass Jakobus der Bruder von Jesus war und außerdem für seine Torahfrömmigkeit bekannt war. Er war also der ideale Mann, um die junge Gemeinde davor zu bewahren, von den Juden verfolgt zu werden, denn seine Frömmigkeit bot wenig Angriffsfläche und wirkte wie ein Schutz. Würde es die Obrigkeit wagen nach Jesus auch noch dessen Bruder zu ermorden?

Petrus hatte vielleicht auch wegen seiner Leugnung Jesu an Glaubwürdigkeit und Autorität bei der Gemeinde verloren, später kam noch sein Verhalten gegenüber Nichtjuden dazu, das Kritik hervorrief. Er stellte sich theologisch, jedenfalls zum Teil, an die Seite von Paulus und verteidigte den in Jerusalem Ungeliebten vor den Brüdern in Jerusalem. Diese waren mehrheitlich gebürtige Jerusalemer, die es gelten lassen konnten, dass ein Bruder von Jesus, somit auch ein Galiläer, der aber seine Wurzeln eindeutig in Bethlehem in Judäa hatte, die Leitung der Gemeinde übernahm. Aber alle anderen Jünger und Apostel waren Galiläer, damit Angehörige aus einer Region deren Bewohner man, ähnlich wie den Samaritern, nicht selten vorwarf, dass sie keine reinen Juden seien. Dass man als Jude aus Jerusalem auf die Galiläer herabsah, zeigt sich auch bei Nathanael, der sagte: *„Was kann aus Nazareth Gutes kommen!"* (Joh 1,46) Wie Gott die Dinge fügt, zeigt sich oft sogar mit dem Anschein von Witz und Ironie.

Nachdem die Juden im Jahre 70 von den Römern ganz aus Jerusalem herausgetrieben worden waren und es nur noch wenige Überlebende gab, zogen sich die restlichen Pharisäer zunächst in die Schefela zurück. ***2** Dann aber wanderte das Pharisäertum für die nächsten Jahrhunderte nach Tiberias und Zafed weiter, beide Städte sind in Galiläa gelegen, wo die Pharisäer ihre Lehrtradition weiter bewahrten. Sadduzäer gab es keine mehr. Sie waren mit dem Tempel untergegangen. Paulus stammte sogar aus der der stark hellenisierten Diaspora. Zwischen Diasporajuden, zumal den hellenisierten Juden und den Jerusalemer Juden, gab es ohnehin immer Standesdünkel.

Man könnte an dieser Stelle einwenden, was hat das mit den tatsächlichen Verhältnissen zu tun? Die Gemeinde Jesu untersteht doch Gott und was Er beschließt, wird ausgeführt. Dann muss man aber auch den Gegeneinwand gelten lassen. Der fragt, wann denn im Alten Testament irgendwann einmal eine Gemeinde Gottes oder ein Haufen Israelis genau das getan hat, was Gott wollte? Die Kirchentradition hat es fertiggebracht, ein gewisses Exklusivitätsdenken in Bezug auf die Apostel Jesu zu protegieren. Das sollen ehrwürdige Geistesgrößen gewesen sein. Und so werden sie dann auch in den Kirchen als Skulptur oder auf Gemälden dargestellt. Sie sind von stattlichem Wuchs und haben einen beträchtlichen Bart. Diese Vorstellung mag inzwischen einer stattlichen Anhängerschaft zugewachsen sein und hat eben auch einen beträchtlichen Bart. Wenn man das Neue Testament aufmerksam durchliest, bleibt von dieser Legende nicht viel übrig. Der christliche Glauben hat sich zum Teil auch „wegen" der Apostel ausgebreitet, gerade bei Paulus kann man das gut nachvollziehen. Jedoch hat er sich auch „trotz" der Apostel ausgebreitet. Die Verhältnisse damals sind mit denen von heute vergleichbar, denn es handelten „Menschen wie du und ich".

Aber, entscheidend dafür, dass Petrus nicht der große Kirchenführer geworden ist, dürfte gewesen sein, dass die zwölf Jünger von Jesus den Auftrag bekommen hatten, zu missionieren! Was zu missionieren? Die Städte Israels und das ganze Land Israel, wie sich aus Ap 1,8 ergibt, wenn man nicht eine Übersetzung hat, die hier anstatt „Land" „Welt" oder „Erde" stehen hat. *3 Jesus hatte ja gesagt, sie würden mit den Städten Israels nicht fertig werden, bis er zurückkäme (Mt 10,23). Und in Mt 10,5 ist zu lesen: *„Diese zwölf sandte Jesus aus und befahl ihnen und sprach: Geht nicht auf einen Weg der Nationen, und geht nicht in eine Stadt der Samariter."*

Wenn sie nicht einmal mit den Städten Israels fertig werden, was bedeutete dann der Missionsauftrag, den Jesus später gab und von dem die ganze Welt betroffen sein sollte? Dieser Welt-Missionsauftrag kann nur im Kontext des Königreichs des Messias gesehen werden, der bei seiner Rückkehr die Herrschaft von Jerusalem aus antreten würde. Dieses Königreich beginnt zu einem konkreten historischen Ereignis, das im Jahre 2020 noch aussteht. Es hat aber auch eine vorbereitende Vorlaufzeit. So sagte Jesus selber bereits in Mt 24,14: *„Und dieses Evangelium des Reiches wird gepredigt werden auf dem ganzen Erdkreis ... und dann wird das Ende kommen."* Welches Ende? Das Ende des jetzigen Äons.

Zwischen den Jahren der Auferstehung Jesu und der Zerstörung des Tempels und Jerusalems im Jahre 70 hatte das Volk Israel die Gelegenheit auf das Evangelium zu reagieren und das Angebot, sich zum Messias zu bekennen, wahrnehmen können. Wäre das geschehen, dann wäre auch der Messias gekommen, denn genau das hatte er ja gesagt (Mt 23,39): *„Denn ich sage euch: Ihr werdet mich von jetzt an nicht sehen, bis ihr sprecht: "Gepriesen sei, der da kommt im Namen des Herrn."* Innerhalb dieser heilsgeschichtlichen Rahmenbedingungen handelten die Jünger auftragsgemäß. Auch Paulus, der vermutlich deshalb auf seiner Missionsreise von Stadt zu Stadt zog, weil es in diesen Städten Diasporagemeinden gab, ging zuerst nach seiner Gewohnheit in die Diasporasynagogen. Der einzige Ort, wo man garantiert Juden antreffen konnte. Es war immer klar gewesen, wer der erste Adressat der Verkündigung des Evangeliums sein sollte! Jesus war zuerst der Messias Israels, dann der Nationen.

Petrus war jedenfalls der oberste der Jünger Jesu, der Oberste der Zwölf, aber nicht der oberste der Gemeinde von Jerusalem. Er war eine Säule wie auch der Apostel Johannes eine Säule war (Gal 2,9). Johannes war aber auch nicht der Gemeindeälteste, wozu er schon wegen seines Alters nicht geeignet war. Und zunächst gab es nur eine Gemeinde in Jerusalem. Diese Gemeinde hatte Bestand bis Ende der sechziger Jahre des ersten Jahrhunderts. Im Jahre 70 war Jerusalem zerstört und nahezu alle Juden deportiert oder umgebracht worden.

Die Schwierigkeiten, die dem Petrus in seinem Glaubensleben begegneten, waren vielfältig und sie waren nicht mit der Himmelfahrt Jesu abgeschlossen. Und das führte dazu, dass Petrus irgendwann, wie ich es einmal ausdrücken will, „zwischen allen Stühlen" saß. Nein, Petrus wurde vieles geschenkt, aber vieles wurde ihm nicht geschenkt! Petrus ist eine tragische Figur und die hat wenig mit dem Bild zu tun, welches die Tradition aus ihm gemacht hat. Der historische Petrus passt aller Wahrscheinlichkeit nach nicht in das Bild der Tradition.

Die Apostelgeschichte des Lukas fängt damit an, dass die Jünger Jesu ihn fragen, wann er das Reich Israel wiederaufrichten werde (Ap 1,6). Das zeigt, dass ihre Gedanken um Israel kreisten, nicht um eine Kirche, nicht um Weltmission. Nicht um die Erlösung der Welt, geschweige denn um die Heiden, die Nichtjuden, die Nationen und auch nicht um die evangelische oder katholische Kirche. Wenn man im 21. Jhdt. Predigten über die Jünger Jesu und Jesu hört, dann gehen über neunzig Prozent davon aus, als ging es den Jüngern Jesus um die Kirche und man meint, Jesus hätte irgendwann kurz vor dem ersten Weltkrieg gelebt, und zwar in Palästina, genauer gesagt in einem von Juden zu Unrecht besetzten Palästina, weshalb Jesus die Juden anklagte. Aus Legenden werden Traditionen.

Die Theologie ist das Wissensgebiet der Universitäten, in dem am meisten herumfantasiert und herumgestümpert wird. Man sollte sich jedoch auf die Bibel konzentrieren, denn wer das Wort Gottes betrachtet, wird zum Realisten. Sobald wir hingegen das Wort der Bibel verlassen und die kirchliche Überlieferung hören, werden wir von Realisten zu Traditionalisten!

Tatsache ist, dass die Apostel bis zur Auferstehung Jesu noch nicht einmal die Kraft des heiligen Geistes auf sich hatten (Ap 1,8). Das erklärt zum Beispiel auch das frappierende Unverständnis und die geistliche Schwerfälligkeit der Jünger in den dreieinhalb Jahren, die sie an der Seite von Jesus verbrachten.

In Ap 2 kommt es dann beim jüdischen Schawuot-Fest zur Geistausgießung, die nur Juden betraf (2,5ff) und der Verheißung entsprach, die dem Propheten Joel für die letzten Tage gegeben worden war. Das hat mit einer Gemeindegründung nichts zu tun, weil sich dabei der Kreis der messiasgläubigen Juden lediglich vergrößerte und hier ja Petrus genau genommen auch einer Hoffnung Ausdruck verleiht, die sich vorerst nicht bewahrheitet hat. Nein, Israel ist nicht erwacht, auch wenn Tausende bereit waren, daran zu glauben, dass Jesus der Messias war. Wie stark dieser Glauben war, ist nicht überliefert. Die Einwohnerzahl Jerusalems war damals nicht unter 40.000, aber sicherlich nicht über 100.000 und die Christen waren zur Zeit der Apostel immer eine Minderheit. Und an was waren sie gläubig? Wenn man als frommer Jude eine Predigt hört, wonach der Messias in Jesus gekommen sein soll, dann wird man am Ende der Predigt entweder das nicht glauben, oder man wird genau das glauben. Genauer gesagt, man fängt an, es zu glauben. Dieser Glauben ist aber noch sehr rudimentär und entwicklungsbedürftig und in vielen Fällen ebenso leicht zu erschüttern wie zu festigen.

Hier am Schawuot-Fest, als es noch keine organisierte Gemeinde gab, tut sich Petrus als Führer der Apostel mit seiner Predigt hervor. Jakobus spielt hier noch keine Rolle. Vielleicht musste er sich von dem Schock erholen, dass der Bruder, dem er die ganzen Jahre nicht geglaubt hatte, doch einen anderen Vater hatte als er!

  „Ihr Männer von Israel" spricht Petrus die Zuhörer an. Es geht um die Gabe des heiligen Geistes, deren Empfang notwendig ist, damit man Angehöriger des verheißenen Neuen Bundes ist, den schon Jeremia vorausgesagt hat (Jer 31,31). Dieser Neue Bund war ausdrücklich Israel und Juda bestimmt. Als Petrus von den Männern Israel gefragt wird, was sie tun sollen, sagt er, dass sie umkehren und sich taufen lassen sollen zum Empfang des heiligen Geistes. Umkehren, Taufen - nichts Neues für die Juden, denn das ist ihnen ja bereits von Johannes dem Täufer gesagt worden, dass sie umkehren sollen und sich zum Zeichen dafür im Wasserbad reinigen lassen sollen. Und auch Johannes hatte das nicht neu eingeführt! Im Alten Bund gab es bereits die Verheißung des Neuen Bundes. In diesem Neuen Bund wird der Mensch vom Geist Christi erfüllt, doch dazu musste der Messias erst zum Himmel aufgefahren sein. Zum Neuen Bund wurde also der heilige Geist benötigt, denn wie sonst sollte das Vertrauen in Gott ins Herz der Gläubigen gesenkt werden? Israel hatte mehr als tausend Jahre lang das nicht aus eigener Kraft geschafft, ganz und gar auf Gott zu vertrauen. Es war auf ganzer Linie gescheitert.

Auch in der zweiten großen Predigt in Ap 3 lautet die Botschaft von Petrus für die Juden in Jerusalem: *„Und es wird geschehen: Wer diesen Propheten nicht hören wird, der soll vertilgt werden aus dem Volk.«"* (Ap 3,24). Der Prophet ist Jesus. Es geht wieder um Buße, um Israel, um die Verheißungen und in dem Zusammenhang um alle Nationen, weil allen Nationen schon bei Abraham Heil zugesprochen worden ist (3,25). Das musste den Juden immer wieder gesagt werden! „Ihr habt viel Verantwortung, nicht nur für euch, sondern für alle Nationen!" Aber das war alles nichts Neues für die Juden. Das wesentlich Neue war tatsächlich nur, dass angeblich der Messias in Jesus gekommen sein sollte. Das bedeutete auch, dass nun das erhoffte und herbeigesehnte messianische Reich unmittelbar bevorstand. Das waren sensationelle Nachrichten!

Darauf hatte doch das religiöse Judentum gewartet, oder nicht? Diese sensationellen Nachrichten hatte aber schon Jesus gepredigt und sie waren nur zum geringeren Teil begrüßt worden. Die Verkündigung Jesu hatte mit seinem Tod geendet und den Rufen „Kreuziget ihn!"

Die Situation am Ende des Äons, zu Beginn des 21. Jahrhunderts, könnte ganz ähnlich sein. Es gibt eine kleine Gruppe von Menschen, die ein baldiges Kommen des Messias begrüßen, aber die große Mehrheit wird sich nicht den Messias wünschen, dem sie vorher schon nicht gefolgt sind. Das Gleichnis vom treuen und untreuen Knecht (Mt 24,45ff) bezieht Jesus genau auf diese Zeit des Endes. Der böse Knecht spricht: *„Mein Herr lässt auf sich warten."* Und er nutzt die herrenlose Zeit, um selber Herr zu sein und seine Untugend auszuleben. Kirchen, die wissen, dass sie nicht schriftgemäß sind, wollen gar nicht, dass Jesus zurückkehrt. Und da dieses Wollen am erfolgreichsten ist, wenn es diesen Messias und sein Reich gar nicht gibt, glaubt man an beide nicht oder vergeistigt sie. Das sicherste Mittel eine Realität zu beseitigen, wenn man sie nur formal bestehen lassen will, ist, sie zu vergeistigen. Jesus ist tatsächlich auferstanden, wenn Er in unseren Herzen auferstanden ist, heißt es dann. Da drinnen kann Er dann auch nicht wehtun!

Passend zu seinen Reden bezeugte Petrus mit Johannes, nachdem sie einen Kranken geheilt hatten, vor den Hohepriestern, dass Jesus der Messias ist. Petrus wurde zu einem Propheten, vor dem sogar Menschen tot umfielen, die er der Sünde überführte (Hananias und Saphira; Ap 5,1ff). Petrus stand gewissermaßen voll im Saft der Zuversicht und war beseelt von der Heiligkeit seines Auftrags. Und das zurecht!

Die sadduzäischen Hohepriester sahen das anders und ließen die Apostel ins Gefängnis werfen. Ein Engel befreit sie wieder (Ap 5,17ff). Gegenüber den Hohepriestern verteidigte Petrus seine Predigt und sagte ihnen, wer Jesus war: *„Den hat Gott durch seine rechte Hand erhöht zum Fürsten und Heiland, um Israel Buße und Vergebung der Sünden zu geben."* (Ap 5,31). Wieder steht Israel im Mittelpunkt.

„Und sie hörten nicht auf, alle Tage im Tempel und hier und dort in den Häusern zu lehren und zu predigen das Evangelium von Jesus Christus." (Ap 5,42) Bis hierher sagt die Bibel klar, was das Evangelium Jesus Christus beinhaltet. Israel solle umkehren zu Gott JHWH, denn der Messias war gekommen, um die Sündenvergebung in Kraft zu setzen. Jetzt konnte das messianische Reich anbrechen, jetzt musste nur das Volk sich zu Gott bekehren und Jesus huldigen, dann würde das Reich mit Macht und Herrlichkeit kommen können. Das war das Evangelium von Jesus Christus.

Alles was Jesus gepredigt hatte, passt dazu. Die Apostel legten vehement los und sorgten mit diesem Evangelium für einige Aufregung in Jerusalem, aber sie hatten auch ein Problem, das immer größer wurde.

Zwar kamen immer mehr „Gläubige" zum Kreis der Jesusjünger in Jerusalem und den umliegenden Orten hinzu, aber sie blieben in der Minderheit und es war klar, solange sich das nicht änderte, kam der Messias nicht! Es bedurfte einer nationalen Erhebung! Die Jünger erkannten irgendwann, die Rückkehr Jesu rückte in weite Ferne. Sie mussten eine bittere Pille schlucken. Das Volk bekehrte sich nicht! Im Gegenteil, es entstanden sogar innerhalb der messianischen Juden Streitereien. Und dann erfasste der Zwist auch nichtjüdische Christusgläubige.

In Ap 6,1 erfährt man zum ersten Mal etwas über Streit innerhalb der Gemeinde. Die hellenistischen Juden aus der Diaspora sahen sich benachteiligt gegenüber den hebräischen Juden.

Es wurden Männer gewählt, die das regeln sollten. Stephanus war einer von ihnen. Er wurde von den Hohepriestern festgesetzt, vermutlich, weil er für ihren Geschmack ein loses Mundwerk hatte. Dass Jesus der Messias gewesen sein sollte, hatte man zur Kenntnis genommen, aber man wollte sich keinesfalls so bloßstellen und beleidigen lassen. Bei dieser Gerichtssache, die späteren Christen aus sicherer zeitlicher und örtlicher Entfernung sehr imponiert hat, fällt zweierlei auf. 1. In seiner langen Verteidigungsrede befindet sich Stephanus voll auf der Linie des Alten Testaments. Es geht wieder nur um Israel. 2. Von einer Unterstützung durch die anderen Gemeindemitglieder oder die Apostel erfährt man nichts.

Stephanus wird gesteinigt und man fragt sich, ist er der einzige Messiasgläubige in Jerusalem? Und sogleich gibt die Schrift die Antwort: Nein, denn *„Von da an beginnt eine große Verfolgung gegen die Gemeinde"* (Ap 8,1). Sie wurde zerstreut über Judäa und Samarien, nur die Apostel blieben in Jerusalem. Und sie dachten sicherlich darüber nach, wie man sich künftig verhalten sollte, denn wer verfolgt wir, kann nicht verkündigen. Man musste jeglichen Konflikt mit der Obrigkeit vermeiden, wenn man in Jerusalem und in Israel unbehelligt bleiben wollte. Man hatte ja seinen Auftrag zu erfüllen. Und man erinnerte sich, dass auch Jesus lange gewartet hat, bis er es kundgetan hat, dass Er der Messias war. Immer wieder hatte Er den Jüngern verboten, es in der Öffentlichkeit zu offenbaren.

Da fehlen uns von Lukas wichtige Informationen. Stephanus steht allein vor dem Richter wie Jesus damals, aber nicht, weil er der einzige Jesusgläubige weit und breit ist, sondern weil die anderen einfach nicht präsent sind.

Wie ist das heute, wenn wieder gegen Israel gehetzt wird oder ein bibeltreuer Pastor mit Schmutz von den Medien beworfen wird. Nutzen wir dann unsere Kanäle und Möglichkeiten des Einspruchs? Ist es richtig, wenn wir uns gänzlich heraushalten aus den Auseinandersetzungen zwischen den Mächten der Welt, Satan, dem Antichristentum, dem Anti-Israelismus und dem Volk Gottes oder den Gliedern des Leibes Christi auf der anderen Seite, zu denen wir uns doch auch zählen? Sind wir nicht einmal in der Lage, dem Bäcker, der ein „Boykottiert Israel Aufkleber" an seiner Ladentür angebracht hat, unsere Meinung zu sagen? Für manche gute Christen gilt es als klug, wenn man keine Spuren im Internet hinterlässt und deshalb auch nie einen kritischen Kommentar abgibt. Jesus sagte einmal solchen Menschen, die ihn als Herrn anerkannt haben, aber dabei anonym geblieben sind: „Ich kenne euch nicht", weil sie nicht da gewirkt haben, wo sie hätten wirken können. Und auch sie hatten die Ausrede, „Wo soll das gewesen sein? Wir haben doch jede Tür aufgemacht, wo Jesus Christus draufstand!" Ja, aber Jesus schreibt nicht auf jede Tür, hinter der er steht, Jesus Christus drauf! Da soll sich jeder selber überprüfen.

Wenn Stephanus ein Schweiger und Verheimlicher gewesen wäre, wäre er nicht dazu gekommen, vor Gericht gestellt zu werden. Er wäre dann aber auch nicht dazu gekommen, zu einem echten Zeuge Christi zu werden und den Himmel offen stehen zu sehen!

Ab Ap 9, gleich nach der Hinrichtung von Stephanus, der Saulus noch beigewohnt hat, erfolgt die Bekehrung des Saulus. Die Jünger waren zunächst skeptisch und fürchteten sich sogar vor ihm (Ap 9,26). Als die hellenischen Juden ihn töten wollen, bringen ihn die Brüder ans Meer, nach Cäsarea und: *„so hatte nun die Gemeinde Frieden in ganz Judäa und Galiläa und Samarien."* (Ap 9,31) Sie waren sicherlich ganz froh, dass dieser schwierige Paulus weg war, denn nun hatten sie wieder Ruhe. Dieser Paulus war ja auch noch sehr klug und gelehrt, während die Jünger Jesu sicherlich noch keine so hervorragenden Bibelkenntnisse hatten wie er. Da braucht es sowieso eine gewisse Zeit, bis man sich versteht! Man bedenke, bisher hatte man viel Ärger mit den sogenannten Schriftgelehrten und Pharisäern. Jesus hatte vor ihnen gewarnt und Paulus war ein Pharisäer und Schriftgelehrte in einem!

Die Frage musste gestellt werden: war es möglich ein Pharisäer, Schriftgelehrter und Anhänger Jesu zu sein? Vielleicht hatten sie ja bereits solche in ihren Reihen, aber klar ist, dass die Jünger Jesu wussten, dass es allein auf die Aufrichtigkeit des Glaubens an Jesus Christus ankam. Aber das war eine Theorie, bei der es nicht immer sicher war, wie man sie in der Praxis anwenden musste. Und dabei muss man bemerken: es gibt Störenfriede, es gibt aber auch solche Störenfriede, die nur einen faulen Frieden stören!

Und was machte Petrus inzwischen? Nach 9,32 zog Petrus überall im Land umher. Gemeint ist das Land Israel. In Lydda heilt Petrus einen Lahmen und in Joppe weckt er ein Mädchen von den Toten auf (Ap 9,32ff). Man kann sagen, das war ein Höhepunkt im Leben des Petrus. Er hatte unzweifelhaft Vollmacht von Jesus. Und genau hier kommt es zu einem Einschnitt im Leben des Petrus, denn nun kommt die Geschichte von Ap 10 mit dem Hauptmann Kornelius. Petrus hat eine Vision über unreine Speise, die zeigt, dass er an der Torah festhielt, denn nach der Torah war es verboten, diese Tiere zu essen und Petrus weigert sich mehrfach. Petrus rätselt, was diese Vision zu bedeuten hat, denn sie kann ja nicht das bedeuten, was sie aussagt! Mochte ja sein, dass man nur dann wirklich verunreinigt wird, wenn das böse Herz etwas aus sich herauslässt, unabhängig davon, was man in den Magen tut (Mk 7,19). Aber das hebt ja dennoch nicht die rituelle Ordnung auf! Da wird er zu dem Heiden Kornelius abgeholt und endlich versteht er, dass die Torah bezüglich des Umgangs mit unreinen Heiden nicht mehr gültig war!

„Nun erfahre ich in Wahrheit, dass Gott die Person nicht ansieht; sondern in jedem Volk, wer ihn fürchtet und Recht tut, der ist ihm angenehm." (Ap 10,34-35)

Eigentlich eine überraschende Aussage, denn die Wahrheit dieses Satzes konnte man bereits im Tenach bestätigt finden. Leider hatte man sich als Angehöriger Israels bei all den nationalen Katastrophen der letzten Jahrhunderte so sehr auf Israel und das Heil für Israel konzentriert, dass man die bösen Nationen aus den Augen der Gnädigkeit verloren hatte. Man muss an dieser Stelle wissen, dass es den Juden seit Jahrhunderten klar war, dass man nur als Jude, und zwar als Torah-Bund-Jude, vor Gott wohlgefällig sein konnte. Und so dachte auch der Jude Petrus und die anderen Apostel. Gute Werke waren für die Juden nichts Anderes als Werke, die die Torah anwies. Das zeigt ja auch Jakobus in seinem Brief an die Juden in der Diaspora, wenn er schreibt: *„Wenn ihr wirklich das königliche Gesetz 'Du sollst deinen Nächsten lieben wie dich selbst' nach der Schrift erfüllt, so tut ihr recht."* (Jak 2,8) Die Torah ist für Jakobus das königliche Gesetz. Oder: *„Denn wer das ganze Gesetz hält, aber in einem strauchelt, ist aller Gebote schuldig geworden."* (Jak 2,10) Wenn man also das Sabbatgebot nicht befolgt, hat man sich an dem ganzen Gesetz versündigt, weil alles, was die Torah gebietet, Gottes Willen ist. Welche Kirche hält sich an das Sabbatgebot? Die messianisch - jüdischen Gemeinden tun es! Das ist das, was Jakobus sagt, man muss jedes einzelne Gebot halten! Und er sagt es, weil er es so meint.

Oder: *„Ihr seht also, dass ein Mensch aus Werken gerechtfertigt wird und nicht aus Glauben allein."* (Jak 2,24) So wie Jakobus dachten alle zwölf Apostel und all die anderen messianischen Juden in Jerusalem. Davon ist jedenfalls auszugehen. Das ist immer die jüdische Geisteshaltung gewesen: Vertraue Gott und beweise das durch das Befolgen Seines Willens, der sich in der Torah ausgedrückt hat. Ebenso klar ergibt sich aber aus der Bibel, dass Paulus das Verhältnis Mensch-Torah-Gott in Bezug auf die Nichtjuden anders sah, denn er sagte: *„Ihr seid von Christus abgetrennt, die ihr im Gesetz gerechtfertigt werden wollt; ihr seid aus der Gnade gefallen."* (Gal 5,4) Oder: *„Wenn ihr aber durch den Geist geleitet werdet, seid ihr nicht unter dem Gesetz."* (Gal 5,18) Klar, dass Paulus der am meisten gehasste Mensch unter den Juden wurde und darin Jesus ablöste. Jesus hatte nie die Torah kritisiert und betont, dass Er nicht gekommen war, die Torah abzulösen (Mt 5,17). Aber Jesus beschämte die Juden ebenso durch sein Auftreten und durch seine Wahrheit wie später Stephanus oder Paulus.

Warum verkündigte aber Jesus etwas Anderes als Paulus? Weil Paulus einen ganz anderen Auftrag hatte als Jesus. Paulus hatte eine frohe Botschaft für die Nationen. Und darin spielte die Torah nicht die gleiche Rolle wie für das Bundesvolk Israel.

Auch die gläubig gewordenen Juden, die mit Petrus gekommen waren, „entsetzten" sich, weil auch auf die Nichtjuden die Gabe des Heiligen Geistes ausgegossen wurde (Ap 10,45). Man entsetzt sich nicht über Dinge, die schon längst bekannt sind! Petrus taufte die Heiden konsequenterweise, denn sie hatten ja schon den Geist. Die Taufe gehörte zur Symbolik der Reinigung von den Sünden und des Beginnes des Umkehrweges dazu.

Wie ist man bisher mit Heiden umgegangen? Sie durften an den Gott Israels gläubig werden, aber wenn sie eine Teilhabe an den Verheißungen Israels haben wollten, dann mussten sie sich beschneiden lassen und wie jeder andere Jude die Torah einhalten. Petrus und die anderen Jünger hätten hinzugefügt: und sich dem Messias Jesus Christus anvertrauen!

Zum Brauchtum gehörte auch das Bad in der Mikwe *4 als Symbol für den Umkehrweg. Aber den heiligen Geist hatte man deshalb noch lange nicht. Jesus hatte diesen heiligen Geist Seinen Jüngern zugesagt, wenn er in den Himmel aufgefahren sein würde und Petrus selber hatte die Geistwirkungen in Jerusalem am Schawuot bezeugt. Das Neue war also für Petrus und seine Gefährten, dass es nun Nichtjuden gab, die den heiligen Geist zuerst bekommen hatten, noch ehe sie Juden geworden waren, denn wenn der Hauptmann ein Jude gewesen wäre, hätte Petrus nicht darauf hinweisen müssen, dass es ihm verboten gewesen war, ins Haus des Kornelius hinein zu gehen. Das war Juden nach ihrem Brauchtum verboten (Ap 10,28).

Was Petrus und die anderen Apostel aus dieser Episode mit Kornelius nicht folgerten, ist, dass man keine Beschneidung benötigte oder dass die Torah nicht mehr galt. Dass dies stimmt, kann man an ihren Reaktionen sehen und daran, dass es zur Apostelkonferenz kommen sollte, wo man diese Thematik erst erörterte.

Doch vorher schon berichtet Petrus in Jerusalem der Gemeinde, was vorgefallen war. Er wird dafür getadelt, denn er hatte Kornelius nicht beschnitten (Ap 11). Aber die Konsequenz lautet für die Gemeinde in Jerusalem:
„So hat Gott auch den Nationen die Umkehr gegeben, die zum Leben führt!" (Ap 11,18). Das ist eine erstaunliche Feststellung, die aber beweist, dass die Jünger Jesu die ganze Zeit vorher geglaubt hatten, dass nur ein Jude umkehren und das Leben – gemeint ist das Leben im messianischen Reich - haben könnte. Nein, jetzt sah es so aus, als ob auch die Nichtjuden umkehren könnten von ihren gottlosen Wegen, noch bevor das messianische Reich gekommen war.
Jetzt stellte sich nur die Frage, was dann mit der Torah geschehen sollte. Die meisten vertraten zunächst die Auffassung, dass sie von Nichtjuden ebenso zu halten war wie von Juden. Was diese Aussage, dass Gott *„auch den Nationen die Umkehr gegeben hat"*, nicht bedeutet, ist, dass man nicht mehr gemeint hätte, Nichtjuden noch beschneiden und in die Torah, dem Bund mit Gott, einweisen zu müssen, denn vor der Apostelkonferenz von Ap 15 war dies die gültige Lehre: Umkehr, Beschneidung, Taufe, Torahbund mit Gott und das Bekenntnis zu Jesus, dem Messias.

Man kommt daher zu dem eher niederschmetternden Ergebnis, dass die Jünger Jesu einen Glauben gehabt hatten, dass nur Juden erlöst werden und eine Auferstehung ins messianische Reich erleben könnten und dass sie jetzt vorerst nur insoweit ihren Glauben korrigierten und erweiterten, als sie auch anerkannten, dass auch Nichtjuden bereits vor dem Kommen des messianischen Reichs erlöst werden konnten. Sogenannte Gottesfürchtige, also Nichtjuden, die solange in die Synagoge gingen, bis sie sich zu Juden transformieren ließen, hatte es schon immer gegeben. Und auch Kornelius war ja so ein Gottesfürchtiger in Wartestellung gewesen. Aber er hatte den heiligen Geist bekommen, ohne vorher Jude geworden zu sein. Der heilige Geist wehte offenbar doch, wo er wollte! Dennoch war es für die jüdischen Apostel undenkbar, dass nun die Torah, deren Bestandteil ja auch das Gebot der Beschneidung war, nicht auf die Heiden anzuwenden gewesen wäre. Das kam ihnen nicht in den Sinn. Noch nicht! Das bedeutet außerdem, dass Jesus den Jüngern, als er mit ihnen zusammen war, nichts davon gesagt hatte. Warum kann er diesen wichtigen Umstand verschwiegen haben? Weil es heilsgeschichtlich noch nicht Offenbarungszeit war!

Fast wie zur Bestätigung, heißt es gleich im nächsten Vers in Ap 11,19, dass die Gemeinde, die sich bis nach Phönizien und Zypern und Antiochia in die Zerstreuung begeben hatte *„das Wort niemand verkündeten als allein den Juden."* (Ap 11,19) Es ist völlig abwegig, sagen zu wollen, dass man verkündet hätte, dass man die Torah nicht mehr halten müsste. Und zur Torah gehörte die Vorschrift der Beschneidung! Erst in Vers 20 heißt es dann, dass einige auch den Griechen predigten. Ob damit nur hellenische Juden gemeint waren, ist nicht sicher. Es heißt nicht, dass sich einer der Griechen bekehrte. Denkbar ist, dass Nichtjuden, die zum Judentum übergetreten waren und nun Christen wurden, ihre Kenntnisse über das Evangelium ihren nichtjüdischen Mitbürgern weitergegeben haben. An Predigten in der Öffentlichkeit ist dabei nicht zu denken.

Die Ereignisse in Jerusalem gingen weiter. Dort streckte König Herodes seine Hand nach den Christen aus, weil er sah, dass das den Juden gefiel (Ap 12,1ff). Petrus wurde inhaftiert, ein Engel des Herrn befreite ihn. Aus 12,17 ergibt sich auch, dass Jakobus bereits der Gemeindevorstand gewesen sein kann.

Die Apostelgeschichte fährt fort mit der ersten Missionsreise des Paulus nach Zypern. Er geht dort in die Synagogen und seine erste Predigt fängt an mit *„Ihr Männer von Israel und ihr Gottesfürchtigen!"* (13,16) Und was ist der Inhalt seiner Predigt? *„Und wir verkündigen euch die Verheißung, die an die Väter ergangen ist, dass Gott sie uns, ihren Kindern, erfüllt hat, indem er Jesus auferweckte; wie* *denn im zweiten Psalm geschrieben steht (Psalm 2,7): »Du bist mein Sohn, heute habe ich dich gezeugt.«"* (13,32-33) Paulus predigt hier also ebenso, wie das andere Apostel taten, als ein Jude den Juden. Er bezieht außerdem die Zeugung Jesu auf das Ereignis der Zeugung zwischen Gott Vater und der Jüdin Maria. ***5**

Und erstmals sagt Paulus auch etwas, was noch unerhört war in Bezug auf den Glauben an Jesus Christus: *„und in all dem, worin ihr durch das Gesetz des Moses nicht gerecht werden konntet, ist der gerecht gemacht, der an ihn glaubt."* (13,38-39) Wie? Die Torah konnte nicht gerecht machen, aber der Glaube an Jesus kann es?

Das hatte noch niemand so gesagt! ***6** Hier ermahnt Paulus auch die Juden und sagt ihnen, da sie das Evangelium zurückweisen würden, würde es den Nationen verkündet werden (13,46). Paulus war nicht nur Lehrer, sondern auch Prophet, denn genauso kam es!

Ab hier wird die Apostelgeschichte zu einer Paulusgeschichte. Petrus erscheint nur noch einmal bei der Apostelkonferenz in Ap 15. Da waren von der Gemeinde in Jerusalem Brüder nach Antiochien gekommen und hatten gesagt: *„Wenn ihr euch nicht beschneiden lasst nach der Ordnung des Moses, könnt ihr nicht selig werden. "* (Ap 15,1)

Paulus hat dem heftig widersprochen. Was die Brüder von Jerusalem vertreten, ist also genau das Gegenteil von dem, was Paulus bereits den zyprischen Juden gesagt hat. Doch die Beschneidungsbefürworter stammten von der Gemeinde in Jerusalem. Dass sie so auftreten konnten, zeigt, dass die Jünger in Jerusalem, vereinfacht gesagt, Jesus plus Torah lehrten, Paulus lehrte jedoch Jesus ohne Torah.

Paulus und Barnabas wurden nach Jerusalem geschickt *„um dieser Frage willen"*. Daraus muss man folgern, dass diejenigen, die aus Jerusalem gekommen waren, sich lehrmäßig weitgehend mit den Jüngern in Jerusalem auf einer Linie befanden. Wie sonst hätten sich die Brüder aus der Gemeinde in Jerusalem trauen können, nach Antiochien zu reisen und die Beschneidung zu fordern, auch wenn sie niemand dazu ermächtigt hatte! Wie sonst wäre man überhaupt in Jerusalem auf die Idee gekommen, Paulus und Barnabas einzubestellen, wenn das Halten oder Nichthalten der Torah bereits so vertreten wurde wie bei Paulus? Es ging hier nicht um Kleinigkeiten! Juden waren schon immer diskussionsfreudig. Abweichende Meinungen stellten kein Problem dar, es sei denn es ging um Grundlagen des Glaubens. Die Juden hatten damals nicht weniger Respekt vor der Torah als gläubige Juden heute. Die Torah war heilig und unantastbar. Das übersehen Christen oft heutzutage.

Die Geschichte mit Kornelius war also nicht so ausgelegt worden, dass man nicht mehr beschneiden oder nicht mehr die Torah lehren müsste. Das sagt die Bibel zur Geschichte um Kornelius auch gar nicht, sondern es geht nur darum, dass man begriff, dass die Nichtjuden sehr wohl gerettet werden konnten und zwar auch schon in diesem Äon! Nicht erst im messianischen Reich. Das wusste man aus den Propheten, dass sich im messianischen Reich die Nationen dem Messias unterordnen würden. Aber doch nicht schon vorher! Doch, jetzt wusste man es, einzelne durften dazu gehören.

Als Paulus und Barnabas in Jerusalem ankommen, ergreifen Gläubige aus der Gruppe der Pharisäer, das waren ja die Hüter der Torah, das Wort und sagen: „alles schön und gut, wenn so viele Heiden gerettet werden wollen", und „aber man muss sie beschneiden und lehren die Torah zu halten" (15,5). Anstatt, dass die Apostel nun gesagt hätten, „nein, nein, der Paulus hat Recht, selbstverständlich müssen sie sich nicht beschneiden lassen und selbstverständlich müssen sie nicht die Torah halten, mit all diesen Feiertagen und Speisevorschriften", usw., heißt es: „Da kamen die Apostel und die Ältesten zusammen, über diese Sache zu beraten." (15,6) Nicht nur das, man „stritt" sich sogar darüber (Vers 7)! Was gab es da zu streiten? Entweder man ist sich völlig eins, dass alles so weiterläuft wie bisher: Torah mit Beschneidung! Oder man hat bereits das gelehrt, was dann die spätere Amtskirche lehrte: nur ein Teil der Torah sei noch gültig. *7 Nichts von alledem!

Wenn man sich aber darüber stritt, bedeutet das, dass man sich nicht im Klaren war und es unterschiedliche Positionen gab! Wie deutlich braucht man es eigentlich noch, um zu verstehen, dass die Jünger Jesu und die Jerusalemer messianischen Juden ein anderes Evangelium verkündeten als Paulus? Im Kern war es die gleiche Botschaft über den Messias Israels als Retter Israels und der Nationen. Sie verkündeten aber Christus plus Torah. Man kann das bei Jakobus in seinem Brief an die jüdische Diaspora in Kap 2 bestätigt finden!

Und an dieser Stelle, wo sie sich stritten, ergreift Petrus wieder das Wort. Aus dem, was er sagt, ergibt sich, dass die Geschichte mit Kornelius schon lange zurückliegt! Petrus bezeugt, dass Gott die Herzen der Heiden durch den Glauben reinigte (15,8)! Das ist paulinisch! Durch den Glauben reinigte, nicht durch Werke! Nicht durch Einhalten der Torah! Und dabei macht Petrus die erstaunliche Aussage: *„Warum versucht ihr denn nun Gott dadurch, dass ihr ein Joch auf den Nacken der Jünger legt, das weder unsre Väter noch wir haben tragen können?"* (15,10). Was meint Petrus mit dem Joch? Natürlich die Torah! Nicht einen Missbrauch oder ein falsches Verständnis der Torah, denn als Gott die Juden anwies, die Torahgebote zu halten, gab Er ihnen kein falsches Verständnis davon und hieß sie auch nicht zum Missbrauch an! ***8** Und Petrus fragt: *„Warum sucht ihr…?!"* Also „ihr", nicht die Sadduzäer, nicht die Juden aus der Synagoge, sondern „ihr"!!! Die Angesprochenen waren also dafür, dass die Nichtjuden die ganze Torah halten sollten. Und hier kommt das Glaubensbekenntnis von Petrus „Vielmehr glauben wir!": *„Vielmehr glauben wir, durch die Gnade des Herrn Jesus selig zu werden, auf gleiche Weise wie auch sie."* (15,11) Das verblüffte die Anwesenden so, dass zunächst einmal alle schwiegen. Die waren fassungslos! Aber keiner gab Petrus Recht!

Jetzt hätte doch eigentlich ein klares Ja, kommen müssen, wenn die Brüder in Jerusalem wirklich geglaubt hätten, dass der Glaube in Jesus gereicht hätte. Dass war natürlich nicht ihr Glauben! Jetzt hätte doch ein klares Bekenntnis zu Petrus kommen müssen, wenn man wirklich dies in seiner Evangeliumsverkündigung gehabt hätte, dass der Glauben an Jesus ausreicht! Es kam auch nicht das, was heutzutage gerne gesagt wird: Der Glauben an Jesus allein rettet, aber das beinhaltet ja das Halten seiner Gebote. Aber anscheinend ist es nicht ganz so einfach, denn sonst würden nicht manche am Sabbat ruhen und andere am Sonntag.

Petrus vertritt hier in seiner Ansprache anscheinend die „sola gratia" der Reformationssprache! Aber nein, es kommt nichts von den Brüdern, keine Zustimmung, und zur Ablehnung hatte es ihnen die Sprache verschlagen, denn hier sprach Petrus, der ein besonderes Vertrauensverhältnis zu Jesus gehabt hatte und zwei Mal in Jerusalem öffentlichkeitswirksam eine Rede ganz im Geist der alten Propheten gehalten hatte.

Weil die Brüder so reagierten und sich über das Neue in der Verkündigung stritten, kann dieses Neue auch nicht Bestandteil des Evangeliums der Brüder in Jerusalem gewesen sein. Man kam auch nicht auf die versöhnliche Formulierung, dass doch Glauben und Werke im Grunde eins waren. Das hätte niemand geholfen. Dass hier Petrus etwas ganz Neues angesprochen hat, ergibt sich logisch aus der Darstellung der Ereignisse, es entspricht jedoch keiner Kirchentradition. Zwar hat die Kirche einerseits die menschliche Vernunft mit ihren Vernunftschlüssen nicht als maßgeblich für den Gottesmenschen bezeichnet, andererseits hat sie griechischer Vernunft-Philosophie gegenüber dem biblischen Wort den Vorzug eingeräumt. Ein Großteil der kirchlichen Theologie baut auf hellenistischem Gedankengut der ersten Jahrhunderte.

Jakobus, den man hinsichtlich der Beeinflussung durch den Hellenismus, dem viele seiner Landsleute erlegen waren, bescheinigen kann, dass er ein „Reiner" war, stimmte mit Paulus nicht überein. Paulus war ein Schriftgelehrter, der sich auch in griechischer Philosophie auskannte. Musste man ihn deshalb eines Tabubruchs verdächtigen, wenn er den Griechen nicht gebot, die Torah zu halten, wenn sie sich dem einzig richtigen Glauben, nämlich den Glauben an den Gott Israels, zuwenden wollten?

Bevor es dazu kommen konnte, hat der heilige Geist an dieser Stelle eingegriffen und Jakobus inspiriert. Jakobus gab Petrus nicht wie selbstverständlich recht, er, von dem wir ja persönlich wissen (Jak 2), dass er der Meinung war, dass die Erfüllung der Torah zum Erwerb des Heils dazugehörte. Aber er gab ihm indirekt doch recht, als er die Devise ausgab, dass man doch diejenigen aus den Nationen, die sich zu Jesus und dem Messiasglauben bekehrten *"nicht beschweren soll, sondern ihnen schreibe, dass sie sich enthalten sollen von Befleckung durch Götzen und von Unzucht und vom Erstickten und vom Blut."* (15,19-20)

Was ist darüber schon gerätselt worden! Dabei sind das Vorschriften, die den Juden den Umgang und die Mahlsgemeinschaft mit Nichtjuden erleichtern sollten. Es sind Torahvorschriften, bei denen es Sinn machte, dass man sie einhielt und daher wollte man ausdrücklich darauf hinweisen. Die ganze Torah hätte die Nichtjuden, jedenfalls vorerst, nur beschwert und abgeschreckt. So war außerdem gewährleistet, dass diejenigen Juden, die sich als Juden identifizieren wollten, das weiter leicht tun konnten. Das war notwendig zum Überleben in der Diaspora und um unter den Juden überhaupt noch gehört werden zu können. Und sie brauchten vor allem auch nicht in der Diaspora Angst haben, dass die Torah plötzlich abgeschafft würde, denn, Jakobus betont: *"Denn Mose hat von alten Zeiten her in allen Städten solche, die ihn predigen, und wird an jedem Sabbat in den Synagogen gelesen."* (15,21) Die Torah war also nicht in Gefahr.

Zu diesem Zeitpunkt konnte Jakobus noch nicht absehen, wie schnell sich das nichtjüdische Christentum entwickeln würde. Für ihn war nur ersichtlich, dass der Anteil an nichtjüdischen Gläubigen gering war. Die Apostel erwarteten doch Jesus zurück, wenn Israel sich zu Ihm bekehrte, nicht wenn die Nationen sich bekehrten. Es kam also auf die Missionierung der Juden an, nicht der Nichtjuden! Das messianische Reich war ein Reich, in dem Israel die erste Geige spielte. Schriftgelehrte hatten zu allen Zeiten gelehrt, dass der Messias kommen würde, wenn die Torahfrömmigkeit des Volkes ein bestimmtes Vollmaß erreicht haben würde.

Deshalb hatten die Jünger Jesu den Missionsbefehl auch richtigerweise so verstanden, dass er nichts daran änderte, dass sie das Volk Israel zur Umkehr predigen sollten und erst dann also, später, wenn der Messias wieder da war, würde man die Nationen unterrichten und zu Jüngern machen. Die Frage, wie sich die gläubigen Nichtjuden verhalten sollten, hatte sich bisher nicht gestellt, weil man seit Jahrhunderten dazu die gleiche Antwort gehabt hat.

Man muss sehen, dass das Herzukommen von Nichtjuden zur Gruppe der Messiasgläubigen eher als eine störende und auch nicht unbedingt sehr willkommene Begleiterscheinung der Evangeliumsverkündigung aufgefasst werden konnte, die mit der pragmatischen Hoffnung verbunden war, dass bei einer Gemeinschaft zwischen Juden und Nichtjuden, die Juden dank ihrer Torahkenntnisse die geistliche Oberhand behalten würden, denn so war es doch die letzten Jahrhunderte auch immer gewesen. Nichtjuden wurden immer zu Juden, niemals wurden Juden zu Nichtjuden! Man kann ja auch ein abgeschnittenes Teil nicht wieder ankleben!

In dem Sendschreiben an die Gläubigen in Antiochien, lässt Jakobus ausrichten, dass *„einige von den Unseren"* (15,24) sie mit Lehren irregemacht und verwirrt haben. Er sagt nicht ausdrücklich, dass das Irrlehren waren, sondern dass man sie irregemacht hat. Man hat ihnen ein schlechtes Gewissen gemacht. Wem sollte man jetzt glauben? Paulus oder denen aus Jerusalem um Jakobus? Aber indem die messianischen Juden aus Jerusalem den Gläubigen in Antiochien gesagt hatten, dass sie sich beschneiden lassen und die ganze Torah halten müssten, hat man ihnen auch etwas Falsches gesagt. Jakobus hat nicht behauptet, dass es falsch war. Er hätte das auch gar nicht behaupten können, weil er niemals die Sicht hatte, dass es falsch sei, wenn man die Torah hielt.

An dieser Stelle ist es wichtig, zu erkennen, dass Jakobus diese Nachricht nicht allen überbringen ließ. Er war also nicht der Meinung, dass sich Juden nicht mehr beschneiden lassen oder nicht mehr die Torah halten müssten, sondern nur den

Nichtjuden gestand er das zu. Nichtjuden gehörten nicht zum Bundesvolk. Dennoch sollten sie Jesus, den Sohn Gottes anerkennen und daran glauben, dass ihre Sünden durch ihn getilgt waren. Aus dieser zweifachen Ausrichtung des Gottessohnes: Gottessohn und Erlöser für alle Menschen und Messias Israels und der Nationen ergab sich zwangsläufig die Verkündigung zweier Evangelien. Eines nach Paulus und eines wie gehabt. Das Letztere vertrat Jakobus. Diese Schlussfolgerung ist zwingend und dennoch wird sie von den meisten Kirchentheologen geleugnet. In Kurzform lautet das Evangelium von Paulus, „Jesus genügt!" Das Evangelium von Jakobus lautete Umkehr, Beschneidung, Torah und der Glaube an Jesus als den Messias Israels. Dieses Evangelium sah Jakobus für die Juden vor. Er erlaubte andererseits aber auch dem Paulus sein Evangelium den Nichtjuden zu bringen.

Und jetzt versteht man vielleicht auch, warum die Position von Petrus eine besondere war. Er hatte zwar erkannt, dass die Nichtjuden von Paulus zurecht etwas Anderes zu hören bekamen, aber was sollte nun den Juden gegenüber gelten, deren heiligstes Heiligtum schon immer die Torah gewesen war? Auch der Tempel in Jerusalem stand noch. Das wird von den Christen meist übersehen oder unterschätzt. Alles drehte sich in Israel um den Tempel. Deshalb gingen die Jünger Jesu auch jeden Tag zum Tempel, um dort zu predigen oder zu diskutieren. Der Tempel war Bestandteil der Torah, viele Vorschriften der Torah konnte man nur einhalten, wenn man diesen Tempel hatte. Daraus folgt, dass nach dem Verlust des Tempels das gläubige Judentum vor gewaltigen Glaubensproblemen und natürlich auch theologischen Problemen stand.

Nichtjuden durften diesen Tempel gar nicht betreten, außer den Vorhof. Das waren gewissermaßen Menschen zweiter Klasse. Unreine eben! Paulus würde geschrieben haben, dass dieser Vorhof nicht mehr bestand, weil nun jeder den direkten Zutritt zum Vater hatte. Eine solche Sichtweise war und ist für das Judentum ein Sakrileg.

Petrus befand sich also in einer Zwickmühle. Und deshalb kam es zu dem, was Lukas in seiner Apostelgeschichte nicht erwähnt, aber Paulus in seinem Brief an die Galater nicht auslässt: ***9** Paulus redet folgerichtig von zwei Evangelien, einem der Beschneidung, „Evangelion tes peritomes", für das er ausdrücklich Petrus als zuständig bezeichnet und das Evangelium der Vorhäutigkeit, „Evangelion tes akrobystias" (akrobystia für Vorhaut), das er sich selber zuschreibt. Dem Petrus wirft er in Gal 2,11ff Heuchelei vor. Bevor nämlich die Brüder der Gemeinde von Jerusalem nach Antiochien gekommen waren, war Petrus mit seinen Leuten schon da gewesen und hatte Tischgemeinschaft mit den Nichtjuden gehabt. Petrus kannte natürlich die Torahfrömmigkeit der Jerusalemer. Als sie ankamen, setzte er sich weg, so wie noch ein paar andere jüdische Gläubige auch. Es heißt ausdrücklich, dass Petrus die *„aus der Beschneidung fürchtete"* (Gal 2,12). Das hätte er nicht müssen, wenn er mit ihnen ein Herz und eine Seele war. Er wollte von diesen Eiferern für das Gesetz nicht zur Rede gestellt werden, warum er sich mit diesen Unreinen an einen Tisch gesetzt hatte.

Da war sie wieder diese alte Furchtsamkeit von Petrus, die Angst des alten Adam in Petrus, dem Petrus, dem schon Engel erschienen waren; dem Petrus, der schon Tote auferweckt hatte; dem Petrus, der schon Menschen geheilt hatte; dem Petrus, der sich erkühnte, vor den Hohepriestern seine eigene Meinung zu vertreten; schließlich dem Petrus, dem der auferstandene Christus Sonderlektionen gegeben hatte. Wie kann man da noch Angst vor Menschen haben? Haben ihn seine Glaubenserfahrungen überfordert? Er war vermutlich der einzige der zwölf Apostel und wahrscheinlich der einzige der Brüder in Jerusalem, der wusste, dass Paulus Recht hatte.

Aber warum hatte Gott diesen Paulus erweckt? Ausgerechnet diesen Paulus, der vorher ein Erzfeind der Jünger gewesen war! Ahnt man, in welcher Position Petrus sich wähnte? Ahnt man, warum Jesus ihn drei Mal gefragt hatte, ob er Ihn liebe?

Man ersieht an der Furcht und dem feigen Verhalten von Petrus, dass die Fraktion der Torahfrommen in der christlichen Gemeinde mächtig war und einen starken Einfluss ausübte. Ihnen gegenüber konnte sich Petrus nicht durchsetzen. Und auch nicht er war irdisches Haupt der Gemeinde in Jerusalem, sondern Jakobus, der an der Torah festhielt, wie ja auch sein Brief an die Juden in der Diaspora zeigt. Petrus wusste, dass Paulus Recht hatte, aber er hatte nicht die Mittel, die anderen Juden davon zu überzeugen, die in Jerusalem das Sagen hatten. Erst auf der nachfolgenden Apostelkonferenz, unter der Schirmherrschaft des heiligen Geistes, traute er sich, aufzustehen und ein klares Bekenntnis abzugeben, vielleicht auch schon wieder geläutert nach dem Versagen im Angesicht des Paulus.

Paulus, nein, Jesus hatte etwas „gut" bei Petrus. Paulus hatte dem Petrus vorgehalten: *„weil wir wissen, dass der Mensch durch Werke des Gesetzes nicht gerecht wird, sondern durch den Glauben an Jesus Christus, sind auch wir zum Glauben an Christus Jesus gekommen, damit wir gerecht werden durch den Glauben an Christus und nicht durch Werke des Gesetzes; denn durch des Gesetzes Werke wird kein Mensch gerecht."* (Gal 2,16) Man stelle einmal dem das gegenüber, was Jakobus sagte: *„Ist nicht Abraham, unser Vater, durch Werke gerecht geworden, als er seinen Sohn Isaak auf dem Altar opferte? ... So seht ihr nun, dass der Mensch durch Werke gerecht wird, nicht durch Glauben allein."* (Jak 2,21.24) Und nun stelle man es noch dem gegenüber, was Petrus bei der Apostelkonferenz sagte: *„Vielmehr glauben wir, durch die Gnade des Herrn Jesus selig zu werden, auf gleiche Weise wie auch sie."* (Ap 15,11)

Wer nun glaubt, dass das Problem des Widerspruchs auf der Apostelkonferenz gelöst war, sieht sich bald eines Besseren belehrt. Den Ältesten der Gemeinde in Ephesus, bei der er sehr lange gelehrt hatte, sagte Paulus: *„Denn das weiß ich, dass nach meinem Abschied reißende Wölfe zu euch kommen, die die Herde nicht verschonen werden. Auch aus eurer Mitte werden Männer aufstehen, die Verkehrtes reden, um die Jünger an sich zu ziehen."* (Ap 20,29-30) Damit ist biblisch belegt, dass die dortige Gemeinde bald keine paulinische Gemeinde mehr war. Wenn das schon für Ephesus galt, der Gemeinde, die von Paulus überfüllt wurde mit tiefen Erkenntnissen über das Wirken Gottes und Gottes Heilsplan, was ist dann für die anderen Gemeinden zu denken? Viele Bibelausleger meinen ja, mit dem Neuen Testament und vor allem mit der Missionierung durch Paulus habe das Zeitalter der Kirche angefangen. Nur stellt sich die Frage, was war das für eine Kirche, wenn sie nicht mehr Paulinisches lehrte und von Wölfen durchsetzt war? Was war da am Entstehen, was nach Paulus kommen würde, nachdem er nicht mehr da war? Die Frage ist leicht zu beantworten. Sie wird durch die Geschichte beantwortet.

Aufschlussreich ist auch noch, wie Paulus nach Jerusalem zurückkehrt und der dortigen Gemeinde und Jakobus berichtet, was er alles bei den Nationen erreicht hat, denn da gibt ihm Jakobus eine beinahe provokante Antwort:
„Da sie aber das hörten, lobten sie Gott und sprachen zu ihm: Bruder, du siehst, wie viele Tausende unter den Juden gläubig geworden sind und alle sind Eiferer für das Gesetz." Diese Antwort passt eigentlich gar nicht an der Stelle und muss Paulus wie Hohn in den Ohren geklungen haben. Wenn Jakobus sagt, dass in Jerusalem tausende Juden Messiasgläubig geworden sind, ist das zunächst einmal eine gute Sache. Doch Jakobus sagt nicht: Tausende haben sich zu Jesus als ihrem Messias bekannt, sondern er sagt: *„alle sind Eiferer für das Gesetz"* (21,20). Wenn sich also die Gläubigen in Jerusalem irgendwie auszeichnen, dann dadurch, dass sie für die Torah eifern! „Jetzt, Paulus, erzähle du mal, wie sehr deine bekehrten Heiden für die Torah eifern!?" Natürlich überhaupt nicht!

An dieser Stelle sei vermerkt, dass die Gemeinden von Paulus noch eine Weile nach Paulus Tod weiter existierten, während die Gemeinde in Jerusalem noch vor der Tempelzerstörung Jerusalem verließ und mit der Tempelzerstörung verschwand. Einzelne Gläubige mögen es überallhin geschafft haben, aber die Gemeinde ging mit Jerusalem im Jahre 70 unter.

Aber Jakobus sagt das nicht, um Paulus zu reizen, sondern er fährt fort, dass der Gemeinde in Jerusalem berichtet worden sei, dass Paulus die Juden in der Diaspora den Abfall von Mose lehren würde (21,20). Es ist bemerkenswert, dass Jakobus Paulus gar nicht fragt, ob das stimmt und auch Lukas berichtet nicht davon, dass Paulus die Vorwürfe abgestritten hätte. Nein, sondern Jakobus geht es um den lieben Frieden in Jerusalem. Er fordert Paulus auf, in Jerusalem etwas zu tun, was die Gemeinde beruhigt. Er schlägt deshalb eine Schauveranstaltung vor, bei der sich herausstellt, dass Paulus das jüdische Brauchtum respektiert und unterstützt (Ap 21, 23ff). Über Petrus erfährt man in diesem Zusammenhang nichts.

Paulus wird dennoch vom aufgewiegelten Volk verfolgt und daher von den Römern in Sicherungsverwahrung genommen. Ähnlich wie bei Stephanus so auch bei Paulus. Während die jüdische, religiöse Obrigkeit Paulus bis nach Cäsarea, wo der Statthalter der Provinz residiert, nachreist, um ihn dort anzuklagen, lässt sich kein Jünger Jesu dort blicken. Paulus bleibt zwei Jahre gefangen. Von einem Besuch der Jünger sagt Lukas nichts. Lukas berichtet nur davon, dass die Hohepriester es wieder mit einer Anklage versuchten und wieder zogen sie von Jerusalem nach Cäsarea und wieder hört man nichts von Jüngern, die Paulus unterstützt hätten. Manchmal bekommt man Informationen über die Informationen, die man nicht bekommt!

Und Petrus? Petrus hat seinen letzten Auftritt in der Apostelgeschichte des Lukas auf der Apostelkonferenz. Es gibt keine Apostelgeschichte, die von Petrus oder Markus, seinem Begleiter verfasst worden wäre. Und auch die Überlieferung gibt nichts Zuverlässiges her. Hat er Besuch bekommen, als er in seiner Zelle in Rom auf seine Hinrichtung gewartet hat? Ist er so einsam gestorben wie Jesus damals am Kreuz? Vielleicht ist es besser, dass man nicht mehr weiß!

Dem Petrusbiographen stehen aber noch zwei Briefe von Petrus zur Verfügung. Jetzt erst, nachdem einige Stationen im Leben des Petrus beleuchtet worden sind, kann auch der Inhalt der Briefe des Petrus in Augenschein genommen werden.

Der erste Petrusbrief

Die Sonderstellung

1 Pet 1,1 -3

Diese Briefe sind an die Juden in der Diaspora gerichtet. Dass Petrus selber in der Diaspora war, ergibt sich aus einem dieser Briefe, sonst wüsste man es nicht. in **1 Pet 5,13** grüßt Petrus: *„Es grüßt euch aus Babylon die Gemeinde, die mit euch auserwählt ist."* Ob mit Babylon das Babylon im Zweistromland gemeint ist, wo es zur Zeit Petri eine große jüdische Gemeinde gab, oder ob Rom gemeint ist, das für viele Juden das neue Babylon war, ist unklar. Jedenfalls gab es in Rom die größte jüdische Diasporagemeinde überhaupt, die ja auch Paulus zu sich zitiert hatte und in einem Brief angeschrieben hatte. Im ersten Fall wäre Petrus auf den Spuren der orientalen Diasporagemeinden gewandelt, im anderen Fall hätte er die größte Diasporagemeinde überhaupt aufgesucht. das soll hier nicht entschieden werden. Wichtiger ist, was Petrus den Juden zu sagen hatte.

Der Name von Petrus ist eigentlich Schimon. Das ist übersetzt der „Hörende". Schimeon war ein Sohn Jakobs. Demnach hieß auch ein Stamm so. Da die zwölf Jünger Jesu die zwölf Stämme regieren sollten, ist es naheliegend daran zu denken, dass Schimon für Schimeon zuständig sein wird, wenn sich im messianischen Reich alle Stämme Israels um den Messias versammelt haben. Petrus wurde auf aramäisch Kefas genannt, was „Fels" bedeutet. Das griechische Petros macht davon quantitative Abstriche, denn es bedeutet „Stein" oder sogar „Kiesel".

Petrus war wie sein Bruder Andreas ein Anhänger von Johannes dem Täufer gewesen. Das bedeutet, dass er schon von der Verkündigung des Propheten Johannes über die Notwendigkeit der Umkehr Israels informiert war. Daran hatte Jesus unmittelbar angeknüpft. Mehr noch, Johannes der Täufer hatte ja gegenüber seinen Jüngern Jesus als Messias identifiziert. Die Bereitschaft des Petrus, sich von Jesus berufen zu lassen, war bereits da, lässt sich annehmen. Da diese erste Begegnung mit Jesus und zwei Seiner späteren Jünger am Jordan stattfand, zeigt das schon, dass der Fischermeister Petrus ein außergewöhnlich religiöses, messianisches Interesse hatte. Vielleicht hatte er zu Hause Angestellte, die das Fischergeschäft in seiner Abwesenheit weiterführten. Petrus war zudem verheiratet. **10** Es ist vorstellbar und wahrscheinlich, dass Petrus ein Patriot war, der es mit seiner jüdischen Religion ernst nahm. Ein Handwerker, der körperlich zupacken konnte und unverwüstlich war und mit einem standesgemäßen Selbstbewusstsein ausgestattet war. Auf der anderen Seite eine empfindsame Seele, die sich berufen fühlte, dem Gott Israels zu dienen. Das hieß bei Juden allezeit, dass man dem Volk Israel diente, weil es das Volk Gottes war. Dieser Glaube war die Weltanschauung der Israelis, die ihnen auch Kraft und Selbstverständnis gab, damit sie in einer von jeher feindlichen Umwelt überleben konnten.

Die feindliche „Umwelt" betraf nicht nur die Völker ringsherum, sondern bestand im Lande Israel aus den kompromisslosen römischen Machthaber mit ihren Steuereintreibern und den religiösen „Hirten" des Landes, die ihre Schafe zusätzlich schröpften, etwa durch Tempelabgaben und Opferkosten. Wenn man Schafe zu oft schert, wird ihnen kalt. Jeder, der den Gott Israels liebte, war in einem Dilemma, denn Gott zu lieben, bedeutete, Seine Gebote zu halten. Man musste also im Tempel opfern, man musste die Priester achten und den Gottesdienst am Laufen halten. Doch die Hohepriesterkaste war verhasst, denn was ihnen an Heiligkeit fehlte, hatten sie als Geldgier im Überfluss. Die Sadduzäer, die die Hohepriester stellten, waren nicht einmal bibelgläubig. Parallelen zur späteren christlichen Kirche sind offensichtlich. Es gibt eine kirchliche Obrigkeit, die nicht an die Aussagen der Bibel glaubt, die sagt, Gott habe nicht die Welt erschaffen, Jesus sei nicht auferstanden – ein typisch sadduzäischer Glaubenssatz – und würde natürlich auch nicht zurückkommen. Und gerade deshalb, weil die religiöse Führung des Landes korrupt, geistlos, maßlos war und das Volk zusätzlich belastete, sehnte man sich nach einem messianischen Zeitalter, das mit dem Kommen des Messias anheben würde, wie es die Propheten gelehrt hatten.

Wahrhaft fromme Leute, mithin Menschen, die selbstkritisch sind, weil sie auf das Heil ihrer Zukunft aus sind, wollen immer noch frommer werden, um ganz sicher das Heil nicht aus den Augen zu verlieren und am Ende zu erreichen. Ihr Streben nach mehr Frömmigkeit, die man auch als Gottergebenheit wiedergeben kann, liegt also daran, dass sie sehen, dass es ihnen an vollkommener Frömmigkeit mangelt. Zu allen Zeiten erkannten und verspürten diejenigen, die es mit Gott ernst meinten – und hier ist ausschließlich der Gott Israels gemeint, der Schöpfer der Himmel und der Erde, - eine schmerzliche Diskrepanz zwischen dem eigenen Wünschen, wie man selber vor Gott stehen möchte, und der gelebten Wirklichkeit. Gott ist heilig, der Mensch ist es nicht. Gott ist vollkommen, der Mensch ist vollkommen unvollständig. Petrus war so ein Frommer, der immer wieder von Selbstzweifeln geplagt wurde, ob er nicht schon viel weiter in seinem Lebenslauf sein sollte, der ihn zu Gott oder mindestens ins messianische Reich bringen sollte.

Er war stark egozentrisch, was bei allen der Fall ist, die ernsthaft damit anfangen, gottzentrisch zu werden. Man will erst einmal selbst erlöst werden. Nur nach und nach erkennt man, wenn man darf, dass der Weg der Erlösung sogar ganz weit weg vom Egozentrismus führen muss. Man soll sich selbst verleugnen und sein ganzes Leben in den Dienst Gottes stellen. Auch bei Petrus hat es so angefangen und es war auch bei ihm ein langer Weg, bis er erkannte, dass die Herrlichkeit des göttlichen Schaloms nur über das völlige in Christus sein zu erreichen wäre. Dann erst wird der Egozentrismus ganz dem Christozentrismus gewichen sein, wenn man bei Christus angekommen ist!

Geht man das Neue Testament nach den Taten und Verhaltensweisen des Petrus durch, findet man, dass er sich meist nicht mit Ruhm bekleckert hat. Das Neue Testament sagt ja auch, die Liebe deckt der Sünden viele, ausgerechnet von

Petrus stammt der Satz (**1 Pet 4,8**). Man kann davon ausgehen, dass das Neue Testament viele Sünden und Versäumnisse ausgelassen hat. Es war, genau genommen, Jesus Christus, der ans Kreuz ging, aus Liebe zu Gott und den Menschen, der nicht nur eine Menge von Sünden bedeckte, sondern sie mit all ihren sonst verderblichen Konsequenzen auslöschte. Es ist also ein Prinzip Gottes, aus Liebe zu den Menschen die Sünden zu bedecken. Aber gerade weil Er das gründlich tut und nichts mehr an Sündhaftigkeit übrigbleiben wird, weil Er sie ja auch aus den tiefsten Tiefen der Hölle ausbrennt, kann Er auch Aufdecken, wann Er will.

Petrus wird im Neuen Testament zum Anschauungssubjekt, wie man nicht sein soll und wie man werden soll. Vom sündhaft sein, zum Sünde-los-werden! Diese Entwicklung wird jeder Mensch durchmachen und merke: bei keinem einzigen Menschen ist es auf Seiten des Menschen glorreich. Was dabei zu loben und zu verherrlichen ist, ist die Seite Gottes. Das sind immer zwei, der Vater mit dem unzugänglichen Licht und der Sohn mit dem zugänglichen Licht.

Gott handelt, Er führt, Er macht vollkommen. Das einzige, was für den Menschen bleibt, damit man ihn für Nützlichkeit loben kann, ist, dass er es zugelassen hat, dass Gott es ihn zulassen ließ, sich von Ihm ziehen zu lassen. Man denke dabei an die Szene, wo ein im Sumpf untergehender Mensch es gerade noch fertiggebracht hat, nach dem Stock zu greifen, der ihm gereicht wurde und dann dafür gelobt wird, dass er zugegriffen hat. So ist der Mensch im Verhältnis zu seinem Rettergott, er darf sich loben lassen, dass Er sich von Gott retten lässt. Und auf das Lob fällt ihm nur seine ausweglose Situation ein und die Demut, mit der er den Rettungsweg annahm. Jeder, der einmal aus einer misslichen Lage, in die er sich selber hineingebracht hat, befreit worden ist, wird sich daran erinnern, dass man die Befreiung mit Dankbarkeit und Demut annahm.

**Wer wirklich von Gott berührt worden ist,
rühmt sich niemals seiner selbst!**

Petrus war einer von drei Jünger, die mit Jesus auf den Berg der Verklärung gehen durften (Mt 17,1-8). Er war aber nicht nur der Jünger, der Jesus drei Mal verleugnete (Mt 26, 69-75; Mk 14,66-72). Das konnte er nur, weil er auch drei Mal verschlafen war. Anstatt mit Jesus zu wachen und zu beten, schlief er. ***11**

Die Jünger waren leider nicht nur physisch verschlafen. Sie hatten einen trägen Geist. Dass Petrus nicht nur verschlafen, sondern auch schwer von Begriff war in geistlicher Hinsicht, zeigt die Episode, als er dem Diener des Hohepriesters ein Ohr abschlägt (Joh 18,10). Wie konnte es sein, dass er hier so kühn war und kurz darauf so feige?

Die Erklärung scheint einfach. Petrus dachte nicht daran, dass Jesus überhaupt angreifbar war. Er war doch der Messias! Der Messias war viel mächtiger als alle Seine Feinde. Hier ganz heldisch neben einem Unbesiegbaren die Loyalität unter Beweis zu stellen, stellte kein Risiko dar. Hinzu kam die stürmische Art vom Petrus, die er in späteren Jahren vermutlich weitgehend ablegte, weil Petrus viele Demütigungen in seinem Leben erfahren musste. Als dann eben doch keine himmlischen Legionen vom Himmel herabkamen und vielleicht Petrus auch gewahr wurde, dass Jesus Blut und Wasser geschwitzt hatte und sich nicht gegen die Verhaftung wehrte, musste das wie ein Schock für Petrus gewesen sein, die ihn aus seinem bisherigen vermeintlichen Gleichgewicht brachte. Jesus war doch kein Loser! Er war die ganzen dreieinhalb Jahre aufgetreten wie ein Messias und sein Licht hatte wohltuend auf die Jünger geschienen. „Hier ist es gut sein", hatte Petrus am Berg der Verklärung für sich festgestellt (Mt 17,4) Da waren ja gleich noch zwei Heilige aus dem Alten Testament mit viel himmlischem Licht zugegen. Man sonnt sich gern im Glanz der Großen.

Auch die Episode, wo er und Johannes zum Grab Jesu laufen und dort nur die Leintücher finden, aber nicht verstehen, dass Jesus auferstanden ist, obwohl Er es vorausgesagt hatte, zeigt das Unverständnis von Petrus *„Denn sie verstanden die Schrift noch nicht, dass er von den Toten auferstehen müsste"* (Joh 20,2-10) ist der

Kommentar von dem, der dabei war als Augenzeuge und Co-Nichtversteher. Johannes musste es ja wissen. Gerade er, der als einziger sich getraut hatte, beim Kreuz zu stehen. Petrus ist ein gutes Beispiel dafür, dass man ein glühender Befürworter der messianischen Idee sein kann und das Vorhaben des Messias völlig falsch beurteilt.

Andererseits wird klar, dass Jesus seinen Jüngern nicht eingebläut hatte, dass er nach Jerusalem gehen würde, um dort für die Sünden der Menschen als Opferlamm zu sterben, dass Er aber auferstehen würde, um dann erst später wieder zurückzukehren. Schon gar nicht hatte Er ihnen Details genannt, weil sie sonst sehr schnell begriffen hätten, dass sich alles so abspielt, wie Er es vorausgesagt hatte. Stattdessen tun sie nach der Kreuzigung Jesu alles, was Menschen tun, die völlig überrascht und geschockt sind, ob der unerwarteten Katastrophe, die über sie hereinbricht. Jesus hatte deshalb nicht alles klar gemacht, weil es für die Jünger wichtig war, solange sie den heiligen Geist noch nicht hatten, an die Grenzen des menschenmachbaren und menschenglaubwürdigen zu gehen, um dann später umso entschiedener darüber hinausgeführt werden zu können.

Wenn Gott Wahrheiten und Einsichten von Menschen zurückhält, dann hat das stets heilsgeschichtliche Gründe. Die Liebe deckt der Sünden viele, sie deckt aber auch viele Wege zu, die Gott mit den Menschen gehen will, damit der Mensch unbelastet sich schweren Lasten und Prüfungen aussetzen lassen kann.

Laut Lk 24,12 „wunderte" sich Petrus, als er das leere Grab sah. Wenn Menschen auferstehen von den Toten, dann ist höchstwahrscheinlich das Grab leer. Das bedeutet, dass Petrus den Tod Jesu nicht als Voraussetzung der Auferstehung verstanden oder verarbeitet hatte, und dass es die letzten Tage und Abende keine hoffnungsvolle Diskussion unter den Jüngern gegeben hatte, ob denn nun Jesus, wie Er es angekündigt hatte, am dritten Tag auferstehen würde. Mit anderen Worten, die Jünger waren weder sehr verständnisvoll, noch sehr messiasgläubig. Und das nach drei Jahren, in denen sie die Wunder Jesu und die Persönlichkeit Jesu erlebt hatten! Auch gerade bei den Jüngern sieht man, wie sehr der Mensch von den gnädigen Zuwendungen Gottes abhängig ist, ob er überhaupt etwas auch nur ansatzweise versteht und recht machen kann. Man wundert sich gelegentlich über die Verblendung der Menschen und über ihre abgrundtiefe Grausamkeit und Primitivität. Aber was will man von Kindern erwarten, die nicht an der Hand ihres Vaters aus dem Dreck herausgezogen werden? Sie versumpfen immer mehr und meinen sogar, dass das Leben im Sumpf das wahre Leben sei. Ohne den Geist Gottes versumpft jeder Mensch in geistloser Trostlosigkeit und Sinnenverwirrung. Das liegt daran, weil der Geist des Menschen unfertig und unvollständig ist. Ihm fehlt die göttliche Komponente. Er ist wie ein Flugzeug, dass bei Nebel unter Ausfall aller Instrumente einen Blindflug macht. Der Absturz ist nur eine Frage der Zeit!

Erst nachdem die Jünger Jesus nach der Auferstehung leibhaftig gesehen hatten, erwachte ein Glauben, der belastbarer war als die Anschauung, die sie vorher gehabt hatten. Ihr „Glauben" war also ein Fürwahrhalten von Tatsachen, die offenkundig waren. Und da ist Petrus wieder so weit in seiner adamitischen Natur, dass er die Rede hält, die den anderen mitteilt, dass für den Ausfall von Judas ein Ersatz zu wählen ist. Man könnte meinen, dass Petrus wieder Oberwasser hat, wenn er mit so einer Bestimmtheit auftritt.

Ob er beim Thema Judas daran gedacht hat, dass das, was er selber gemacht hat, nicht weniger Verrat war, als das, was Judas getan hat? Petrus hatte Jesus drei Mal verraten, Judas nur einmal. Und Judas hatte seinen Fehler gleich eingesehen und bitter bereut, ohne dass ihn Jesus anschauen musste. Bei Petrus kam diese Einsicht erst, als er ins Angesicht Jesu schaute. Petrus hatte für diesen Verrat an Jesus keine Anweisung von Jesus. Zu Judas hatte Jesus gesagt: „Was du tust, tu schnell!" (Joh 13,27) *12

Die Sonderstellung des Petrus ergibt sich auch aus 1 Kor 15,5. Da sagt Paulus, dass Jesus von Petrus gesehen worden ist, dann von den Zwölfen. Das war nicht lange nach der Auferstehung. Diese Erscheinung gab Petrus nochmals eine Verstärkung seines Sendungsbewusstseins. Jesus wird ihm kaum große

Geheimnisse anvertraut haben, wie die weiteren Entwicklungen gezeigt haben. Erst Jahre später begann für Petrus ein neues Kapitel, als er das Erlebnis mit Kornelius hatte und dann die Sichtweise von Paulus kennen gelernt hat. Das Verhältnis von Petrus zu Paulus war gut, wie man aus seiner Bemerkung folgern kann, Paulus sei „unser geliebter Bruder" (2 Pet 3,15). Dass allerdings seine Weisheit, wohl auch der Grund dafür sein könnte, dass Paulus nicht immer leicht zu verstehen sei, legt Petrus seinem Leser auch nahe (2 Pet 3,16). Petrus achtete also Paulus sehr. Er wusste nur zu gut, dass das, was Paulus verkündete, sehr gut zu dem passte, was er, Petrus, selber erlebt hatte. Und er wusste, dass das eine im Kern übereinstimmende Botschaft war, mit dem, was die anderen Apostel und Jakobus verkündeten, aber nur, wenn man die Torah nicht zum Kern dazuzählte. Und das war genau das Dilemma zwischen denen, die Paulus glaubten und denen, die an der jüdischen Tradition festhielten. Es stellte sich die grundsätzliche Frage: Wie können zwei Lehren, die sich widersprechen, beide wahr und richtig sein.

Als Antwort drängte sich auf, dass man aus dem Evangelium der Beschneidung und dem Evangelium der Unbeschnittenheit ein Evangelium für die Juden und ein Evangelium für die Nichtjuden machte. Damit überließ man es späteren Theologen Übereinstimmungen und Unterschiede herauszuarbeiten. Es waren auch nur spätere Generationen, die wissen konnten, wie sich die Geschichte der Gemeinde Christi und die Geschichte des Volkes Gottes, Israel, weiter entwickeln würden.

Was Gott bei diesen Verkündigungen und dem späteren Werden beitrug, war, dass Er sie inspirierte und zuließ, dass wurde, was wurde!

Petrus schreibt seinen ersten Brief an die Fremdlinge von der Zerstreuung, die auserwählt sind, mit dem Blut Christi besprengt zu sein. Wörtlich steht hier parepidēmois diasporas das bedeutet „Beiwohner in der Zerstreuung". Beiwohner wurden die Diasporajuden deshalb genannt, weil sie den Einheimischen ja nur beiwohnten als eigentlich Fremde. Diese Bezeichnung für die Diasporajuden war üblich.

Die Behauptung, dass auch für Nichtjuden diese Bezeichnung verwendet worden sei, ist hypothetisch und nicht naheliegend. Petrus war für die messianischen Juden zuständig. Dass es keine Gemeinden gab, die rein aus Juden bestand, sondern, dass es zumindest solche Gottesfürchtige gab, die, im Falle, dass sie Christen waren, sich deshalb nicht eine Gemeinschaft suchten, wo nur Nichtjuden zugegen waren, sondern in den messianischen Gemeinden verblieben, dürfte auch klar sein. Wenn der Bundespräsident seine Ansprache beginnt mit „An alle Bürger des Landes", dann würde es sicherlich auch die Nichtbürger mit einer Aufenthaltsgenehmigung, Asylanten und Flüchtlinge, die schon lange im Land lebten und vorhatten, noch lange zu bleiben, zu interessieren haben, was die Bürger des Landes betreffen sollte, weil es sie auch mit betraf.

Auch die Petrusbriefe sind wie schon der Brief an die Hebräer und der Jakobusbrief an Hebräer gerichtet, nämlich jene in der Diaspora (**1 Pet 1,1**). Zwar nennt Petrus sie nicht „Juden" oder „Hebräer" wie Jakobus, sondern nur „Auswanderer in der Zerstreuung". Die „Zerstreuung" ist aber als Kennzeichen der Juden ausreichend, denn Nichtjuden gab es in der Anschauung der Juden keine in der „Zerstreuung". ***13** Sie waren auch nicht „ausgewandert". Auch hier hat man sich überflüssigerweise das Verständnis erschwert, wenn man hier alle Gläubigen angesprochen sehen will. Eigentlich ignoriert man dabei aber das, was der heilige Geist sehr eindeutig inspiriert hat.

Petrus benutzt nur die gängigen Formulierungen. Man muss da nicht zwanghaft etwas Anderes hineinlesen. Für die „Fremden" war zu hoffen, dass sie der Heimat und des jüdischen Wesens nicht ganz fremd wurden. Auch in der Septuaginta, dem von Juden in griechischer Sprache angefertigten Alten Testament, wird das Wort benutzt für Juden, die außerhalb von Judäa und Galiläa in heidnischer Umgebung wohnen. ***14**

Es stimmt natürlich, dass auch gläubige Christen Fremdlinge in dieser Welt sind. Sie befinden sich auch gewissermaßen in einer Art Diaspora. Aber das hat Petrus hier am Briefeingang eher nicht gemeint. Es ist bedauerlich, zu sehen, wie viele

Bibelausleger mit teils abwegigen Erklärungen zu beweisen versuchen, dass Petrus hier an die christliche Kirche geschrieben habe. Sie stellen hiermit sehr nachdrücklich ihre Art dar, die Bibel so auszulegen, dass das herauskommt, was sie lehren und schädigen dadurch ihre Glaubwürdigkeit. ***15**

Wenn man noch nicht einmal verstanden hat, dass man zwischen Juden und Nichtchristen auch gerade in Bezug auf die Verkündigung unterscheiden muss, fehlt einem sehr viel heilsgeschichtliches Verständnis und reiht sich daher ein in die Traditionalisten, die von einer Ersatztheologie stark beeinträchtigt sind, auch wenn sie sie gar nicht selber vertreten. Das macht ihre Verkündigung natürlich nicht wertlos, aber schmälert ihren Wert.

Man sieht, Petrus wusste, dass er für jene aus der Beschneidung zuständig war (Gal 2,7-8). Petrus wendet sich also nicht ausdrücklich an die Gemeinden, die Paulus gegründet hatte. Er wusste jedoch, dass diese auch den Brief zu lesen bekamen. Er hätte sie auch als Adressaten miteinbezogen, aber in ihrer Eigenschaft als messianische Juden. Petrus spricht nicht wie Paulus von einem „Leib Christi", der gleichzusetzen wäre mit der Gemeinde Jesu.

Man kann außerdem auch von der Bezeichnung „Fremde" ableiten, dass Petrus ganz selbstverständlich davon ausging, dass Israel die Heimat der Juden war. ***16** Das ist eine biblische Sichtweise, die heute nicht alle Kirchen teilen, die das Land der Juden, Judäa mit Jerusalem und vielleicht sogar gleich ganz Israel den Juden als Heimstatt absprechen und den Palästinensern zusprechen wollen. Daher nennen sie ja das Land auch Palästina. Und das, obwohl Hes 36 eine deutliche Warnung an die ausspricht, die das tun. In den Versen 7 bis 10 spricht Gott: *„Wahrlich, eure Nachbarn, die Völker ringsumher, sie selbst müssen ihre Schande tragen. Aber ihr Berge Israels sollt wieder grünen und eure Frucht bringen meinem Volk Israel, denn bald sollen sie heimkehren. ... Und ich will viele Menschen auf euch wohnen lassen, das ganze Haus Israel insgesamt, und die Städte sollen wieder bewohnt und die Trümmer aufgebaut werden."* Und für Petrus und die anderen Apostel war völlig klar, dass sie genau diese Verse verkünden sollten und dass es in allernächster Zeit genau darum gehen würde: die Diaspora zu beenden und einen neuen Bund mit Gott einzugehen:

„Und ich will euch ein neues Herz und einen neuen Geist in euch geben und will das steinerne Herz aus eurem Fleisch wegnehmen und euch ein fleischernes Herz geben. Ich will meinen Geist in euch geben und will solche Leute aus euch machen, die in meinen Geboten wandeln und meine Rechte halten und danach tun. Und ihr sollt wohnen im Lande, das ich euren Vätern gegeben habe, und sollt mein Volk sein, und ich will euer Gott sein." (Jes 36,26-28)

Dieser Bund würde ein Bund des Geistes sein. Die steinernen Gesetzestafeln vom Sinai würden sich dann geistlicherweise in die Herzen der Israeliten legen. Und so konnte Petrus dann auch einordnen, dass ein Nichtjude wie Kornelius von diesem Geist beseelt worden war, als ob es darum ginge, zu zeigen, die Verheißungen werden wahr, denn auch die Nationen werden sich bekehren zum Gott Israels. Kornelius konnte für die gläubigen Juden als ein solcher Hinweis verstanden werden, ähnlich wie die sogenannte „Geistausgießung an Pfingsten" mit dem Sprachenwunder.

Das lief noch unter dem Oberbegriff: eine neue Zeit, ein neuer Äon ist angebrochen, oder steht unmittelbar bevor. Der Äon, der kommen sollte und von allen gläubigen Juden erwartet wurde, war natürlich das messianische Reich, in dem Israel die erste aller Nationen waren. Dass die Nationen irgendwie Israel vorher noch überflügeln würden, war undenkbar. Für manche messianischen Juden war das, was Paulus den Juden in Rom schrieb, möglicherweise ein Affront. Für die nichtmessianischen Juden ganz sicher. Denn nach Paulus wären ab sofort die Nationen diejenigen, die dem Messias Glauben schenkten und so den Juden den Anreiz der Eifersucht geben würden (Röm 11,11).

Nun sind zweitausend Jahre bald ins Land gegangen und man kann sehen, dass sich die Juden keinesfalls an der sogenannten Christenheit ein Stück abgeschnitten hat. Ganz im Gegenteil! Was Paulus nicht wissen konnte, ist, dass die Christenheit die nächsten zweitausend Jahre eine wahre Hetzjagd auf Juden veranstalteten und solch ein jämmerliches Bild für Nachfolge Yeschua boten, dass die Juden begannen, diesen Namen Yeschua zu hassen und die Erweiterung des Wortes Gottes, der Bibel, mit dem Neuen Testament als Beleidigung betrachteten, die es nicht Wert war näher in Augenschein genommen zu werden. So sieht die Realität aus. Erstaunlicherweise gibt es nicht nur nichtjüdische, sondern auch messianisch-jüdische Verkünder, die das ignorieren und so tun, als hätte Paulus hier eine Voraussage gemacht, die wahr geworden wäre. Paulus hatte gesagt: „durch ihre Verfehlung ist den Heiden das Heil widerfahren; das sollte sie (die Juden) eifersüchtig machen." (Röm 11,11 Lu 2017) Also „sollte", ja! Aber hat es nicht! Das Einzige, wonach Juden eifern, ist der westliche Lebensstil oder, wenn es religiöse Juden sind, die Torah. Und all die Juden, die jetzt gegen Ende dieses Äons zum Glauben an Jeschua kommen, sind es aus den gleichen Gründen wie im ersten Jahrhundert. Paulus hat hier einen Konjunktiv, einen Wunsch, eine Möglichkeit zum Ausdruck gebracht.

Petrus sagt, dass die Auserwählung *„nach Vorkenntnis Gottes, des Vaters, durch Heiligung des Geistes, zum Gehorsam und zur Blutbesprengung Jesu Christi!"* (**1 Pet 1,2**) geschehen sei. Heiligung und Glaubensgehorsam spielen auch bei Petrus eine wichtige Rolle im Leben der Christusnachfolge. Nicht nur die Erkenntnis. Aber auch Petrus erkennt, dass es die große Barmherzigkeit Gottes war, die heilsauslösend war und zwar schon vorausschauend und vorausplanend (**1 Pet 1,3**). Die Heiligung ist auch nicht etwas, was der Mensch tut, sondern sie wird Heiligung des Geistes genannt. ***17** Wo kein Geist Gottes ist, da ist nur des Menschen Geist. Wo kein Geist Gottes ist, da ist keine Heiligung. Deshalb mühen sich so viele Fromme vergeblich, sich zu heiligen. Es handelt sich dabei nur um eine vermeintliche Verschönerung des Aussehens des Fleisches. Es ist zu sehr äußerlich, als dass es wirklich ganz innen sein kann, wo nur der Lichtstrahl Gottes eine Veränderung entzünden kann.

Trinitarier meinen hier eine Nennung des heiligen Geistes sehen zu können. *18
Doch davon ist hier nicht die Rede. Der heilige Geist Gottes muss sich nicht heiligen
lassen, sondern der Geist des Menschen, der in der Sündhaftigkeit hin und her
treibt, benötigt die Ausrichtung und Durchrichtung in der Heiligung, damit er
„Gehorsam" erlernt.

Glauben ohne Erkenntniszugewinn funktioniert nicht. Wer falsch erkennt, glaubt
auch falsch. Es gibt auch ein heiliges Wissen und ein heiliges Erkennen. Es ist der
Geist Christi, der es ausschließt oder anbietet. Und wenn Er es tut, kann man
zugreifen oder kann es bleiben lassen. Und diese Entscheidung trifft der Geist des
Menschen. Heiligung findet ständig durch solche geistig-geistlichen
Entscheidungsprozesse, denen eine Beurteilung zuteil ist, statt. Die Handlung nach
der Entscheidung ist dann nur noch das sichtbare (oder unsichtbare) Werk.
Wenn also Jakobus sagt, dass der Glaube ohne Werke tot ist, dann bedeutet das,
dass ein Ausbleiben von rechten Werken und von rechtem Gottesdienst auf einen
falschen Glauben rückschließen lässt. Die Werke folgen dem Glauben nach. Es
gibt aber auch Werke, die aus einem falschen Glauben herkommen. Als Jesus
Kranke heilte, hatte Er folgende Motive: sich dem Kranken zu erbarmen und seine
bedauerliche Situation zu verbessern, und eine Tat zu vollbringen, die geeignet war,
Ihn als Messias nicht auszuschließen. Dabei ist zu denken, dass Jesus natürlich
wusste, dass aus Seinen Taten ein starker Narrativ entstehen würde, der Ihn als
Messias auswies, aber nicht unbedingt vor Seiner Himmelfahrt. Wenn Menschen
das Gleiche tun, Kranke zu heilen, können sie das Motiv haben, reich oder berühmt
zu werden oder sich Ansehen bei Gott zu erwerben. Werke an sich unterliegen also
einer Deutungsvielfalt.

Petrus wusste von der Vorerkenntnis Gottes. Man weiß nicht, wie sehr er im
Austausch mit Paulus stand und ob er seine Erkenntnisse direkt über die Inspiration
durch den Geist Christi bekommen hat, oder dass sie über andere Wege zu ihm
gekommen waren. Die Frage stellte sich ja immer, hat Gott einen Ratschluss, den
Er dann auch umsetzt oder lässt Er die Welt geschehen und reagiert nur.

Heilsgeschichtlich richtig ist, dass Gott sogar noch vor der Grundlegung der Welt einen umfassenden Plan hatte was wann wie mit wem werden sollte. Dass Petrus davon wusste, kann nicht sehr überraschen.

Petrus spricht nicht einfach nur Juden in der Diaspora an, sondern konkreter die „auserwählten", also die an Christus gläubigen. Sie sind auserwählt *„nach [der] Vorerkenntnis Gottes, [des] Vaters, in Heiligung [des] Geistes, zu[m] Gehorsam und [zur] Besprengung [mit] [dem] Blut Jesu Christi"* (**1 Pet 1,2** KÜ).

Was ist hier mit „Gehorsam" gemeint? Die Juden kannten schon immer zwei Aspekte des Gehorsams, den man Gott schuldete. Den Gehorsam des Vertrauens in Gott und den Gehorsam der Torahwerke. Die Gebote fangen mit „Du sollst" an. Wenn man das was man tun sollte, getan hat, war man gehorsam. Wer nicht gestohlen hat, hat dieses Gebot, dass man nicht stehlen soll, einbehalten. Es gibt aber Gebote, die weniger in einer äußeren Handlung erkennbar missachtet worden sind. Man denke nur an das Gebot des Nichtbegehrens. Hier war der Geist unmittelbar beteiligt und blieb es auch während des ganzen Prozesses der Sündenlustbewältigung.

Der Torah-Gehorsam hängt also mit dem Glaubensgehorsam zusammen, denn wer auf Gott vertraut, Ihn um Hilfe ersucht, seine Sorgen auf Ihn wirft und Gott zutraut, dass Er seine Verheißungen wahrmacht, der hat eine Einstellung, die ihm hilft, weniger Torah-Gehorsam aufbringen zu müssen. Wenn Petrus hier Merkmale aufzählt, die für die Heiligen in der Diaspora von größter Wichtigkeit sind, dann darf der Gehorsam nicht fehlen, weil dieser Gehorsam den Wandel und das Denken mit all den Entscheidungen und Absichten durchdringen soll. Gehorsam ist bei Petrus eine Grundeinstellung, auf Gott zu hören und sich immer eng an Ihm zu orientieren. Das ist deshalb nicht gleichzusetzen mit dem Torahgehorsam, auch wenn man die Torah vorbildlich halten würde, weil die Torah stark limitiert ist und nur einen Ausschnitt von Gottes Willen ist.

Und natürlich nennt Petrus auch die Besprengung mit dem Blut Jesu Christi. Besprengung durch Blut kannten die Juden aus der Torah. Es hatte immer etwas mit Entsühnung zu tun. So auch hier. Das Blut Jesu steht für die Entsühnung. Das Blut Jesu hat keine magisch-okkulte Eigenschaft. Es war, als es vergossen wurde, normales Menschenblut. Die Bedeutung des Opfers Jesu ist allerdings von allumfassender Wichtigkeit. Ohne dieses Opfer wäre alles nichts. Es gehört zur Grundausstattung eines christlichen Bewusstseins, dass Jesu Tod die Entsühnung von allen Sünden gebracht hat und damit am Anfang steht von der von Gott beabsichtigten Heimholung alle Geschöpfe. Golgatha steht als Garant dafür, dass die Welt „übern Berg" ist.

Das Blut, das am Felsen von Golgatha vergossen worden ist, versinnbildlicht die Erlösung der Menschheit mitsamt der Schöpfung. Eine Versinnbildlichung ist aber eine andere Wirklichkeitsebene als die molekulare Beschaffenheit. Oder anders gesagt, als das Blut einmal vergossen war, hat es seine Funktion erfüllt. Es ist dann von gleicher Substanz wie die Haare, die ständig geschnitten werden.

Wenn Petrus seine Eingangsrede beendet mit „Gott gebe euch viel Gnade und Frieden!" (**1 Pet 1,2**), dann ist das ein jüdischer Segenswunsch, insbesondere der „Schalom!". Da ist der Schalom, der nicht nur die Bedeutung eines politischen Friedens hat, sondern jeden einzelnen Menschen in eine glückselige Befriedung hineinbringt, der nur noch das Zusammensein mit dem Messias zur Vervollkommnung fehlt, gerade so lange wie Er noch nicht da ist. Und die Gnade steht noch viel mehr für Gott und die Beziehung, die ein Mensch mit Gott nur haben kann. Wer mit Gott eins werden möchte, muss sich von Ihm begnaden lassen. Jede Form der Annäherung an den Gott Israels ist eine Folge des Gnadenerweises Gottes. Gnädigkeit und Barmherzigkeit sind dann auch die Begriffe, die Gott in der Bibel am häufigsten kennzeichnen. Sie sind wiederum ein Ausfluss Seiner Liebe, die mit Gott gleichzusetzen ist. Jeder, der liebt, ist mit seinem Wesen schon ein

Stück weit in den Thronsaal Gottes eingetreten und je mehr einer liebt, desto mehr nähert er sich Gott an.

Das Wort Chairete, „freut euch" kommt von „charis" Gnade. Im Grunde sagt der Grieche: „Die Gnade sei mit euch!" Das ist natürlich am besten, wenn die Gnade von Gott ist. *19 Wenn also Petrus hier sagt: „Charis hymin", „Die Gnade sei mit euch!" oder „Die Gnade komme zu euch!" *20 benutzt er auch noch einen griechischen Gruß. Die Formel „Gnade und Frieden" findet sich auch noch im 2. Petrusbrief und Judasbrief, was vermuten lässt, dass er vielleicht typisch für Diasporajuden war.

Gnade und Frieden brauchten die Juden in der Diaspora auch tatsächlich. Sie mussten hoffen, dass sie von den Nichtjuden, unter denen sie lebten, in Frieden gelassen und gnädig behandelt wurden, was nicht immer der Fall war. Was man später als „Antisemitismus" bezeichnen würde, wo man eigentlich Judenhass meint, war auch schon in der Antike verbreitet. Wenn dann ein Jude Gnade und Frieden wünscht, dann weiß er natürlich, dass diese ursprünglich von Gott gestiftet werden und dass diejenigen, die an ihnen handeln, von Gott geführt werden können.

Schon im nächsten Satz, lobt Petrus Gott für Seine „große Barmherzigkeit" (**1 Pet 1,3**). Es war die Barmherzigkeit Gottes, der die Auserwählten Gottes „werden" ließ. Das griechische anagennao *21 wird entweder mit wiedergeboren oder gezeugt übersetzt. Der Streit der Ausleger um die rechte Übersetzung ist überflüssig, denn es ist klar, was gemeint ist. Wenn ein Mensch seinen alten Adam entmachtet hat und in die Ecke stellt, orientiert er sich künftig an Jesus Christus. Er geht einen neuen Weg, der ihn schrittweise und wachstumsmäßig immer weiter bringt und ihn geistlich wachsen lässt. Er gehört außerdem nun Jesus Christus. Es beginnt also ein Werdeprozess, denn man ebenso mit Wiedergeburt oder Zeugung verstehen kann. Wichtig ist, dass man weiß, dass man immer weiter hineingeführt wird in eine fruchtbare Beziehung zu Gott, die zu einer immer enger werdenden

Gemeinschaft mit Ihm führen wird. Dass dies unvergleichlich mit irgendeinem Vorgang in dieser Welt ist, dürfte klar sein. Vielleicht ist das der Grund, warum die Autoren des neuen Testaments ein Wort kreiert zu haben scheinen, dass es im klassischen Griechisch nicht gab, soweit man das heute wissen kann.

Was ist die „lebendige Hoffnung" von der Petrus spricht. Sie wächst ja mit dem „Werdeprozess" und hat zum Inhalt, dass dieser Werdeprozess zum Ziel kommt. Deshalb ist sie ja auch „lebendig", man lebt in ihr und mit ihr. Das Leben mit dem Geist Christi ist nicht nur ein „hoffentliches" Leben, sondern ein sehr zielbestimmtes. So jedenfalls lehrt es das Neue Testament. Dass man das bei der Begegnung mit „Gläubigen" auch ganz anders erleben kann, ist ein eigenes Thema. Auch hier stellt sich wieder die Frage, in wieweit Petrus paulinisches Gedankengut aufgenommen hatte. Paulus redete immerzu vom „In-Christus-Sein", eine Formulierung, die bei anderen nicht vorkommt. Und das ist nicht einfach nur eine sprachliche Besonderheit, denn Paulus weiß von der Gemeinde des Leibes Jesu. Jedes Glied dieser Gemeinde ist Leib Christi und daher „in" diesem Leib. Alle Jünger Jesu hofften auf und glaubten an eine Zusammenkunft mit Jesus, doch nur bei Paulus geht es um eine innige, intime Beziehung, die sich grundsätzlich von bloßem Erleben messianischer Verhältnisse unterscheidet.

Heil und Erbe

1 Pet 1,4-13

Nach Petrus erfolgte die Erweckung zur Christusnachfolge zu *„einem unvergänglichen und unbefleckten und unverwelklichen Erbe, das aufbewahrt wird im Himmel für euch"* (**1 Pet 1,4**) anzugehören. Das ist eigentlich ein gewaltiger Satz mit einem noch gewaltigeren Inhalt. Das ist Christen nur nicht immer bewusst. Sie beschäftigen sich ja immer wieder mit ihrem irdischen Krämerladen und müssen da nachschauen, ob alles in Ordnung ist. Selten genug denken sie daran, dass das himmlische Jerusalem oder auch die Örter, die Jesus als Wohnung bereitet hat, noch nicht einmal in den winzigsten Ecken auch nur ansatzweise an unsere irdischen Behausungen erinnern wird. Erbe Gottes zu sein! Bedeutete das nicht zugleich von Gott abzustammen? Und was bedeutete dieses Erbe?

Das konnte und kann bis heute niemand vollumfänglich beantworten. Aber bei Gott geht es wachstumsmäßig nicht nur in Bezug auf das Erkennen Seiner Herrlichkeit und Größe, sondern auch in Bezug auf die Annäherung an himmlische Örter. Deshalb kommt bei Gott das messianische Reich zuerst, bevor sich die Äonen künftiger Herrlichkeiten anschließen. Gott geht behutsam mit Seiner Schöpfung um, ebenso mit Seinen Dienern und Seinen Erben!

Beim „Erbe" ging es im Alten Testament meist um das Erbe Israels, das ein Erbe der Verheißungen war. Was die Väter nicht bekamen, sollten die Kinder bekommen. Petrus dachte sicher daran, dass die Verheißungen durch die jetzigen Christusjünger noch greifbar werden würden. Er, der viel Zeit mit Jesus verbracht hatte, dachte sicherlich auch daran, dass Jesus der Messias in Jerusalem sein würde und das Erbe auch darin bestand, mehr oder weniger nah an seinem Regierungssitz zu sein und von ihm die Aufgaben im messianischen Reich anzunehmen. Das lag in der Sichtweite der inneren Augen, die mit Hoffnung und konkreter Erwartung schauten.

In der Abschiedsrede von Paulus an die Gemeinde in Ephesus spricht auch er von einem Erbe: *„Und nun befehle ich euch Gott und dem Wort seiner Gnade, der da mächtig ist, euch zu erbauen und zu geben das Erbe mit allen, die geheiligt sind."* (Ap 20,32) Paulus nennt gegenüber den Ephesern die Erlösung als Erbe, aber auch, dass man als Erbe Gottes Eigentum wurde *„zum Lob seiner Herrlichkeit."* (Eph 1,14) Der Erlösung schließt sich ja das an, was die Erlösung zur Folge hat. Und das sind viele, herrliche Folgen.

Dieses *„unvergänglichen, unentweihten und unverwelklichen Los[teil], [das] in [den] Himmeln verwahrt wird für euch"* (**1 Pet 1,4** KÜ), ist nicht einfach nur ein Preis, der aussteht. Es ist die Bestimmung des Menschen, die Persönlichkeitsbeschreibung, die Identität, der Stand des Seins in Gott und bei Gott und zu Gott. Doch dieser muss noch erreicht werden. Es handelt sich um ein „heil" werden und heil „werden".

Die „Werdung", das geistliche Wachstum, die Gestaltwerdung des neuen Adam wird abgeschlossen sein, wenn man das Erbe entgegennimmt. Für die Juden war das „Erbe", das Erbe Abrahams, Isaaks, Jakobs, der Empfang des Verheißenen, der endgültige, allumfassende Schalom. An eine Einheit mit dem Messias dachten sie dabei nicht. Das war auch im Alten Testament nicht verheißen. Wo immer die Nachricht herkam, dass man eine persönliche Beziehung mit Gott haben konnte, an die bisher noch nicht zu denken war, weil ja nicht einmal Mose Gott sehen konnte, wie Er wirklich ist, sie musste aus einer Offenbarung kommen, die zuverlässig war. Sie stammte von Jesus selber und sie findet sich im Johannesevangelium. Wenn dieser Text, der sich in vieler Hinsicht völlig von den synoptischen Evangeliumstexten unterscheidet, tatsächlich erst nach der Zerstörung des Tempels in Jerusalem geschrieben worden ist, dann war Abfassungsort nicht in Israel, sondern dort, wohin es Johannes verschlagen hatte, nämlich irgendwo in Kleinasien, das zu jener Zeit überwiegend von Griechen bewohnt war. Auch textlich weist einiges darauf hin, dass Johannes diesen Text im Bewusstsein verfasste, dass ihn eher Griechen als Juden lesen würden. *22 Nach dem Jahre 70 existierte die Gemeinde in Jerusalem nicht mehr. Es gab kein Gemeindezentrum mehr. Falls so etwas in Rom entstanden sein sollte, dann ist es erst Recht wahrscheinlich, dass Johannes, der mit zunehmendem Alter auch nicht mehr reisefreudiger wurde, *23 einen guten Grund hatte, die bereits vorhandenen Berichte über das Leben Jesu noch um das zu ergänzen, was noch fehlte.

Und da gab es eine ganze Menge! Dazu gehört auch das sogenannte hohepriesterliche Gebet, das Jesus vor seinen Jüngern kurz vor Seinem Tod gehalten hat. Darin spricht Er von einem mysteriösen Einssein (Joh 17,21-23). In den Synoptikern ist nichts Vergleichbares zu lesen. Warum hat Johannes diese einmaligen, tiefen Wahrheiten bisher verschwiegen und erst jetzt, nachdem es kein mächtiges Judentum in Jerusalem mehr gab, geäußert? War das eine für Juden verbotene, empörende, unverständliche Kunde? Gott war für die Juden zwar ein Vater, aber noch mehr eine Majestät, die in einem unzugänglichen Licht wohnte und vor lauter Heiligkeit jeden verbrannte, der Ihm zu nahekam. Anscheinend war es in Gottes Plan nicht vorgesehen, dass Johannes die Verkündigung von Paulus nicht mehr unterstützte als man es weiß. Von einer solchen Unterstützung liest man nirgendwo im Neuen Testament? Was hatte Johannes all die Jahrzehnte gemacht? Und die anderen Jünger? Dass sie alle in geistlicher Hinsicht schwer von Begriff gewesen waren, solange sie den Geist Christi noch nicht bekommen hatten, wurde bereits gesagt.

Das wird das eigentliche Erbe aller Menschen, dass sie in die Gemeinschaft mit Gott kommen. Gott hat den Menschen die Familie gestiftet, weil sie ein Abbild himmlischer Verhältnisse ist. Das ist das Endziel der Schöpfung, das Einssein mit Gott! Und daher nennt Petrus es „unvergänglich". Es ist sicherer als das Amen in der Kirche und das Halleluja in der Synagoge. Es ist auch ein „unbeflecktes" Erbe, denn alles, was in die Kategorie „fleckig", „dreckig", „sündig", „gottlos", „unwert" fällt, hat Jesus aufgekauft und kann daher keinen Bestand haben.

Das ist der fatale Irrtum der Theologen, dass sie hierin in der griechischen Tradition verhaftet sind, denn sie glauben, dass ein Böses, ein Gott widerstrebendes Wesen immerfort existieren könnte. Nur Gottes Art kann endlos sein, weil es die Qualität dazu hat. Alle Qualitäten von Gott haben keinen Anfang und kein Ende, während alle Qualitäten des Geschaffenen natürlich ein Anfang und ein Ende haben. Ist der Mensch nicht auch erschaffen?

Doch! Deshalb muss er auch sterben und das Leben von göttlicher Qualität anziehen. Dies geschieht mit dem Werdeprozess in Christus. Beginnen kann dieser Prozess aber schon vorher. Petrus nennt das Erbe auch „unverwelklich". Dass er gleich drei Adjektive benutzt, zeigt, dass das Erbe von größter Bedeutung ist. Unverwelklich ist es deshalb, weil es immer gleich gut, gleich schön, gleich frisch ist. Es wird nie altmodisch oder langweilig, denn es hat göttliche und somit bleibende Qualität.

Schon mit dem nächsten Satz folgt bei Petrus ein paulinischer Gedanke: *„Die ihr aus Gottes Macht durch den Glauben bewahrt werdet zur Seligkeit, die bereitet ist, dass sie offenbar werde zu der letzten Zeit."* (**1 Pet 1,5**) Der Ausdruck „paulinisch" soll nicht verbergen, dass alle Güter, physisch oder geistlich, von Gott kommen. Er soll vielmehr andeuten, dass man heilsgeschichtlich in einer fortgeschrittenen Betrachtungsweise angelangt ist.

Der Glauben, den Petrus hier anspricht, kommt von Gott und ist keine eigene Errungenschaft. Der Glauben hängt mit der Seligkeit, also auch mit der Erlösung zusammen. Die Hoffnung, dass diese Seligkeit zur letzten Zeit offenbar wird, bedeutet ein Trostwort, dass es doch nicht mehr so lange dauern kann, bis das Erbe anzutreten ist. Es ist nur noch mit einer kleinen Zeit der Traurigkeit und Anfechtung zu rechnen (**1 Pet 1,6**).

Petrus macht den Gläubigen Mut, so lange, meint er, kann es ja nicht mehr dauern, da kann man noch ausharren. Die Briefe des Neuen Testaments sind zwar für die Leser durch die Jahrhunderte Lehrbriefe. Sie sind aber auch Prophetie, die eng verbunden ist mit der Erwartungshaltung. Und diese muss gestützt werden, durch Erbauung und Zuspruch, vielleicht auch durch Trost. Ein weiteres Feld ist aber auch die Ermahnung. Daran sieht man auch wie aktuell die Schriften der Bibel sind. Es sind keine antiquierten Schriften, die sich über irgendetwas auslassen, was nur noch von historischem Interesse sein kann, sie gehen jeden etwas an, mit jeder Aussage, mit jedem Wort.

„Auf dass euer Glaube bewährt und viel kostbarer befunden werde als vergängliches Gold, das durchs Feuer geläutert wird, zu Lob, Preis und Ehre, wenn offenbart wird Jesus Christus." (**1 Pet 1,7**) Der Glaube, nicht die Torahfrömmigkeit, soll sich bewähren, die vergleichsweise wie vergängliches Gold ist, auch wenn der Apostel hier nicht unbedingt an die Torah gedacht hat. Aber auf was harrt man?

Auf das Offenbaren Jesu Christu! Und offenbar wird Er, wenn Er als Messias und König Israels zurückkehrt und seine Regierung in Jerusalem beginnen wird. Das „Ziel eures Glaubens" ist „der Seelen Seligkeit." (**1 Pet 1,9**). Der Jude meint mit dem Schalom diese Seligkeit, er weiß, dass es den wahren Schalom erst im messianischen Reich geben wird. Der messianische Jude weiß jedoch noch viel konkreter, wer der Friedensfürst sein wird im messianischen Reich.

Dass die Seele eine selbständige Existenz habe, ist eine Vorstellung, die durch den Hellenismus in das jüdische Denken eingegangen ist. Das äonische Leben im messianischen Reich ist aber ein Leben in irdischen Verhältnissen. Dass dazu eine Auferstehung des ganzen Menschen nötig war, wenn er in diesem Reich leben wollte, war den Juden, insoweit sie an die Auferstehung der Toten glaubten, klar. Es wäre also zutreffender, wenn man einfach von der Erlösung des ganzen Menschen spricht. Wie er dann beschaffen sein wird, kann man nicht sagen, denn das ist Gottes Sache, wie Er den Verstorbenen wiedererstehen lassen und komponieren wird. Das Leibliche ist etwas, was in der ganzen Schöpfung in Form von Elementarteilchen und Kraftverhältnissen vorhanden ist, dabei kommt in der Schöpfung nur ein Teil der Möglichkeiten zur Realisierung. Es besteht also keine Notwendigkeit, auf einer Wirklichkeitsebene nur eine Variante des Möglichen umzusetzen.

Dass Petrus überhaupt von „psyche" redet, mag manchen überraschen, denn es geht bei dem Schalom ja um den ganzen Menschen. Aber dieser Begriff der psyche - Seele wird auch schon in der Septuaginta des griechischen Alten Testaments mit dem Nefesch gleichgesetzt oder auch nur mit dem Teil des Menschen, der denkt und fühlt. Da der Nefesch nicht vom Körper getrennt oder unterscheidbar verwendet wird, kann man ihn auch nicht uneingeschränkt als unsterblich sehen. Er steht dann für die ganze Person. Daher kann Gott auch selbst von Seinem Nefesch reden (Sach 11,8), wenn Er von Seiner Person, von Seinem Ich spricht.

Dieses Ich wird aber vom Menschen in der Selbstreflektion als sein Denken und Fühlen wahrgenommen (Jon 2,8), wenn der Körper gerade keine Rolle spielt.

Zwar glaubte Petrus nicht an die griechischen Seelenvorstellungen, die ins jüdische Denken Eingang gefunden hatten, aber er, bzw. sein Schreiber, benutzte das griechische „psyche" in einem biblischen Kontext.

Seele hat in der Bibel schon im Alten Testament die Bedeutung von dem was lebt und was atmet. Das kann ein vom Menschen wahrnehmbares Bewusstsein haben, wie beim Menschen, oder auch nicht. Ein Bewusstsein niederer Tiere ist ja vom Menschen nicht wahrnehmbar. Das hierin kein Seelen-Unterschied gemacht wird, mag daran liegen, dass es nur eine Frage des Atem- oder Seelenquantums ist, die Gott in ein Lebewesen eingehaucht hat, inwiefern sich die Lebewesen in ihrem bewussten Sein voneinander unterscheiden. Aber das entzieht sich für den Menschen als Wahrnehmbares. Über den buchstäblichen Atem ist bei den Geschöpfen der Körper mit der Seele verbunden. *24

Jesus sagt in Mt 10,28: „Fürchtet euch nicht vor denen, die den Leib, aber die Seele nicht töten können!" Der Übersetzer benutzt hier das Wort „psyche", was verblüffenderweise von „psycho", zu Deutsch „atmen" oder „blasen" herkommt und auf das Ursprüngliche, den „Hauch", den „Atem", das „Leben" verweist. *25

Auch hier benutzt der Übersetzer das Äquivalent für das „Denken" und „Fühlen". Vielleicht hatte Jesus ursprünglich auf aramäisch gesagt, dass man nicht die fürchten soll, die nur den Leib, also das Äußere, auf Vergänglichkeit angelegte vorzeitig vernichten können, aber eben den ganzen Menschen nicht. Und dieser ganze Mensch hat wiederum diese Bestandteile des inneren Menschen, die von außen nicht antastbar sind. Insofern stimmt die Übersetzung mit „psyche" in jedem Fall. So auch, wenn der Übersetzer Jesus sagen lässt „liebe von ganzer psyche" (Lk 10,27), auch wenn Jesus noch das Denken gesondert herausgreift und hinzufügt „und mit ganzem Denken", griechisch „dianoia", *26 denn natürlich kann die Seelen-Person vieles wahrnehmen und auf verschiedenen Ebenen präsent sein. *27

In der Parallelstelle in 5 Mos 6,5 steht zwar auch wieder nefesch, aber weil daneben noch ausdrücklich „leb“, das Herz, genannt wird, mit dem man lieben soll, kann man das nefesch nicht nur als ganze Person verstehen, sondern auch wieder als Teil des Ganzen. Und daher kann auch einem Volk eine Seele zugesprochen werden, als Summe der „Ichs“; und auch Gott kann sich selber eine Seele zusprechen, da er Ichbewusstsein und Ichempfinden hat.

Diese Erwartung wäre aber nicht gerechtfertigt, wenn sie nicht auch mit dem rechten Glauben verbunden wäre, deshalb sagt Petrus, dass *„[ihr] in [der] Kraft Gottes sicher bewahrt werdet durch [den] Glauben, für [eine] Rettung, [die] bereit [ist], in [der] letzten Frist enthüllt zu werden“* (**1 Pet 1,5**). Die brennende Frage war für die Briefempfänger nicht, ob sie gerettet würden, denn sie vertrauten wegen ihres Glaubens und der Kraft Gottes, die am Werke war, sondern wann es endlich geschehen würde, denn die Bewährungsproben und Prüfungen setzten allen Gläubigen in der glaubensfeindlichen Umwelt zu (**1 Pet 1,6-7**), „Rettung“ war für einen Juden nicht, dass er in den Himmel kam, sondern dass er von Gott für würdig empfunden wurde, Einlass ins messianische Reich zu bekommen. Wenn Petrus sagt, dass das Erbteil im Himmel ist, dann entspricht das ganz der Vorstellung, dass Gott im Himmel ist. Der Himmel, das ist ein Ort, den ein Mensch nie von sich aus erreichen kann, in dem Gott wohnt.

Petrus spricht den messianischen Juden in der Diaspora Mut zu. Ihre Erwartung des kommenden Messias ist berechtigt, ihr Erbteil ist im Himmel (**1 Pet 1,4**), die Erlösung, die vom Kommen des Messias eingeleitet würde, ist exakt in dieser letzten Zeit offenbart worden (Vers 5), *„die ihr jetzt eine kleine Zeit, wenn es nötig ist, betrübt seid durch mancherlei Versuchungen, auf dass die Bewährung eures Glaubens, viel köstlicher als die des Goldes, das vergeht, aber durch Feuer erprobt wird, erfunden werde zu Lob und Herrlichkeit und Ehre in der Offenbarung Jesu Christi“* (**1 Pet 1,6-7**).

Gläubige Juden, ob sie nun dem Messias in Jesus erkannten, oder ob sie den Tenach für das Wort Gottes hielten, aber nicht an Jesus glaubten, erwarteten das Reich Gottes mit dem Kommen des Messias zu Seinem Volk. Für die einen war es ein Zurückkommen, für die anderen ein Kommen. In einem waren die Wartenden sich einig. Er würde zu Seinem Volk Israel sichtbar kommen.

Paulus wusste von diesem Kommen. Er sprach aber noch von einem anderen Kommen, der Parusie, wenn die Gemeinde zum Messias entrückt würde, unsichtbar und unbemerkbar von den Menschen. (1 Thes 4,17). Davon schreibt Paulus im Brief an die Thessalonicher. Die Thessalonicher Gemeinde setzte sich aber zusammen aus Griechen und Juden, während Petrus seinen Brief nur an Juden schreibt.

Fest steht, dass die Glieder am Leibe Christi vollkommen gemacht werden. Diese Vervollkommnung ist ein rein geistlicher Prozess. Die Erprobung hat *„Lob und Herrlichkeit und Ehre in der Offenbarung Jesu Christi"* zur Folge (**1 Pet 1,7**). Das ist ihr Zweck, dahin zu führen. Gott ist zu loben, wenn Er die Menschen diesem Läuterungsprozess unterwirft, damit Er sich dann mit ihnen schmücken kann. Das erzeugt die Herrlichkeit und ehrt Gott. Er ist sich nicht zu schade, das, was Er sich vorgenommen hat, zu Seiner und der Freude Seiner Schöpfung durchzuführen. Er ist sich nicht zu schade, Seine rettenden Hände beim ersten Adam und bei allen, die ihm nachfolgen, in den Lehm zu tauchen, und sich als letzter Adam die Hände durchbohren zu lassen. Die Hände ruhen, während Er spricht „Es ist vollbracht!"

Aber die Bewährung des Glaubens wird dann offenbar werden, wenn Jeus offenbar werden wird. Diesen Ausdruck, „Offenbarung Jesu Christi" benutzt Petrus auch in Vers 13 und auch Paulus mit der gleichen Bedeutung. Da zeigt sich Jesus als der Messias. Und Er zeigt sich nicht immer mit Seiner ganzen Majestät, für die die Menschen vorerst sowieso kein Wahrnehmungsorgan haben. Das ist wichtig, zu wissen, dass „Apokalypsei", die Enthüllung oder Erkennbarmachung Jesu Christi zu verschiedenen Zeiten und Anlässen mit unterschiedlichen Ausmaßen geschieht. Sie geschieht fortlaufend in den Gläubigen, die auf Christi Geist hören. Sie geschieht auch anders, wenn Jesus sich Seinem Volk Israel und den Nationen weitaus unpersönlicher, oder besser gesagt weniger vertraut zeigt, wenn Er zu einem konkreten historischen Datum erscheint.

Nicht zu vergessen ist jedoch, dass auch die Braut Christi an dieser Erprobung zu *„Lob und Herrlichkeit und Ehre in der Offenbarung Jesu Christi"* teilnimmt. Sie folgt unmittelbar auf die Gemeinde, die dem Bräutigam nähersteht, weil sie zum Bräutigam dazugehört. Er ist ihr Haupt. Die Beziehung von Braut und Bräutigam wird fruchtbar sein und viel neues Leben erzeugen. Sie wird von Liebe geprägt sein. Was will dann aber einer, der sich als Christ sieht und gar keine Liebe für Israel hat?

Vielleicht wird er verwundert feststellen müssen, dass er weder Braut noch Bräutigam ist, sondern nur geladener Gast. Ja, für viele stellt sich zurecht die Frage: bin ich überhaupt zum Hochzeitsmahl geladen? Angenommen man geht hin und klopft an und sagt, ich gehöre dazu, ich muss wohl aus Versehen keine Einladung bekommen haben. „Moment, das haben wir gleich!" Es wird einfach der Bräutigam gefragt. Doch der Bräutigam sagt: „Ich kenne Sie nicht!" Und auch die Braut Israel wird gefragt. Sie fragt zurück: „Gehörten Sie nicht zu denen, die gegen mich das Wort ergriffen haben? Redeten Sie nicht übel über mich? Und nun wollen Sie auf meine Hochzeit kommen?" So oder so ähnlich könnte es manchem ergehen!

Es ist offensichtlich, dass die von Petrus adressierten Juden schon einige Zeit auf die Rückkehr Jesu warteten, wenn Petrus es werthielt, sie so zum Warten für eine „kurze Zeit" zu ermuntern. Auch hatte man mehr oder weniger überrascht festgestellt, dass man auch in Versuchungen und Prüfungen geraten konnte, obwohl man doch an Jesus glaubte! Das bedeutete, dass das Israel, das Volk, dem die Prüfungsgeschichte Hiobs bekannt war, auch nach der gezielten Ausrichtung auf den Messias Jeschua, zur Kenntnis zu nehmen hatte, dass die Welt immer noch böse war und sich die Freundlichkeit gegen Juden nicht änderte.

Hier wird klar, dass die Bewährung des Glaubens durch Anfechtungen und Versuchungen, also durch Prüfungen aller Art erfolgt. Das ist vergleichsweise wie der Schmelzvorgang mit dem das kostbare Gold von den Verunreinigungen des Gesteins getrennt wird. Die Läuterung ist bei Gläubigen nicht weniger notwendig als bei Nichtgläubigen. Bei den Nichtgläubigen hat die Läuterung die Zubereitung im Sinn, für den Glauben reif zu werden oder einfach einen bestimmten Status zu erreichen, auf dem später weiter aufgebaut werden kann. Bei den Gläubigen dient sie zur Vervollständigung.

Gold muss durch große Hitze von den Verunreinigungen entschlackt und ausgebrannt werden. Nicht anders geschieht es den Gläubigen, denn die Glaubensfähigkeit und das Erkennenkönnen sind immer ein Gnadengeschenk Gottes und keine Errungenschaft des Menschen. In dem Augenblick, in dem man von Gottes Geist überführt und zur Umkehr angestiftet wird, beginnt bereits der Reinigungsprozess, denn der alte Mensch mit all seinen Fehlern und Schwächen und sündigen Neigungen wird ja bei der Umkehr nicht plötzlich verschwinden. *28 Der Geist Christi beginnt aber jetzt mit den Aufklärungs-, Umbau- und Umdenkarbeiten.

Es hat noch nie eine Bekehrung stattgefunden, an die sich nicht unmittelbar ein Wachstumsprozess zu einem Christusmenschen angeschlossen hat. Wie weit dieses Wachstum noch zu Lebzeiten geht, ist unbekannt, niemand weiß es. Manche glauben, dass er sich im Jenseits noch fortsetzt. Mit Lazarus, den Jesus von den Toten auferweckte, geschah etwas Sonderbares! Sein Status änderte sich so, dass er plötzlich wieder in diesem irdischen Leben dazulernen konnte! Die meisten Ausleger sagen, er habe entweder Glück gehabt, weil er jetzt noch eine bessere Beziehung zu Jesus, der ja sein Freund war, aufbauen konnte, oder er habe nun das Risiko gehabt, dass das Verhältnis zu Jesus sich noch verschlechterte.

So gesehen hätte Jesus ihm und seinen Angehörigen keinen Gefallen getan und man müsste Jesus einer gefährlichen Spielerei zeihen! Wenn es endgültig auf den

Status ankommen würde, den wir im Zeitpunkt des irdischen Ablebens haben, dann müsste auf jede Taufe, die nach einer bewussten Bekehrung und einem ehrlichen Bekenntnis zu Jesus erfolgt, sofort ein Totschlag folgen, um sicher zu gehen, dass nicht noch eine Abkehr vom rechten Glauben kommt. Wer gar glaubt, dass Kindertaufen die Rettung des Kindes zur Folge hätten, müsste die Kinder töten, sobald sie aus dem Mutterleib kommen und getauft worden sind. Das wäre die logische Konsequenz dieses Glaubens, der deshalb als unrichtig überführt gelten kann.

Es kann also mit dem Tod nicht alles aus und entschieden sein, weil sich sonst unlebbare Widersprüche ergeben würden. Gott ist kein Gott des unheilbaren Widerspruchs, sondern des Heils! Und daher heißt es in Gottes Wort, dass es dem Menschen gesetzt ist, zu sterben und dass dann das Gericht kommt (Heb 9,27), was unmissverständlich zeigt, dass es weiter geht. Die Gerichte beginnen bereits zu unseren irdischen Lebzeiten. Petrus sagt dann auch in **1 Pet 4,17**, dass das Gericht beim Haus Gottes, also bei Israel anfängt. Er konnte nicht ahnen, wie lange die Gerichtszeit Israels noch andauern würde.

Auch Johannes wusste von einem Gericht, das schon zu irdischer Zeit ablief: „Jetzt ist das Gericht dieser Welt; jetzt wird der Fürst dieser Welt hinausgeworfen werden." (Joh 12,31) Ob hier oder dort, das ganze Gericht ist Jesus, dem Welten- und Äonenrichter übergeben! (Joh 5,22) Und wenn wir nicht zu Lebzeiten durch unser Vertrauen in Jesus Christus gerichtslos gemacht worden sind, erfolgt das Gericht danach. Aber selbst ein Jakobus wusste: „Die Barmherzigkeit triumphiert über das Gericht." (Jak 2,13) Sie triumphiert konkret deshalb über das Gericht, weil das Gericht aus Barmherzigkeit ergeht, damit die Gerichteten zurechtgebracht werden, durch alle Strafen und Schmerzen und Leiden hindurch. Gott ist also kein Richter, der Gericht hält und dann, wenn feststeht, dass der Verbrecher gerechterweise eine Strafe verdient hätte, durch einen Gnadenerlass, die Strafe storniert, sondern die Gnade hat bereits durch Jesus gewirkt, der die Strafe für jeden und alles auf sich genommen hat.

Es kann also nur noch darum gehen, die Schöpfung zurechtzubringen. Und deshalb muss sie durchs Feuer. Wenn irdische Richter Strafen verhängen, fehlen ihnen die Mittel auf die Verurteilten so einzuwirken, dass sie, wenn sie aus dem Gefängnis entlassen worden sind, ein anderes Leben führen.

Gott hat diese Mittel. Manche Verurteilte bekommen vor menschlichen Richtern mehrmals lebenslänglich. Diese Strafe sitzen sie offensichtlich nur zum Teil ab. Sie sterben bereits nach einem Leben. Gott hat alle Zeit dieser und der künftigen Welten, um Seine Erziehungsmaßnahmen zur Resozialisierung zum Erfolg zu führen. *29

In **1 Pet 1,11** hat man die Bestätigung, dass Petrus an einen Geist Christi glaubt, der in den Gläubigen wirkt. Den Propheten hat „der Geist Christi, der in ihnen war" bereits von den Leiden und der nachfolgenden Herrlichkeit gekündigt. Dies war auch das Ziel der Propheten gewesen, von Gottes Herrlichkeit zu künden, die eben vor allem auch darin bestand, dass Er seinen wunderbaren Ratschluss auch vollziehen würde. und Petrus sagt ausdrücklich, dass sie vom Geist Christi inspiriert gewesen waren. Er glaubt also nicht nur an die Präexistenz Jesus, sondern auch an die Beziehung Israels zu diesem Gottessohn zu früheren Zeiten des alten Bunds (**1 Pet 1,10-11**)

Der „Geist Christi" war anscheinend nur in der Zeit nicht präsent, als er beim Menschen Jesus Christus sein musste. Das waren die ca. 35 Jahre bis etwa um das Jahr 30 nZ. Das könnte auch der Grund gewesen sein, warum Jesus zu den Jüngern sagte, dass Er ihnen den Tröster, den „Geist der Wahrheit" schicken würde, wenn Er in den himmlischen Dimensionen angekommen sein würde (Joh 15,26). Jedenfalls hat dieser Geist der Wahrheit eine enge Beziehung zum Geist Christi, denn Jesus nannte sich selber die Wahrheit! (Joh 14,6) Der Versuch, den Gläubigen des Alten Testaments oder den Gläubigen des Neuen Testaments einen zusätzlichen personalen Geist anzudichten, der in ihnen wirkt, muss hier scheitern.

Petrus spricht in Übereinstimmung mit Paulus von dem Geist Christi. Er ist der vom Himmel gesandte „heilige Geist" Gottes (**1 Pet 1,12**).

Wenn „durch" den heiligen Geist das Evangelium gepredigt wird, dann ist klar, dass eine Predigt ohne Beteiligung des heiligen Geistes nur einen begrenzten Wahrheitswert haben kann. Die „Gnade, die euch gebracht wird bei der Offenbarung Jesu Christi" (**1 Pet 1,13**) geht zusammen mit der Gnade, mit der Christus sich schon den Propheten offenbarte.

Der neue Mensch in Christus erfährt eine fortgesetzte Begnadung durch die Wirkungen des Geistes Christi in sich und an ihm. Christus zeigt sich durch Seinen Geist so persönlich, dass man dem Geist zurecht die personalen Eigenschaften zuschreibt, denn Er lehrt, Er spricht, Er tadelt, Er ermutigt, Er leitet, Er warnt. Und all das gehört zu „Offenbarung", dem So-Zeigen Gottes. Und Gott tut das durch Seinen Geist und durch den Geist Christi, die wesensgleich sind.

Wenn Petrus in **1 Pet 1,11** sagt, dass die Propheten den „Geist Christi" bei sich hatten, dann bedeutet dies, dass es Christus zu früheren Zeiten bereits gegeben hat, allerdings noch nicht als gekommener „Christus", sondern in Seiner Vorexistenz als Sohn Gottes. Diese Vorexistenz lehrten auch Johannes (Joh 1,1ff) und Paulus (1 Kor 10,4). Diese Vorexistenz wirkte sowohl als Geist, als auch aus Geistmanifestationen heraus. Genauso tut es der Geist Christi auch in der Zeit nach dem Jesus im Fleisch.

Wenn also gleich im nächsten Vers, wo Petrus an die Satzaussage zuvor anknüpft, vom „heiligen Geist" spricht, meint er den gleichen Geist. laut Vers 11 hat er zu den Propheten des Alten Testaments gesprochen, jetzt laut Vers 12 spricht er zu den Juden in der Diaspora durch die Apostel. Die Apostel sind an die Stelle der Propheten getreten: „*Was euch jetzt verkündet worden ist durch die, welche euch das Evangelium verkündigt haben im Heiligen Geist, der vom Himmel gesandt ist…*" (**1 Pet 1,12**). ***30**

In einer Studienbibel heißt es: *„Der Geist Christi in ihnen bezeugte die auf Christus (zukommenden) Leiden und die nach diesen (folgende) Verherrlichung…. Der Geist Christi war schon in den Propheten des alten Bundes heilsvorbereitend wirksam…"* **31** Da fragt man sich, was dann für den sogenannten Heiligen Geist der Dreieinigkeit noch zu tun übriggeblieben ist. Was hat der getan, wenn Christi Geist schon alles getan hat?

Darüber macht man sich unter Theologen im Allgemeinen keine Vorstellung. Man hätte ja auch keine vernünftige Antwort darauf anzubieten. Die Bibel enthält keine, weil sie sagt, dass Gott Geist ist und darauf würde man sogar noch logisch schließen können. Christi Geist ist also Gottes Geist, weil Christus Gott ist. Und weil Er Gott ist, ist Sein Geist heiliger Geist wie auch der Geist des Vaters, Geist Gottes und heiliger Geist. Oder will man sagen, dass der Geist Christi kein heiliger Geist ist und dass der Geist des Vaters auch kein heiliger Geist ist. Die Lehre von der Trinität kam über die Schriften des hellenischen Juden Philo zu den Kirchenvätern der ersten Jahrhunderte, die ebenso vom Hellenismus wie von der biblischen Überlieferung beeinflusst waren. **32** Dass Gott aus drei Personen besteht, steht nirgendwo in Seinem Wort. Es handelt sich offenbar um ein philosophisches Konzept. Auch der Begriff „dreieiner Gott" ist unbiblisch. **33** Aber die Kirchentradition beherbergt ihre eigenen Geister und beherrscht das Denken der Kirchenschäflein. Sie hat die Deutungshoheit, ganz im Geiste der Kirche Roms, bzw. Neubabylons. **34**

Petrus hat von einer dritten Gottperson nichts gewusst. Er sagt in Vers 11, dass schon die Propheten des Alten Testaments vom Geist Christi bewohnt waren. Und in Vers 12 sagt er denen, die in der Jetztzeit etwas über Gott verkünden, das mit Hilfe des heiligen Geistes getan zu haben. Herrscht Arbeitsteilung bei den Göttern? Vielleicht hat auch der eine Urlaub gemacht und der andere hat ihn abgewechselt. An zehn Götter ist schwerer zu glauben, als an einen, weil man die Existenz von neun mehr Göttern erklären muss. Die Bibel lässt Jesus Christus als Gott bezeichnen (Joh 20,28), sie setzt sogar Jesus mit dem JHWH des Alten Testaments gleich (1 Kor 10,4).

Jesus betet zu Seinem Vater, den Er Gott nennt (Joh 17,3), der umgekehrt Jesus auch als Seinen Sohn bezeichnet. Demnach ist klar, dass die Bibel zwei Götter voneinander unterscheidet. Wenn sie sagt, dass sie eins sind, meint sie, dass sie beide vollkommen sind und daher nur noch in ihrer Persönlichkeit, aber nicht mehr nach den Wesensmerkmalen unterscheidbar sind. Was der eine tut, findet das Wohlgefallen des anderen, weil es ist, als hätte Er es getan. Und tatsächlich hat Er es aus dem gleichen Geist heraus getan. Mehr Gleichheit bei zwei Personen gibt es nicht als es bei Gott Vater und Gott Sohn der Fall ist. Eine dritte Gott-Person sucht man in dieser Einheit vergebens. Was man aber findet, sind die Kinder Gottes, die deshalb so heißen werden, weil sie ebenso diese Charaktereigenschaften haben als Gott, der Vater.

Falls die Apostel das auch öffentlich bekannten, dass Jesus Gott und Gott gleich war, musste es dazu führen, dass sie sich als Juden dem Vorwurf der Gotteslästerung aussetzten. Die Mehrheit der Juden betrachteten den Messias als Menschen. Es gab aber auch Juden, die ihn wegen Jes 9,5 als Gottes Sohn verstanden. ***35** Das bedeutet, dass das Alte Testament bereits den Gedanken zuließ, dass es zwei Gottpersonen gab.

Heiliger Wandel
1 Pet 1,13-25; 2,1-25; 3,1-15

1 Pet 1,13 ist ein Schlüsselvers der Petrusbriefe. Petrus sagt den Juden in der Diaspora, dass sie ihre Hoffnung ganz auf die Gnade, die ihnen in der Offenbarung Jesu Christi dargeboten wird, setzen sollen. Ist das nicht paulinisch?

Petrus kannte höchstwahrscheinlich die „Glaubensverhältnisse" in der Diaspora, zumindest aus den Berichten von und um Paulus. Das war nicht die ganze Diaspora, nur ein Teil, aber eben der hellenische Teil der Diaspora, der eine enge Verbindung zu den Juden in Israel hatte. *36

Petrus wusste also, dass es solche Juden gab, die in den von Paulus gegründeten oder betreuten Gemeinden, die Lehren von Paulus angenommen hatten. Er wusste aber auch, dass es sowohl messianische als auch nichtmessianische Juden gab, die die Lehren von Paulus ablehnten. Er selber hatte Paulus in Jerusalem verteidigt. Und er war deshalb höchstwahrscheinlich auch angegangen worden. Das ist zumindest zu erwarten, wenn es sich bei den Beteiligten um Menschen handelte und nicht um perfekte Heilige. Und deshalb ist es nicht überraschend, wenn Petrus in seinem Brief an die messianischen Diasporajuden hervorhebt, dass sie ihre Hoffnung ganz auf die Gnade richten sollen. Nicht die Torah ist der Heilsbringer, sondern Jesus ganz allein. Jesus hat das Heil ganz in Seiner Person erschließbar gemacht, nicht durch Zusätze, die Er überbracht hätte, wie es etwa die katholische Kirche lehrt. Petrus war gewiss kein Katholik, nicht einmal ansatzweise. Ersatztheologische Gedanken hatte er zu keiner Zeit.

Messianisch-jüdische Ausleger beziehen die Gnade typischerweise nicht auf das solus gratia der Reformation, die es paulinischer Verkündung zurechnete, sondern auf das zweite Kommen Jesu. *37 Doch das ist ebenso ein Gerichtsakt wie ein Gnadenakt. Ein Gnadenakt ist es deshalb, weil Christus den Aufschrei Seines Volkes hören wird. Ein Gerichtsakt ist es auch, weil Er zu Gericht sitzen wird. Viele haben den Begriff der Offenbarung oder des Kommens zu sehr eingeschränkt. Jedes Mal, wenn Gott zu einem Gläubigen spricht, offenbart Er sich. Jedes Mal, wenn man Jesus um Beistand bittet, „kommt" Er auch. Petrus sah das bestimmt nicht anders.

Dass für ihn und seine messianischen Juden die Rückkehr des Messias zu Seinem Volk Israel von ganz besonderer Bedeutung war und mit Sehnsucht erwartet wurde, ist klar. Denn dann würde endlich dem ganzen Volk offenbar werden, dass das messianische Zeitalter endlich angebrochen war. Und sie selber wären am Ziel angelangt. Al die Jahre der Entbehrungen und Anfeindungen und Enttäuschungen wären dann vergangen: *„Und wenn der Oberhirte offenbar geworden ist, so werdet ihr den unverwelklichen Siegeskranz der Herrlichkeit empfangen."* (**1 Pet 5,4**)

Ebenso wie Paulus betont Petrus die Wichtigkeit des Heiligungsprozesses (**1 Pet 1,14-16**). Das hat er gemein mit allen Juden. Das ist sozusagen Tradition. Die Frage ist nur, ob man verstanden hat, dass auch die Heiligung, das „so-werden-wie-Gott-ist" nur durch Christus zum Ziel führt. Ohne ein enges Verhältnis zu Ihm bleibt jede Heiligung Stückwerk.

Allerdings spricht Petrus von dem Vatergott *„der ohne Ansehen [der] Person nach [eines] je[d]en Werk richtet",* weshalb jeder *„[für] die Zeit eures [hiesigen] Verweilens in Furcht einher"* gehen soll (**1 Pet 1,17** KÜ)). Das ist die schon im Alten Bund bekannte Vorsorge dem Herrn so viel Ehrfurcht entgegen zu bringen, dass man sich engstens an Ihn hält und daher dem Gericht der Übeltäter entgeht. Bei Petrus bemerkt man ein ähnliches Bemühen wie bei Paulus, dass er von allen verstanden und jeden angesprochen haben will. Er will jedem etwas geben. Was dem einen bereits bekannt ist, ist für den anderen noch Neuland. Und der, der noch ein Anfänger des Glaubens ist, wird leicht überfordert. Ihm muss man noch die Anfänge des Glaubens erklären.

Wer begonnen hat, daran zu „glauben", dass Jesus gekommen ist, um die Sünden zu erlassen und dann fragt, ob man nun sündigen dürfe, der hat noch nicht viel verstanden. Soeben hat man sich vielleicht noch gefreut, dass Petrus von der Gnade spricht, doch schon im nächsten Satz kommt schon wieder die Ernüchterung, denn da redet er schon wieder von „Werken" und „Gericht".

Der vermeintliche Widerspruch wird erträglicher, wenn man davon ausgeht, dass man entweder im Geiste Christi sein kann oder außerhalb. Wenn man aber außerhalb ist, befindet man sich beim alten Adam, der sich selber dafür entschieden hat, altadamitisch gerichtet werden zu müssen. Im Geiste Christi ist man nie zu tadeln. Da gibt es nichts zu richten. Da es aber beim Gerichtshandeln Gottes mit den Menschen nicht nur um Gerechtigkeit geht, die man in Christus ohne Abstriche hat, sondern auch um die persönliche Reifung zum Christusglied, ist das ganze Leben eines Heiligen wie eine Zurichtung, die man als lebenslanges „Gericht" bezeichnen könnte.

Worauf Petrus persönlich seinen Schwerpunkt bei den vieldeutigen Aussagen setzte, ist noch eine andere Frage wie die, wie es wir persönlich verstehen sollten. Jemand der sich der Gnade Jesu sicher weiß, aber sich bewusst ist, dass er noch zu oft unheilig handelt, darf sich die Notwendigkeit der Heiligung vorhalten lassen. Denn eines ist klar, er wird Sünde niemals auf die leichte Schulter nehmen können. Schon alleine deshalb, weil Jesus ohne Sünde ist und deshalb kein Glied an Seinem Leib sich in der Sünde wohl fühlen kann. Die Liebe zu Jesus wird auch die Liebe zu seiner Heiligkeit und die Abneigung gegenüber der Unheiligkeit mit sich bringen.

Petrus fordert Ehrfurcht vor Gott. Auch für Luther war das ein großes Thema. In den Kirchen ist es heute kaum noch eines. Hätte Luther nicht mehr Ehrfurcht vor Gott als Menschenfurcht gehabt, hätte er nicht so mutig vor dem Reichstag auftreten können, der ihn zunächst mit seinem ganzen Gepränge einschüchterte. Aber, Kleider machen keine Theologie! Der Kirchenangestellte von heute hat die Ehrfurcht vor Gott verloren und tanzt nach der Pfeife derer, die den Ton angeben. Unwissenheit, Feigheit, Korruptheit sind weit verbreitet. Für die biblische Wahrheit auf die Barrikaden gehen? Da muss man pragmatisch sein. Und die Ausnahmen? Sie fürchten sich vor Menschen nicht und geben, was Wunder, auch nichts auf Ämter und Würden. Man kann sie nicht mit solchen Ehrungen in Verlegenheit bringen.

Sie sind deshalb weiter als die Jünger Jesu, als diese danach fragten, wie ihr Lohn aussehen würde, weil sie vom Geist Christi angeleitet werden.

Wer heute über Ehrfurcht vor Gott redet, erntet allenfalls noch ein mitleidiges Lächeln. Solche uralten Vorstellungen eines Vatergottes, den man „fürchten" müsse, sind längst abgelöst worden von einem stiefmütterlichen Gott, der den Menschen bedingungslose Freiheiten schenkt, sogar die Freiheit, jenseits von Gut und Böse zu sein. Der liebe Gott ist nur noch ein Erfüllungsgehilfe des Menschen, sein Hampelmann. Vor dem braucht man sich freilich nicht zu fürchten.

Der Gott der Bibel ist anders als wie Ihn die Kirchen haben wollen. Es stimmt zwar, dass Er allen gegenüber aus dem Motiv der Liebe waltet. Aber bis das ganz von Menschen verstanden worden und bei ihnen durchgedrungen ist, können sie furchtbare Erfahrungen mit Gott machen. Es ist besser, dass man Gott fürchtet als dass man Fürchterliches erfährt!

Natürlich bedeutet die Ehrfurcht vor Gott auch die Ehrfurcht vor Seinem Wort. Das ist der Kirche ja schon damals verloren gegangen, als sie neben Gottes Wort die katholische Kirchentradition gestellt hat. Zu dieser Tradition hat auch schon immer der Antisemitismus gehört. Auch die Kirchen, die in der Nachfolge Luthers stehen, sind durch Bibelkritik und Zeitgeistanpassungen von Gottes Wahrheit in Seinem Wort abgewichen.

Die Reformatoren hatten angedacht, dass Gottesfurcht zur wahren Freiheit, nämlich in Christus führt, dass Menschenfurcht hingegen in eine sklavische Abhängigkeit bringt. Angedacht heißt leider nicht „unter Dach und Fach" gebracht!

Petrus relativiert sogar in auffallender Weise die Wirksamkeit „väterlicher Überlieferung", die nicht ausreicht, den Sünder loszukaufen (**1 Pet 1,18**), weil es nur Jesus als „makellosen und fleckenloses Lamm" möglich war (**1 Pet 1,19**). *38 Alle, ob Nichtjuden oder Juden, sind, was ihre Sündhaftigkeit anbelangt, nach der Weise ihrer Väter gewandelt. Wer als Jude glaubte, in einer Gott wohlgefälligen Tradition zu stehen, dem musste gesagt werden, dass es in den Augen, weil ja Christus nicht beteiligt war, mehr schlecht als recht, mehr verderblich als heilsam, war. Das ist das rechte Verständnis von der Verworfenheit des Menschen, zu wissen, dass ein Mangel, den ganzen Menschen entstellt und das Ziel verfehlen lässt.

Dieser Radikalität zwischen ganz dabei und ganz daneben, steht der Werdensprozess gegenüber, der ein wachstümlicher ist und erst richtig ansetzt, wenn das volle Bekenntnis zu Christus und die Geistestaufe stattgefunden hat. Wer den Geist Christi mit sich vertraut sein lässt und sich Ihm anvertraut, ist in Christus und Er in ihm, so dass genau diese Heiligung stattfinden kann, die aus einem der Sündhaftigkeit verfallenen Menschen einen Christus zugehörigen immer ähnlicher werden lässt. Deshalb sagt Petrus: „Wie der, welcher euch berufen hat, heilig ist, seid auch ihr heilig in eurem Wandel, denn es steht geschrieben *„Seid heilig, denn ich bin heilig!"* (**1 Pet 1,15-16**) Man sieht, Petrus benutzt, ähnlich wie Paulus alttestamentliches Wissen, um seine Aussagen zu unterstreichen.

In der katholischen Kirche wird man heiliggesprochen, wenn man ein nützlicher Diener der katholischen Kirche geworden ist. Wenn man als Katholik Ruhm, Ehre und Reichtum der Kirche gemehrt hat, soll Gott das würdigen. Bei Gott trägt das rein gar nichts zur Heiligung bei, denn wo der Geist Christi nicht der Geist ist, der dahintersteckt, dann findet keine Heiligung statt. Heiligung ist ebenso wenig an die Zugehörigkeit einer bestimmten Kirche gebunden wie das Heil.

Nicht die Zugehörigkeit zu einer Kirche entscheidet über das Heil. Sondern es ist genau umgekehrt. Wer das Heil bekommen hat, gehört zur Gemeinde Jesu an. Daher kann es auch nicht entscheidend sein, welcher menschlichen Kirche man namentlich angehört. ***39** Die Gemeinde Christi ist überall da, wo Christi Geist in den Menschen ist. Und der ist unsichtbar.

Die Gemeinde der apostolischen Zeit wurde bereits von anderen Geistern in Angriff genommen, wie ja die Apostelgeschichte und die Briefe von Paulus deutlich zeigen. ***40** Es gab also nie eine ganz vom Geist Christi durchdrungene Gemeinde. Es ist immer wieder erstaunlich zu sehen, dass Kirchenleute das nicht verstehen wollen oder können, obwohl doch nach den Aussagen des Neuen Testaments der Fall klar ist. Entweder man hält seine eigene erbärmliche Kirche für die einzig wahre und benimmt sich anderen Christen gegenüber herablassend, obwohl man genug vor der eigenen Kirche zu kehren hätte. Oder man meint, alle Kirchen als Glieder am Leibe Christi auffassen zu dürfen. Da wäre freilich Gott noch toleranter als Lot (was Er ja offenkundig nicht war).

Gott hätte im Fall der katholischen Kirche jahrhundertelang Gewaltanwendung für Abgefallene und Juden abgesegnet, von den zahlreichen Irrlehren, die die Kirche Roms über die Menschheit ausgebreitet hat, ganz zu schweigen. Die Gemeinde Jesu Christi ist natürlich in einer Hinsicht sichtbar, weil ihre Glieder ja tatsächlich existieren und wahrnehmbar sind. Es sind echte Menschen, die dem Leib Christi angehören. Sie sind jedoch nur vom Geist selber zu identifizieren. Jesus sagte ja, dass Er die Seinen kennt. Und die Seinen lernen sich auch untereinander kennen. Für andere Menschen bleibt dies jedoch verborgen.

Das hat wiederum mit der Heiligkeit und Keuschheit Gottes zu tun. Nicht jeder darf alles sehen. Ins Allerheiligste des Tempels durfte der Hohepriester nur einmal im Jahr. In den Tempel durften Nicht-Israelis gar nicht. Und Gott wohnt deshalb in einem unzugänglichen Licht, weil kein Mensch dieses Licht ungeschützt aushalten würde. Es sei denn, er hat das Gerechtigkeitskleid Christi angezogen.

Wer nicht zu Christus gehört, sieht auch nichts von ihm. Er verkennt dann zwangsläufig ebenso den geistlichen Stand der Menschen und kann die Glieder Jesu nicht ausmachen. Sie sind für ihn ebenso unsichtbar. Wer nichts von Christus sieht, kennt Ihn auch nicht und versteht Ihn gerade nur so viel, wie es Christus zulässt. Aber eine familiäre Bindung besteht nicht. Die Kirchen bezeichnen sich oft und gern als Braut Christi. Doch die Braut ist bereits von Christus ausgesucht worden. Schon im Alten Testament hat sich Gott festgelegt. Er bricht Sein Ehegelöbnis mit Israel bestimmt nicht. Kirchenangehörige können sich also allenfalls die Frage stellen, ob es klug ist, die Braut Jesu anzufeinden. Ob eine Kirche erkennbar ist als sicher nicht Gottes Kirche, entscheidet sich daran wie sie zu Israel und den Juden steht. Antisemitismus ist ein sicheres Zeichen, dass man antichristlich, also nicht „in" Christus, sondern „daneben" und „anstatt" ist.

Das wird den Bräutigam sicher nicht dazu bringen, diejenige, die gern die Braut wäre, aber sich immer feindselig und gehässig gegenüber der Verlobten Jesu, die Er liebt, verhalten hat, zur Hochzeit einzuladen. Er will ja, dass die Braut eine schöne Feier hat. Kirchenangehörige können sich noch eine andere Frage stellen, ob sie zum Leib Christi dazugehören wollen, denn nur so sind sie bei der Hochzeit dabei.

In **1 Pet 1,20** sagt Petrus, dass das Erlösungswerk von Jesus zwar vor dem „Niederwurf [der] Welt" erkannt worden ist *„geoffenbart aber in [der] letzten der Zeiten um euretwillen".* ***41** Mit „euretwillen" (KÜ) meint Petrus ganz speziell die Briefadressaten. Zwischen dem Erkennen und Offenbaren liegen Jahrtausende. Das zeigt aber, dass Golgatha nach Kundgabe von Petrus keine notwendige Operation an einer kranken Welt war, sondern eine geplante Aktion auf einen planmäßigen Geschichtsverlauf.

Für die Adressaten bezeugt Petrus weiter, dass sie durch Christus gläubig geworden sind (**1 Pet 1,21**). Diese Lehre stimmt mit der von Paulus überein. Kein Werk des Heils ist den Menschen zu eigen, auch nicht das Glaubenswerk. Es muss geschenkt sein.

Es fällt auch auf, dass Petrus das Wort Gottes, das zu seiner Zeit nur als Altes Testament vorlag so preist als ob es heilsnotwenig wäre, dieses Wort zu kennen und zu befolgen. Die Gläubigen haben ihren fruchtbaren Glaubensstand diesem lebendigen und bleibenden Wort Gottes zu verdanken (**1 Pet 1,23**). Während alle Schöpfung vergänglich ist, bleibt das Wort für den Äon. Es ist aber als Evangelium verkündet worden (**1 Pet 1,25**). Das bedeutet aber, dass die Grundlage des Evangeliums das Alte Testament ist.

Petrus hat konkrete Vorstellungen, wie das erneuerte Israel und alle Gläubigen Jesu Christi sein sollen und spricht genau das an, was in so vielen

Kirchengemeinden der Normalzustand ist: *„Legt nun ab alle Bosheit und allen Trug und Heuchelei und Neid und alles üble Nachreden…"* (**1 Pet 2,1**) Was unterstellt er hier? Reste von Bosheit sind in Anbetracht der Hartnäckigkeit, mit der der alte Adam an sich selbst festhält, ein Relikt, das die Menschen wohl bis zum Grab begleiten wird. Und zur Bosheit gehören ja auch *„Trug und Heuchelei und Neid und alles üble Nachreden"* dazu. Aber, warum stellen gerade die ein großes Problem dar? Weil sie weit verbreitet sind und weil sie die Kraftentfaltung des Geistes Christi behindern oder sogar unmöglich machen.

Jesus ist die Wahrheit. Mit ihm verträgt sich auch ein bisschen Trug und Heuchelei, wo man also andere über die wahren Verhältnisse täuscht, nicht. Heuchelei ist deshalb in den Kirchengemeinden weit verbreitet, weil ihnen durch das Wort Gottes das Eine gesagt wird und sie das andere leben. Sie bleiben hinter ihren eigenen Wünschen und Erwartungen weit, manchmal unendlich weit weg und können diese schmerzliche Diskrepanz nur notdürftig durch das Heucheln überdecken. Heuchelei ist nicht, wenn man etwas unter Verschluss oder unter dem Teppich hält, sondern, wenn man so tut, als sei nichts unter dem Teppich. Eine Gemeinschaft, die auf Lüge und Heuchelei aufgebaut ist, kann nicht um Gottes Gericht herumkommen. Die Lüge ist der Trug, dass man vorgibt, auf dem richtigen Weg zu sein.

Neid hat etwas mit dem Irrtum über seinen Stand zu tun. Würde man darauf vertrauen, dass man völlig in Gottes Hand und von Ihm geleitet wird und dass alles, was ist und wird, und nicht in den eigenen Händen ist, einem zum Guten gereichen wird, der braucht niemand irgendetwas zu neiden. Neid lässt sich nur verhindern, wenn man sich mit Seinem Gott sicher ist. Es ist ein Gott, der jeden Menschen verherrlichen will und eben auch gerade dann, wenn Er den Menschen hart rannimmt.

Nicht Neid, sondern Dankbarkeit, sollte Gott gegenüber vorherrschen. Und wenn der Pharisäer Gott dankt, dass er nicht so ist wie der Zöllner, dann ist er deshalb ohne Verständnis, weil er auf weltliche Standesunterschiede schaut.

Gleichen Geistes wäre der Zöllner, wenn er umgekehrt auf den Pharisäer neidisch wäre. Doch er ist nicht neidisch, sondern hat die richtige Antwort auf seine Situation. Er dankt Gott, dass er einen gnädigen Gott hat, den er loben und preisen darf und sich Ihm völlig anvertrauen darf. Er sagte auch nicht: „Gott sei Dank, dass ich nicht so heuchlerisch bin wie der Pharisäer." Er hätte allenfalls gesagt: „Gott sei Dank, dass ich nicht so bin wie der Pharisäer, sondern dass du mich als individuelle Persönlichkeit geschaffen hast, die du auch zur Vollkommenheit bringst, so wie du es mit dem Pharisäer auch machst!"

Dieser Geist gehört in die Gemeinden hinein. Und dann wird man auch nicht übel nachreden, sondern da, wo man vielleicht andere kritisieren muss, es mit der Überzeugung tun, dass es ihm und dem Gemeinwohl dienlich ist.

Übles Nachreden trägt die Absicht in sich, sich über andere zu erheben. Das ist hochmütig. Petrus hätte auch sagen können: Legt ab den Hochmut. Er wollte aber konkreter werden. Wer würde sich darin wiedererkennen wollen, dass er hochmütig sei, außer in der Theorie. „Ja, ich bin hochmütig, wie jeder Mensch, aber ich sehe mich eher als demütig." So könnte die Antwort lauten, die sich jeder selber gibt. Der Mensch neigt ja dazu, solche Übel, die bei ihm selber vorzufinden sind, zu verharmlosen. Die von Petrus genannten Bosheiten zeigen aber auch, dass die angesprochenen noch Säuglinge des Glaubens sind. Sie müssen noch mit warmer Milch gefüttert werden, mehr können sie noch nicht verdauen.

Durch die *„unverfälschte Milch [des] Wortes"*, bekommt man sogar wie ein neugeborenes Kind, alles zum Wachstum der Rettung" (**1 Pet 2,2** KÜ). Man könnte sich fragen, ob nicht Christus die Rettung allein ist, nicht das Wort Gottes. Aber Petrus dürfte gewusst haben, dass erstens Christus selbst das Wort Gottes war, das alle Worte Gottes, die je gesprochen und geschrieben worden waren, miteinschloss, und zweitens Christus in dem, was bereits geschrieben und verkündet worden war, enthalten war. Insofern war es berechtigt, das Wort Gottes als Rettung zu bezeichnen. Wer noch der Milch des Glaubens bedarf, ist nach

Paulus (1 Kor 3,2) noch am Anfang des Wachstums. Der Autor des Hebräerbriefes benutzt auffälligerweise das gleiche Redebild (Heb 5,13). ***42**

Die Frage stellt sich, ob den Angesprochenen bewusst ist, dass sie schon geschmeckt haben, dass der Herr freundlich ist (**1 Pet 2,3** Lu2017), oder ob die Nährung mit der Milch des Glaubens darauf aus sein soll, wirklich zu schmecken, dass der Herr gütig ist (ElbÜ).

Das Erste wäre in einer pessimistischen Betrachtungsweise zu erhoffen und das Zweite zu fordern. Anders gesagt, ein bisschen zu schmecken, dass der Herr freundlich ist, kann nur Lust auf mehr machen, wenn man sich in seiner persönlichen Entwicklung auf Jesus zu befindet. Und wenn man noch Zweifel hegt, dass der Herr gütig ist und einem die Begegnungen mit Ihm nicht schmecken, dann ist man noch ganz im Anfang seines Glaubensweges oder man läuft schon wieder von dem Herrn weg! Deshalb, weil das nicht sein darf, bekräftigt Petrus den Milchtrinkern, dass sie eben zu diesem Herrn kommen sollen als zu einem lebendigen Stein, der zwar *„von den Menschen verworfen ist, aber bei Gott auserwählt und kostbar"* (**1 Pet 2,4**).

Ein Nachfolger dieses verworfenen Steins zu sein, bedeutet aber auch selber zu den Verworfenen in dieser Welt zuzugehören. Wer sich nun aber benimmt wie ein Weltlicher, muss sich fragen, ob er wirklich einer der *„lebendigen Steine"* ist, *„erbaut … zum geistlichen Hause und zur heiligen Priesterschaft, zu opfern geistliche Opfer, die Gott wohlgefällig sind durch Jesus Christus"* (**1 Pet 2,5**).

Es ist vielleicht schlimm in der Welt als Verworfener behandelt zu werden, es ist aber noch viel schlimmer von Gott verworfen zu werden. Dieses „wachset zum Heil" ist ja auch als Aufforderung und Ermahnung zu verstehen, nicht einfach als natürliche Folge des Bekenntnisses zum Messias Jeschua. Die Welt mit ihren Werten zieht den Menschen zu sich, weil er ein Teil von ihr ist, dem ist in vielem aber dagegen zu halten, weil man sich ohne Kompromisse von Jesus ziehen lassen soll. Da ziehen zwei in entgegengesetzte Richtungen und das muss einem bewusst sein!

Wenn Jesus Christus im Hebräerbrief als Hohepriester bezeichnet wird, weil Er das einzig wahrhaft helfende Opfer, nämlich sich selbst dargebracht hat, dann ist es nicht weit hergeholt, die Leibesglieder als „heiliges Priestertum" zu bezeichnen, wie es hier in **1 Pet 2,5** Petrus tut. Es ist jedoch auch nicht zu widerlegen, dass Petrus diese Bezeichnung lediglich auf Angehörige jenes Volkes bezeichnete, die seit beinahe 1.500 Jahren als Priester in Israel im Einsatz waren. Im Alten Testament hat Gott Israel als Volk von Königen und Priestern bezeichnet. Dieser Dienst sollte im messianischen Reich angetreten werden. Es besteht kaum Zweifel, dass Petrus wie alle anderen Jünger auf das nahe Kommen dieses Reiches hoffte, zumal Jesus davon geredet hatte, dass einige von ihnen dieses Reich noch erleben würden. Man darf nicht vergessen, dass Petrus seinen Brief an Juden schrieb. Ihnen war diese Vorstellung von Israel als Priestervolk nur zu geläufig.

Eine zwingende Übertragung dieser Bezeichnung vom heiligen Priestertum auf eine andere Gruppe von Menschen ist also nicht gegeben und ist eher unwahrscheinlich. Das ergibt sich auch insbesondere aus dem Zusatz, da Petrus gleich im nachfolgenden Vers 6 sich auf eine Prophezeiung Jesajas bezieht, die ausdrücklich auf Israel Bezug nimmt. Alles was bisher geschehen ist, stimmt überein mit dem, was Gott Seinem Volk vorausgesagt hat. Die Leibesgemeinde Jesu, von der Paulus spricht, ist jedoch, wie Paulus selber sagt, zur Zeit der Propheten des Alten Testaments noch ein Geheimnis gewesen (Eph 3,3ff).

Petrus unterstreicht diese Aussage und präzisiert sie in **1 Pet 2,9**: *„Ihr aber [seid] [ein] auserwähltes Geschlecht, [ein] »königliches Priestertum«, [eine] »heilige Nation«, [ein] Volk, [Ihm] zu[r] Aneignung, damit ihr die Tugenden dessen verkündigt, [der] euch aus [der] Finsternis zu Seinem erstaunlichen Licht berufen hat."* (KÜ) Das lässt sich mühelos als Wiederholung der Verheißung an Gottes Volk des Alten Testaments verstehen. Ja, klar, Israel war schon immer für diese Rolle des königlichen Priestertums vorgesehen und es war schon immer klar, dass es unter dem Messias diese Rolle wahrnehmen würde. Die von Petrus angesprochenen Juden in der Diaspora waren die ersten des Volkes, die wissen und glauben durften, dass Jesus dieser Messias war, unter dessen Führung Israel den Nationen vorstehen würde.

Viele Ausleger beziehen diese Stelle auf die christliche Kirche. **43** Das kommt davon, wenn man die unbiblische Ersatztheologie vertritt, könnte man sagen, oder umgekehrt, man hat Antipathien mit Israel, eifert um die Privilegien dieses Volkes, welches im Alten Testament als Braut und Frau Gottes bezeichnet wird, und beutet solche Aussagen für seine eigenen Zwecke aus. So wird es zur Ersatztheologie gekommen sein. Die christliche Kirche gab es im Alten Testament noch gar nicht. Die Verheißungen galten Israel und Petrus bestätigt das hier. Die Kirche war nie eine „Nation". Die Juden sind es immer noch, trotz der jahrhundertelangen Verfolgungen durch Christen und die Kirchen.

Dass die Ersatztheologie auch nach dem den Kirchenchristen anzulastenden Holocaust weiter vertreten wird, ist ein geistlicher Skandal geblieben. Ein hässlicher Irrtum verbessert sich nicht, wenn er von Gräueln begleitet wird. Aber er wird vielleicht dadurch verdeutlicht!

Auf die Finsternis der Ferne von Gott, die von Israel selbst verschuldet worden war, weil die Israeliten mit fremden Göttern gehuldigt und mit fremden Götzen gehurt hatten, war ein Lichtstrahl gekommen. Eine Botschaft der Erlösung. In Jesus Christus sollte das rettende Licht erscheinen. In Eph 5,8 sagt Paulus das gleiche.

Petrus zitiert aus 2 Mos 19,6: *„Ihr sollt mir ein Königreich von Priestern und eine heilige Nation sein. Das sind die Worte, die du zu den Kindern Israel reden sollst."* Jetzt redete Petrus zu den Kindern Israel diese Worte, die sie vor 1500 Jahren gehört hatten, denn nun schien die Zeit reif zu sein.

Petrus erinnerte die Adressaten, dass ihnen die Verheißung gegeben worden waren und dass jetzt mit dem Kommen des Christus ein entscheidender Schritt getan war.

Gott lässt über den Propheten Hosea dem Volk Israel ausrichten, dass es wegen seiner Untreue von ihm als *„Lo-Ammi; denn ihr seid nicht mein Volk"* bezeichnet werden soll (Hos 1,9). Das greift Petrus auf und schreibt den Juden in der Diaspora: *„die [ihr] einst [ein] »Nicht-Volk« [wart], aber nun Gottes Volk [seid]".* Ersatztheologen greifen das auf und sagen, das „Nicht-volk" seien die ungläubigen Heiden und die Heiden, die nun gläubig geworden sind *„die [einst] kein Erbarmen [erlang]t ha[tt]en, nun aber Erbarmen [erlang]en"* seien nun das Gottesvolk. Doch das sagt Petrus nicht.

Es ist klar, er schreibt den Juden und erinnert sie an Hos 1,9. Doch dabei lässt er es nicht bewenden, denn, was die Ersatztheologen ganz vergessen, ist, dass es bei Hosea noch weitergeht. Gott sagt nämlich zu und sagt voraus, dass er das Nicht-Volk wieder zu seinem Volk machen wird. *„Und es soll geschehen, anstatt dass man zu ihnen sagt: »Ihr seid nicht mein Volk«, wird man zu ihnen sagen: »O ihr Kinder des lebendigen Gottes. Denn es werden die Judäer und die Israeliten zusammenkommen und werden sich ein gemeinsames Haupt erwählen und aus dem Lande heraufziehen"* (Hos 2,1-2) und *„und ich will sagen zu Lo-Ammi: »Du bist mein Volk«, und er wird sagen: »Du bist mein Gott."* (Hos 2,25)

Wenn Petrus in **1 Pet 2,7-8** zu bemerken hat, dass die Nichtgläubigen diejenigen sind, die den Eckstein verworfen haben, weil er für sie ein Fels des Ärgernisses ist, wozu er zwei Mal ein Zitat aus dem Alten Testament bringt, deutet das darauf hin, dass er eben jene meint, die bisher nach dem Alten Testament gelebt und geglaubt haben. Er meint also gegenüber den gläubigen Juden die Juden, die ungläubig geblieben sind. Würde er an Nichtjuden schreiben, müsste er annehmen, dass die gar nicht verstehen würden, was es sich mit dem Eckstein und dem Stein des Anstoßes aus Ps 118,22 und Jes 8,14 auf sich hatte. Damals hatten nur die Vermögenden eigene Bibelabschriften und Nichtjuden gehörten zu den Besitzern auch nur dann, wenn sie sich schon lange ernsthaft mit dem Judentum auseinandergesetzt haben.

Noch etwas ist festzustellen. Petrus ist kein ungebildeter oder ungehobelter Fischermann. Er kennt sich in den Schriften aus. Er kann sie sogar zitieren. Er hat kein Smartphone dabeigehabt, wo er geschwind nachschauen konnte, was wo in der Bibel steht.

1 Pet 2,10 bildet ab, dass das messianisch-jüdische Volk, das im bald kommenden Reich die Nationen regieren wird, nur aus Messiasgläubigen bestehen wird. Der Messias wird dann sichtbar von Jerusalem aus regieren. Es wird dann keine Zweifler mehr geben. Aber jetzt, da Petrus den Brief schreibt, gibt es derer noch viele. Die Gläubigen Juden, die er anschreibt, gehören nicht dazu. Doch auch sie waren einst Ungläubige damit gehörten sie ebenfalls noch nicht zum Messiasvolk, sondern zu Lo-Ammi. Erst mit der willigen Entgegennahme der barmherzigen Zuwendung Gottes, sich die Augen öffnen zu lassen, wurden sie zu Angehörigen des Messiasvolks, zum „Rest Israels". Petrus hat also erkannt, dass das wahre Israel das gläubige, messianische Israel war. ***44** Dass es Juden geben würde, die dem nicht zugehören würden, wollte er damit nicht zum Ausdruck bringen.*

Im nachfolgenden Vers wiederholt Petrus die Anrede als Fremdlinge, „paroikous" und nennt sie zudem „pardpidemous" **(1 Pet 2,11)** ", was so viel bedeutet wie Exilanten. Das ist auch ein Fremder, jedoch einer, der sich auch in der Fremde aufhält. Die Übersetzung der ElbÜ mit „ohne Bürgerrecht" ist hier irreführend, weil ja diese Gläubigen gerade doch das Bürgerrecht des wahren Israels haben. Auch ein „Pilger" (ElbÜ, Lu2017) ist nicht unbedingt ein religiöser Pilger. Was gab es für einen messianischen Juden zu pilgern? Das jährliche Pilgern nach Jerusalem, für den, der es sich leisten konnte, war kein Thema in der Verkündigung, denn das taten ja die Juden sowieso.

Andererseits, kann es auch kein großes Thema für einen Angehöriger Christi sein, denn er ist im Leib Christi bereits angekommen und hat kein noch anzugehendes Pilgerziel mehr. Wie rastlos die religiöse Pilgerei demgegenüber doch ist! Man sucht entweder einen religiösen Verdienst zu erwerben, den man versäumt, an jedem Ort zu erbringen, oder man sucht eine Gotteserfahrung, obwohl

Gott doch immer schon ganz nah ist. Man muss Ihn gar nicht suchen. Er ist immer schon da. Gott ist jederzeit immer da, wo man selber ist. Tatsächlich ging es Luther nicht um die Pilgerei. Er meinte vielleicht, das lateinische Wort für „in der Fremde sein", „peregrinari" in seiner deutschen Entsprechung einsetzen zu müssen.

Petrus rät diesen Fremdlingen noch *„Euer Verhalten unter den Nationen sei trefflich"* (**1 Pet 2,12** KÜ). Die einzige Nation, die schon seit vielen Jahren „unter den Nationen" wohnte und immer als Fremdlinge behandelt worden sind, weil sie sich auch befremdlich benahmen, waren die Juden in der Diaspora. Es gab im ganzen Römischen Reich und weit darüber hinaus, wo die Römer Handelsbeziehungen unterhielten, auch jüdische Gemeinden, sogar in Sri Lanka und Indien, weshalb die Überlieferung stimmen könnte, dass der Apostel Thomas in Indien war. Aber nicht, um die Hindus zum christlichen Glauben zu bekehren, sondern, um mit den Städten, in denen Juden lebten, fertig zu werden, bis Jesus Christus zurückkam. So fertig zu werden wie vielleicht das große Missionsvorbild Jona. Dieser war mit dem Auftrag nach Assyrien geschickt worden, dort das drohende Gericht zu verkündigen, wenn das Volk nicht umkehrte von ihrer gottlosen Lebensweise.

Nachdem Jona das getan hatte und seinen Verkündigungsauftrag erledigt hatte, geschah das für Jona schwer Vorstellbare, nämlich, dass diese verhassten Assyrer tatsächlich bereuten. Warum sollte also eine Predigt nicht in einem Ort, wo man nicht alle zugleich erreichte, das Gleiche bewirken können. Bei den Juden ging es ja um das Gleiche: sie sollten umkehren, sie sollten sich zuwenden zum Gott Israels, jenem Gott, der gerade Seinen Sohn Jeschua auf Erden geschickt hatte. Das Prinzip „Kleine Ursache – große Wirkung" gilt bei Gott ohne jede Limitierung! Und die Jünger Jesu hatten das oft genug selber erlebt, als sie noch mit Jesus zusammen waren. Da wurden schnell mal aus wenigen Broten und Fischen haufenweise Alimentation.

Die Debatte in der Kirche darüber wer „Nicht-mein-Volk" und „mein Volk" ist, ist höchst aufschlussreich, wenn man dazu die Kirchengeschichte der letzten zwei Jahrtausende betrachtet.

Wenn hochrangige Kirchenvertreter das Kreuz ablegen, wenn sie in Jerusalem auf den Tempelberg gehen, dann mag das aus gut gemeinter Rücksichtnahme auf die Gefühle der Muslime geschehen sein. Doch hinter den Gefühlen der Muslimen steckt die Auffassung, dass Jesus eben gerade nicht am Kreuz gestorben ist, nicht Gottes Sohn, sondern ein Muslim war. Und diese Auffassung stammt ebenso von dem Widersacher Gottes wie die Reizbarkeit gegenüber allem, was das Kreuz den Menschen sagen soll.

Das Kreuzablegen wird deshalb von den Feinden des Kreuzes als Niederlegung des Kreuzesglaubens verstanden und als Verbeugung vor der Feindschaft gegen den Kreuzesglauben. Demgegenüber tritt die Rücksichtnahme auf die religiösen Gefühle an Bedeutung zurück. Salomo ließ aus der gleichen Rücksichtnahme die Verehrung heidnischer Götzen in seinem Lande zu, um die Gefühle der Bewohner mit nichtisraelitischem Migrationshintergrund nicht zu verletzen. Er setzte auf Multikulti und grenzenlose Toleranz. Er setze zu sehr auf seine menschliche Weisheit, für die er berühmt wurde.

Aber auch ein Salomo mit all seiner Vernunft irrte sich, weil Er sich zu wenig von Gottes Weisheit leiten ließ. Sein Reich zerfiel, unter seinen Nachfolgern herrschte Krieg. Menschliche Weisheit ohne den Geist Gottes, ist es das, was die Kirchen beseelt? Das muss unweigerlich zu einem Anstatt- und Gegen-Christentum führen. Gottes Geist wirkt unter anderem in zwei Richtungen. Er zieht zu einer Liebe zu Christus hin. Er zieht aber auch zu einer Liebe zur Braut Christi hin. Diese Braut ist Israel. Wohin wird wohl der Geist des Widerwirkers ziehen?

Die Berichte in der Bibel lassen den Schluss zu: Wie verkehrt jemand ist und von wem er gesteuert bzw. bevollmächtigt ist, sieht man am besten daran, wie so jemand mit den Heiligen Gottes und/oder dem heiligen Volk (Israel) umgeht. Wer die Geschichte der letzten zweitausend Jahre studiert, wie man mit bibeltreuen Christen und Juden umgegangen ist, welche Allianzen sich gebildet haben und welche Absichten bekannt gemacht worden sind, der wird feststellen, dass die Schlüsse, die man daraus ziehen kann, mit dem Weltbild, das sich aus der Bibel gibt, übereinstimmen. *45

Bis in Jesu Zeit waren das die religiösen und weltlichen Führer des Volkes Israel, die auf dem Prüfstand waren. Was Jesus oder auch Stephanus über sie sagte, ist bekannt. Sie sprachen ihnen die geistliche Kompetenz ab. Seit der Zeit der verstaatlichten Kirchenchristenheit sind es aber die Kirchen, die die Heiligen Gottes als Ketzer und Personen non grata und das Volk Gottes (Israel) verfolgt und umgebracht haben. Das ging durch alle Jahrhunderte bis ins 20. Jahrhundert. *46 Was ist daraus die Botschaft? Da gibt es in der Christenheit beides, auf der einen Seite das Gute, das Gott gesegnet hat, doch auch die andere Seite muss zur Kenntnis genommen werden. Das Gericht fängt am Hause Gottes an (**1 Pet 4,17**). Deshalb ging Gott mit Israel so hart ins Gericht. Deshalb ist zu erwarten, dass Er auch noch mit den Kirchen hart ins Gericht gehen wird, wenn sie nicht umkehren. Ihnen fehlt offenkundig die rechte Geistleitung. Heute sieht es immer noch nicht nach Umkehr aus. Das Unrecht nimmt weiter zu, die Bibel wird immer mehr in Frage gestellt. Unmoral verbreitet sich unter dem Zeichen der Toleranz und wird gutgeheißen. Wir haben eine menschlich - kirchliche Christenheit. Bevor wir eine christliche Menschheit haben, werden wir ein Israel haben, das seinen Messias angenommen hat. *47 Die Hoffnung, dass die Kirchen zu den Heilsbringern für die Menschheit werden, stirbt zuletzt. Aber sie stirbt einen langen Tod.

Die Kirchen sollten sich nicht so sicher sein, dass sie mit göttlicher Vollmacht reden. Sie sollten sich warnen lassen. In der Bibel gibt es das Beispiel einer religiösen Führung, die für sich die göttliche Autorität beanspruchte und sich auch nicht von denen, die tatsächlich göttliche Autorität besaßen, davon überzeugen ließ, dass sie in der Tradition derer standen, die schon die Propheten und Gottesmänner früherer Zeiten umgebracht hatten.

Die heutigen Kirchen stehen lehrmäßig, aber zum Teil auch herkunftsmäßig in der Tradition, die jahrhundertelang Gottes Volk verfolgte, auch jene Kirchen, die der Ersatztheologie nicht folgen. Was Stephanus an Kritik gegen die herrschende „Kirchenmeinung" vorgebracht hatte (Ap 6,8ff), stimmte, aber dennoch wurde er von der „Traditionskirche" seiner Tage abgeurteilt und umgebracht. Seither ging es vielen Gottesmännern, die sich gegen die Traditionskirche stellten, so wie Stephanus.

Im Jahr 1415 war es Jan Hus, der die Kirche dazu aufrief, zum Wort Gottes zurückzukehren. Er wurde in einer Stadt namens Konstanz hingerichtet, weil die Kirche konstant uneinsichtig auf ihre Überlieferung des Unrechts beharren wollte. 1536 wurde William Tyndale in Brüssel hingerichtet, weil er seine Bibelübersetzungen ohne die Genehmigung der Kirche und des weltlichen Herrschers in Umlauf gegeben hatte.

Es scheint eine Tradition in der Traditionskirche zu geben, dass sie immer die verteufelt, die näher zu Gott stehen und vertrauter mit Gottes Wort sind als sie selbst. Das war zu keiner Zeit anders und auch heute ist nichts Anderes zu erwarten, als dass man mit den heutigen, kirchlich und staatlich abgesegneten Mitteln Störer der „öffentlichen" oder „kirchlichen Ordnung" zumindest mundtot macht.

Wenn es in der ersten Reaktion auf Luthers 95 Thesen nur darum ging die kirchliche Autorität einzufordern, *48 dann werden alte Kirchenlehren heute dem nicht unähnlich verteidigt. Das Argument lautet, so viele Generationen von Theologen und Kirchenleuten können sich nicht geirrt haben. Aber warum eigentlich nicht? Als Jesus oder auch Stephanus die damalige „Amtskirche" angriffen, ließen sie kaum ein gutes Wort an ihrer Tradition, die auch schon über eintausend Jahre währte.

Das prominenteste Opfer der Traditionswahrer, die im Grunde eine Tradition der Vermenschlichung des Gottesglaubens ist, war Jesus selber. Die Kirchen wie sie uns in der Menschheitsgeschichte gegenübertreten, sind menschliche Gebilde. Die Gemeinde des Leibes Jesu Christi ist biblisch gesehen das, was Menschen unmöglich ist und nur Gott möglich machen kann, denn in ihr wohnt der Geist Gottes und der ist nicht sichtbar wie ein Kirchengebäude oder ein Internetauftritt mit einer Million „Likes".

Die religiösen Schwergewichte, die Hüter der menschlichen Ordnung, fragten Jesus: „In welcher Vollmacht tust du diese Dinge? Und wer hat dir diese Vollmacht gegeben?" (Mt 21,24) Jesus hätte einfach sagen können, „In der Vollmacht Gottes!" Aber man muss nicht immer direkt antworten, wenn die direkte Antwort voraussichtlich nicht gehört werden will oder wenn die Frage längst beantwortet worden ist.

Die „Hohepriester und die Ältesten des Volkes" waren sich sicher, dass niemand eine Vollmacht von Gott haben konnte, der Dinge tat, die sie nicht selber tun konnten, oder die sie für nicht richtig hielten. Später hieß es dann, wer dem Papst widerspricht, kann nicht Recht haben, denn der Papst ist Christi Stellvertreter auf Erden. Und noch später hieß es, der Papst ist ex cathedra irrtumslos. Jeder Mund des Widerspruchs hat sich da zu schließen.

Das sind Menschenlehren, die darauf aus sind, Menschen zu dienen und doch nur den wenigen Menschen nutzen, die die Macht haben. Dass solche Erörterungen in Kommentaren über die Petrusbriefe nicht vorkommen, könnte damit begründet werden, dass das doch nichts mit Petrus zu tun hätte. Tatsächlich ist es aber so, dass für die biblischen Schriften etwas gilt, was sonst über keine Schriften gesagt werden kann. Sie haben eine umfassende geistliche Relevanz. Was in ihnen substanziell ausgesagt und gelehrt wird, steht in einer beachtlichen Beziehung zu allem anderen, was heilsgeschichtlich substanziell abläuft.

Wenn Jesus sagt, dass man geistliche Kompetenz an den Früchten erkennen soll, dann wäre es nicht klug, wenn man die Kirche der späteren Jahrhunderte bei dieser Erkenntnisgewinnung beiseitelassen würde. Geistlich kompetentes Denken ist nicht leichtsinnig, sondern gewissenhaft.

Jesus kannte die Menschen und ihre selbst fabrizierte Frömmigkeit, die ihrer Selbstgerechtigkeit huldigt. Er antwortete mit einer Gegenfrage, die auf Grundsätzliches verweist: „Woher war die Taufe des Johannes? Vom Himmel oder von Menschen?" (Mt 21,25) Da gibt es die Taufe durch Menschen, die wertlos ist, wenn sie ohne göttliche Beauftragung erfolgt. Eine Taufe mit der Folge, dass man in die geistliche Gemeinschaft mit Christus hineingenommen wird, kann es nur unter Beteiligung des Geistes Christi geben. Gott ist der, der tauft. Und er tauft durch Seinen Geist. Eine Taufe, die keine Geisttaufe ist, verhilft dem Menschen nicht zu einer Beziehung mit Christus. Man kann in eine Kirche hineingetauft werden und gehört dann dieser Kirche an. Wenn Gott tauft, tauft er in den Leib der Gemeinde Jesu Christi. Man gehört dann dem Christus an. Gott denkt mit uns geradeaus, nicht auf verschlungenen dogmatischen Wegen.

Jesus unterscheidet hier in Seiner Rede zwischen dem was menschenmöglich ist, - das Taufen durch Menschen, um zu einer menschlichen Gemeinschaft dazuzugehören, - und dem, was dem Menschen unmöglich, aber Gott möglich ist, nämlich zu einer „himmlischen" Gemeinschaft dazuzugehören.

Wenn Menschen, die meinen, Gott zu vertreten, sich Christus in den Weg stellen, sind sie auch dazu geneigt, zu überhören, wenn Er ihnen sagt: *„Du sinnst nicht auf das, was Gottes, sondern auf das, was der Menschen ist."* (Mt 16,23) Gegenüber dem Eiferer Petrus, einem formellen Jesusnachfolger, der aber die wahre Bekehrung im Herzen durch den Geist Christi noch nicht erfahren hatte, führte Jesus dieses menschliche Denken sogar auf den Ursprung zurück: es liegt im Widerstreben Satans. Dieses „Geh weg von mir, Satan! Du bist mir ein Ärgernis!", das Jesus dem Petrus vorhält, gilt auch für die Kirchen, die sich Christus in den Weg stellen. Wenn sie sich nicht besinnen auf das, was Gottes (-dienst) ist, sondern bei dem bleiben, was der Menschenehre gilt, lassen sie sich vor den

Karren Satans spannen, obwohl sie meinen, sie würden Gottesdienst verrichten. In Wirklichkeit sind sie Geknechtete und dienen einem anderen Herrn.

In der Debatte um die Ökumene hört man immer wieder, dass die einzelnen Kirchen die Glieder am Leibe Christi seien. Sie haben viel zu oft eher Merkmale von Gliedern am Leibe des Anti-Christus, der ja ein „anstatt"-Christus ist. Der soll dem Christus täuschend ähnlich sein, damit er vorgeben kann, sein Stellvertreter zu sein. Für viele, die keine geübten Sinne haben und sich ihre Wahrnehmung durch fortgesetzte Umdeutung der biblischen Wahrheit abstumpfen ließen, ist der Unterschied zwischen dem mit Gottes Wort bezeugten Christus und dem, über den geredet wird, dem ökumeneverträglichen Christus, nicht mehr auszumachen. Tatsächlich kann man die nur auseinanderhalten, wenn man den Geist des Christus und nicht den Geist des Anti-Christus hat.

Aber dass am Ende eine große Verführung kommen wird, die mit einem zunehmenden Sittenverfall einhergeht, kann man aus dem Gotteswort wissen. ***49** Es ist das gleiche Gotteswort, welches die an der Ökumene beteiligten Kirchen immer weiter entkräftet und entwertet haben, indem sie es durch ihre eigenen Lehren ersetzt haben. Wie schon zu Jesu Zeiten, nichts Neues unter der Sonne.

Paulus hat die Kleider derer gehütet, die Stephanus gesteinigt haben. Auch Paulus hat einem von Satan inspirierten Werk, das von der herrschenden Meinung als Gotteswerk eingestuft wurde, sein eigenes Menschenwerk auf der gleichen Linie hinzugefügt. Er musste von Christus aus seiner Verblendung im „Anti-Christentum" befreit werden. Eine andere Hoffnung haben auch die Kirchenangehörigen nicht. Wenn sie es noch nicht sind, werden sie dem Christus begegnen müssen. Ob als Richter oder doch noch vor dem großen Weltgericht wird sich zeigen.

Die Kirchen haben eine größere Verantwortung als andere und sollten sich nicht so sicher sein, dass Gott nicht meint, was die Bibel sagt und ihre Warnungen nicht ernst zu nehmen seien: *„Doch wehe dem Menschen, durch den die Verführung kommt!"* (Mt 18,7)

Und dann wird man verstanden haben, was auch Paulus gelernt hat, dass der *„Glaube nicht auf Menschenweisheit, sondern auf Gottes Kraft beruhe".* (1 Kor 2,4) Die Kirche wollte wie die Hüter der religiösen Ordnung zur Zeit Jesu der Beherrscher des Glaubens sein. Sie hat sogar das Lesen von Gottes Wort und das Hören in ihrer Sprache verboten. Und zum Teil empfehlen die Kirchenvertreter auch heute noch, dass man nicht über Gottes Wort zu sehr nachdenken soll, wie mir neulich wieder ein Theologieprofessor geraten hat, der das auch an seine Studenten als Maxime weitergegeben hat. Das Schema ist erkennbar, weil es das Schema jeder Gesinnungsdiktatur ist. Auch heute gibt es eine „herrschende Meinung" und diese Meinung besagt, dass Gottes Wort nicht wirklich Gottes Wort sei.

Klar, denn Gottes Wort ist dem Menschenwort oft genug entgegengesetzt. So auch, wo es Paulus als Beweis für seinen aufrichtigen Gottesdienst sagen lässt: *„Nicht, dass wir über euren Glauben herrschen, sondern wir sind Mitarbeiter an eurer Freude; denn ihr steht durch den Glauben."* (2 Kor 1,24) Die Freude kommt aus der Nachfolge Christi und dem Festhalten an den unerschöpflichen Schätzen des Wortes Gottes.

Das *„Stehen durch den Glauben"* wird nicht durch Bibelkritik oder Ausschalten des Gotteswortes erreicht, indem man sagt: *„wozu wir nichts Verbindliches sagen, sollst du auch nicht weiter nachdenken.",* sondern nur durch konsequente Wahrheitssuche. Sie zeichnet sich dadurch aus, dass sie das, was sie erkannt hat, auch bezeugt und lebt. Das ist wahre Freiheit, das ist Freiheit in Christus, das andere ist Knechtschaft und Unterdrückung des Geistes, des Geistes, der allein die verstopften Denkkanäle durchwehen kann und es auch will. Aber man muss ihn auch lassen! Das eine ist Unterordnung in Christus, das andere ist Unterordnung in der Menschenwelt unter den Geist des Anti-Christen.

Vieles von dem, was Petrus den Juden schreibt, könnte von Paulus stammen, so auch wenn er sie zur Tugendhaftigkeit ermahnt, wie in den folgenden Versen (**1 Pet 2,12-20**). Es scheint so, dass das jeder zu jeder Zeit nötig hat. Die Torah selbst ist zum Teil auch ein Tugendkatalog. Die Bergpredigt, die manche für eine Präzisierung der Torah halten, ist auch ein Tugendkatalog. Doch weder die Torah noch die Bergpredigt sind hauptsächlich ein Tugendkatalog. Ihr Hauptzweck liegt darin, dass Gott den Menschen zwei Dinge verdeutlichen will: erstens, dass die Heiligkeit Gottes, das So-sein Gottes, ebenso wie das Nicht-anders-sein-als Gott ist von größter Bedeutung für Gott ist und dass Gott will, dass die Menschen so sind wie Er ist. Das zweite ist, dass sie begreifen, dass sie das nicht ohne Gott erreichen können. Eine vollendliche, treue Hinwendung zu Gott kann nur eine solche sein, die mit dem Näherkommen wollen ganz ernst macht. Dabei wird man zu lernen haben, dass man vom Eigenen loslassen muss, denn nur das Göttliche ist vollkommen und bleibend.

Zu dieser Erkenntnisgewinnung gehört auch das Zweite, was Petrus mit Paulus gemeinsam verkündet, wie man ab **1 Pet 2,21** gesagt bekommt. Auch die Berufung zum Leiden gehört zur Nachfolge Christi (**1 Pet 2,21**). Leiden und Erschwernisse des Lebens gehören deshalb dazu, weil durch Leidensprozesse die Bindung zu Gott verstärkt und wahrhafter werden kann. ***50**

Petrus fragt die Diasporajuden, die Leid in mannigfacher Form erfahren haben: *„Wenn ihr aber ausharrt, indem ihr Gutes tut und leidet, das ist Gnade bei Gott."* (**1 Pet 2,20**) Diese Haltung ist typisch jüdisch. Man erduldet so vieles als ob es darum ginge, das Murren des Volkes in der Wüste wett zu machen. Diese Leidensbereitschaft als „Gnade bei Gott" zu bezeichnen, ist einerseits mutig. Doch weder Petrus noch Paulus, der ebenso argumentiert, haben sich das ausgedacht, weil dieses Denken bei den Juden Tradition hatte. Petrus erinnert die messianischen Juden in der Diakonie nur daran. Man kann diese Sichtweise nicht durch den Talmud, der Jahrhunderte später formuliert worden ist, nachweisen, auch wenn sich dort ähnlich Aussagen finden, aus dem einfachen Grund, weil der

Talmud zum Teil auch eine Reaktion auf das Christentum ist. Judentum und Christentum, die sich teilweise aufs Äußerste bekämpften – mit Israel meist in der Rolle des Leidenden – haben sich auch gegenseitig befruchtet. Das Wort Gottes hat mit diesem Kampf hauptsächlich in der Weise was zu tun, als es eine Grundlage beider ist, die beide immer auch inspiriert hat.

Aber, warum ist Leiden fürs Gutetun Gnade bei Gott? Weil man durch das Tun des Guten dem Wohlgefallen Gottes entspricht und Seine Weltordnung anerkennt und das Leiden das eigene Wollen dazu ganz besonders befestigt als Wollen wie Gott will. Man leidet dann gewissermaßen für Gott als Sein Stellvertreter. Das Sterben für den Glauben, der das Vertrauen in Gott ist, gehört auch zu diesem Leiden. Umgekehrt kann man sagen, wer für Gott, oder im Sinne Seines Wesens, leidet, kommt der Vertrauens-Seligkeit, die bei Gott ist, schon sehr nahe. Und nahe bei Gott sein zu dürfen ist Gnade.

Wer so in dieser Gnade Gottes lebt, befindet sich in der Fußspur Jesu, der das auch zum Prinzip Seines Lebens gemacht hat. Zu leben, wie es Gottes Wesen entspricht.

Auch im Judentum hat man längst erkannt, dass Israel einen schmerzhaften Weg mit Gott geht, der mutmaßlich deshalb so schmerzhaft ist, weil es mit Israel noch nicht ganz so ist, wie es sein müsste, damit der Messias die Regentschaft übernehmen kann und dass dabei nicht nur der mangelnde Gehorsam eine Ursache für Züchtigungen sein muss, die dann eine Berichtigung zur Folge haben sollen, sondern dass auch das bloße Leiden, wie beim Gottesknecht von Jes 53, den viele Juden auf Israel beziehen, sogar das Leiden im Kollektiv für sinnstiftend und wegbereitend gehalten werden kann. Daher kann es nicht überraschen, wenn gerade messianische Juden an dieser traditionell jüdischen Bibelauslegung zu Jes 53 zumindest zum Teil festhalten. Es heißt dann: wir wissen, dass Jesus der Gottesdiener von Jes 53 ist. Und tatsächlich wird sowohl das Volk Israel als Ganzes ebenso wie Jesus als erstgeborener Sohn Gottes bezeichnet! „So spricht der HERR: Mein erstgeborener Sohn ist Israel." (2 Mos 4,22) ***51**

Aber es gibt noch eine andere Bedeutungsebene und da gilt Jes 53 auch für Israel. Wie sonst kann man sich das endlose Leiden des jüdischen Volkes erklären? Dass Juden bei Jesaja 53 an sich selbst denken, ist nicht so weit hergeholt, denn sie sind ja zumindest in Jes 53,6 als umherirrende Schafe gemeint und genau das greift Petrus auch hier in **1 Pet 2,25** auf:

„Denn ihr gingt in der Irre wie Schafe, aber ihr seid jetzt zurückgekehrt zu dem Hirten und Aufseher eurer Seelen." Eine klare Unterscheidung wird hier vorgenommen zwischen Hirte Jesus und Schafe, Sein Volk Israel.

Wen Petrus hier das Bild von verirrten Schafen und dem Hirten Jesus verwendet, kann er an eine Analogie gedacht haben. Es ist eine weit verbreitete und viel angewandte Methode der Auslegung des Alten Testaments der neutestamentlichen Autoren immer wieder Analogien zu ziehen, die nicht selten eine überraschende Weitläufigkeit der Argumentierung präsentiert. Andererseits ist klar, dass im Alten Bund immer die Angehörige Israels als Schafe bezeichnet wurden und „der Herr ist unser Hirte", von jedem Juden auf JHWH bezogen worden ist. Sollte man von dem Juden Petrus erwarten, dass er dieses Bild nicht auf alle Gläubige anwenden würde? Nein! Aber was Petrus gedacht hat, ist da eine. Zu welchen Worten Gott ihn inspiriert hat, ist noch einmal etwas Anderes. Gott hat die Bibel so schreiben lassen, dass sein heilsgeschichtliches Wirken abgebildet wird, aber nicht für jeden einfach zu entdecken ist. Die Texte sind so vielschichtig, dass man ohne Geistleitung vieles hineinlesen kann. Und nicht alles, was man hineinliest oder herauskonstruiert ist inhaltlich falsch, obwohl es gar nicht dasteht.

Wer das Leben von Christen studiert, wird feststellen müssen, dass sie vieles falsch gemacht haben aus Gründen, denen eine richtige Lehre zugrunde lag und dass sie vieles richtiggemacht haben, aus falschen Gründen. Ein Beispiel für das Erste: Man muss in der Tat Gott mehr gehorsam sein als den Menschen. Wenn man glaubt, dass Gott für Ehebruch die Todesstrafe verhängt, dann wird man mit einem Ehebrecher gnadenlos umgeht.

Zu was das führt, kann anschaulich in islamischen Ländern angeschaut werden. Nimmt man nun aber die Aussagen Jesu in der Bergpredigt dazu, müsste man 99% aller Männer hinrichten. Ein Breispiel für das Zweite: Wer meint, Jesus hätte nur noch zwei Gebote stehen lassen: Liebe Gott und liebe deinen Nächsten und deshalb einen Ehebrecher verschont hätte, hätte Recht gehandelt, aber aus den falschen Gründen.

Deshalb ist es bei überhaupt keinem Buch der Menschheitsliteratur so schwierig, die rechte Bedeutung der Aussagen zu verstehen, weil es verschiedene Ebenen des Verstehens gibt, die verschiedenes auslösen können und – höchst wahrscheinlich sogar – sollen. Da predigt beispielsweise ein messianischer Jude über die Bedeutung des Sabbats und wird dabei von Gottes Geist inspiriert und ein protestantischer Nichtjude predigt ein Häuserblock weiter ebenso über den Sabbat und sagt dabei etwas, was zumindest bei oberflächlicher Betrachtung und bei einem Mangel an der Kenntnis über heilsgeschichtliche Zusammenhänge nur als Widerspruch aufgefasst werden kann, obwohl auch er von Gottes Geist inspiriert wurde. Was für das menschliche Denken ein Widerspruch ist, muss es das bei Gott noch lange nicht sein.

Petrus verdeutlicht, dass das Volk Israel wie eine Schafherde ist. Für jedes einzelne Schaf stellt sich die Frage, wer der Schäfer ist, dem es zugehören will. Petrus stellt klar, dass es für Israel nur einen richtigen Hirten geben kann. Das ist der Messias Jeschua. Der ist nicht nur ein guter Hirte, der seinen Schafen Nahrung und Sicherheit besorgt. Der gute Hirte lässt sogar sein Leben für seine Herde. Das ist das Besondere an diesem Messias. Und das ist erst recht deshalb besonders, weil der Messias das schon gemacht hat. Er hat Seine Qualifikation bereits nachgewiesen. Er ist der, *„der unsere Sünden an seinem Leib selbst an das Holz hinaufgetragen hat, damit wir, den Sünden abgestorben, der Gerechtigkeit leben; durch dessen Striemen ihr geheilt worden seid."* (**1 Pet 2,24**)

Wer ein Bekenntnis in der Bibel sucht, dass Jesus Christus der Erlöser ist, findet es hier. Es ist Petrus aber auch wichtig, hinzuzufügen: *„damit wir, den Sünden abgestorben, der Gerechtigkeit leben."* Petrus konnte also beides, bekennen, dass Jesus für unsere Sünden bezahlt hat. Somit gibt es keine Trennung mehr von Gott. Und er konnte die Schlussfolgerung ziehen, wenn Jesus so teuer bezahlt hat wegen unserer Sünden, dann ist es schon eine Frage der Dankbarkeit und der Ehrfurcht, dass man möglichst einen weiten Bogen um jegliche Art von Sünden macht. Paulus hätte hinzugefügt: Man wird dadurch keinen Deut gerechter, denn man hat bereits wegen Jesus die optimale Gerechtigkeit erlangt, aber man will ja eins werden mit dem, an dem nie eine Sünde gefunden wurde, der sein Leben für einen hergegeben hat. Wie soll das ohne Beschämung gehen, wenn man sich nun nicht auch noch heiligen lässt! Und genau dazu hat man den Geist Christi. Der Geist Christi ist nicht dazu da, um uns zu retten, denn das sind wir schon. Er ist dazu da, um uns zu erziehen und weiter auf dem Weg des Gerechten, welcher Jesus Christus ist, weiter zu ziehen. Der Geist Christi ist Erzieher und Fortzieher. Er zieht von der Sünde und von vielen Gewohnheiten und Wegen der Welt weg.

Man könnte leider nicht zu Unrecht sagen, dass es für das weibliche Geschlecht eine eigene Heilsgeschichte gibt. Sie ist identisch mit der des Mannesvolkes und muss aber erweitert werden, um all das, was die Männer den Frauen wegen einem falschen Unterordnungsverhältnis vorenthalten und aufgezwungen haben. Nach **1 Pet 3,7** ist den Männern gesagt, dass sie bei den Frauen „mit Einsicht" oder „Vernunft" wohnen und ihnen Ehre geben sollen. Mit Einsicht und mit Ehre! Das gilt für alle Bereiche Leib, Seele und Geist, denn auch die Frau ist ja ein vollständiger Mensch erst mit Leib, Seele und Geist. **52**
Es ist eines der großen Rätsel, warum gerade die auf ihr Christsein erpichten christlichen Männer hier zu wenig „Einsicht" und „Ehrerbietung" entwickelt haben. Ist es etwa einsichtig und ehrbar, wenn man seine Frau zu Dingen verpflichtet, die sie nur unter großen Mühen und Opfern und inneren Widerständen zu erbringen

bereit ist? Besonders schändlich muss man aber die geistige Brandstiftung unter den Theologen und Kirchenleuten halten, die die Verunehrung und den Missbrauch der Frauen zu legitimieren versuchten. *53

Wie sich immer wieder aus der Geschichte der sexuellen Verfehlungen von Kirchenleuten gezeigt hat, scheint ja weniger der rücksichtsvolle Verzicht bei den Männern des „Glaubens" zu einer Störung einer „liebenden Gemeinschaft" geführt zu haben, als Forderung, Druck, Missbrauch, Vergewaltigung. Und diese betreffen nie nur den Leib, sondern auch Seele und Geist. Und zwar gerade auch Seele und Geist der Männer, die ihr frevlerisches Treiben auch noch frommreden wollen.

Warum die Apostel immer wieder auf das Prinzip der Unterordnung zurückkommen wie hier Petrus ab **1 Pet 3,1** ist klar. Die Heilsgeschichte Gottes entfaltet sich durch die Äonen hindurch nach einer planmäßigen Ordnung, die sich widerspiegeln soll in den Ordnungsprinzipien, die es sogar in allen Bereichen der Natur zu entdecken gibt. Auch in der Ehe liegen solche Ordnungsprinzipien vor. Gott schuf zuerst den Mann, dann schuf Er die Frau und gab ihr die Aufgabe, die sie in Bezug auf den Mann hatte. Sie sollte sich ihm unterordnen. Petrus sagt, dass die Frauen sich auch dann den Männern unterordnen sollen, wenn diese ungläubig sind.

Eine Frage für sich ist aber immer, wie weit diese Unterordnung gehen soll. Da sollte man sich an dem orientieren, was Petrus hier sagt. Er spricht die klare Betonung der inneren Werte an, die man leben kann, wenn man will. Er geht also davon aus, dass es sich um Männer handelt, die sich beeindrucken lassen, wenn die Frau fromm, ehrfürchtig mit einem *„sanften und stillen Geist"* ausgestattet ist (**1 Pet 3,2-4**). Wohl der Frau, die so einen Mann hat.

Tatsache ist, dass es viele Männer gibt, die das nicht beeindruckt. Und manche lassen sich sogar von einem zu frommen Wesen der Frau irritieren. Wenn es dann zu einer Scheidung kommt, ist es umso besser, denn Frauen sollten ohnehin sich nie mit Männern vergesellschaften, die nicht auf einen „sanften und stillen Geist" schätzen oder lieben können, oder denen es wichtiger ist, dass die Frau ein gutes Bild abgibt, durch ihre äußeren Reize *„mit Haarflechten, goldenen Ketten oder* *prächtigen Kleidern"*. Eine Frau, die vielleicht einmal so war, aber nun bekehrt ist, wird bemerken, dass sie vieles nun anders bewertet. Das verursacht der Geist Christi in ihr. Gott kann auch dem Mann die Bekehrung schenken, wenn er es aber nicht tut, dann bedeutet das nicht, dass die Unterordnung auf Kosten der Frau zu gehen hat. Sie hat auf jeden Fall ihre Grenzen. Ein Kind Gottes ist wertvoll und hat eine von Gott verliehen Würde, die nicht verhandelbar ist.

Dass seit Wirken des Widersachers Frauen immer wieder Angriffsziel Satans sind, ist klar. Sie ist ja auch die Gebärerin des Messias. Ihr Same wird der Schlange auf den Kopf treten. Es geht Satan also darum die Frau von beiden Seiten zu bekämpfen, auf der einen Seite wird sie zum Objekt des Mannes degradiert, der mit ihr umgeht, wie es ihm beliebt. Auf der anderen Seite rebelliert sie gegen den Mann und unterwirft ihn sogar, wenn es möglich ist. Unter die letztgenannte Stoßrichtung gehören auch die Auswüchse des Feminismus, nicht unbedingt dessen Anliegen, die ja zum Teil wegen der Auswüchse des Frauenmissbrauchs berechtigt sind.

Wo immer sich ein Schöpfungsgleichgewicht sich einstellen will, interveniert Satan und versucht für die eine oder andere Seite mehr Gewicht mobil zu machen, so dass die Verhältnisse wieder ins Ungleichgewicht rutschen.

Um es klar zu sagen. Es ist ebenso ein Mangel an Unterordnung des Mannes, wenn er die Frau schlecht behandelt, so dass es ihr schwerfällt, sich ihrerseits unter zu ordnen. Beim Mann ist es die Unterordnung unter Christus, die er dabei missachtet. Petrus darf wissen, dass eine Frau, die sich in der rechten Weise unterordnet, viel beim Mann zum Guten wenden kann. Aber dieses menschliche Bemühen hat Grenzen und der Erfolg hängt auf der menschlichen Ebene davon ab wie der Mann darauf eingeht. Er entscheidet darüber, ob es zum „Gewinn" wird. Aber ob es auf der rein menschlichen Ebene ist oder ob es auf der geistlichen Ebene stattfindet, wo Gott beteiligt ist und das erste und letzte Wort hat, eines ist klar, Sündiges, Würdeloses, Unehrenhaftes bildet sich niemals positiv auf der geistlichen Ebene ab. Um es noch einmal deutlich zu sagen. Ein Mann handelt niemals ehrenhaft oder würdevoll, wenn er von seiner Frau etwas verlangt, was sie in eine seelische Not bringt, bei deren Entstehung der Mann an vorderste Stelle zu sehen sein muss, sie zu verhindern. Die beiden wichtigsten Dinge für einen Mann in Bezug auf seine Frau sind, seine Frau zu ehren und zu lieben. Und das eine geht nicht ohne das andere.

Petrus zeigt durch das Beispiel, das er bringt, dass es keine einseitige Unterordnung geben kann, denn Sara war Abraham gehorsam, aber ihr Vertrauen in Gott war eingeschränkt. Ihr spezieller Gehorsam, der miteinschloss, dass sie nicht immer die ganze Wahrheit sagte, hätte ernste Folgen haben können, wenn Gott nicht eingegriffen hätte. *54 Sie ist ihm auch nicht in allem gefolgt, sondern Abraham ist ihr gefolgt, als er die Führung übernehmen sollte. In 1 Mos 16,2 heißt es lapidar: *„Und Abram gehorchte der Stimme Sarais."* Sara war zwar eine schöne Frau (1 Mos 12,1), aber sie war gemein, da sie ihre Magd plagte (1 Mos 16,6) Abraham schritt nicht ein. Da waren also äußere Schauwerte da, aber innere Werte trotz des Gehorsams unterentwickelt.

Petrus wollte den Gehorsam der Sara betonen, wenn man sich aber die Mühe macht, die Persönlichkeit Sara und ihr Verhältnis zu Abraham zu beleuchten, dann sieht man, dass es einen bedingungslosen Gehorsam nicht geben kann zwischen Menschen. Nur zu Gott gibt es eine bedingungslose Hingabe.

Petrus hebt ausdrücklich in **1 Pet 3,7** hervor, wie wichtig es ist, dass die Männer ihre Frauen ehren. Das schützt sie vor Dummheiten und Verrohung. Wer im seelischen Bereich, beim Bedürfen, Wünschen und Wollen verroht, tut das auch im geistlichen. Sich dem Denken und Fühlen Gottes annähern, wird man sich nur, wenn man in einem geistlichen Sinne feingesinnt bleibt. Petrus gibt hier ein Gebot Gottes weiter, das auch als Angebot verstanden werden kann: wer seine Frau ehrt, den hört auch Gott. Es ist auch klar, dass man auch andere Frauen nicht ehren kann, wenn man nicht einmal seine eigene Frau ehren kann. Weil es wichtig für christliche Ehen, aber auch für christliche Gemeinden fügt Petrus ein weiteres Gebot ganz im Sinne von Paulus an, das Gebot gleichgesinnt zu sein (**1 Pet 3,9**)

„Endlich aber seid allesamt gleich gesinnt, mitleidig, brüderlich, barmherzig, demütig." Nichts von alledem ist Juden unbekannt. Juden wissen durch ihre Offenbarungen, die sie von Gott bekommen haben, seit vielen Jahrhunderten, dass Gottes Heiligkeit Barmherzigkeit und Demut mit umfasst. Ihr großer Prophet, der Verfasser der Torah, Moses ist als demütigster Mensch überhaupt überliefert (4 Mos 12,3). Dahinter steckt eine lehrreiche Anekdote, denn da hat also offenbar, nach jüdischer und christlicher Überlieferung Mose selber geschrieben, dass er der demütigste Mensch der Erde sei. Das ist in der Tat ein Witz, wenn ein Mensch sich selber so etwas zuschreibt, es sei denn Gott hat ihn dazu angewiesen. Dass das Gott getan hat, ist für Bibelgläubige nicht zu bezweifeln. Wenn es aber Gott getan hat, dann hat hier Gott in einer ganz anderen Hinsicht Witz gezeigt. Er hat vorher schon ausgerechnet jemand, der sich keine gute Redeweise zutraute, zum mächtigsten Mensch der Erde geschickt, um dem dringend zu raten, die ganzen schlecht bezahlten unter menschenunwürdigen Arbeitsbedingungen und unzureichenden Lebensbedingungen festgehaltenen Sklavenarbeiter allesamt sofort frei zu lassen.

Etwas Vergleichbares wäre gewesen, wenn Gott einen bekannten, von Deutschland in den dreißiger Jahren des Zwanzigsten Jahrhunderts nach den USA ausgereisten Juden 1944 nach Deutschland geschickt hätte, um vor dem damaligen Reichskanzler vorstellig zu werden und auszurichten, dass er sofort alle Juden frei lassen sollte. Das war schon witzig. Die Witze, die Gott macht, sind heilsam. Und nun lässt er Mose zu Protokoll bringen, dass er der demütigste Mensch sei. Es ist sehr wahrscheinlich, dass Moses einer der wenigen, wenn nicht sogar der einzige „Führer" eines ganzen Volkes war, der nicht nur seine Macht nie missbrauchte, sondern nie daran dachte, es zu tun, sondern ganz von Gottes Auftrag erfüllt war. Witzig ist die Hervorhebung der Demut aber auch deshalb, weil Mose der einzige Mensch war, der es gewagt hatte, mit Gott zu handeln. * Zwar hat das auch Abraham getan. Aber Abraham konnte die Macht Seines Gegenübers noch nicht überblicken.

Petrus nennt auch die Mitleidigkeit, heute würde man sagen „Empathie", was ganz wichtig ist in jeder sozialen Beziehung, dein Leid ist mein Leid, deine Freude ist meine Freude! Das hat etwas mit Einssein in Freud und Leid und Schmerz und Wohlempfinden ist. Das ist immer in einer Ehe anzustreben, solange man noch an einem Einssein Interesse hat. Und auch in jeder anderen Gemeinschaft hilft es, das Band, das einen verbindet, zu stärken. Petrus nennt schließlich noch die Brüderlichkeit. Philadelphos steht für die brüderliche, oder besser gesagt geschwisterliche Liebe. Das ist eine Stufe unter der Agape-Liebe. Diese schenkt Gott nur, wenn die philadelphia schon vorhanden ist und sich bewährt hat.

Die Agape ist im Vergleich zur Philadelphia, wenn sie nicht wie ein kostbarer Schatz gehütet wird, schnell wieder da, wo sie hergekommen ist, nämlich bei Gott. Es ist der Geist Christi, der das festhält, was er geschenkt hat. Er hält es aber nur fest, wenn der Geist des Menschen das auch will. Von diesen Dingen redet Petrus hier aber nicht. Gleichgesinnt sein, sollen die Brüder und Schwestern sein und ihr Augenmerk darauf richten „mitleidig, brüderlich, barmherzig, demütig" zu sein. Das sind die Elementaren Grundvoraussetzungen für die Gemeinden. Sieht man sich die Gemeinden landauf landab an, könnte man auf die Idee kommen, dass es gar keine petrusschen Gemeinden gäbe. Bei manchen ist das eine da, dafür fehlt das andere. Bei vielen ist bei allem ein erheblicher Mangel. Die Erklärung ist naheliegend, dass der Geist Christi nur ein kümmerliches Dasein in diesen Gemeinden hat. Vielleicht ist das aber nicht anders zu erwarten, so kurz vor Ablauf des Äons.

Auch **1 Pet 3,9-13** sind eher Selbstverständlichkeiten für reife Christusnachfolger, ja, sogar für fromme Juden und sind der Lehre nach eher als Milch für Gläubige anzusehen, obwohl es dann in der Umsetzung ganz anders aussieht. Warum sagt hier Petrus, dass man sich vom Bösen abwenden und dem Guten zuwenden soll und allezeit Gutes tun soll. Es ist hier gewissermaßen der Weisheit letzter Schluss. Die Zeiten werden schwierig, die Gläubigen werden verfolgt und müssen so oder so ausharren, denn nun sind schon Jahrzehnte vergangen seit der Himmelfahrt Jesu und Er hat sich immer noch nicht zurückgemeldet. Die Stimmung unter den Jüngern, sofern sie noch leben, wird trister, nicht allein, weil Jesus nicht kommt, sondern – vielleicht viel schlimmer – weil Er gar keinen Grund hat, zu kommen. Was die Jünger Jesu und alle die in der Verkündigung Dienst verrichten, nämlich recht deutlich sehen, ist, dass Israel gar nicht bereit ist. Zuerst haben sie das in Israel bemerkt, weil nach der anfänglichen Euphorie als ein paar tausend Leute bereit waren, daran zu glauben, dass Jeschua der Messias ist, doch immer die weit überwiegende Mehrheit des jüdischen Volkes eine ablehnende Haltung behielten.

Danach und zum Teil auch parallel dazu, versuchten die Jünger Jesu in der Diaspora mehr Erfolg zu bekommen. Da stritt man sich darüber, ob Paulus mit seiner Verkündigung der Sache nicht mehr schadete als nutzte. Dessen eingedenk, ist es schwierig, daran zu glauben, dass die Apostel noch außerhalb des Römischen Reiches unterwegs waren, wenn nicht, um es wenigstens da auch einmal probiert zu haben. Es ist nämlich frustrierend, wenn man von Synagoge zu Synagoge zieht, bzw. Judengemeinde zu Judengemeinde und der Verkündigung kein Erfolg beschieden ist. Jeder Vertreter weiß, wie das ist, wenn man von Ort zu Ort und Termin zu Termin zieht, aber unterm Strich wenig übrigbleibt. *55 Es ist ernüchternd, enttäuschend, es beeinträchtigt das Selbstbewusstsein und lähmt die Unternehmungslust. Und das alles ist umso schlimmer, je mehr man mit großen Erwartungen in das Unternehmen gestartet war. Wenn man sich in Erinnerung ruft, wie die Evangeliumsberichte enden und die Apostelgeschichte anfängt, könnte man meinen, dass es nur eine Frage von wenigen Monaten sein konnte, bis das Evangelium ganz Israel erfasst haben würde. Das war aber zu keiner Zeit der Fall.

Die Kirchengeschichtler haben damit kein Problem, weil sie meinen, dass dieser Misserfolg der Apostel unter den Juden ja exakt zum Wechsel des Heils auf die Nationen und damit auf die christliche Kirche stattgefunden habe. Die Kirche habe den Stab des Heils und der geistlichen Autorität von den Aposteln übernommen und weitergetragen. So ist es aber nicht, denn auch die Gemeinden, die Paulus gegründet hat, sind untergegangen in der geistlichen Ausrichtung, die sie unter Paulus hatten.

Die christliche Kirche, die sich nach dem Ableben der Apostel zeigte, die aber in Wirklichkeit bereits zu Lebzeiten der Apostel ihren Anfang genommen hat, schöpft ihre geistliche Substanz nur zum Teil aus der apostolischen Überlieferung. Sie ist das Ergebnis synkretistischer und ökumenischer Strömungen und Bestrebungen. Kirchenhistoriker wissen das zwar, aber sie halten es genauso unbedenklich wie heutige Kirchenleute die synkretistischen und ökumenischen Ziele der Kirchen befürworten. Und in einem weiteren Punkt stimmen sie mit ihren Vorgängern überein: Sie sagen nämlich, es gibt kein anderes Christentum als dieses, das wir vertreten. Und genau darin liegt ihr größter Irrtum. Das versteht jedoch nur der, dem es zu verstehen gegeben ist. Die Synkretisten und Ökumeniker leugnen die alleinige Relevanz des Geistes Christi bei der Entscheidung was die christliche Gemeinde tun soll und was sie lassen soll.

In Anbetracht dieser Situation für die Jünger Jesu, ist es nicht unverständlich, dass sie, je älter sie wurden, dazu neigten, einfache Verhaltensregeln auszuteilen. Über den hochbetagten Johannes, den letzten der Originaljünger Ende des ersten Jahrhunderts, berichtet die Überlieferung, dass er immer wieder die Gemeindeangehörige dazu anhielt sich doch lieb zu haben. Das stimmt mit dem Anliegen des ersten Johannesbriefes überein (1 Joh 4,7). **56** Im Alter wird man bescheiden und kommt nicht mehr mit wissenschaftlichen Ausarbeitungen oder epochalen Ansprüchen an die Umgebung.

Gutes zu tun und Böses zu meiden, hat gute Aussichten, dass das auch andere Menschen anerkennen und dass man dann von diesen in Ruhe gelassen wird (**1 Pet 3, 13-14**). Wenn nicht, dann ist das nur eine andere erwartbare Wirklichkeit der Nachfolge Jesu, es geschieht ja um der Gerechtigkeit willen. Statt hier Furcht zu entwickeln, was völlig natürlich wäre, soll „man den Herrn Christus in euren Herzen" heiligen (**1 Pet 3,15**). Mit dem Heiligen ist hier das Bewahren der Treue in Christus gemeint. Diese Treue ist eine heiligende Treue, weil sie am Wichtigsten festhält.

Wenn auch die Welt drumherum zerbricht, es gilt, festzuhalten an Christus. Dadurch wird die Seele weiter geistlich aufgebaut, auch wenn der Körper in Not gerät. Das Herz gehört dem Menschen. Er entscheidet, was mit ihm geschieht und was in ihm drin ist. Man entheiligt dieses Herz, dass Christus bereits geheiligt hat, weil Er es mit Seinem Geist betreten und als Wohnsitz ausersehen hat, indem man es mit Unrat vollstopft und mit Gift füttert. Wer also das Herz heilig hält, hat damit auch den Herrn Christus in der Heiligkeit gehalten. Das ist natürlich nicht so zu verstehen, dass der Mensch irgendetwas tun könnte, was Jesus Christus bemakeln oder im Gegensatz dazu verbessern würde. Aber Jesus macht sich als Haupt so sehr eins mit den Gliedern Seines Leibes, dass jede Entheiligung eines Gliedes auch ihn betrifft.

Petrus kannte die Paulusbriefe irgendwann. Dann waren ihm auch die paulinischen Denkfiguren bekannt. Eine der bekanntesten ist, dass Christus das Haupt und die Gemeinde die Glieder sind. Das spricht Petrus hier gar nicht an. Aber Petrus war die geistliche Nähe und die Hoheit dieses Geistes und seine wesentlichen Auswirkungen auf den Sitz des menschlichen Willens, das Herz, bekannt. Daher setzt er hier vermutlich das Herz mit seiner geistlichen Ausdehnung und Beschaffenheit hinsichtlich der Empfindlichkeit für Heiligungshandlungen mit Christus gleich.

Gericht und Endzeit

1 Pet 3,18-22; 4,1-17; 5,1-11

Eine heilsgeschichtlich wichtige Aussage macht Petrus in **1 Pet 3,18-20**: „*Christus ist einmal [der] Sünden wegen für uns gestorben, [als] Gerechter für Ungerechte, damit Er uns zu Gott führe, [im] Fleisch zwar [zu] Tode ge[brach]t, [im] Geist aber lebendig gemacht, in welchem [Er] auch [hin]ging [und] den Geistern i[m] Gefängnis heroldete, die einst ungehorsam gewesen waren*". (KÜ) Zwar erläutert Petrus, dass diese Geister im Gefängnis jene waren, die in der Sintflut umgekommen sind, was sie als Widerspenstige ausweist, aber nicht zwangsläufig als Menschen, denn Menschen werden in der Bibel nicht ausdrücklich als Geister bezeichnet, im Unterschied zu den Engeln. Da aber Petrus dieses Bild von dem Untertauchen und Sterben im Wasser wiederaufgreift als rettende Taufe infolge der Auferstehung Jesu von den Toten, ist es naheliegend und wahrscheinlich, dass er nicht sagen wollte, nur die zu Noahs Zeiten seien die Geister im Gefängnis, denen Jesus gepredigt hat, sondern er sagt den *Juden: „Das Abbild davon errettet jetzt auch euch, das ist die Taufe"* (**1 Pet 3,21**) * **57**

Denen bei Noah war der Untergang wie eine Taufe in den Tod, aber ohne Auferstehung. Nun war aber die Rettung gekommen in Jesus Christus und man konnte sich in ein neues Leben hineintaufen lassen. Petrus kann hier nicht meinen, dass der Ritus der Taufe, den es im Judentum schon lange als Sinnbild der Reinigung gibt, die Rettung brächte. Die Juden wussten schon lange, dass solche äußeren Riten nichts bewirkten, sondern nur für einen inneren Vorgang stehen sollten, den man nach außen hin zeigen konnte.

Es ist ein Anachronismus, wenn auch heute noch viele Kirchenleute daran festhalten wollen, dass man ohne eine Wassertaufe nicht gerettet werden könne. Man stelle sich das einmal vor. Der Ungetaufte war ein untadeliger Christ. Er freut sich auf die Begegnung mit Christus, kommt dann vor den Richterstuhl Jesu, wo er Freude, Lob, Anerkennung und Tröstung erwartet und jedenfalls ein Ende aller Entbehrungen und Verfolgungen, doch dann wird ihm gesagt: Du warst zwar in allem ein treuer Knecht, der vielen Menschen viel Gutes getan hat und mein Wort unermüdlich verkündet hat, weshalb auch viele zum Glauben an mich gekommen sind, aber leider hast du dich dummerweise nicht taufen lassen. Deshalb musst du jetzt für alle Zeiten in die Hölle!" Zu solchen gedanklichen Verwerfungen von Sinn und Verstand – in diesem Falle von mir zu Papier gebracht – kommen sonst nur Kirchenleute. Irgendetwas hat ihr Denken eingeschränkt. Kann es Kirchentradition gewesen sein? Oder fehlt ihnen einfach der Geist Christi? Vielleicht auch beides, denn wo das eine besonders hervorsticht, ist auch das andere in Sicht.

Dass der Messias nicht nur Menschen regieren wird, gibt Petrus in **1 Pet 3,22** preis: *„welcher ist zur Rechten Gottes, aufgefahren gen Himmel, und es sind ihm untertan die Engel und die Gewalten und die Mächte."* Das griechische „hypotasso" setzt sich zusammen aus „hypo" – unter und „tasso" – unterordnen. ***58**

Ein englisches Sprachlexikon kommentiert zu „hypotasso": „properly, *"under* God's *arrangement,*"", zu Deutsch: „eigentlich, unter Gottes Ordnung", oder wenn man das eingedeutschte „Arrangement" benutzen will, klingt die Vorstellung durch, dass Gott da etwas geplant hat, was er dann so nach und nach hinbringt, um dann etwas darzustellen oder etwas Weiteres leisten zu können. Genau das beschreibt die Beziehung, die Gott zu Seinen Geschöpfen hat und was Er mit ihnen tun will. Daher ist die Übersetzung des Wortes nach der ElbÜ sicherlich nicht passen: *„Engel und Mächte und Kräfte sind ihm unterworfen".* ***59**

Ein irdischer Gewaltherrscher, der machtgeil alle Konkurrenten ausschalten muss, damit ihm überhaupt irgendjemand, wenn auch unfreiwillig und ohne Begeisterung, nachfolgt, der „unterwirft" jeden, der ihm im Wege steht und jeden, der ihm dienen soll. Es ist im Grunde eine Beleidigung Gottes, wenn man annimmt, dass Er so vorgeht wie es menschliche Gewaltherrscher tun, die beim Volk verdientermaßen unbeliebt sind, oder wenn man glaubt, dass Gottes Wesen auf Unterdrückung aus ist. Fehlt Ihm etwa die Souveränität eines Gottes, der Himmel und Erde erschaffen hat, wenn Er dann doch alle in Zwinghaft nehmen muss? Die hellenistisch-heidnische Vorstellung von unzureichenden, menschlichen, und doch unmenschlichen Göttern hat hier Eingang gefunden in die Vorstellungswelt der Kirchenchristen.

Als ob Gott sich mit einer Unterdrückung von armseligen Menschen am Ziel seines Vorhabens sehen könnte, das doch die Verherrlichung seiner selbst und der Schöpfung durch die Rettung aller war. Als ob Er Freude finden könnte,

Huldigungen von denen entgegen zu nehmen, denen er die Knie gebrochen und die Zunge ausgerissen hat.

Aber was meint Petrus mit: *„wer im Fleisch gelitten hat, der hat Ruhe vor der Sünde."* (**1 Pet 4,1** Lu2017)? Er bezieht es direkt auf das Leiden Jesu, der mit Seinem Leiden und Sterben die Löschung der Sündenschuld hervorbrachte. Wer in dieser selben Gesinnung leidet wie Jesus es getan hat, ist mit Christus und mit dem Vater eins, den kann die Sünde nicht mehr reizen oder beunruhigen, weil er doch weiß, dass auch ein erneutes Sünden unter die Vergebung am Kreuz fällt. Insofern hat er Ruhe vor der Sünde. Das hat dann aber auch Auswirkungen auf die Lebensführung: *„dass er hinfort die noch übrige Zeit im Fleisch nicht den Begierden der Menschen, sondern dem Willen Gottes lebe."* (**1 Pet 4,2**) Wer die Gesinnung Christi hat, mag auch die Sünde nicht mehr.

Er gibt ihr keinen Raum in den Gedanken, sie ist ihm unleidlich, schmerzhaft, verhasst und will sie auch in der Tat ignorieren und ihr keinen Raum in den Gliedern geben. Die Zeit, die man noch in der Welt und im menschlichen Körper zubringen muss, ist eine Frist, wo der Körper nur noch zum Leiden gut zu gebrauchen ist und immer da, wo es einen Dienst an Menschen und für Gott zu leisten gibt. Aber für die Sünde ist keine Zeit und Lust. So jedenfalls sollte es sein. Wenn sie an die Haustür anklopft und sich anpreisen will, soll man sagen können: „Wir brauchen nichts!" Wir, das ist Christus in uns und das bin ich. Und wenn man sich den Sündenkatalog anschaut, hat man bereits zu viel Interesse gezeigt.
Man müsste dann sagen: „Diese Produkte habe ich alle schon gehabt oder ausprobiert und die anderen haben mich noch nie gereizt. Ich habe jetzt etwas Besseres. Es ist in jeder Beziehung besser. Es heißt Jesus Christus. Er braucht keine Ersatzteile, Er ist immer präsent und verfügbar. Sein Leistungsumfang lässt nicht nach und ist von mir noch nie ganz ausgebraucht worden. Er verfügt über unerschöpfliche Energie und macht immer wieder Freude, sobald man ihn nur machen lässt." Und dann kann man die Tür wieder schließen.

Die Juden in der Diaspora waren nicht alle orthodox. Bei den meisten verhielt es sich so wie mit den Juden, die heute noch in der Diaspora leben. Die meisten haben sich ihrer Umgebung in Sitte, Mode und Lebensgewohnheiten weitgehend angepasst. Daher überrascht es nicht, wenn Petrus die nun gläubig gewordenen Juden in der Diaspora so anspricht wie in **1 Pet 4,3**: *„Denn hinreichend [ist] die vergangene Zeit, [in] [der] [ihr] das Vorhaben der Nationen ausgeführt habt [und] in Ausschweifung, Begierden, Trunkenheit, Ausgelassenheit, Trink[gelagen] und unerlaubten Götzendiensten".* (KÜ)

Natürlich wurde dieser Vers von denen zitiert, die belegen wollen, dass Petrus auch an Nichtjuden schrieb, und der Hinweis, dass Juden gerade wegen der Torah und wegen ihrer Tradition sittlichere Menschen waren als andere, ist auch zutreffend. Aber man kann den klaren Adressaten nicht übergehen und gerade hier heißt es ja auch, „ihr habt 'das Vorhaben der Nationen' ausgeführt" und *„Das befremdet sie, dass ihr euch nicht mehr mit ihnen stürzt in denselben Strom wüsten Treibens"* (**1 Pet 4,4** Lu2017) Ja, auch jüdische Männer besuchten bestimmte Hafenviertel. Aber dafür müssen sie ins Gericht und je früher das Gericht kommt, am besten noch zu irdischen Lebzeiten, desto weniger lang wird es dauern (**1 Pet 4,5**).

Aber was meint Petrus damit, wenn er sagt, dass den Toten, denen das Evangelium verkündigt wurde *„zwar [dem] Fleisch [nach] als Menschen gerichtet würden, [dem] Geist [nach] aber Gott gemäß leben".* (**1 Pet 4,6**) Auch hierüber haben sich viele Generationen den Kopf zerbrochen, dabei ist die Lösung heilsgeschichtlich naheliegend. Die Fleischlichkeit ist im Neuen Testament der Gegensatz zur Geistlichkeit. Fleischlichkeit bedeutet vergängliches, sündhaftes Wesen. Dieses erfährt immer nur Gericht. Es ist das Gericht am alten Adam. Das ist bei den lebenden Gläubigen so, deren Fleischlichkeit in einem geistlichen Sinne weggebrannt wird. Das scheint, jedenfalls Petrus zufolge, bei den Toten auch nicht anders zu sein.

Volle Heilung und Zuführung zum Heilsziel, dem Heiland, gibt es aber nur für den, der dem Evangelium glaubt und sich dem Heiland ganz anvertraut. Ablenkungen und Abweichungen gibt es dazu viele. Man kann sich nicht ganz Jesus anvertrauen, wenn man stattdessen andere Heilsquellen oder Heilsinstrumente gelten lässt. Wenn es für eine Krankheit, etwa für eine, die zum Tode führt, nur einen Impfstoff gibt, ist es ganz folgerichtig, wenn man zugrunde geht, im Falle, dass man den falschen Impfstoff benutzt. Genau das tun die Glaubensgemeinschaften, die anstatt dem ganzen Christus, andere Heilsinstrumente dazugetan haben, ob das nun Kirchenzugehörigkeiten, Sakramente, Ersatzheilige oder Zaubersprüche und magische Handlungen sind. Viele Gifte verderben den Religionsbrei.

Weil ein Mensch das Evangelium gehört haben soll, muss auch den Toten das Evangelium gepredigt werden. Wer im Fleisch bereits gerichtet worden ist, der kann dann befreit im Geist Gott gemäß leben. Das ist die logische Folge. Und die lebenden Gläubigen stellen das unter Beweis, denn auch sie sind mit der Taufe ihrem Fleische gestorben und leben ein neues Leben im Christusgeist. Wenn die Kirchen diese Zusammenhänge nicht verstehen, dürfte das an ihren verkehrten Denkvoraussetzungen liegen, die der Tradition gemäß sind, nicht aber gemäß dem Wort Gottes.

Es ist auch klar, dass die Predigt Jesu im Gefängnis der Geister nur einen Sinn machte, wenn sie auf die Predigt reagieren konnten. Damals zu Noah Zeiten gab es kein Evangelium Jesu Christi. Wenn jedermann nur dann gerettet werden kann, wenn er als Antwort auf das Evangelium sich von Jesus retten lässt, dann ist klar, dass die Verstorbenen, die in den Jahrtausenden vor Christus gelebt haben, dieses Evangelium noch hören müssen, denn sonst können sie sich ja nicht für Christus entscheiden. Bezeichnenderweise weigern sich die Kirchenfürsten, das zu akzeptieren, als ginge es darum Pfründe, die man bereits in Besitz wähnt, zu sichern. Zu dieser naiven Vorstellung gehört auch der Irrtum, dass ja nicht Gott durch Jesus Christus der Erlöser sei, sondern dass man es selbst in der Hand hätte.

Die Predigt Jesu zu seinen irdischen Zeiten beinhaltete immer ohne Ausnahme den Aufruf zur Umkehr. Es gibt keinen stichhaltigen Grund anzunehmen, dass das hier bei der Predigt im Gefängnis anders war. Die Geister im Gefängnis können Verstorbene gewesen sein. Und allem Anschein nach gibt es für diese „unterirdischen Geister" eine Umkehrmöglichkeit. Da heißt es, dass Christus sie gefangen weggeführt hat.

Dass die Toten auf diese Predigt reagierten, scheint Petrus in Erfahrung gebracht zu haben und er nennt auch das Verfahren, das Gott anwendet, damit Er mit Seiner Schöpfung zum Ziel kommt: *„Denn dazu ist auch den Toten das Evangelium verkündigt, dass sie zwar nach Menschenweise gerichtet werden im Fleisch, aber nach Gottes Weise leben im Geist."* (**1 Pet 4,6**)

Das Gericht geschieht im Fleisch. Das Fleisch ist das, was vergeht. Es ist etwas Geschöpfliches, was nie dazu gedacht war, zu bleiben, sondern den Stoff zu bilden, aus dem die Gerichte gemacht werden. Und hier sind offenbar Gerichte an Toten gemeint. Hier wird ausdrücklich gesagt, dass die Toten gerichtet werden, *„aber nach Gottes Weise leben im Geist"*. Der Zusatz *„nach Gottes Weise"* stellt sicher, dass man dabei an das denkt, was nach dem Gericht geschieht. Ein Leben nach Gottes Geist ist ein Leben, nachdem man geläutert ist. Wie schnell das geschehen kann, ist ungewiss, aber es ist anzunehmen, dass die Predigt von Jesus als Erlöser der Menschen den Umkehrprozess beschleunigen kann. Und das ergibt einen kompletten Sinn für den Aufenthalt Jesu in den Gefängnissen der Toten. Die Toten, die im Scheol ein Gericht erfahren, bleiben also offensichtlich nicht in einer Endlosgerichtsschleife, die eine Endlosunsinnsschleife wäre, sondern sie kommen zu einem Leben im Geist, sie erreichen das, was Gott für sie vorgesehen hat (1 Tim 4,10; 2,4).

In **1 Pet 4,6** bestätigt Petrus die Totenpredigt Jesu und erwähnt in einem Nebensatz, was für nicht wenige Juden heilsgeschichtliches Allgemeingut war. Die Gottlosen kommen mit den Gerechten in den Scheol, doch sie erleiden lange

Gerichte mit einem Ausgang, von dem gewiss ist, dass Er Gott ehren wird, während die Ehrung durch die Gerechten schon bei ihrer baldigen Auferstehung erkennbar wird. Da sich im Judentum verschiedene Glaubensrichtungen und Sekten ausgebildet hatten, konnten jedoch keine einheitlichen Lehren niedergeschrieben werden. Gerade die Sadduzäer waren stark vom Hellenismus beeinflusst worden.

Es gibt kuriose Auslegungsversuche zur Höllenpredigt Jesu. Die Ausleger scheinen von der Lust beseelt zu sein, sich hier gegenseitig mit Absurditäten zu übertreffen. Diese Belustigung kommt meistens daher, dass ihnen gewisse Dogmen oder Traditionen im Wege stehen, die ihnen näherstehen als das schlichte Wort Gottes. Da sagt man dann, die Bibel rede zwar davon, dass den „Toten" das Evangelium verkündigt worden sei, aber da ja die Toten nur noch auf das Gericht oder die Auferstehung warten und nichts an ihrem Schicksal mehr ändern können, sei die Predigt nur eine Proklamation für die Toten, die dem Evangelium zu ihren Lebzeiten nicht glaubten oder nicht begegneten, damit sie wissen, dass sie die Angeschmierten sind: ein typischer Fall von der Ungnade der zu frühen Geburt. Eine recht unfreundliche und unbarmherzige, wenn nicht zynische Maßnahme von Gott wäre es, Menschen zu erschaffen, sie im Ungewissen zu lassen, was sie überhaupt mit ihrem kümmerlichen Leben anfangen sollen, sie sterben zu lassen und ihnen dann mitzuteilen, dass ihre weitere Verwendung in einer Art Müllhalde wäre, wo sie einer ständigen Streckung, Pressung, Verbrennung und anderen konsistenzverändernden Maßnahmen unterzogen würden. So ist der Gott der Bibel natürlich nicht, denn Er ist kein sadistischer Idiot.

Oder man sagt, die Toten seien nur geistlich tot. Wo diese geistlich Toten dann aber gewesen sein sollten, damit Jesus ihnen einen Besuch abstattete, bleibt im Dunkeln. Es wäre allerdings schon recht verwunderlich, wenn Petrus sich gegenüber den Juden in der Diaspora so rätselhaft und ergänzungsbedürftig ausgedrückt hätte.

In **1 Pet 4,7** bestätigt sich, dass Petrus wie vermutlich alle anderen Jünger Jesu auch, das Ende des Äons als unmittelbar bevorstehend sieht. Hat sich Petrus geirrt, als er sagte: „Der Abschluss aber aller [Dinge] ist nahe ge[komm]en." (**1 Pet 4,7** KÜ) Die Frage kann man nur beantworten, wenn man weiß was hier mit „nahe" gemeint ist. Es kann kein Zweifel daran geben, dass Petrus eine Naherwartung hatte, die sozusagen täglich mit der Rückkehr Jesu rechnete und deshalb auch offen dafür ist, dass die „Nähe" einen Zeitraum duldet. Sein Verständnis von „nahe" kann also durchaus unterschieden von dem sein, welches der Vater im Himmel hier durch den Mund des Petrus gesagt haben wollte. Dieses Phänomen ist in der Bibel weit verbreitet. Erstaunlicherweise wird das von vielen gar nicht bedacht. Gott redet durch den Mund Seiner Gottesmänner. Und natürlich verstehen die Gottesmänner auch, was sie da sagen. Aber sie sind deshalb nicht Kenner aller Ebenen des Verstehens. Als Daniel das Kommen des Messias mit der Zeitangabe nach Jahrwochen ausdrückte, wusste er trotzdem nicht Tag und Stunde. Und wenn ein Apostel Jesu von „Gnade" reden durfte, was weiß er dann wirklich von der Gnade Gottes?

„Nahe" war das Kommen des Gottesreiches rechtlich gesehen ganz bestimmt, denn alles was dazu fehlte, war die nationale Umkehr des jüdischen Volkes zum Gott ihrer Väter, zu Jesus Christus. Das durften die Jünger aufgrund ihrer Unterweisung von Jesus wissen. Diese Glaubenstradition gibt es unter Juden bis zum heutigen Tag: wenn das Volk Israel sich zum Messias bekennt, wird er kommen. Diese Möglichkeit bestand für das Volk damals in Wirklichkeit aber nur etwa 40 Jahre, wie man annehmen muss. Der historisch-biblische Wendepunkt ist bereits in Ap 28, wo Paulus den Juden in Rom, der Stadt mit der sicherlich größten jüdischen Diasporagemeinde, ankündigte, dass jetzt die Zeit der Verstockung beschlossen war, in der es keine Umkehr geben würde. Anstatt sich gegen ihr fleischliches Wesen zu erheben und sich zu Christus zu bekehren, rebellierten sie gegen die Römer und bekehrten sich nicht.

Diese politische Erhebung war ein Ablenkungsmanöver, ein Nebenkriegsschauplatz, denn der eigentliche Kriegsschauplatz ist das unbußfertige Herz des Menschen, das gegen den Geist Gottes streitet, weil es unter dem Oberkommando des Herrschers dieser Welt steht. Der ist aber Satan. Was meinte aber Petrus mit dem „Abschluss aller Dinge" überhaupt? All das, was vor dem Anbruch des Königreich Gottes geschehen musste. Davon hatten die Propheten berichtet, zuletzt Jesus selber in seiner Endzeitrede am Ölberg.

Petrus sagt, das Ende sei nahegekommen und fügt hinzu *„Seid nun besonnen und seid nüchtern zum Gebet".* Wenn man nichts tun kann angesichts der Ohnmacht gegenüber Naturereignissen und politischen Verschiebungen und menschlicher Willkür, so bleibt dennoch immer das Gebet. Und Petrus nennt die zwei wichtigsten Adverbien: besonnen und nüchtern soll man sein. Wenn man besonnen und nüchtern ist, lässt man sich nicht Irre machen und gibt sich nicht den Trends und Aufgeregtheiten der jeweiligen Zeit und des jeweiligen Umfelds hin.

Da rückt die Jahrtausendwende näher und man verliert den Verstand und sagt: jetzt wird der Messias kommen, denn Er muss ja kommen. Wie viele Brüder, die einen wertvollen Lebensdienst für die Verkündigung Jesu Christi geleistet haben, versteigen sich zu falscher Prophetie und beginnen mit der zauberhaften Kunst der Zahlenspielerei. Besonnenheit und Nüchternheit rechnen mit den Irrtümern der Menschen und der zuverlässigen Neigung der Herzen unzuverlässig zu sein und zu versagen, und zwar gerade dann, wenn man es am wenigsten gebrauchen kann. Besonnen und nüchtern ist man, wenn man den Himmel nicht mit Geigen vollhängt und die Erde nicht überstrapaziert mit raumgreifenden Schritten, die die Welt verändern sollen. Man kann die ungelösten Fragen Gott überlassen! Auch den Zeitpunkt der Rückkehr Jesu. Genau das hat Jesus gemacht (Mk 13,32).
Jesus sagte den Jüngern auf die Frage, wann das Ende sein wird: *„Seht zu, dass euch nicht jemand verführe!"* (Mk 13,5) Auch dazu braucht man Besonnenheit und Nüchternheit. Das stellt Petrus nochmals in **1 Pet 5,8** besonders hervor. Wer nicht

nüchtern ist, wacht auch nicht. Wer nicht wacht, wird Opfer. Zum Beispiel Opfer der Verführung, denn der Feind ist unsichtbar und gerissen: *„Seid nüchtern, wacht! Euer Widersacher, der Teufel, geht umher wie ein brüllender Löwe und sucht, wen er verschlingen kann."* Hier erstaunt, dass der Löwe brüllend ist. Dieser Ausdruck ist ein stehender Begriff, wie sich schon im Alten Testament zeigt. Die Erklärung ist einfach. Ein Löwe der brüllt, markiert damit seinen Herrschaftsbereich. Innerhalb dieses Herrschaftsbereichs geht er auf die Jagd, dort ist für ihn alles Opfer. Der Satan ist der Herr dieser Welt, bevor er vom Messias abgelöst wird. Gott hat ihm die Herrschaft vorerst überlassen. Alles gehört ihm, es sei denn Gott hat eine Auswahl getroffen, aber selbst diese Auswahl ist, ähnlich wie Hiob, Angriffen ausgesetzt. Man muss nun nicht aus eigener Fahrlässigkeit dafür sorgen, dass der Löwe Zugriff bekommt und schmerzhafte Wunden reißt, auch wenn er niemals den verschlingen kann, dessen Tod schon von dessen Herrn längst verschlungen worden ist.

Der brüllende Löwe mag sein Territorium lautmalerisch markieren. Aber an seine Opfer schleicht er sich lautlos an. Im Unterschied zu einem Löwen hat Satan das Mittel der Verführung und Täuschung. Er kann sich gewissermaßen in ein Lamm verwandeln und nur wer hindurchzuschauen gelernt hat, sieht, dass es nur der gleiche Löwe ist, der sich da ein Lammfell übergezogen hat. In der Christenheit gibt es viele Opfer, weil es nur wenige Wächter und Seher gibt. Daher brüllt der Löwe immer weiter, bis der Löwe aus Juda kommt. ***60**

Die Jünger haben sich anscheinend nicht verführen lassen. Für die Kirchenchristenheit ist aber genau das eingetreten. Man erkennt erstmals bei der christlichen Kirche, die nicht von der Bibel, sondern von der Geschichtsschreibung Darstellung gefunden hat bei den ersten sogenannten Kirchenvätern deutliche Anzeichen von Verführung, bei dem, was sie lehrten und die mangelnde Besonnenheit, dass sie es überhaupt verkündet haben und die mangelnde Nüchternheit, dass sie überhaupt imstande waren, gemeinen Lügen zu glauben. Wie sonst soll man ihre Hasstiraden auf die Juden verstehen?

Kirchenchristen können zur Kenntnis nehmen, auf welcher Basis ihre Glaubensgrundlagen gebaut sind. Sie können es auch bleiben lassen und abwarten, wie das Ende dann für sie ausfällt. Besonnenheit und Nüchternheit braucht man auch im Zeitalter der Verschwörungstheorien.

Der Spitzenreiter auf der Verschwörungsliste ist natürlich Israel geblieben. Die nächste Seuche, die sich weltweit ausbreitet, wurde bestimmt in einem Labor Israels gezüchtet, wird man sagen. Die Hiobsbotschaften werden gegen das Ende hin nicht abreißen. Davon soll man sich nicht beunruhigen lassen. Die Auserwählten sollten ohnehin ein Beispiel für Ruhe und Gelassenheit geben.

Doch nicht nur dafür, bei ihnen wird man auch dann noch Liebe finden, wenn sie bei anderen erkaltet ist: *„Vor allen Dingen aber habt untereinander eine anhaltende Liebe!"* (**1 Pet 4,8**). Das war das größte Anliegen des inzwischen hochbetagten Petrus, wie es auch Jahre später das wichtigste Anliegen des dann hochbetagten Johannes gewesen ist. Schaut man zurück auf sein Leben in Mühen und Freuden und Erfolgen und Misserfolgen, so wird man hoffentlich die Erfahrung gemacht haben: wo ich geliebt habe und geliebt wurde, habe ich wahrhaft gelebt. Und wenn die Mitte des Lebens Jesus Christus gewesen ist, dann weiß man sehr viel über die Liebe.

Petrus fügt seinem Liebes-Gebot noch eine wichtige Erkenntnis hinzu: *„Denn die Liebe bedeckt eine Menge von Sünden."* Eine Menge, aber nicht alle, weil es gerade auch Liebe sein kann, eine Sünde aufzudecken. Je näher man jemand steht, desto größer ist die Verpflichtung dies als gebot zu sehen, dass man dem anderen dabei hilft, von einer sündigen Neigung abzugehen oder eine Sünde bereuen und bereinigen zu können. Oft sind ja andere Menschen oder Gemeinschaften von der Sünde eines einzelnen beeinträchtigt. Es besteht also auch eine kollektive Verantwortung dafür, was andere tun oder lassen. Das Aufdecken von Sünden ist wichtig. Es gehört aber Weisheit dazu, es so zu machen, dass niemand über Gebühr bloßgestellt oder belastet wird. Da trifft sich das

Aufdecken mit dem Zudecken. Es liegt also in jedermanns Verantwortung, wieweit er das Aufdecken oder Zudecken getrieben haben will.

Das Zudecken beachtet auch, dass Gott der Richter ist und Er allein einen klaren Blick auf alles hat und auch nur Er der große Problemlöser ist, der heilsam eingreifen kann. Das Bedecken von Sünden kann ein Akt der Gnade sein, um daran anknüpfend den Sünder zu gewinnen. Diese Methode ist oft erfolgreich. Wenn man einen Gottlosen in einer Gottesgemeinschaft aufnimmt und ihm nicht zeigt, dass man Sünde und Sünder verabscheut, sondern dass man den Sünder liebt und über die Sünde erst einmal gar nicht spricht, erweckt man vertrauen, dann Neugier, dann Nachdenken und, wenn Gott das Seine dazu tut, ein Wunder. Es gibt kein größeres Wunder als wenn sich ein Gottloser Gott und ein Antichrist Christus zuwendet. Diese Methode ist aber nicht immer in einer überschaubaren Zeitdauer erfolgreich. Überschaubar ist nur die Lebenszeit.

Petrus zufolge ist jeder ein Gnadenverwalter (**1 Pet 4,10**). Er verdeutlicht aber auch, dass jede Gnadengabe einer Aufgabe entspricht, nämlich der Aufgabe diese Gabe in den Dienst für Gott zu bringen. Für einen Israeliten war klar, dass er Seinem Gott dienen könnte, wenn er dem Volk Israels dient. In der neutestamentlichen Gemeinde werden ebenso Dienste und Aufgaben verteilt. Ausnahmslos jeder kann sich einbringen und sei es allein durch Gebete.

In **1 Pet 4,11** spricht Petrus noch ein wichtiges Prinzip an. Wie oder über was jemand redet und wie und durch was jemand dient, es sei *„damit in allem Gott verherrlicht werde durch Jesus Christus, dem die Herrlichkeit ist und die Macht von Ewigkeit zu Ewigkeit"*. Alles soll die Verherrlichung Gottes zum Ziel haben. Das ist der Maßstab des Handelns. Wenn jemand also etwas über Gott aussagt, sollte man darüber nachgedacht haben, ob das Gesagte dann wirklich Gott verherrlicht oder muss man sagen, es wird schon irgendwie Gott verherrlichen, auch wenn mir das zu begründen schwerfällt?

Die Katholiken glaubten viele Jahrhunderte lang, dass jeder, der stirbt und nicht katholisch war, in die Hölle kam. Ehrt man damit Gott? Worin soll die Ehre liegen?

War man in der NSDAP, so ehrte man dadurch den Parteiführer, der die Bewegung anführte. Und da man wusste, dass es dem Führer gefiel, wenn man Menschen umbrachte, über die der Führer sein vernichtendes Urteil ausgesprochen hatte, tat man ihm den Gefallen und wurde dafür vom Führer ausgezeichnet. Ist der Gott mancher Kirchen nichts weiter als ein narzisstischer Menschenschinder? In der Bibel wird er als Satan bezeichnet. Sie ehren also nur ihn, nicht Gott.

Petrus wusste bereits von Verfolgungen (**1 Pet 4,12-16**). Im Namen Christi verfolgt zu werden (**1 Pet 4,14**), hat zwei Seiten. Die Betreiber der Verfolgung tun es angeblich im Namen Christi, das ist die Sicht der Verführten. Die Verfolgten erleiden die Verfolgten im Namen Christi, weil sie tatsächlich von Christus nicht verlassen, sondern in diese Aufgabe hineingeführt worden sind. Als die Katholiken Jan Hus 1414 in Konstanz ermordeten, dachten sie, es im Namen Jesu zu tun. Tatsächlich taten sie es im Auftrag des Anti-Christus. Jan Hus tat, was er tat, im Namen Jesu. Aber das hat nicht jeder verstehen können. Teilhabe an der Verfolgung und am Leiden bedeutet, auch Teilhabe an der Herrlichkeit Jesu (**1 Pet 4,13**). Das zu wissen tröstet. Man blickt seiner Zeit weit voraus und weiß, dass es nur noch eine kleine Zeit ist, die man von der Herrlichkeit Jesu getrennt ist. Das ist auch das Besondere am messianischen Reich. Man kann es nicht verpassen, weil man zu früh oder zu spät geboren wäre.

Ein zu spät gibt es bei Gott nicht. Erst Recht nicht, wenn man Christus in sich hat. Aber Petrus will gar keine großen theoretischen Ausführungen feilbieten, er bleibt in der reinen Praxis, wenn er die Begründung dafür gibt, warum man sich auch in der Verfolgung glücklich preisen wird. Der Geist Christi, der in einem wirkt, ist ja das Unterpfand für das Heil. *„Denn der Geist der Herrlichkeit und Gottes ruht auf euch."* (**1 Pet 4,14**). Interessanterweise haben manche Handschriften hierzu noch einen Zusatz, der zutreffend ist: *„Bei ihnen freilich wird er verlästert, bei euch aber wird er verherrlicht."* Durch das, was die Verführten tun, wird Gottes Geist natürlich nicht verherrlicht, sondern verunehrt. Als das Feuer für Hus in Konstanz loderte, stanken die Gebete der Mörder zum Himmel, während die Gebete des Hus

Gott ehrten. Satan wird vermutlich wieder vor Gott erschienen sein und mit dem Finger auf das verführte Kirchenvolk gezeigt und spöttisch vermerkt haben: „Hast du die Choräle und Gebete zu deiner Ehre gehört?" Und vielleicht gab es von Satan noch den Zusatz: „Zwanzigtausend Fromme des Reiches Gottes, so nennen die Katholiken ja ihren Machtbereich, standen dabei als dein Diener Hus diesen Qualen erlag, und kein einziger von ihnen hat von Herzen für deinen Diener gebetet." Der Geist der Herrlichkeit und Gottes ruht nicht auf Mördern!

1 Pet 4,17 kann als weiterer Hinweis dafür verstanden werden, dass Petrus seinen Brief an Juden schrieb *„d[enn] [es] [ist] der Zeitpunkt [gekommen], [dass] das Urteil beim Hause Gottes anfange. Wenn aber zuerst bei uns, wie [wird] der Abschluss derer [sein], [die] [gegen] das Evangelium Gottes widerspenstig sind?"* (KÜ)
Wenn Petrus hier „uns" sagt und auf das „Haus Gottes" bezieht, erinnert er die Juden daran, dass sie schon immer in einem ganz besonderen Verhältnis zu Gott standen. Im Alten Testament stand der Begriff „Haus Gottes" für den Tempel. ***61** Darüber hinaus scheint aber auch schon das Alte Testament Gläubige zum Haus Gottes dazugezählt zu haben, sie, die ja eine vertraute Nähe zum Tempel und dem, der darin wohnte, hatten. So heißt es z.B. in Ps 92,14: *„Die gepflanzt sind im Haus des HERRN, werden grünen in den Vorhöfen unseres Gottes.* Der Verfasser des Hebräerbriefs erklärt solidarisch, dass die Messiasgläubigen das Haus Gottes sind „wenn wir den Freimut und den Ruhm der Hoffnung festhalten" (Heb 3,6). ***62** Das vermochte der steinerne Tempel nicht. Der wurde einfach abgerissen. Zu beachten ist, dass auch Paulus in 1 Tim 3, 15 die Gemeinde des lebendigen Gottes ebenfalls Haus Gottes nennt.

Mag also auch hier im Petrusbrief Petrus selber an Israel gedacht haben, zumal er ja auch nur Juden anschreibt, so sagt uns Gott doch wegen 1 Tim 3,15, dass sowohl Juden als auch Nichtjuden die Begrifflichkeit „Haus Gottes" bilden können. Paulus bezeichnet umgekehrt nicht mehr Israel als Haus Gottes in seinen Schriften. Vielleicht hat er diese Formulierung gemieden, weil es ihm wichtiger war gegenüber den messianischen Juden seine Sicht zu verteidigen, dass nun auch Nichtjuden zum „Haus Gottes" dazugehörten. Er sagt ja auch, dass die Trennwand zwischen Juden, die in das Heilige des Tempels durften, durch Christus beseitigt worden wäre (Eph 2,14). Tatsächlich hat sich keiner daran gehalten, denn die Trennwand blieb bestehen, bis sie im Jahre 70 von den nichtjüdischen Römern beseitigt wurde.

In **1 Pet 5,1-5** ermahnt Petrus die Ältesten. Sie sollen die Gemeinden nicht beherrschen, sondern behirten aus einem reinen, von Christus begeisteten „Herzensgrund" (Lu2017). Und nur dafür gibt es auch die *unverwelkliche Krone der Herrlichkeit*. Eine wichtige Voraussetzung für einen Hirten oder Gemeindeleiter ist, dass er die Eigenschaft hat, die Gott in Moses gesehen hat: Er war ja der demütigste Mensch seines Volkes und analog müsste auch der Hirte und Leiter der demütigste Mensch seiner Gemeinde sein. Demütig sein bedeutet ja, sich im rechten Verhältnis zu Gott zu sehen. Das schließt das rechte Sündenverständnis mit ein. Und so darf Petrus sagen: *„Alle aber miteinander bekleidet euch mit Demut; denn Gott widersteht den Hochmütigen, aber den Demütigen gibt er Gnade."* (**1 Pet 5,5**)

In **1 Pet 5,6-7** stellt Petrus einen interessanten Zusammenhang zwischen Demut und Besorgnis her. *„Demütigt euch nun unter die mächtige Hand Gottes, damit er euch erhöhe zur rechten Zeit, indem ihr alle eure Sorge auf ihn werft! Denn er ist besorgt für euch."* Wie demütigt man sich auf die rechte Weise? Hier heißt es? „Indem"! Indem was? Indem man alle Sorgen auf Gott wirft. Was hatten die Angesprochenen damals für Sorgen? Petrus hat eine Menge davon aufgezählt, dazu gehörten Verfolgungen, die so massiv waren, dass sie Existenzen vernichteten oder zumindest den sozialen Ausschluss aus Wohn- und Lebensgemeinschaften bedeutet haben.

Muss man ausgerechnet diesen Verfolgten dann auch noch einen doch anscheinend so völlig deplazierten Ratschlag von der Demut geben? Der dauernd Gedemütigte soll also sein Leid in Kauf nehmen und noch dankbar sein, weil es ihn

Christus näherbringt (**1 Pet 4,1.14**) und obendrein soll er alles in Demut schlucken und alles Weitere Gott überlassen. Ist es das, was Petrus meint? Ja, genau! Man erinnert sich an Hiob. Er hatte zurecht gegrollt ob des ganzen Unglücks, das ihn getroffen hatte. Wie konnte sich Gott dafür rechtfertigen? Die Antwort, die die meisten nicht gefunden haben, hat Hiob am Ende doch noch verstanden! Gottes Wesen ist bereits die Antwort für alle Probleme und Leiden. Gottes Wesen bedeutet, dass Er der große Problemlöser ebenso ist wie der große Erlöser. Und hier muss man gut aufpassen, sonst hat man nichts verstanden! Gott ist nur dann der große Loslöser, wenn Er Seinem Wesen treu bleibt, diesem Wesen, das alles, was nicht Seinem Ratschluss entspricht, für eine Weile bestehen lassen kann, aber es ist festgesetzt, dass es weg muss! Gott macht tabula rasa mit allem, was nicht Seinem Wesen der Vollkommenheit Stand halten und deshalb niemals die Qualität dauerhafter Existenz haben kann. Ewiges gibt es nur bei Gott! Das Böse und Unvollkommene hat keine Zukunft!

Wenn man also wie Hiob weiß, dass Gott nicht nur alles im Griff hat, sondern zu Seiner Verherrlichung und Ehre ausführen wird, dann kann man auch alle Sorgen auf Ihn werfen, „denn Er ist besorgt für euch!" - als müsste man es hinzufügen! Dem Diasporajuden musste das gesagt werden! Wem müsste es nicht immer wieder gesagt werden! Sich demütigen, bedeutet also in diesem Zusammenhang einfach, sich Gott anzuvertrauen. Noch mehr als bisher. Das ist ja ohnehin der Prozess der Annäherung. Wer mit Gott bekannt werden will, muss sich Ihm annähern lassen und dazu gewinnt er immer mehr Vertrauen, das er Gott zurückgibt mit bewusstem, hingebungsvollem Vertrauen.

Das was uns besorgt, dürfen und sollen wir ernst nehmen. Wir müssen aber an jeden Anfang eines Sorgenweges die Demut gegenüber Gott stellen und damit das Vertrauen in Ihn, das er sich der Sorgen genauso annehmen wird, wie allem, was keinen Bestand bei Ihm haben kann. Und wir tun das, weil wir wissen, dass es dieses Ende des Sorgenweges geben kann. Wer das beherzigt, wird mit Hiob sagen können: jetzt habe ich Gott gesehen! Jetzt habe ich verstanden wie Gottes Wesen ist.

Petrus bezeichnet Gott als Gott der Gnade *„der euch zu Seiner äonischen Herrlichkeit in Christus berufen hat"* (**1 Pet 5,10** KÜ). Gnade und Berufung stehen in dem Zusammenhang, dass es eine Gnadenwahl Gottes war, die Auswahl zu treffen. Die Auswahl hat aber keinen Selbstzweck wie es viele Kirchen annehmen. Sie soll ja nicht nur die zu Gott bringen, die auserwählt sind! Weit gefehlt, denn sie ist eine Vorauswahl, so dass Gottes Gnade weiter wirken kann. Und sie wirkt weiter, bis die Ersten die Letzten und die Letzten die Ersten sind. Diese Formulierung, die schon Jesus verwendete ist eine verschlüsselte Umschreibung für das Heil, das alle erreichen wird. Die Auserwählten dienen denen, die es noch nicht sind. Auserwählung bedeutet Aufgabe und Verpflichtung. Alle Auserwählten sind von der Art, dass sie das mit Freuden wahrnehmen werden, wenn sie endlich ihren Dienst antreten dürfen, zur Ehre und Verherrlichung Gottes.

Nur dieses Ziel hat das Haus Gottes im Sinn. Petrus gibt hier dieses Ziel in der Form an, dass die Verherrlichung Gottes auch die Verherrlichung der Schöpfung mit sich gebracht hat, denn „Er selbst", Gott selbst, „wird euch, die ihr eine kurze Zeit gelitten habt, vollkommen machen". Dann, wenn alle Menschen vollkommen gemacht sind, ist das Schöpfungsziel erreicht. Nur solche Menschen können Gott uneingeschränkt wohlgefallen, die so sind wie Er ist: Vollkommen! Und es ist Gott, der das bewirkt, weil es sonst keiner kann. Hier schwingt außerdem der Gedanke mit, dass es dazu des Leidens bedarf. Aber untertreibt Petrus da nicht, wenn er sagt „eine kurze Zeit"? Es ist doch praktisch das ganze irdische Leben! Ja, es ist tatsächlich für viele ein lebenslanger Kampf mit wenig Erfreulichem, wenn man es aus einer bloß menschlichen Sicht beurteilt. Aber wie sollte das mit dem verglichen werden, was ewig bleibt? Ihm, Gott, ist nämlich „die Macht in Ewigkeit" (**1 Pet 5,11**) und vor allem, darüber hinaus. Zwar muss der Satz heißen: „die Macht im Äon", denn Petrus bezieht sich ja nur auf die begrenzte Zeit der Leiden, die ganz in der

Hand Gottes ist, weshalb der Gottesmensch beruhigt mit seinem Dienst weiterfahren kann. Aber mit der Vervollkommnung des Menschen beginnt ein anderes Leben, ein unendliches Leben.

Der zweite Petrusbrief

Erkennen des Herrn

2 Pet 1,1-11

Der zweite Brief des Petrus beginnt mit: *„Simon Petrus, Knecht und Apostel Jesu Christi, denen, die einen gleich kostbaren Glauben mit uns empfangen haben durch die Gerechtigkeit unseres Gottes und Retters Jesus Christus"* (**2 Pet 1,1**)
Damit stellt Petrus klar, wer den Brief geschrieben hat. Das stört die moderne Theologie nicht. Sie meinen, sagen zu dürfen, dass Petrus natürlich nicht der Verfasser sei. Irgendjemand anderes wäre der Verfasser. Wenn ein Blinder über Farben schreibt, dann wird er auch ebenso überzeugend argumentieren können, dass die Farbe Blau in Wahrheit grün sei. Vielleicht hat ja Gott nicht aufgepasst, als Ihm der Pseudo-Petrus diesen Brief in den Kanon unterjubelte. Fakt ist, dass der zweite Petrusbrief inhaltlich typisch ist für das, was Petrus zu sagen hatte. Die Interpretationen ungläubiger Theologen können auch hier im Reich der wenig ausgeklügelten Fabeln belassen werden.

Gleich zu Anfang seines zweiten Briefes bezeichnet Petrus Jesus als Gott und Retter (**2 Pet 1,1**). Wer also als messianischer Jude in seinem Messias nicht Gott sehen wollte, geräte hier in Erklärungsnot. Der messianische Jude Petrus glaubte daran. Damals hatte Johannes seinen Prolog zu seinem Evangeliumsbericht noch nicht geschrieben. Der erste Apostel, der daran glaubte, dass Jesus Gott und nicht nur Gottes Sohn war, war der „ungläubige" Thomas gewesen (Joh 20,28).

Der Inhalt des Briefes ist ähnlich dem des ersten Briefes. Das lässt vermuten, dass auch der zweite Petrusbrief an Juden gerichtet ist. In **2 Pet 3,1** bestätigt das Petrus. *„Simon Petrus, Knecht und Apostel Jesu Christi, denen, die einen gleich kostbaren Glauben mit uns empfangen haben durch die Gerechtigkeit unseres Gottes und Retters Jesus Christus."* Petrus bringt hier, ganz paulinisch, die Gerechtigkeit und Rettung durch Christus in einen Zusammenhang. Nicht nur die Rettung ist durch Jesus Christus geworden, sondern auch die Gerechtigkeit. Die Gnadentat Jesu war auch die Gerechtigkeitstag. Die meisten Bibelausleger und Theologen sind sich nicht im Klaren, wie weit dieser Zusammenhang und wie umfassend durch Jesus Christus Gerechtigkeit und Rettung gekommen sind. Sie stellen die Gerechtigkeit sogar in den Gegensatz zur Rettung. Gottes Gerechtigkeit würde verlangen, dass nicht alle gerettet werden, sagen sie. Das ist nicht richtig und kann auch gar nicht richtig sein, weil in Christus die Rettung und Gerechtigkeit allen zuteil geworden ist. Wäre es nicht so, wäre Jesu Rettung nur Stückwerk. Die Rettung war ein Liebes- und Gnadenwerk. Aber sie war zugleich ein Gerichtswerk, weil Jesus wegen der Sünde sterben musste, wie es das Gesetz verlangte. Der Gerechtigkeit ist an Golgatha Genüge getan worden. Genug ist genug! Dieses Genug gilt allen Menschen. Wann und wie sie es dann für sich gelten lassen ist eine andere Geschichte. Sie ist aber Bestandteil der Heilsgeschichte. Gerechtigkeit und Rettung kann man nicht trennen. Man kann also nicht sagen, Jesus ist zwar der theoretische Retter aller, aber praktisch hat das nur für einige Wenige Bedeutung und deshalb muss auch die Gerechtigkeit aufrecht erhalten bleiben, damit die Sünder abgeurteilt werden können, entsprechend ihrer Taten.

Diese Gerichte haben aber in Wahrheit auch die Rettung zum Ziel. Also ist auch dieser Aspekt der Gerechtigkeit eingewoben in Gottes Heilsplan. Was Jesus getan hat, hat Bestand. Es ist nicht von begrenzter Dauer. Die irdische Aufenthaltsdauer eines Menschen ist nicht der Gültigkeitsbereich des Kreuzes, sonst hätte auch

Jesus nicht denen im Scheol gepredigt. Ganz im Gegenteil spricht Jesus, dass er die Hölle, den Scheol, und den Tod überwunden hat. Damit ist nicht Seine Auferstehung gemeint, sondern, dass Hölle und Tod über niemand eine endgültige Macht haben, sondern Jesus ist der endgültige Machthaber. Er hat also auch Macht jemand vorerst im Tod oder in der Hölle zu belassen. Aber Er hat auch die Macht, jeden da herauszuholen. Und jeder, der aus dem Totenreich von Ihm hervorgeholt wird, wird dankbar sein und verstanden haben, dass er verloren war und dass ihn allein Jesu Blut reingewaschen hat. Sollte jemand dann sagen, dass andere im Totenreich zu bleiben hätten?

Was ist das für eine Anmaßung gegenüber Jesus, der ihn errettet hat! Man denke einmal darüber nach. Da gibt es Leute, die sagen die Hitlers und der böse Nachbar, der mich immer wegen meines Jesusglaubens verspottet hat, müssen in der Hölle bleiben. Sagen sie das auch Jesus, der sie selber trotz ihrer Sünden von dem Gericht in der Hölle bewahrt hat? Das scheint eine sonderbare Einstellung zu sein. Das Schiff ist untergegangen und ein Boot zieht einem aus dem Wasser. Als man an Bord ist und ein weiterer auch ins Boot gezogen werden möchte, sagt man, nein, der nicht! Hier scheint noch ein unbereuter Teil Selbstgerechtigkeit die Sinne vernebelt zu haben. Was, wenn solche Selbstgerechte selber eine Weile in die Hölle müssten? Würden sie nicht dankbar sein, wenn die Toren der Höllen für sie doch wieder aufgehen würden?

Gott interessiert sich gerade so lange für unsere Sünden wie wir sie nicht bereut haben. Und so ist es mit allen Sünden aller Menschen. Namen sind dabei unerheblich. Auch die Hitlers dieser Welt sind nur Sünder. Dass sie durch schwere Gerichte gehen, solange sie ihre Sünden nicht aufrecht bereuen, bleibt ihnen unbenommen. Aber was will man mehr? Auch für die Eiferer für das Gesetz oder für die Gerechtigkeit nach ihren verkürzten Vorstellungen und auch für alle Sünder, die schweren und die weniger schweren, gilt: *„Gnade und Friede werde euch immer reichlicher zuteil in der Erkenntnis Gottes und Jesu, unseres Herrn!"* (**2 Pet 1,2**) Alle haben sie das nötig, besonders die Schwerverbrecher und die Schwerfrommen!

In **2 Pet 1,3** kommt Petrus auf eine bedeutungsschwere *„seine göttliche Kraft"* zu sprechen. Wessen Kraft meint er? Wenn er schon den Zusatz *„göttliche"* dazutut, ist klar, dass er den im vorherigen Satz genannten „Gott" noch einmal die göttlichen Attribute bestätigen will und zugleich damit sagen will, dass die Kraft, von der er redet, eine allgewaltige ist, die sich durchsetzen wird. Die Kraft Gottes, genauer, die Kraft Jesu Christi, die zum Leben des Gläubigen einen Beitrag leistet, ist der heiligen Geist. Hier sagt Petrus, dass diese Kraft Jesu *„uns alles… geschenkt hat."* Das sind *„die größten und kostbarsten Verheißungen"*, die *„Teilhabe der göttlichen Natur"* (**2 Pet 1,4**). Da muss man anhalten und sich besinnen! Was heißt denn das, Teilhabe der göttlichen Natur? Das heißt, dass der Mensch, der zum Ebenbild Gottes geschaffen worden ist, eben aus dem Grund zum Ebenbild Gottes geschaffen worden ist, um dieser göttlichen Natur vermittels des Geistes Gottes teilhaftig zu werden. Oder anders gesagt, dem ersten Adam fehlte der Geist Gottes, den der zweite und letzte Adam, Jesus Christus gebracht hat.

Über diesen Geist erfolgt die Ablösung, die eigentlich eine Loslösung aus dieser Welt bedeutet, um in der neuen, himmlischen Welt beheimatet werden zu können. Es erfolgt also ein geistlicher Umbau des Menschen. Er kommt in eine zunächst fremde Kultur, aber er soll ja denken lernen, wie dort gedacht wird und ebenso fühlen können, wie dort gefühlt wird. Das ist eine Geistes- und Herzenssache! Und zuerst ist es eine Sache des Willens! Wie das geschieht, ist im Neuen Testament ausführlich beschrieben, und zwar mehr in den Briefen als in den Evangelien.

Die Evangelien sind die historischen Berichte über Jesus und Sein Heilswirken mit dem zentralen Ereignis der Weltheilsgeschichte, der Kreuzigung. Da wurde das Haupt der Gemeinde und der König aller Könige, dem sich alle unterordnen, bereit gemacht, die Herrschaft anzutreten. Er ist aber noch nicht über alle zu herrschen angetreten, denn Sein Leib ist noch nicht fertig bereitet. Und auch Israel, Seine Braut, ist noch nicht so weit. Niemand außer Gott selbst weiß, wie weit der Leib Christi im Jahr 2020 fertig bereitet ist. Aber der starke Rückgang der Zahl der Christen, die bibelgläubig sind, kann als Zeichen verstanden werden, dass die Zeit der Entrückung nahe ist. Es wird immer finsterer und die Ungerechtigkeit in der Welt nimmt zu.

Ein weiterer Indikator ist, dass die messianisch-jüdischen Gemeinden sprunghaft anwachsen und daran erinnern lassen, dass Jesus sagte, „dieses Evangelium" würde in der ganzen Welt gepredigt, dann würde das Ende kommen. Mit „diesem Evangelium" meinte er Sein Evangelium, das Er Seinen Jüngern gegeben hatte, also das Evangelium der Beschneidung. Warum dieses Evangelium und nicht das Evangelium der Unbeschnittenheit wie es Paulus lehrte?

Weil die Heilsgeschichte Israels eng mit der Geschichte der Nationen verbunden ist und immer dann, wenn Jesus von Seiner Rückkehr gesprochen hat, die sichtbare Rückkehr zu Seinem Volk nach Jerusalem gemeint hat, nicht die Entrückung, die nur die Gemeinde des Leibes Christi angeht und nicht Israel oder die Nationen. Die Vereinigung des Hauptes mit seinen Leibesgliedern ist ein intimer Vorgang, den andere nichts angeht.

In den Briefen geht es überwiegend darum, wie sich ein Gläubiger in dieser Welt zu verhalten hat. Solange die Entrückung einerseits und die Rückkehr Jesu zu Seinem Volk Israel andererseits noch nicht gewesen war, mussten sowohl diejenigen, die das Evangelium der Beschneidung gehört und geglaubt hatten, als auch diejenigen, die das Evangelium der Unbeschnittenheit gehört und geglaubt hatten, ausharren. Sie brauchten praktische Weisung, Berichtigung und Hinführung. Die Texte des Neuen Testaments sind inhaltlich so aufgebaut, dass jeder Gläubige, ganz gleich welche Glaubensstufe er genommen hat, durch die Leitung des Geistes, der schon die Abfassung der Texte inspiriert hat, mit dem versorgt wird, was er zu weiterem Wachstum und zur Heiligung benötigt. Dabei sind die Texte multifunktional und sind auf verschiedenen Bedeutungsebenen quellfähig und instruktiv, damit sind sie auch multisemantisch. Der Geist holt sich das, was er selber schon deponiert hat und schließt es dem Leser oder Hörer einmal so und dann wieder anders auf, denn Er lässt das Wort in die jeweilige Lebenssituation hineinsprechen. Die göttliche Kraft Jesu ist es, die *„alles in betreff des Lebens und der Gottseligkeit geschenkt hat"* (**2 Pet 1,3**).

Diese beiden machen den Wandel eines Christusmenschen aus: Leben und Gottseligkeit. Wie soll man sein persönliches Leben führen und wie bewahrt und erweitert man dabei seine „Gottseligkeit"? Jesus Christus hat aber noch etwas anders geschenkt. Kostbare Verheißungen, wonach man als Christusmensch ein Teilhaber der göttlichen Natur wird. Das ist unfassbar.

Daher traut sich kaum einer darüber zu reden. Die Kirchgänger wollen ganz bescheiden nur in einen Wölkchenhimmel kommen und fürchten, leider zurecht, die zu große Nähe zum Gottvater. Das sieht man auch daran, dass viele von ihnen meinen, mit der Mutter Jesu besser zurecht zu kommen. Doch diese Kirchenchristen müssen erst einmal den Schock verdauen, dass ihre Maria keinen Sonderstatus bei Gott hat, dass sie ein weitgehend normales Eheleben gelebt hat, einige Kinder auf dem gewöhnlichen Weg empfangen und geboren hat und nicht ohne Sünde geblieben ist. Und die schwerste ihrer Sünden war die, die uns alle mehr oder weniger irgendwann befallen hat: an Jesus zu zweifeln.

Und doch sind wir *„Teilhaber der göttlichen Natur"*. Das was uns jetzt noch fehlt, muss erst noch entstehen. Aber das Wichtigste haben wir schon: die Kraft Christi, Christi Geist, der nicht eher ruht, als dass wir komplett sind. Der Geist befindet sich in uns an unserem persönlichen Schöpfungswerk, die sechs-Tage-Woche ist noch nicht abgelaufen. Teilhaber der göttlichen Natur bedeutet, Christus gleichgebildet zu werden, zu denken, zu handeln und zu fühlen wie Er, weil wir Seine Wesensmerkmale durch den Heiligungsprozess in uns heranbilden ließen. Das macht der Geist Christi in einem ständigen Wechselspiel mit unserem Geist, bis das Einssein erreicht ist. Petrus hat ganz offensichtlich mehr gewusst als die Päpste. Er hat gewusst, dass es allein auf die Kraftentfaltung des Geistes Christi ankommt, welchen Stand man vor Gott einnahm, nicht auf Sakramente, kirchliche Machtansprüche und Dogmen oder heilige Fürsprecher. Dass das biblische Wort bei der Amtskirche in den Hintergrund getreten ist, liegt daran, dass man es nicht verstand. Man verstand es deshalb nicht, weil man den Geist nicht hatte.

In diesem Vers 3 steht aber auch, wie die göttliche Kraft gewirkt hat: *„durch die Erkenntnis dessen, der uns berufen hat durch seine eigene Herrlichkeit und Tugend"* (**2 Pet 1,3**). Die Erkenntnis Jesu meint nicht nur das intellektuelle Erkennen oder gar das Lehrhafte, es ist das Hineinwachsen in den Leib Christi, in die Nähe Jesu, ins Vertrauen.

Erkennen Christi geschieht also auch wachstumsmäßig nach dem Bekennen. Hier ist außerdem noch festzustellen, dass es die *„Herrlichkeit und Tugend"* Jesu waren, durch die man berufen wurde. Man kann auch so sagen, die Göttlichkeit Jesu bedeutet eine charakterliche Reife und Güte, die gar nicht anders kann als auszugreifen, um anderen die Rettung und die Herrlichkeit bringen. Es war die relative Herrlichkeit und Tugend, die den barmherzigen Samariter dazu brachte, den ausgeraubten Mitmenschen am Wegesrand zu helfen. Die gelehrten und in der Torah unterwiesenen Juden waren vorbeigelaufen, weil sie nicht die Reife besessen hatten, zu erkennen, dass der Nachteil von einem Reisenden rituell zu befleckt werden gegenüber dem Nutzen, sich im Himmel eine Wohnung einzurichten nicht ins Gewicht fiel. Sie hatten also trotz ihrer Gelehrtheit einen Mangel an wahrer Erkenntnis. Daran hat sich an dem Heer der Gelehrten, ob sie jetzt dem Judentum oder der Kirchenchristenheit zuzurechnen sind, bis heute nichts geändert. Erkenntnis, ob wahr oder unwahr, hat direkte Auswirkungen auf die Glaubenswirklichkeit!

Bei Gott stimmen Herrlichkeit und Tugend überein. Gott hat sich die beiden nicht beschafft. Sie gehören schon immer zu Seinem Wesen. Weil Gott so ist, kann Er auch nur Seine Herrlichkeit und Seine Tugend teilen wollen.

Die Tugend kommt zuerst, damit sie der Herrlichkeit auch würdig ist. Das griechische Wort für Tugend ist areté. ***63** Das Wort bezieht sich auf die Unterscheidungsfähigkeit von Gut und Böse. ***64** Dass man hierin bei Gott einen Mangel zu erwarten hätte, ist nicht anzunehmen. Sobald es einen Gott gibt, der

Himmel und Erde und alles darinnen erschaffen hat, ist die Frage nach Gut und Böse bereits geklärt. Gott bestimmt es. Er befindet sich dabei in voller Übereinstimmung mit dem Sohn. Deshalb kann der Mensch zu keiner klareren Hinführung zur Unterscheidung von Gut und Böse kommen als, wenn der Geist Christi in ihm lebendig ist. In diesem Moment, in welchem man sich in Fragen der Moral vom Geist Christi leiten lässt, bedarf man keiner Gebote-Litanei mehr. Umgekehrt wird auch ersichtlich, wer den Gott ablehnt, hat mit Sicherheit auch ein Problem mit der Tugend. Und wer nichts von Tugend hält, kennt Jesus nicht.

Durch die Herrlichkeit und Tugend *„wurden uns die kostbaren und größten Verheißungen geschenkt, damit ihr durch diese Teilnehmer [der] göttlichen Natur werdet".* (**2 Pet 1,4**), schreibt Petrus und sagt damit nichts Anderes als Paulus auch, nämlich, dass das von Gottes Geist angestoßene und angetriebene Wachstum von göttlicher Natur und zu göttlicher Natur ist. Nicht nur die Verheißungen auf dem Glaubensweg sind geschenkt, denn das Ziel ist die göttliche Natur, die ebenfalls geschenkt wird und auf dem Glaubensweg immer mehr Gestalt gewinnt. Bei Gott sind Verheißungen Zusagen, dass etwas kommt, was noch nicht da ist. Sie haben einen Vollzugscharakter. „Aus diesem Grund aber" (**2 Pet 1,5**) und nicht etwa umgekehrt, weil der Mensch sich seine Verheißungen verdient, kommen auch die dementsprechenden Werke des Fleißes, des Glaubens, der Tugend, der Erkenntnis, der Enthaltsamkeit, der Beharrlichkeit, der Frömmigkeit, der brüderlichen Freundschaft, der Liebe (**2 Pet 1,5-7**) zustande. In ihnen dürfen die Gläubigen wandeln, weil die Werke sozusagen schon da sind, abholbereit, man muss nur ins Regal greifen, denn der Geist Gottes hat alles zum Abholen bereitgelegt. Man muss nur noch zugreifen.

Und deshalb sagt Petrus zu Recht: *„Denn diese [Eigenschaften], [wenn] [sie] [bei] euch vorkommen und zunehmen, stellen [euch] nicht [als] müßig noch [als] unfruchtbar zur Erkenntnis unseres Herrn Jesus Christus hin."* (**2 Pet 1,8** KÜ). Bei wem sie fehlen, der handelt zuwider seiner Berufung (**2 Pet 1,9**). Vielmehr sollten die Werke, die Berufung bestätigen. (**2 Pet 1,10**). Es ist klar, zuerst kommt die Berufung, dann kommen die Werke. Wer sie nicht tun würde, würde wider die Berufung und zugleich wider die Bestimmung der Berufenen handeln. Es könnte also sein, dass ein solcher, der keine Werke tut, gar nicht berufen wurde. Werke sind hier nur Ausfluss der richtigen Einstellung des Herzens. Sie tragen nichts zur Rettung bei.

Es geht aber dabei um den *„Eintritt in das äonische Königreich unseres Herrn und Retters Jesus Christus"* (**2 Pet 1,11**). Petrus dachte dabei sicherlich an das mit Jesu Rückkehr beginnende messianische Gottesreich, das für die Juden die überragende Bedeutung hatte. Er dachte nicht ans Paradies oder den „Himmel".

Petrus stellt dieser göttlichen Teilhabe interessanterweise das gegenüber, was die Amtskirche stark mitbestimmt hat. *„Verderben, ... das in der Welt ist durch die Lust."* (**2 Pet 1,4**) Die Lust daran, in der Welt etwas zu sein, erkennt man daran, dass die Amtskirche immer um und mit der weltlichen Macht gekämpft hat, was Jesus und die Seinen nie getan haben. Die Kirche hat ihre Macht je länger, desto mehr durch Gewalt und die Pracht durch den Mammon entfaltet. Und begleitend hat sie immer ein Problem mit der Moral und der Wahrheit gehabt. Moral und Wahrheit hängen zusammen. Wer lügt ist auch sonst untugendhaft. Wer untugendhaft ist, will von der Wahrheit nichts wissen und versteht sie nicht. Wer es mit dem Erwerb und dem Festhalten an der Wahrheit ernst meint, dem wird Gott immer mehr Einsichten schenken. Indem man sich der Wahrheit in Christus zuwendet, will Petrus sagen, ist man dem Verderblichen der Welt entflohen wie einst Josef dem Laster entflohen ist, indem er ihm den Rücken zugedreht hat. Die Amtskirche hat stattdessen weitere Laster ersonnen und der Schreckenspalette des menschlichen Erfindungsreichtums hinzugefügt.

Aber fliehen alleine gilt nicht! Man muss aktiv bleiben, sich nicht wie ein Mönch in ein Versteck verziehen, wo man meint die menschliche Natur würde einen nicht mehr erreichen, aber auch nicht in einen prunkvollen Palast, in dem man sich gegenseitig heilige Ämter zuteilt. Und daher bringt Petrus hier in **2 Pet 1,5-7** die Kaskade der Früchte des Fleißes. Wer den heiligen Geist in sich nicht dämpft, sondern in allem leiten lässt, ist kein Ruhender, wenn es um diese Fleißerrungenschaften geht: Glauben – Tugend – Erkenntnis – Enthaltsamkeit – Ausharren – Gottseligkeit – Bruderliebe – Liebe.

Bei Paulus hat man ganz ähnliche Wirkungen und Zielsetzungen des Geistes Christi. Wirkungen sind sie deshalb, weil sie in der Umwelt wahrgenommen werden und zugleich das Wesen des Menschen ausmachen.

Es sind Bezeugungs- und Heiligungswerkzeuge. Zielsetzungen sind es deshalb, weil im Christusleib nur Glieder sind, die vollkommen für ihren heiligen Christuszweck hergerichtet werden.

Wie kommt Petrus aber gerade auf diese Kaskade, die bei der gläubigen Zuwendung zu Christus beginnt und in dem Hauptwesensmerkmal Christi, der Liebe, ihren Höhe- und Abschlusspunkt findet? Bei Luther lauten die Begriffe: Glauben – Tugend – Erkenntnis – Mäßigkeit – Geduld – Frömmigkeit – Brüderlichkeit – Liebe.

Mit dem Anfangsglauben fängt alles erst an. Ohne Glauben, oder Vertrauen darauf, dass Jesus Sein Leben für die Erlösung von den Sünden gegeben hat, gelingt alles Weitere nicht. Bei Petrus muss man den Briefempfänger beachten. Er schreibt an Juden. Für sie war Jesus zuerst der Messias Israels. Es gehörte ein starker Glauben dazu, zu glauben, dass der Messias, nicht wie es alle Schulen lehrten, kommen würde, um das Friedensreich zu errichten, sondern um erst einmal zu leiden und zu sterben. Juden glauben das in der Regel nicht. Aber auch die nicht weniger anti-christlichen Muslime sind nicht bereit, zu glauben, dass Jesus am Kreuz gestorben ist. Ihr Jesus ist ebenso wie der Messias, den die Juden sich erhoffen, ein strahlender Held. Der islamische Jesus ist überhaupt nicht gestorben. Die islamische Geschichtsschreibung bewahrt Jesus im Himmel auf, damit er erst dann stirbt, nachdem er den Juden und Christen, auf ihrem Nacken stehend, gezeigt hat, dass er ein Muslim ist, Mohammed Ehrungen erweist, um erst dann zu sterben. Eine tückische Ersinnung mit kaum verborgenem Spott. Und die Kirchen? Wie steht es um ihren Glauben?

Das hat Paulus an anderer Stelle auf den Punkt gebracht. In 2 Tim 3,5 warnt er vor denen, die eine „Form der Gottseligkeit" haben, die „Kraft der Gottseligkeit" aber leugnen. Diese Kraft kommt vom heiligen Geist. Nicht nur dessen Wirken, sondern bereits dessen Existenz wird von einigen Kirchen angezweifelt. Damit bezweifelt man aber die Existenz von Gott, dem Vater und dem Sohn, weil sie beide Gott und Geist sind.

Wenn der Anfangsglauben da ist, wenn man also Jesus als persönlichen Erlöser wahrgenommen hat, ist man sofort auf den Weg der Bewährung gestellt. Der Geist Christi wird sofort aktiv und führt den Gläubigen dazu, seine bisherige Lebensweise nicht nur zu überdenken, sondern auch zu ändern (Röm 8,9). War er untugendhaft, so wird er das nicht bleiben können, ohne den Geist bis zur Wahrnehmslosigkeit zu dämpfen.

Wenn sich der Geist dann zurückzieht, weil man ihn nicht wirken lässt, kann auch der Anfangsglauben verloren gehen, denn er ist ein Berufungsglauben. Der Anfangsglauben wird also erst dann wachsen zu einem Fortgeschrittenenglauben, wenn man die ersten Lektionen zur Verchristlichung der Tugendhaftigkeit angegangen ist. Der Weg zu Christus ist ein Heiligungsweg. Tugend bedeutet auch nicht, die Gebote Gottes herunterleiern zu können. Sie macht noch nicht einmal Halt, wenn sie Frömmigkeitswerke hervorgebracht hat. Sie will ganz die Geisteswirkung sein, weil sie ein Hören und Befolgen des Geistes ist, mehr noch, sie ist Wesenszug Gottes. Und dieser Wesenszug soll gewissermaßen in Fleisch und Blut übergehen, gemeint ist hier ausnahmsweise der Geist und die Seele.

Nachdem man angefangen hat, Tugendhaftes zu entwickeln und Änderungen am eigenen Wesen vorzunehmen, greift der Geist wiederum den Bereich der Erkenntnisvermehrung auf. Dem Geist reicht es nicht, zu irgendeinem Stadium aufzuhören, denn Er will den Menschen umfassend ausbilden, damit er die Aufgaben wahrnehmen können wird, für die er vorgesehen ist. Die Schöpfung entgleitet dem Schöpfer nicht. Sie wird ihrer Bestimmung zugeführt. Die Frage ist nicht, ob sie will oder nicht, denn wenn es so weit ist, wird sie wollen. Wer garantiert dafür? Der Willen und die Souveränität Gottes. Gott wäre nicht Gott, wenn Er irgendwann aufhören würde, Seinen Willen und Seine Souveränität walten zu lassen! Gott hat den perfekten Selbstzweck und zugleich die vollkommene Fürsorge.

Gerade am Unverständnis vieler Hochgelehrten, die sich zum Christenvolk zuzählen, über diese Wahrheit, kann man erkennen, dass Gott die Erkenntnisgrenzen gesetzt hat. Das ist ein geistliches Phänomen, dass wissenschaftliches Gelehrtentum, Bildungsgrad und Intelligenz über den geistlichen Bildungsstand rein gar nichts besagen. Und zwar gilt das auch unter Gläubigen. Eine biblische Aussage so verstehen zu können, wie Gott sie verstanden haben will, liegt nicht im Vermögen oder im Ermessen (schon gar nicht im „Vermessen") des Gläubigen. Zwar glauben das Theologen, die seit jeher die weniger an menschlichen Bildungseinrichtungen Studierten nicht ganz ernst genommen haben, tatsächlich bestimmt alleine Gott, wem Er welches Maß an Erkenntnis zukommen lässt. Er bedenkt auch die Akademiker, aber meist nicht so, wie sie es sich erwünschen. Er schenkt ihnen vieles. Unter anderem gehört auch die Chance demütig zu werden, damit sie offen werden für weitere Schritte auf dem Weg der Erkenntnisgewinnung.

Der heilige Geist kann vorzüglich schweigen und auch sein Rückzug ist geräuschlos. Wer es aber an der Einsicht ermangeln lässt, der Tugendhaftigkeit zuzustreben, der lässt den Zufluss an Erkenntnis vertrocknen. Mit „Erkenntnis" ist hier göttliche Erkenntnis gemeint, die man daran erkennen kann, dass sie Gott ehrt. Es gibt auch vermeintliche Erkenntnisse, die von Menschen dann in Dogmen festgelegt werden und mit der Kirchenlehre verbreitet werden, die Gott nicht ehren, sondern die Kirche, oder Menschen oder Satan. Natürlich würde das keine Kirche von sich behaupten. Aber die Lehre, die besagt, dass Gott Seinen Ratschluss nicht wie Er es in Seinem Wort mehrfach bezeugt, ausführen wird, ist so eine Lehre, die den Vater der Lüge erfreuen wird, weil sie ihn zum Sieger über Gott erklärt.

Aber auch wer sich über ein Wachstum an göttlicher Erkenntnis, nicht beklagen kann, ist noch nicht am Ende seines Christusweges angelangt. Theorie verlangt immer auch die Umsetzung. Ob eine Erkenntnis stimmt und ob und wie sie einem weiterhilft, lässt sich aufs Erste bereits durch Nachdenken beurteilen. Ob die Entrückung vor oder nach der großen Trübsal stattfindet, ändert nichts an meiner praktizierten Nächstenliebe. Und auch wenn sie zur Tugend gehört und zur Tugend ebenso die Enthaltsamkeit oder Mäßigkeit gehört, so hat es doch Petrus für wichtig gehalten, sie noch einmal herauszustellen. Und tatsächlich hat er damit einen Bereich angesprochen, der einem tugendhaften Menschen das gibt, was ihm sonst vielleicht fehlt, wenn er all das andere bereits hat.

Es ist das, was einem Menschen Würde verleiht. Wenn er sich nicht von den weltlichen Dingen enthalten kann, wo eine Schwerpunktsetzung auf das Geistliche fruchtbar oder notwendig ist, oder wenn er die Dinge nicht ihrem zustehenden Maß entsprechend beachtet, ist er unmäßig und verliert die Balance in seinem Geradeausweg. Er kommt vielleicht sogar ins Stolpern und fällt. Wie bereits andernorts ausgeführt, ist gerade auch die sexuelle Keuschheit ein bedeutender Teil der Tugend. Enthaltsamkeit und Mäßigung bedeuten hier, dass man nicht zwei Leben lebt. Im einen ist man fromm und ein Vorbild für einen Christusnachfolger. Im anderen lässt man seinem natürlichen Trieb freien Lauf. Vielleicht versteht man unter dem rechten Maß, nur eine Frau zu haben und mutet der Frau alles zu, was man sich außerhalb der Ehe verbietet.

Aber auch innerhalb der Ehe stehen Rücksichtnahme, Liebe und Keuschheit im Vordergrund. Wenn man die nicht hat, ist das die erste Priorität, die man hat. Da braucht man sich gar nicht weiter um biblische Erkenntnis bemühen. Man kann kein Doppelleben führen, wenn man Gott ehren will, eines für Gott und eines für die Bedürfnisse. Und wenn man seine Frau ehren will, behandelt man sie mit Rücksichtnahme und Respekt. Ein Christ sollte wissen, in der Ehe hat Liebe als erstes nicht die Bedeutung schöner Gefühle, sondern einer in Christus gegründeten geistigen Einstellung. Das gilt natürlich auch außerhalb der Ehe. Ich habe das Eheleben aber absichtlich herausgestellt, weil die meisten Bibelausleger hier verschämt schweigen.

Das sollten sie aus mindestens zwei Gründen nicht tun. Erstens gibt es diesbezüglich in christlichen Ehen erhebliche Missstände, die überwiegend zu Lasten der Frauen gehen. Frauen bedürfen aber eines besonderen Schutzes. Zweitens, weil Unverheiratete wissen müssen, dass das, was ihnen noch fehlt, in der Ehe auf gar keinen Fall fehlen darf, weil sie sonst nicht nur sich selber zusätzlich belasten, sondern auch noch einen anderen Menschen. Männer, die sich rühmen, keinen Ehebruch begangen zu haben, sollten lieber einmal darüber nachdenken, ob es noch etwas geben könnte, was ihre Frauen am Verständnis und der Ehepraxis ihres Mannes auszusetzen haben.

Und wenn es da auch nichts gibt, empfiehlt sich immer noch an die Worte von Paulus zu denken: „Wer steht, sehe zu, dass er nicht falle." (1 Kor 10,12), denn den Weg, muss man beharrlich weitergehen. Geduld und Ausharren bis zum Ende ist ebenfalls eine Tugend. Sie ist diejenige Tugend - Petrus nennt sie auch ausdrücklich und zum Schluss -, die man bei allen anderen Tugenden noch mit dazu braucht, damit diese bestandskräftig werden. Ohne Beharrlichkeit kein Sieg. Durchhalten im Überwinden! Das, was man hat, festhalten bis zum Schluss. Bewährung ist keine Momentaufnahme. Erst durch Übung wird der Meister. Wenn nicht alles in einem Menschenleben zur Meisterschaft gebracht werden könnte, wäre unsere Lebenszeit länger als 120 Jahre. Die meisten müssen das Ausharren weniger lang üben.

Ausharren bringt Gottseligkeit. Das ist die rechte Frömmigkeit, die ungeheuchelte Einstellung gegenüber Gott, die unweigerlich die rechte und ungeheuchelte Einstellung gegenüber den Menschen mit sich bringt. Man kann die Gottseligkeit auch mit Gottesfurcht wiedergeben. Es geht dabei aber nicht um eine

„Furcht", sondern um eine ehrende, der Majestät und Bedeutung Gottes bewusste und Rechnung tragenden Einstellung, die schweigt und zuhört, wenn Gott redet.

Gottesfurcht ist eine Einstellung,
die das Göttliche über alles
Menschliche und Ichliche stellt.

Wer ausharrt, dessen Gottvertrauen wächst, weil er weiß, dass er nur ausharren kann, weil er die Kraft dazu nicht in sich selber findet. Gott vertrauen bedeutet, Gott zuzutrauen, dass Er Seine Verheißungen wahr macht. In den Kirchen dieser Welt wird überwiegend gelehrt, dass die Last des Heils auf den Schultern des schwachen, irrenden Menschen liegt; dass es Gott nur eine Zeit lang gut meint mit den Menschen und Er irgendwann umschalten würde zu einem endlosen Zorn, aus dem es für Gott kein Zurück gibt. Und auch der Mensch würde irgendwann durch ein unbekanntes Gesetz, die Gabe zu Einsicht und Umkehrwilligkeit verlieren. Dieser Irrglaube wird mit Gottesfurcht verwechselt. Gottesfurcht beinhaltet kein Gebot zur Angst oder die Empfehlung, einen Sicherheitsabstand zu Gott zu halten, weil man Ihn reizen könnte.

Wenn aber aus der rechten Gottesfurcht die rechte Menschenachtung kommt, ist es zur Bruder- oder Geschwisterliebe nicht mehr weit. Wer Gott den ersten Platz in seinem Herzen eingeräumt hat und dabei ständig bemüht ist, den Sitzplatz sauber zu halten und wohnlich zu schmücken, der versteht es auch, Menschen einzuladen und den ihnen zukommenden Platz in der zweiten Reihe einzuräumen. Ein böses Herz ist unausgeräumt und will niemand rein lassen.

Es will nicht einladen und wirkt auch nicht einladend. Deshalb können Menschen, die an einen unnahbaren Gott glauben, wie z.B. Muslime, grausam und herzlos mit anderen Menschen umgehen, weil sie keinerlei autoritätsstarkes, verbindliches Vorbild für Barmherzigkeit und Menschenliebe haben. Den Christen ist Nächstenliebe ein Gebot. Und am nächsten sind neben den Familienangehörigen die Glaubensgeschwister. Daher wird von Petrus, ebenso wie von Paulus, die Geschwisterliebe besonders hervorgehoben. Auch das hatte Jesus auf geradezu schockierende Weise vorgelehrt! (Mt 12,46-50) Begründet ist diese Hervorhebung darin, dass man Christus mehr lieben soll als sonst jemand (Mt 10,37). Jesus hat dabei nur das erste der Zehn Gebote konsequent ausgelegt. Er ist ja YHWH und Gott steht es zu, für jeden Menschen die wichtigste Bezugsperson zu sein. Dem Menschen bleibt auch gar nichts anderes übrig, wenn er heil werden will und seine Bestimmung, sein Ziel erreichen will.

Wenn aber das Haupt naturgemäß das am Körper ist, was man am meisten schützen muss, dann kommt an zweiter Stelle ebenso naturgemäß der Rest des Leibes. Das klingt schon an, darin, dass Jesus sagt, dass Seine Jünger, also die, die ihm nachfolgen, Ihm näherstehen als sogar Seine Familienangehörigen (Mt 12,49). Das Gebot der Glaubensgeschwisterliebe ist also heilsgeschichtlich, denn die Geschwister im Glauben gehören zum Christusleib dazu. Wer nicht dazu gehört, verdient nicht die gleiche Aufmerksamkeit. Er steht auf einer anderen menschlichen, geistlichen Entwicklungsstufe. Ihn umfasst eine andere, nämlich nachgeordnete Liebe. Diese kann sich jedoch viel stärker im normalen menschlichen Leben auswirken. Dennoch kann es dazu kommen, dass man sich gegen die eigene Familie und für Christus entscheiden muss.

Petrus nennt als letztes Glied in der Reihe seiner zu mehr Gottesnatürlichkeit führenden Entwicklungswesensmerkmalen die Liebe als solche. Sie hat ja verschiedene Ausprägungen. Was man vom Geist sagen kann, dass er weht, wo er will, scheint auch für die Liebe zu gelten, sie weht, wo der Geist will. Sie weht vor allem auch in einer Stärke wie der Geist will. Wie weit man sich allerdings von diesem Wind erfassen und mittragen lässt, ist wieder eine Sache für sich. So wie man den Geist dämpfen kann, kann man auch die Liebe dämpfen. So wie man den Geist vernachlässigen kann, kann man auch die Liebe vernachlässigen. Gott gibt sich wenige Merkmale, mit denen Er sich ganz identifiziert, aber Er sagt sowohl, dass Er Liebe ist, als auch, dass Er Geist ist. Menschen, die den Geist betrüben, erleiden auch einen Verlust an Liebesfähigkeit. Menschen, die der Lieblosigkeit huldigen, werden auch den Geist dämpfen. Die Stimme des Geistes wird immer auch zu einer Stimme der Liebe werden. Wenn Petrus dieses herausragendste Merkmal eines Christusmenschen, dass er eine geistdurchwaltete Liebe hat, zum Schluss nennt, dann deshalb, weil es für ihn, ebenso wie für Paulus, das Wichtigste überhaupt ist. Wenn einer glaubt, dass Jesus der Messias ist, aber nicht die Liebe Jesu hat, dann kann er nicht Glied am Leibe Christi sein. Und für alle anderen von Petrus aufgezählten Kettenglieder, die eine feste Beziehung zu Christus ausmachen, gilt das gleiche. Wenn das letzte, entscheidende Glied fehlt, die Liebe, dann ist es eine offene Beziehung. Das bedeutet, es ist nicht sicher, ob es dabei bleibt. An der Stelle muss vermerkt werden, dass es kein Glied am Leibe Christi gibt, das die Liebe nicht hätte. Aber vielen Christusgläubigen fehlt sie weitgehend. All diese von Petrus aufgezählten Tugenden und Einstellungen führen dazu, dass man Frucht trägt an „der Erkenntnis unseres Herrn Jesus Christus" (**2 Pet 1,8**). Es handelt sich um eine Erkenntnis, die aneignend wirkt, weil sie bedeutet, dem Wesen Christi gleichgestaltet zu werden, weil man alles erfasst auf jede Weise, nicht nur kognitiv, sondern man dringt zum Wesen der Sache vor. Das Optimum ist aber dabei erreicht, wenn man mit der Sache eins geworden ist. Bei Christus ist das persönlich möglich. Nochmals sei gesagt, dass es hingestellt bleiben kann, ob Petrus das alles genauso bedacht hat. Wichtig ist, dass der Geist, der ihn inspiriert hat, so gedacht hat. „Erkenntnis Jesu Christi" ist etwas Persönliches, was für andere unsichtbar und geheimnisvoll ist, solange wie der Geist nicht die Augen geöffnet hat. Es ist etwas Ganzes, in das man wachstumsmäßig eingeführt wird. Deshalb sagt Petrus auch: „Denn bei welchem diese Dinge nicht sind, der ist blind, kurzsichtig…" (**2 Pet 1,9**) Das gilt für alle. Doch Petrus wendet sich ja an alle Christusnachfolger und solche, die es werden wollen. Daher warnt er auch vor der Möglichkeit zu straucheln und ruft dazu auf „eure Berufung und Erwählung fest zu machen." (**2 Per 1,10**) Hier ist es geradeso, wie wenn Paulus dazu aufruft, sich mit

Gott versöhnen zu lassen. Es soll eine innere Einstellung angemahnt werden, die man zum Empfang der göttlichen Wirkungen braucht.

Es ist Gott, der beruft und erwählt, das Festmachen ist ein Bekenntnis, dass sich nicht nur im Denken und Reden auswirkt, sondern in der umfassenden Heiligung und der Aneignung der Tugend und im Gewährenlassen des Geistes. Der Erwerb der Tugenden ist nicht die Selbsterlösung, sondern die Verfestigung in das Wesen Christi. Wer fest in Christus gegründet ist und eine innige Wesensverwandtschaft hat, der kann nicht mehr Straucheln, denn straucheln kann man nur, wenn man lediglich mit einem Bein in Christus ist und deshalb hinkt (1Kö 18,21). Wer aber hinkt, hinkt immer auf beiden Seiten. Das bedeutet, dass auch das Verständnis über Christus in Schieflage gerät.

Petrus bestätigt, dass er alles auf das kommende messianische Reich bezieht: *„Denn so wird euch reichlich gewährt werden der Eingang in das ewige Reich unseres Herrn und Retters Jesus Christus."* (**2 Pet 1,11**)

Vermächtnis
2 Pet 1,12-21; 2,1-9.12-21; 3,1-2

In **2 Pet 1,12ff** folgt das persönliche Vermächtnis von Petrus an die Diasporajuden. Das liest sich so, als würde sich Petrus an Leute wenden, die ihn kennen.

In **2 Pet 1,13-15** ergibt sich ein Hinweis, dass der Brief nicht vor den sechziger Jahren geschrieben worden ist, denn Petrus spricht von seinem kurz bevorstehenden Abscheiden. Das würde bedeuten, dass man einen Petrus hat, der dreißig Jahre lang im Glaubensleben gereift ist. Es ist aber auch ein Jünger Jesu, der dreißig Jahre lang auf die Rückkehr Jesu gewartet hat. Vielleicht dachte er daran, dass Israel eine vierzugjährige Umkehrzeit gegeben worden war, die bald ablaufen würde.

Und was will Petrus den Briefempfängern bezüglich seines Abscheidend in Erinnerung behalten? Das ist heilsgeschichtlich von Relevanz! *„Wir haben euch die*

Macht und Ankunft unseres Herrn Jesus Christus kundgetan, nicht indem wir ausgeklügelten Fabeln folgten, sondern weil wir Augenzeugen seiner herrlichen Größe gewesen sind." (**2 Pet 1,16**) Petrus ist einer der wenigen Augenzeugen. Er kann das mit Leidenschaft und authentisch immer wieder bestätigen. Aber eben nur so lange, wie er lebt. Und deshalb erinnert er die messianischen Juden, dass sie sich nicht in die Irre führen lassen dürfen, sondern sich an seine Versicherung erinnern sollen.

Warum muss man das überhaupt zum Thema machen? Petrus ging offensichtlich davon aus, dass es weiterhin ein Problem sein würde, ja dass es sogar noch größer würde, wenn Jesus vorerst nicht zurückkam. Das war vielleicht sogar das größte Glaubensproblem der Gläubigen. Wo blieb der Messias denn? In der Verfolgung wurde das Warten nicht einfacher! Wer etwas als Augenzeuge erlebt hat, den kann man nicht irre machen, dass er sich vielleicht in der Wahrnehmung geirrt hat. Er kann das auch authentisch, wenn auch nicht unbedingt immer überzeugend, bezeugen. Petrus sagt, dass sie nicht „ausgeklügelten Fabeln" gefolgt sind. Es waren ja in jener Zeit viele Fabeln im Umlauf. Das erste Jahrhundert war eine Zeit des Auf- und Umbruchs. Das Römische Reich hatte sich über den Orient ausgebreitet und war mit verschiedenen Religionen in Berührung gekommen, die alle ihre Geschichten und Legenden zu erzählen hatten. Es gab viele „soter" – Heilande. Mithras, Zarathustra, Apollo, Kybele, Aphrodite und viele andere, deren Namen das folgende Jahrhundert gar nicht mehr überliefert hat. Vielleicht gab es darunter auch „ausgeklügelten Fabeln". Für Juden war nur von Interesse, wer der Messias war und wann er kam.

Das Adjektiv „ausgeklügelt" von „sophizo" ***65** bedeutet etwa schlau machen oder weise zurechtmachen. Petrus könnte es deshalb verwendet haben, weil das die einzige Alternative zur Wahrheit war. Die Auferstehung Jesu war an sich nicht glaubwürdig. Es sei denn, es gab Augenzeugen, deren Berichte deshalb nicht widerlegbar waren, weil sie die Wahrheit sprachen. Das ist ja eine der Stärken der Wahrheit, dass sie nicht widerlegbar ist. Hinzu kam, dass die Jünger Jesu und die

Augenzeugen inzwischen jahrzehntelang diese „Geschichte" erzählten, ohne je widerlegt worden zu sein. Sie hatten daran festgehalten trotz aller Schwierigkeiten, trotz Gefahr für Leib und Leben, trotz gesellschaftlicher Ächtung. Mehr noch, was gerade Juden beeindrucken oder auch verärgern musste: diese Jesusjünger kannten sich in der heiligen Schrift sehr gut aus und lebten ein Leben, das ihrer Botschaft entsprach.

Es gibt ja auch im 21. Jahrhundert noch Prediger aller erdenklicher Religionszugehörigkeit, die vorgeben, dass man der Gottheit gehorsam sein müsse oder dass man doch die Liebe walten lassen soll, doch wenn man sich dann ihr Privatleben genauer anschaut, kommt man zu dem Schluss, dass sie nur etwas vermarktet haben, was sie nicht selber verkörpern. Bei einem Petrus war das anders. Er hatte zwar auch Schwächen, aber er hatte auch das, was man unbedingt braucht, wenn man charakterliche Mängel hat, er hatte eine demütige Grundhaltung und war immer wieder bereit, zu bereuen. Er war ein authentischer und glaubwürdiger Vertreter dessen, was er predigte.

Aus menschlicher Sicht konnte man erwarten, dass der originäre Glauben an den Auferstandenen genauso lange bestehen würde, solange diese Augenzeugen, diese erste Generation der Gläubigen noch leben würde. Bei der zweiten Generation war das schon schwieriger, weil sie Interessenten nur sagen konnten, „ich war dabei als Petrus sagte…" oder „ich hörte Paulus predigen…" Das vermochte niemand so sehr zu überzeugen oder zu beeindrucken, denn man konnte immer noch sagen, dass die Erinnerung trügerisch ist und ein anderer würde behaupten, dass Petrus etwas ganz Anderes gepredigt hatte. Wenn also die Geschichten, die Petrus über den Messias verkündete, nicht wahr waren, sondern Fabeln, dann musste jeder zugeben, dass sie sehr raffiniert und „ausgeklügelt" sein mussten, weil alles den Anschein hatte, zu stimmen.

Das kann man über diesen Glauben auch noch nach zweitausend Jahren sagen. Wenn Jesus nicht auferstanden wäre, dann hätten seine Jünger, einfache Handwerker aus Galiläa, den größten Betrug der Weltgeschichte bis zu ihrem

Lebensende aufgezogen und die Grundlage gelegt, dass dieser Betrug auch nach zweitausend Jahren nicht als solcher aufgedeckt werden konnte. Aber Petrus sagt dazu: *„wir haben euch die Macht und Ankunft unseres Herrn Jesus Christus kundgetan, nicht indem wir ausgeklügelten Fabeln folgten, sondern weil wir Augenzeugen seiner herrlichen Größe gewesen sind."* (**2 Pet 1,16**) Und das muss nach wie vor unwidersprochen bleiben.

Da Petrus messianische Juden anspricht, muss er ihnen gegenüber verdeutlichen, dass seine Verkündung auf Fakten beruht, die er selber miterlebt hat. Er meint mit den Fabeln also nur das, was ihm von der Seite der nichtmessianischen Juden vorgeworfen werden könnte, denn diese hatten ja nicht geglaubt, dass Jesus auferstanden und der Messias war. Deshalb mussten sie sagen, dass es sich um Fabeln handelt. Was Petrus also hier keinesfalls tut, ist, dass er anderen unterstellt, sie würden Fabeln erzählen. Er meint also auch keine Geschichten aus dem Talmud, die er kritisch oder gar spöttisch als Gegensatz zu dem hinstellte, was die Apostel zu präsentieren hatten. Ausleger, die das behaupten, übersehen, dass die Jünger Jesu einen großen Respekt vor der jüdischen Tradition hatten. Die Schriften von Juden wurden nicht respektlos behandelt.

Aber Petrus bleibt dabei nicht stehen, er muss sofort wieder den Christus bezeugen, *„Denn er empfing von Gott, dem Vater, Ehre und Herrlichkeit!"* (**2 Pet 1,17**) Dazu reichte bereits, dass der Vater bei der Taufe Jesu Sein Wohlgefallen aussprach. Petrus kann aber nicht nur damit aufwarten, Augen- und Ohrenzeuge Jesu gewesen zu sein. Er hat sogar die Stimme des Vaters gehört. Es war am Berg der Verklärung die gleiche Stimme, bezeugt er, die schon bei der Taufe vom Himmel her „dies ist mein geliebter Sohn" gesprochen hat (**2 Pet 1,18**). Am Berg der Verklärung war Petrus einer der drei Jünger gewesen, die Jesus begleiten durften und Zeuge wurden wie Mose und Elia erschienen und auch dort war wieder diese Stimme geschehen: „Dies ist mein geliebter Sohn" (**Mk 9,4-7**). Petrus war sich bewusst, dass es nach seinem Tod ein großer Einschnitt geben würde. Er war ein Leuchtturm des messianischen Judentums. Nach ihm würden sich Stimmen erheben, die sich vorher nicht getraut hatten, oder die am Felsen Petrus abprallen mussten. „Ob dieser Petrus nicht etwas übertrieben hat? Wir wissen ja, wie das ist, man will sich wichtig machen oder zumindest gehört werden. Die Erinnerung hat ihm einen Streich gespielt und je älter Petrus wurde, desto dicker hat er aufgetragen. Das kennen wir doch…" Wenn Petrus weg war, konnte er sich nicht mehr verteidigen und die Verteidigung durch andere, war immer weniger gut.

Petrus is also nicht nur ein Zeuge der Auferstehung, sondern auch der Bestätigung, dass Jesus der Messias ist durch Gott, den Vater. Das macht ihn zu einer Respektperson, einer lebenden, nicht Legende, sondern Glaubensversicherung. Folgerichtig fährt Petrus auch fort: *„Und so besitzen wir das prophetische Wort umso fester, und ihr tut gut, darauf zu achten als auf eine Lampe, die an einem dunklen Ort leuchtet, bis der Tag anbricht und der Morgenstern in euren Herzen aufgeht."* (**2 Pet 1,19**) Das ist die nüchterne, sachliche Bestandsaufnahme der Glaubenssituation der messianischen Juden. Sie baut auf Fakten auf. Diese Fakten sind von zuverlässigen Menschen überliefert, die das, was sie glauben, durchlebt haben. Ihr Leben ist ein sicheres Zeugnis. Und diese Überlieferung muss nun nur weiter aufrechterhalten werden, auch wenn die Zeugen nicht mehr da sind. Petrus ermahnt die messianischen Juden, dass sie diesen Glauben wie eine Lampe am Leuchten halten, denn wenn sie das nicht tun, wird es finster werden. Leider ist genau das geschehen! Das messianische Judentum ist ganz von der Bildfläche verschwunden. Stattdessen hat sich eine heidnische Kirche durchgesetzt, die ebenso wenig Berechtigung hatte, sich auf Paulus zu beziehen, wie die Amtskirche der konstantinischen Ära auf Petrus.

Gegen Ende des ersten Jahrhunderts geht der Vorhang zu. Als er dann gegen Mitte des zweiten Jahrhunderts wieder hochgezogen wird, ist eine Kirche entstanden, die ein Sammelsurium von Lehren hat, die sich auf die neutestamentlichen Texte beziehen, aber auch andere Quellen hat. Und es zeigen sich bereits deutliche antisemitische Tendenzen, die noch einmal einige Generationen später zur Bekämpfung jener Glaubensgemeinden führt, die noch an messianisch-jüdischen Gebräuchen festhielten. Dazu gehört das Verbot den Sabbat oder die biblischen Feiertage zu halten. Man nahm seitens der nichtjüdischen Kirche eine bewusste Trennung zum messianischen Judentum vor und übersah dabei, dass man sich dabei auch vom jüdischen Gott und vom jüdischen Messias entfernte. Die nichtjüdische Kirche übernahm einen Alleinvertretungsanspruch, Gottes Kirche zu sein, den sie der jüdischen Messiasgemeinde absprach, der ihr aber nie von Gott übertragen worden ist.

Petrus hat auch den Bibelauslegern noch etwas mit auf den Weg zu geben (**2 Pet 1,20-21**). Bibelauslegung, die dem Geist Christi gemäß sein soll, also das zum Ausdruck bringen soll, was das Wort Gottes wirklich sagt, ist keine Sache der eigenen Gedankenvielfalt oder der eigenen Bildung oder des akademischen Wissens, sondern allein des heiligen Geistes, der der Geist Christi, eben jenes Logos ist, der das Wort Gottes ist. Das hat auch nichts mit Tradition zu tun. Der Geist Christi ändert auch Seine Meinung nicht! Wer also den Geist Christi nicht hat, etwa weil er ein weltlicher Theologe ist oder ein Kirchenmann, der auch tatsächlich ohne den Geist Christi Predigten halten kann, die manche Zuhörern gefallen, der muss eben auch da im Dunkeln tappen, wo er vorher schon im Dunkeln war. Man braucht einen Auftrag Gottes zur Auslegung. Wenn man ihn hat, dann bekommt man auch den Geist Christi zur Seite und kann den Auftrag ausführen.

Wer den Geist Christi nicht hat, bleibt ein Spekulant.

Petrus gibt seinen Lesern die Empfehlung, sich *„an das prophetische Wort"* zu halten (**2 Pet 1,19**). Das war aber das Alte Testament, deren gewichtigster Teil für die Juden die Torah, also die ersten fünf Bücher Mose waren. Moses gilt als wichtigster aller Propheten. Den Propheten des Alten Testaments ging es in erster

Linie um Israel. Es ist also kein Wunder, wenn Petrus den jüdischen Lesern des Briefes das Befolgen der Worte der Propheten nahelegte.

Zugleich warnt er aber auch vor falschen Propheten, *„die Irrlehren [des] Untergangs einschmuggeln werden, [indem] [sie] sogar den Eigner verleugnen, [der] sie [er]kauft hat"* (**2 Pet 2,1** KÜ), womit nur Jesusverweigerer gemeint sein können, die aber auch an ihren Ausschweifungen erkennbar sind (**2 Pet 2,2**). Dabei ist daran zu denken, dass das, an was Petrus dachte, als er „Ausschweifungen" schrieb, heute vielleicht in einem ganz anderen Gewand daherkommt. Und manches kann auch im Verborgenen geschehen. Aber wie soll das geschehen: *„Um ihretwillen wird der Weg der Wahrheit verlästert werden."* (**2 Pet 2,2**)

Wohlgemerkt! Da sind „falsche Lehrer, die verderbliche Irrlehren einführen", die eben dadurch, weil diese Irrlehren auch schändliche, Gott verunehrende Praktiken erzeugen, den Weg der Wahrheit verlästern. Das ist etwas, was man oft und immer wieder feststellen muss.

Es wird über das Christentum oder, im Falle der Juden, über Jesus geredet, und dabei ist etwas ganz Anderes in der Vorstellungswelt als das Echte, das Wahre, das Bibelgemäße. Die Kirchenchristenheit hat bis in die Neuzeit über Jahrhunderte das Bild für andere geprägt, was unter Christenheit oder Christentum oder Christus zu verstehen sei. Und weil das, was sich den Zuschauern bot, oft etwas Hässliches und Böses war, wurde der Weg der Wahrheit verlästert. Der Weg der Wahrheit hat den Namen Christus. Die Christenheit hat diesen Christus meist nicht gekannt. Sie hat stattdessen ein anderes Bild von Christus und Gott in den Vorstellungsraum gestellt. Gerade bei Juden, die 1700 Jahre lang von Kirchenchristen verfolgt wurden, kann der Name Jeschua nur ein Schimpfwort sein. Ausgerechnet Petrus, den die Kirche als ihr Oberhaupt erklärt hat, obwohl Petrus mit Sicherheit nie etwas von dieser Kirche wissen wollte, muss diese Warnung hier aussprechen.

Die messianischen Juden jener Jahrzehnte haben gewusst, wen Petrus meinte. Aber sie konnten nicht weit in die Zukunft schauen, sonst hätten sie gewusst, was für eine Kirche sich entwickelte und es wäre ihnen ergangen wie Johannes, dem Seher von Patmos: *„Und ich **wunderte mich** sehr, als ich sie sah!"* (Of 17,6)

Diese falschen Lehrer werden nicht nur Falsches lehren, sondern ihre Wünsche auch in ihre Auslegung der Worte Gottes hineinlegen. Das sind dann „erdichtete Worte" (**2 Pet 2,3**), mit denen versucht wird, die eigene Macht zu sichern oder ein lukratives Geschäft daraus zu machen. Man denke beispielsweise an den Ablasshandel, den die Kirche Jahrhundertelang betrieb. Er ist, wenn auch inoffiziell und in veränderter Form noch immer im Betrieb, denn in der Kombination der Dogmen, dass man etwas für sein Heil durch gute Werke tun kann, mit dem Gedanken, dass natürlich solche Werke gut sind, die der heiligen Kirche zugutekommen, huldigt man noch dem gleichen habsüchtigen Geist.

Es ist ein Geist, dem es nur vordergründig um Geldvermehrung und weltliche Prachtentfaltung geht, wichtiger ist ihm das Heil der Seelen – nicht gerade so, wie es die Kirchen propagieren und die Geber erhoffen, sondern eher im Sinne von der Tatsache, dass man nicht zwei Herren gleichzeitig dienen kann. Und so bleibt das Heil der Seelen nur eine Idee ohne heilsame Umsetzung. Nur in Christus gibt es dieses Heil, nicht in Ablässen oder Irrlehren oder menschlichem Handel.

Petrus lehrt also, dass eben diejenigen, welche nicht Jesu Bedeutung in der rechten Weise würdigen, „untergehen" (**1 Pet 2,1.3**), was sicherlich von ihm mit dem Verlust des äonischen Lebens gleichgesetzt wird. Allerdings kann man nur etwas leugnen, was man kennt. Wer noch nie etwas von Jesus, oder auch nur Falsches über ihn gehört hat, der kann Ihn auch nicht verleugnen. Genaugenommen kann man Jesus nur verleugnen, wenn man ihn schon in Seinen für uns wesentlichen Wesenszügen erkannt und verstanden hat. Das erfordert im Grunde immer eine gewisse Beteiligung des heiligen Geistes, denn beim Erkennen und Bekanntwerden mit Jesus ist immer der heilige Geist beteiligt. Jesus macht nichts ohne Beteiligung seines Geistes. Wer also das Evangelium nur hört, die bloßen Worte über einen Gottessohn, der für die Sünden der Welt sein Leben geopfert hat, ohne vom Geist

Gottes nicht zugleich die Relevanz und Wahrhaftigkeit aufgezeigt bekommen zu haben, nicht unbedingt in aller Tiefe und Höhe und Breite und Länge, aber doch so, dass man sich überhaupt über die Entscheidungssituation bewusst wird, der kann Jesus nicht wirklich verleugnen.

Die Kirchen lehren meist etwas Anderes. Die großen Kirchen lehren sogar, dass man verloren gehen kann, selbst wenn man von Jesus noch nie etwas gehört hat, weil das einzige Mittel, nicht verloren zu gehen, eben von dem Hören und Befolgen des Umkehraufrufs des Evangeliums abhängt. Ist es zu Lebzeiten nicht dazu gekommen, hat man Pech gehabt. Und Gott scheint kein Interesse gehabt zu haben, an der heillosen Situation dieser Menschen etwas zu ändern.

Man stelle sich vor, im menschlichen Strafrecht wäre das ebenso. Dort wird jemand nur bestraft, wenn er weiß, dass er etwas Verbotenes tut und es dennoch so gewollt hat. Wenn aber Menschen nicht gewusst haben, dass sie eine Möglichkeit zur Rettung haben und daher auch keine Gelegenheit hatten, sich retten zu lassen, werden sie dennoch verdammt. So lehren es die Kirchen. Die Bibel lehrt das jedoch nicht. Von Petrus erfahren wir, dass Jesus auch den Toten gepredigt hat. Es wird sich jedenfalls gerade auch um die gehandelt haben, die von Jesus oder jeglicher Art göttlicher Wahrheit noch nichts vernommen hatten zu ihren Lebzeiten.

Zwar missionieren die Kirchen fleißig. Aber sie können so lange missionieren wie sie wollen, wenn Gott seinen Geist nicht für das Verständnis auftut und im Gegenteil noch Menschen verstockt, so dass sie hören und sehen und doch nicht verstehen, ist alles missionieren völlig zwecklos hinsichtlich des Bestrebens schnell noch Seelen zu „retten". Missionare retten keine Seelen. Und die Toten erreichen sie auch nicht. Nur Jesus Christus rettet Seelen, weil nur er es kann. Er hat die Vollmacht Seines Vaters. Er ist der Erlöser, Er ist auch der Berufer. Kein Mensch kann sich selber oder andere berufen. Auch nicht, wenn er von der Kirche ist.

Wenn Petrus sagt, „wie auch unter euch falsche Lehrer sein werden" (**2 Pet 2,1**), dann bedeutet das nicht, dass in die bestehenden Gemeinschaften messianischer Juden falsche Lehrer kommen würden. Diese Möglichkeit besteht, aber das „unter euch" muss weiter gefasst werden. Schaut man sich die weitere Entwicklung an, dann gibt es keine Hinweise für das, was gerade für die messianischen Juden eher nicht zu erwarten war oder ist, nämlich, dass sie ihren Herrn, also den Messias verleugnen. Das ist doch gerade die Mitte des messianischen Judentums, dass es nur deshalb messianisch ist, weil sie an den Messias glaubt und sich darin ganz wesentlich vom Rest des Judentums unterscheidet.

Petrus wusste aus eigener Erfahrung, was das war, den Herrn verleugnen. Nicht mehr zur Wahrheit stehen, dass Jesus der Messias ist, derjenige, der, wenn man Ihm folgt, eine Trennung von den Wegen der Welt mit sich bringt.

Hier könnte man sagen, dass doch das eher für einen erweiterten Adressatenkreis spricht. Da lohnt es sich, noch einmal genauer auf die Geschichte der Christenheit nach dem Ableben der Apostel zu schauen. Die messianischen Juden gerieten gegenüber den nichtjüdischen Christen stark ins Hintertreffen. Es entwickelte sich bereits gegen Ende des ersten Jahrhunderts eine Antipathie gegen die Juden, die man immer mehr nur noch als Gottesmörder sah. Das lässt sich aus dem Ältesten der außerbiblischen Textzeugnisse des damaligen Christentums, der Didache, oder auch dem sogenannten Barnabasbrief schließen. Bei den Kirchenvätern des 3. und 4. Jahrhunderts war bereits der Antisemitismus und Judenhass voll entwickelt. Hier ein paar Beispiele:

Gregor von Nyssa: *„Prophetenmörder, Streiter wider Gott, Gotthasser, Gesetzesübertreter, Feinde der Gnade, Advokaten des Teufels, Schlangenbrut, Denunzianten, Verleumder, umnachtet, Synedrium von Dämonen, Zerstörer, durch und durch böse, Steiniger, Hasser des Guten."* ***66**

Johannes Chrysostomus, Bischof von Antiochien: *„Wie ein gemästetes und arbeitsunfähiges Tier taugen sie (die Juden) nur noch für den Schlächter"*, *„nicht besser als Schweine und Böcke"*. *„Nenne einer sie Hurenhaus, Lasterstätte, Teufelsasyl, Satansburg, Seelenverderb, jeden Unheils gähnenden Abgrund oder was immer, so wird er noch weniger sagen, als sie verdient hat."* ***67**

Augustinus: *„bösartig, wild und grausam."* „Wölfe", „Mörder" „aufgeührter Schmutz". ***68***

Judenfeindliche „Kirchenväter waren, nach ihren Verlautbarungen zu folgen, Justinus, Irenäus, Clemens von Alexandrien, Tertullian und Origenes hetzten gegen Juden.

Die nichtjüdische Kirche war der Teil der Christenheit, der stark wuchs, während der messianisch-jüdische Teil stark zurückging. Das hatte vor allem drei Gründe.

1.

Erstens wurden Juden sowohl ab Ende der sechziger Jahre des ersten Jahrhunderts im Römischen Reich auf eine harte Probe gestellt, als auch 65 Jahre später. Die Juden erhoben sich gegen die Römer und bekamen dabei nicht nur den Zorn der Römer zu spüren. Sie wurden zu hunderttausenden als Sklaven verkauft. Das Land Israel wurde nahezu entvölkert. Den Juden in der Diaspora verhalfen diese Aufstände nicht zu mehr Beliebtheit. Freie Juden mussten aufpassen, dass sie mit jüdischen Sklaven nicht in einen Topf geworfen wurden. Man täuscht sich, wenn man heutige Verhältnisse anwendet, um die damalige Lage zu beurteilen.

Heute gibt es Menschenrechte, eine humanistische Kultur, eine zweitausendjährige christliche Tradition und außerdem eine globale Empörungs- und Mitleidkultur, die in Sekundenschnelle in alle Winkel der Erde transportable und anwendbar ist. Die muslimische Pakistanerin kann mit einem Klick auf Facebook die Forderung nach der Rettung der Wale vor Chile ihrem Publikum von tausend „Freunden" aus allen Ländern nahebringen. Und zwei Sekunden später befindet sie sich per Mausklick in einem palästinensischen Flüchtlingslager in Jordanien. Eine weltweite Betroffenheit ist schnell und gefahrlos herzustellen. Damals im alten Römerreich gab es nur innerhalb der Familie, der Sippe oder vielleicht noch des Stammes Mitleid und Hilfsbereitschaft. Die Gesellschaften außerhalb Israels waren allesamt ungnädig und erbarmungslos. Menschlichkeit galt als Schwäche. Sie musste sich „rechnen", dann war sie machbar.

Das Christentum entwickelte sich aber gerade in jener Zeit, als das Judentum auf dem absteigenden Ast war. „Losern" glaubt man nicht. Die Juden galten als Loser, schon wegen ihrer konservativen Einstellung. Sie glaubten ja an einen Mose, der angeblich vor 1500 Jahren einen Gott aus einem brennenden Dornbusch reden hörte und mit seinem Volk vierzig Jahre durch die Wüste zog. Was für eine heldenlose Geschichte über ein schwaches Volk, das sich andauernd selbst ins Abseits stellte und sein Versagen auch noch dokumentierte. Das konnte man nur verachten. Die Römer und Griechen hatten ihre Helden und manche von ihnen waren nicht einfach nur Sagengestalten. Alexander der Große oder Äneas überstrahlten diesen gescheiterten Pharaonensohn Mose, der es nicht einmal ins gelobte Land geschafft hatte, bei weitem.

Bei den nichtjüdischen Christen verstärkte sich der Eindruck, dass diese nationalen Katastrophen, die Israel um die Jahre 70 und 135 traf, und beinahe zum Auslöschen der jüdischen Flamme führte, ein Zeichen dafür war, dass dieses Volk bei Gott unten durch war. Für Nichtjuden, die sich dem Christentum zuwandten, waren nun viele jüdische Besonderheiten wie z.B. das Halten des Sabbats nicht mehr glaubwürdig oder attraktiv. Sie waren ja vorher schon diskutabel gewesen, denn für die Nichtjuden hatte es im Römischen Reich diese jüdischen Sonderrechte, am Sabbattag zu ruhen, nicht gegeben. Man arbeitete sieben Tage in der Woche und traf sich zu Versammlungen abends.

Als der kirchlich-orientierte Kaiser Konstantin den Sonntag bevorzugte, ging dann alles beschleunigt seinen Gang weiter weg vom Judentum. Der erste Grund für den Rückgang des messianischen Judentums ist also die politische Entwicklung, die das Judentum als solches angriff. Wenn Juden verfolgt wurden, dann wurden die messianischen Juden gleich mitverfolgt. Die Verfolgung geschah durch Heiden und dann ebenso durch Kirchenchristen. Aus heilsgeschichtlicher Sicht war das messianische Judentum auch nicht mehr nötig, weil für das Judentum eine lange Zeit der Verstockung folgen sollte. Erst wenn diese Zeit beendet wird,

wird auch das messianische Judentum wieder bereitstehen. Es soll ja das Evangelium Jesu Christi verkündigen.

2.

Der zweite Grund ist, dass sich das Christentum innerhalb des Heidentums schnell ausbreitete. Damals war die gesamte Mittelmeerwelt und Vorderasien in Bewegung geraten, sowohl politisch wie auch kulturell. Das Reich der Römer war ein multikulturelles Reich, in dem sich alle Religionen ungestört ausbreiten konnten. Darunter waren auch Religionen, die einen „soter", einen Erlöser ankündigten. Die Ausbreitung des christlichen Glaubens, dessen Zugehörigkeit keinerlei Vorbedingungen kannte, geschah in quantitativer Hinsicht als auch in qualitativer Hinsicht. Die bloße Zahl der Heiden, die sich dem Christentum zuwendeten, überstieg die Zahl der Juden oder stand teilweise sogar in Konkurrenz zum Judentum.

Es war gewissermaßen Judentum ohne die rigorosen Vorschriften, die man als Jude zu beachten hatte, angefangen mit der Beschneidung. Die Juden kämpften in diesen Jahren ums bloße Überleben, sie hatten keine missionarische Kraft und erschienen nicht attraktiv. Das war auch eine Frage der Qualität. Die Lehren der nichtjüdischen Christen waren einfacher und waren nicht israelspezifisch wie bei den messianischen Juden. Sie umfassten oder umarmten sogar das Heidnische. Und das war ein entscheidender Punkt. Das Judentum lehnte jeglichen Synkretismus ab, der einer Vergötzung gleichkam.

Das Christentum ließ es zu und machte es zur Methode, mehr Menschen für sich zu gewinnen und damit auch mehr Macht und Einfluss zu gewinnen. Diese Rechnung ging auf. Leider bekam man die Geister, die man gerufen hatte, nicht mehr los! Ein Heide konnte seine eigenen Gebräuche behalten, wenn sie nicht deutlich anti-christlich zu werten waren, wobei hier mehr und mehr eine Unschärfe in der Beurteilungskompetenz kam, weil man auch immer mehr von der rein biblischen Lehre wegkam.

Je mehr Kompromisse man schloss, desto mehr ging man dazu über, Dinge, die man ursprünglich als kritisch oder gar als Sakrileg betrachtet hatte, ins Repertoire des Möglichen zu übernehmen. Irgendwann kippte der Status der Heiligung und stattdessen verlegte man die Anwesenheit von Heiligkeit in der Kirche auf verstorbene Heilige, die man verehren oder zur Fürbitte anrufen konnte. Es gab noch einen anderen Grund, warum man von der Bibel wegkam. Sie war stark israel-lastig. Man mochte die Juden wegen ihrer Besonderheiten nicht sonderlich unter den Nationen, daher war man geneigt, allem was jüdisch war, aus dem Weg zu gehen, auch wenn es biblisch war. Das ist bis zum heutigen Tag bei den Traditionskirchen so geblieben. Das Christentum wurde stark vom Hellenismus beeinflusst. Das wiederum war anti-biblisch ausgerichtet.

3.

Der dritte Grund ist der, dass das nichtjüdische Christentum Juden, die sich Gemeinden anschließen wollte, keine Sonderrechte einräumte. Solchen Juden wurde nahegelegt, ihr Judentum abzulegen, wenn sie zur Gemeinde dazugehören wollten. Später war das gängige Praxis in der römischen Amtskirche. Juden durften konvertieren. Aber als Beweis, dass sie nun Christen waren, mussten sie alles Jüdische ablegen. Ob es biblisch war, wie z.B. die biblischen Festtage, oder der Sabbat, spielte keine Rolle. Im Grunde sehen das die nichtjüdischen Kirchen auch heute noch so. Es heißt, entweder man ist ein Jude oder ein Christ. Beides zusammen geht nicht.

Für messianische Juden ist das ein doppeltes Problem, weil sie, wenn sie „Jude" bleiben wollen, weder von den nichtjüdischen Christen wirklich ernst genommen werden, weshalb sie sogar nicht einmal zu Kirchentagen eingeladen werden, noch von den nichtmessianischen Juden. Das sagt also ein Jude tatsächlich zu einem anderen Juden: entscheide dich, wenn du an Jesus glaubst, kannst du kein Jude sein. Diese irrsinnigen Sichtweisen, die nicht nur unbiblisch, sondern auch anti-christlich sind, gab es auch schon gegen Ende des ersten Jahrhunderts.

Im Grunde sind sie schon ein Thema bei Paulus, auf den sich Kirchenleute zu Unrecht berufen, weil sie Paulus unterstellen wollen, dass er ihre Position vorwegnahm. Paulus vertrat, dass die messianischen Juden ihre jüdischen Gepflogenheiten weiter einhalten sollte. Schon alleine deshalb, weil sie so in der jüdischen Gemeinschaft überleben konnten. Hauptsächlich aber deshalb, weil er wusste, dass das ihrem Auftrag entsprach. Und Petrus sah es ganz genauso. Er war selber ein messianischer Jude, der die Gemeinden hirtete. Paulus hirtete hingegen Gemeinden, in denen viele Nichtjuden waren. Von ihnen wurden jüdische Gepflogenheiten nicht gefordert. Aus Gründen der Tisch- und Mahlsgemeinschaft versuchten die Nichtjuden den Juden aber keinen Anstoß zu erregen.

Ab dem vierten Jahrhundert wurde das messianische Judentum sogar von staatlicher Seite verfolgt. Aus all diesen Gründen ist es leicht nachvollziehbar, warum das messianische Judentum verschwunden ist. Es hat seine Aufgaben erfüllt. Da Gott keine Perlen vor Säue wirft, ist es verschwunden. Damit verlor das Christentum das zweite Standbein und begann über beide Seiten zu hinken.

Das messianische Judentum verdankt sein Verschwinden einem immer aggressiver werdenden heidnischen Christentum. Wo die Übersetzer des Neuen Testaments „Heiden" schreiben, sind meist wertungsfrei die „Nationen" gemeint. Im Zusammenhang mit der geschichtlichen Entwicklung des Christentums erscheint es jedoch nicht als unpassend, wenn man von einem „heidnischen" Christentum spricht.

Es hat als solche Elemente des biblisch-christlichen Glaubens, aber auch Elemente des Heidentums. Die ägyptischen Steinsäulen in Rom versinnbildlichen das anschaulich. Sie stehen für die altägyptische Anbetung des Gottes der Sonne, Re, griechisch Helios oder Apollo. Sie sind aber an ihrer Spitze mit einem Kreuz versehen. Das ist das Zeichen, dass das Kreuz das Heidentum besiegt hat. Das Kreuz der Kirche steht aber nicht allein auf Golgatha, sondern auf heidnischem Felsgestein. Die Kirche ist also gewissermaßen der Erbe von beidem. Ob das in geistlicher Hinsicht auch so ist, ist noch einmal eine ganz andere Frage.

Die falschen Propheten, vor denen Petrus warnt, bringen falsche Lehren. Zur Zeit von Petrus waren das Lehren aus dem babylonischen und persischen Asien, aber vor allem Lehren, die aus dem Hellenismus kamen. *69 Das Besondere bei diesen Lehren war, dass manch Gutes sich mit Ungutem vermischte. Der griechische Adel liebte Mut und Treue ebenso wie Strebsamkeit und Disziplin. Doch Frauen waren Bürger zweiter Klasse, wer es sich leisten konnte, hielt sich mehrere Mätressen und Kinder galten als Ware, die, wenn sie einen Defekt hatte, weggeworfen werden konnte. Manche schwarzen Löcher im Tugendkleid gab es im Hellenismus, der das Judentum und das Christentum des ersten und zweiten Jahrhunderts stark beeinflusste. Und Geld regierte natürlich auch damals schon die Welt. Und so erstaunt es nicht, wenn Petrus vor all diesen Dingen warnt, die, wenn man sie als Christ anwendete *„den Weg der Wahrheit verlästerten"*. Wer als Christ untugendhaft lebt, verlästert den Weg der Wahrheit und ist aus der Wahrheit herausgetreten und in die Lüge eingetreten. Das wirkt sich dann auch so aus, dass man auch sonst nicht mehr zur Wahrheit steht.

Die katholische Kirche hat Jahrhunderte lang viele Menschen versklavt und missbraucht, nicht nur durch ihre Machtpolitik, sondern auch durch untugendhaftes Gebaren inmitten der Völker. Parallel dazu haben ihre Päpste immer verwegenere Dogmen und Lehren aufgestellt. Dass sich die Kirche auch nebenbei als eines der größten Hurenhäuser entwickelte, wenn man an die vielen Kindermissbrauchsfälle denkt, konnte niemand wirklich überraschen, der die menschliche Natur richtig einschätzte und wusste, welche Kräfte sonst noch am Werk sind. Wo ein Ungeist aktiv ist, realisiert er sich, wo er kann und wo man ihn lässt. Petrus konnte ebenso wie Paulus über solche Missstände schreiben, weil sie das vor den Gesellschaften im damaligen Römischen Reich ständig vor Augen hatten. Und die Gemeinden blieben damals ebenso wenig davon unberührt wie die Kirchengemeinden heute. Die Frage ist immer, welches die Hauptzugrichtung solcher Gemeinden ist.

In **2 Pet 2,4** ist zu erfahren, dass Gott *„sündigende Boten nicht verschont hat, sondern [sie] [in] dunkle Verliese [des] Tartarus [ta]t [und] [sie] [so] dahingab, um* *[sie] [als] [zu] [Be]strafende zu[m] Gericht zu verwahren"*. (KÜ) Es ist hier ein künftiges Gericht, entweder das äonische Gericht gemeint, oder ein Gericht, das noch später kommen wird. Vorher hat Petrus noch gesagt, dass Jesus auch den in der Sintflut Umgekommenen gepredigt hat und auch hier kommt Petrus wieder auf die ehemalige Welt, die Gott bei der Sintflut nicht verschont hat, zurück (**2 Pet 2,5**), nachdem er darauf hingewiesen hat, dass er auch die Engel nicht vor dem Gericht verschonen wird. Das lässt aber gerade deshalb keinen Schluss zu, dass der Tartarus eine endlose Aufenthaltsstätte für Engel oder Menschen wäre.

In Kapitel 2 des Briefes führt Petrus aus, dass der gottlose Wandel in den Tag des Gerichts führt. Er geht nicht davon aus, dass er solche Gottlose anspricht. Allenfalls will er den Briefempfängern ins Gedächtnis rufen, wie es den Gottlosen ergehen wird, auch wenn es jetzt noch nicht danach aussieht. Dabei erwähnt er auch die gefallenen Engel, die ebenfalls ins Gericht müssen, und die Opfer der Sintflut. Er nennt die Welt, die untergegangen ist die „alte Welt", aus der nur Noah gerettet wurde aus der *„Flut über die Welt der Gottlosen"* (**2 Pet 2,5**) Er fährt mit einem weiteren historischen Ereignis, das sich danach ereignet hat, und ein Beispiel für Gottes Gerichtshandeln ist, fort: Sodom und Gomorra wurden ebenfalls wegen ihrer Tugendlosigkeit verurteilt und gerichtet (**2 Pet 2,6-8**). Chronologisch fing der Abfall mit den Engeln an, dann kam die Sintflut zur Zeit Noahs über die Menschheit und irgendwann später ereignete sich das Gericht an Sodom und Gomorra. ***70**

Petrus versteht das als historische Ereignisse, weil auch nur sonst die Warnung Sinn macht, es ihnen nicht gleich zu tun. Es macht keinen Sinn, vor dem bösen Wolf unter Verweis auf Grimms Märchen von Rotkäppchen zu warnen. Viele Kirchen glauben aber weder an eine weltweite Sintflut, noch an den Untergang der beiden Städte. Sie behaupten, Petrus würde hier an einen Mythos glauben. Das bedeutet auch, dass sie nicht an die Verbalinspiration der Bibel glauben.

Auffällig ist auch, dass nach dem Fall der Engel die Sintflut kommt. Die Vertreibung aus dem Garten Eden, die ja auch eine Gerichtshandlung war, wird nicht erwähnt, obwohl die Tugend der Gottseligkeit und des Glaubens gefehlt hatten. Petrus schreibt an Juden.

Er weiß, was bei den Juden die Eckpunkte und Hauptereignisse der Geschichte Israels in der Bibel sind. Für die Juden ist klar, dass die Bibel eine Geschichte Israels, eingebettet in die Geschichte der Menschheit ist, wobei die Einbettung mehr ausmacht als alles andere. Das gilt besonders für das Alte Testament. Was waren die einschneidendsten Ereignisse nach der Vertreibung aus dem Garten Eden?

Die *„Engel, die gesündigt hatten"*, bezieht sich auf die Geschichte aus 1 Mos 6,4, wonach Söhne Gottes mit den *„Töchtern der Menschen"* Kinder zeugten. Das war ganz bestimmt nicht im Sinne Gottes. Gleich danach heißt es, dass die „Bosheit der Menschen auf der Erde groß war". Und zwar so groß, dass Gott beschloss alle Menschen, bis auf Noahs Familie, umzubringen. Über diese aus den Fugen geratene Welt im Himmel und auf Erden erfährt man sonst in der Bibel nichts, außer in Judas 1,6. Die Lehrökonomie Gottes hat es verhindert.

Nach Judas 1,6 waren es Engel, „die ihren hohen Rang nicht bewahrten, sondern ihre Wohnstatt verließen, hat er für das Gericht des großen Tages aufbewahrt mit ewigen Banden in der Finsternis." Der Judasbrief ist ja bekannt dafür, dass er vieles aus dem Petrusbrief übernommen hat. Manche Ausleger beziehen Hes 28 auf den Fall Satans. *71 In Hes 28 wird beschrieben, wie sich der König von Tyrus wegen seines Reichtums und seiner Prachtentfaltung gegenüber Gott durch seinen Hochmut versündigte. Er sei im Garten Eden noch ein schirmender Cherub gewesen, hält ihm Gott vor. Dann sei er gefallen. Wenn man das als „Fall" Satans interpretieren möchte, muss man jedoch erkennen, dass dieser „Fall" zur Zeit der Existenz des Gartens Edens oder danach stattfand, nicht vorher, weil er ja im Garten Eden noch ein glänzender Cherub war.

Fakt ist, dass die Schlange im Garten Eden verflucht und Adam und Eva daraus vertrieben wurden. Satan folgte ihnen, denn er wurde ja zum Herr dieser Erd-Welt, ohne dass er jedoch aus dem Himmel verbannt gewesen wäre, denn er wird in der

Bibel auch nach den Ereignissen in Eden als den Söhnen Gottes vergesellschaftet beschrieben (Hi 1,6). Ein Widersachertum Satans ist ab dem Sündenfall biblisch nachweisbar und wie es nach dem scheint, was Petrus in 2 Pet 2,4 und Judas in 1, 6 bezeugen, dehnte sich das Widersachertum auf einige und nicht wenige der Söhne Gottes aus.

Ihre Verbindungen mit den Menschen, die es auch in der Überlieferung der alten Griechen gibt, war eine Ursache dafür, dass Gott die alte Welt vernichtete. Es scheint so, als hätte Gott einmal diese Vermischung von Wesen der Himmelswelt und den höchsten Wesen der Erdwelt zugelassen, um ein für alle Mal zu zeigen, dass auch dieser Art Grenzüberschreitungen, die nicht nach der Ordnung Gottes verlaufen, nur Ungutes hervorruft. Dass ein Herkules-Nimrod übermenschliche Körperkräfte hat, hilft seinem Charakter, mithin seiner Tugendausrichtung auf das Wesen Gottes nicht, sondern kann ihm sogar im Weg stehen bei einer Entwicklung zu einem befreiten Menschen.

Ein erster Nachahmer, Achilleus meinte, dass sein Lebenszweck in nichts weiter bestünde, als möglichst viele Heldentaten zu vollführen. Darunter verstand er, anderen Menschen das Lebenslicht auszublasen, möglichst vielen davon. Das können sich auch böse Menschen und Menschen, die durch einen Gendefekt nur einen IQ von 20 haben, sich zum Lebensinhalt machen. Wer nun meint, einen Herkules oder Achilleus habe es nie gegeben, muss dann bei Alexander dem Großen die Waffen streiken. Der hatte sich nämlich genau diesen Achilleus zum Vorbild genommen und wie rücksichtslos-narzisstisch er sogar mit Familienmitgliedern und Freunden umging, ist bekannt.

Für Juden ist diese Vorgeschichte der Sintflut, als noch große Helden durch die Lande zogen, die Erde aber zu einem Ort machte, der Gottes Zorn erregte, Kulturgut, denn Noah kannte den Gott Israels. Für die Juden ist die vorsintflutliche Welt die alte Welt, die durch das Wassergericht der Sintflut untergegangen ist. Die Welt des Aufschubs. Die Welt zwischen der Vertreibung des Adam aus Eden und der endgültigen Vernichtung der Welt, die die Adamsnachfahren so viele

Generationen nach ihrer Façon einrichten durften. Die Welt, die mit einem Anstoß dämonischer Kräfte begann, wenn man die gegen Gottes Willen handelnden „Söhne Gottes" als Dämonen bezeichnen möchte. Die Welt der heillosen Vermischung und Globalisierung. Wo waren sie alle geblieben, die Nachfahren Seths und Abels? Einer hatte es geschafft unabhängig und frei zu bleiben, von dem ganzen Irrsinn: Henoch. Er war entrückt worden. Auch die Entrückung der Gemeinde in der Endzeit, wird nur die erfassen, die dem Irrsinn dieser Welt nicht gefolgt sind.

Mit dem Aufsetzen der Arche auf dem Berg Ararat, begann eine neue Welt und einen neue Erdzeit. Das darf man auch geologisch-physikalisch verstehen. Die „Uhren" der Natur liefen jetzt schneller, sie waren befreit von der Behäbigkeit der Vorzeit, als die Menschen noch uralt wurden und doch nicht weiser. Ob jemand weise wird, hängt nicht von der Länge seiner Tage ab, sondern, ob er auf Gott hört. Aber auch die Noah-Welt, in der wir jetzt leben, wird wieder gerichtet werden. Sie wird gewogen und für zu leicht befunden. Aber das ist für Gott nicht überraschend. Er hat das mit ins Kalkül gezogen, denn Seiner Allweisheit entgeht nichts. Diese neue Welt erstreckt sich über einige Äonen.

Da war die torah-lose Epoche, dann kam die israel-torah-Epoche, die zugleich eine gottesgeistlose Zeit war. In diese Zeit hinein kam Gottes Sohn. Dieses Mal ein anderer „Gottessohn", einer, der sich nicht mit den Menschen verband, um etwas Mischwesiges anzufangen, sondern einer, der ganz dem Willen Gottes folgte. Christus blieb ganz für sich und gab erst von Seinem Geist, nachdem Er in den Himmel aufgefahren war. Dann aber gab Er bekannt, dass eine leibliche Gemeinschaft auf allen Ebenen des Geistigen mit Ihm möglich war. Und dass nach dieser Verleiblichung und Umwandlung menschlicher Wesen in Ihn hinein, zuerst Israel, wie Seine Braut dem Einsmachen folgen würde und schließlich die ganze Schöpfung. Seit Jesus Christus können wir wissen, wo es lang geht für die Schöpfung. Das Wissen darum bleibt aber weiter auf der geistlichen Ebene und ist dem Normalmensch keinesfalls zugänglich, weil der Normalmensch solange uninspiriert bleibt, wie seine Stunde nicht geschlagen hat. Wann seine Gottesstunde kommt, ist die Sache des Vatergottes, der Seinen Plan exakt ausführt.

Warum zählt Petrus all diese Gerichte auf, die die Menschen bei Noah und Sodom und Gomorra ereilte? Petrus gibt in **2 Pet 2,9** die Antwort. Die Vorbestimmung eines jeden Menschen scheint sich aus 2 Pet 2,9 zu ergeben: *„[Der] Herr weiß [die] Frommen aus [der] Anfechtung zu bergen, [die] Ungerechten aber für [den] Tag [des] Gerichts [als] [zu] Strafende zu verwahren".* (KÜ) Petrus sagt nicht, „Seid ihr zuerst fromm, dann bewahrt euch der Herr, wenn nicht, kommt ihr ins Gericht". Er sagt nur, dass die Frommen geborgen werden. Sie haben die Zusage aber deshalb, weil es ihnen verheißen ist.

Es kann hier jedenfalls nicht abgeleitet werden, dass Petrus eine Art Werkgerechtigkeit lehrt, denn: *„wie vernunftlose Tiere, von Natur [aus] zu[m] Fang und Verderben geboren, lästern über [das], [was] sie nicht kennen, [und] werden entsprechend ihrem Verderben auch verderbt werden."* (**2 Pet 2,12** KÜ) Sie handeln also entsprechend ihrer Natur, sie sind von Natur aus zum Verderben geboren! Und sie handeln entsprechend dieser Natur und diesem Verderben! Jeder handelt also so wie es der Natur entspricht. Die Christusnatur wird Werke erbringen, die den Christus erkennen lassen und die Tiernatur wird tierische Werke erkennen lassen und nicht umgekehrt. Manche Freigeister weisen ja darauf hin, dass die Homosexualität etwas Natürliches sei. Das ist richtig. In der Tierwelt gibt es viele solcher natürlichen Fälle, die seit dem Sündenfall von Adam und Eva aufgekommen sind. Die Tiere tun, was sie tun, ohne Vernunft. Da der Mensch Vernunft hat, kann er die Dinge ergründen, ob sie gut oder schlecht für ihn sind.

Nicht die christlichen Werke machen einem zu einem Christen und auch nicht die tierischen Werke zu einem Tier. Man sollte vielleicht jenen gegenüber, die sagen, der Mensch sei nur eine Art Tier zugutehalten, dass dies nicht ganz unbiblisch ist, denn solange ein Mensch nicht die Christusnatur hat, unterscheidet ihn, was seine Todesnatur anbelangt, nichts von einem Tier. Aber es ist nicht sonderlich ehrenhaft, wenn jemand vor Gericht eines Verbrechens überführt wird und es nur noch übrigbleibt, es sich selber zuzugestehen.

Der Vergleich mit Bileam (**2 Pet 2,15**) erfordert eine Kenntnis des Alten Testaments, den man nur bei Juden voraussetzen konnte, die schon seit ihrer Kindheit mit den biblischen Schriften vertraut gemacht wurden. Wegen der schlechten Verfügbarkeit der biblischen Schriften war es Nichtjuden nur sehr schwer, diesen Bildungsrückstand als Erwachsene, die noch dazu im Berufsleben standen, nachzuholen.

Auch für Kirchenleute ist hier eine Warnung enthalten. Bileam liebte den Lohn der Ungerechtigkeit mehr als die Wahrheit. Wer aus Karrieregründen oder Geldgier die Wahrheit auch nur zum Teil verschweigt oder Kompromisse in der Verkündigung und in der Lehre schließt, sollte sich dahingehend überprüfen, ob er mehr dem Bileamswesen als dem Christuswesen zuneigt. *72 Und dann wird es auch bei einem Laster nicht bleiben.

Bileam war einer, der einiges über Gott wusste, aber bewusst gegen dieses Wissen handelte. Am Ende sind es die zweifelnden und verleugnenden Kirchen selbst, die sich von Petrus nicht warnen lassen und statt Tugenden Merkmale derer zeigen, die *„lästern über das, was sie nicht kennen…, die in ihren Betrügereien schwelgen"* mit *„Augen voller Begierden"* und einem *„von Habsucht geübtes Herz…, sie sind abgeirrt, da sie den gerade Weg verlassen haben, und sind nachgefolgt dem Weg Bileams…, der den Lohn der Ungerechtigkeit liebte… sie führen geschwollene, nichtige Reden…, sie versprechen Freiheit, während sie selbst Sklaven des Verderbens sind."* (**2 Pet 2,12-19**)

Die Geschichte Bileams ist es Wert, hier etwas genauer betrachtet zu werden. Bileam war immer auf seinen Vorteil bedacht. Er begegnete dem Gott Israels. Um was für einen mächtigen Gott es sich dabei handelte, war ihm nicht voll bewusst. Es ist gut möglich, dass er als freischaffender Künstler-Prophet bereits mit vielen Geistern und „Göttern" zu tun gehabt hatte. Der König der Moabiter hatte vor Augen geführt bekommen, dass Israel die Amoriter besiegt hatte. Er hatte Angst, dass er ebenso besiegt wurde. Deshalb wollte er andere Machtquellen anzapfen (4 Mos 22,2ff). Und dazu brauchte er Bileam, der dafür bekannt war, dass er zaubern konnte. Wen er verfluchte, der war verflucht. Darum bat Balak.

Der Gott Israels gab Bileam aber die Anweisung das Volk Israel nicht zu verfluchen. Balak ließ nicht locker und versprach Bileam eine großzügige Entlohnung. Gott JHWH erschien ihm erneut und verbot Bileam Israel zu verfluchen. Bileam ließ sich von Barak auf eine Anhöhe führen, von wo man die Lager der Israeliten sehen konnte. Doch wieder weigerte sich Bileam. Balak führte ihn zum „äußersten Teil" des Lagers. Im Zentrum des Lagers stand ja das Stiftszelt. Wenn Bileam das Heiligtum der Israeliten sah, indem ihr Gott wohnte, also jener Gott, der Bileam gewarnt hatte, dann würde er doch wieder nur davor zurückschrecken. Hinzu kam, worauf Ausleger hingewiesen haben, dass sich am Rande der Zeltlager auch die Aborte und abgeräumtes Material befand. Am Rand bzw. außerhalb des Lagers mussten sich auch die Aussätzigen und Unreinen aufhalten. **73** Dort wurden auch die Steinigungen von Gesetzesübertretern vorgenommen. **74** Insgesamt also eher ein unschöner, wenn nicht zu verabscheuender Anblick. Hier konnte es Bileam vielleicht leichter fallen, den Fluch über dieses Volk auszusprechen.

Man kann hier gewisse Parallelen sehen zu dem Verhalten der Völker heute. Man sucht seit der Staatsgründung Israels, also seitdem Israel wieder ein „Lager" hat, immer wieder nach Mäkeln Israels. Wenn man keine findet, erfindet man welche. Man sucht bewusst und gezielt nach der unschönen Seite Israels, die nicht selten noch künstlich unschöner gemacht wird. Der Rand eines Lagers zeigt einen Teilausschnitt. Oftmals kursieren Fotos, wo gerade ein israelischer Soldat in einer bestimmten Situation gezeigt wird. Doch ist es nur ein Teilausschnitt. Wenn man das ursprüngliche Foto anschaut, gibt es eine ganz andere Aussage.

Die Völker wollen Israel verfluchen. Die UN ist ein Israel-Verfluchungs-Institut. Und das, obwohl schon der Esel Bileams von diesem Kurs ausgeschert ist, weil er klug genug war, nicht in das Flammenschwert des Engels Gottes zu rennen. Genau das tun die Nationen, die gegen Israel aufbegehren und sich zusammenrotten, um Israel zu schaden. Und auch Bileam blieb vorerst standhaft, weil er wusste, dass es ungute Folgen haben würde, sich gegen den Gott Israels zu richten. Die Nationen kennen diesen Gott nicht und wollen auch nichts von ihm wissen. Würden sie ihn kennen, dann wüssten sie ja um die heilsgeschichtliche Bedeutung von Israel.

Gott erinnert Petrus aber an Bileam und lässt Warnungen aussprechen, dass sich niemand, wie es sich aus dem Beispiel Bileams erhellt, missbrauchen lassen soll, sich an einer Fluchaktion gegen Israel zu beteiligen. Das bringt nur den „Lohn der Ungerechtigkeit" ein. Was Gott anbelangt, Er schaut nicht auf die hässlichen Seiten der Lager Israels und lässt durch Bileam ausrichten: *„Er erblickt kein Unrecht in Jakob und sieht kein Verderben in Israel; JHWH, sein Gott, ist mit ihm, und Königsjubel ist in ihm."* (4 Mos 23,21) und zugleich als Warnung für jeden, der nach Verbündeten gegen Israel sucht: *„Denn es gibt keine Zauberei gegen Jakob und keine Wahrsagerei gegen Israel. Jetzt wird zu Jakob und zu Israel gesagt: Was hat Gott gewirkt!"* 4 Mos 23,23).

Durch den Geist Gottes vermag Bileam sogar zu sagen, dass er zu seinen Feststellungen kommt, weil er ein „Mann mit geöffnetem Auge" ist (4 Mos 24,3). Anscheinend muss einem Gott die Augen öffnen, sonst ist man blind gegenüber Israel. Barak war so ein Blinder. Man kann in den Israelhassern seine Nachfolger erkennen, die auch nicht wissen, dass sie mit ihren Flüchen nur sich selber treffen und all das, was sie Israel wünschen, wird auf ihren Kopf kommen. Es macht dabei keinen Unterschied, ob man in einer deutschen Fußgängerzone dafür demonstriert, dass niemand mehr Produkte aus Israel kaufen soll, oder ob man als palästinensischer Araber in Israel den nächsten Anschlag auf jüdische Familien plant.

Es ist auch gleich, ob man als deutscher Staatschef mit den Feinden Israels paktiert und ob man sie sogar ins Land lässt, wo sie ihren Hass gegen Israel noch besser ausleben können. Es gibt viele Baraks, auch wenn sie nicht so heißen. Und manche heißen sogar so und handeln wie der biblische Barak. Das ist sehr unbedacht. Die Welt fasst Beschlüsse und feiert sich selber mit Preisen und Auszeichnungen und Titeln, der Preis, der allein wirklich die Äonen übersteht, ist der Schalom-Preis. Er bildet Wirklichkeiten, keine Scheinwelten ab.

Wie bei Bileam besteht bei vielen eine zu große Liebe zur Welt, es ist eine Liebe, die sich immer rechnen muss. Sie ist von der Höhe des Geldbetrags abhängig, der in Aussicht gestellt wird. Die meisten Menschen sind käuflich: *„Denn wenn sie den Befleckungen der Welt durch Erkenntnis unseres Herrn und Retters Jesus Christus entflohen sind, aber wieder in diese verwickelt und überwältigt werden, so ist für sie das Letzte schlimmer geworden als das Erste.“* (**2 Pet 2,20**)

Wie Petrus auch in den nachfolgenden Versen verdeutlicht, kann das zum Verlust des Heils führen, ja, *„es wäre ihnen besser, den Weg der Gerechtigkeit nicht erkannt zu haben, als sich, nachdem sie ihn erkannt haben, wieder abzuwenden von dem ihnen überlieferten heiligen Gebot.“* (**2 Pet 2,21**) Petrus spricht hier von Berufenen, nicht von Auserwählten. Ob jemand wissentlich sich gegen das, was er von Gott weiß, stellt, kann man als Beobachter nicht wissen. Bei den Kirchen ist es eher so, dass sie in ihrer Verblendung und Verstockung schon weit fortgeschritten sind und dass das auch von außen klar erkennbar ist. Das ergibt sich schon bei einem Vergleich der biblischen Aussagen mit den Aussagen der Kirchenvertreter. Gerade was die revidierten Sichtweisen in Bezug auf historische Ereignisse anbelangt, ist vielen bekannt, dass die Behauptungen, Theorien und Deutungen der Historiker und Archäologen keine Wahrheiten, sondern Mutmaßungen sind. Der Verrat an Gottes Wort besteht darin, dass man den atheistischen Vertretern der Zunft mehr vertraut als der Bibel. Man sucht Anerkennung und Ehre bei der Welt und gibt deshalb die Deutungshoheit über das Wort Gottes ab.

Man gibt dabei aber auch ein Veto gegen Gott ab und flüchtet wieder vor dem Kreuz, vor das man sich vielleicht gerade eben hingeschleppt hat, bevor man bemerkt hat, was für ein ungemütlicher Ort das ist. Da lief man wieder weg und suchte das wärmende Feuer der römischen Soldaten. Wenn diese einem dann verdächtigen, ein Jesusjünger zu sein, gibt man sofort Kontra und stellt klar, dass man nicht dazugehört. So läuft man keine Gefahr in der Welt schief angeschaut zu werden oder ein Opfer bringen zu müssen, das mit der Aufgabe des Alten Adams erkauft werden müsste.

Petrus erinnert die Briefempfänger, dass beide Briefe geschrieben sind, um sie zu ermahnen und zu ermutigen. Und nur zu deutlich wird bei Petrus die Sorge über falsche Lehrer, die in die Gemeinden einbrechen würden. Die Angeschriebenen sollen gedenken der Worte der Propheten des Alten Testaments, die übereinstimmen mit den Worten der Apostel über den Messias (**2 Pet 3, 1-2**). Das war also überprüfbar, ob es eine solche Übereinstimmung oder eine Diskrepanz gab. Da konnten die Apostel ganz beruhigt sein. Ihre Lehre war zwar oft widersprochen worden, aber stets unbegründet. Das Evangelium Jesu hat sich über Jahrzehnte behauptet und immer wieder waren Kritiker daran gescheitert, gegen das persönliche Zeugnis der Apostel angehen zu wollen. Die Apostel behaupteten ihr Feld. Aber das konnten sie nur, so lange wie sie auch persönlich in der Verantwortung waren. Wenn sie einmal ganz weg waren, würden sie nicht einmal noch Briefe schreiben können. Warum sind von den anderen Aposteln und Jünger Jesu, außer Johannes, keine Briefe erhalten? Und selbst die Briefe von Johannes dürften viele Jahrzehnte nach der Himmelfahrt Jesu, vielleicht sogar gegen Ende des ersten Jahrhunderts entstanden sein.

Die neutestamentlichen Schriften haben eine unerschöpfliche geistliche Datenmenge. Man wird nie mit ihnen fertig. Und dennoch ist, gemessen an den Jahrzehnten, in denen die Jünger Jesu wirkten, erschreckend wenig zurückgeblieben. Ist das wieder die Heilsökonomie Gottes? Und warum hat man von Paulus mehr wie von allen anderen? Weil das messianische Judentum am Ende des Äons durch die Verkündigung seine Aufgaben erfüllen wird, während die

Gemeinde des Leibes Christi die letzten zweitausend Jahre in der Pflicht war, vor der Himmelswelt bewährt zu werden.

Warnung
2 Pet 3,3-13.16-18

Dass Petrus mit den Spöttern der letzten Tage **in 2 Pet 3,3** keine Atheisten gemeint hat, sondern solche, die dem Glauben an den Gott der Bibel nicht völlig fern standen, ergibt sich aus Vers 4, denn diese Spötter sagen: „seitdem die Väter entschlafen sind, bleibt alles so von Anfang der Schöpfung an." (**2 Pet 2,4**) Auch hier ergibt sich, dass Petrus Juden angeschrieben hat, denn nur sie würden Abraham, Jakob, Mose als „Väter" bezeichnen. Die Spötter, die Petrus meint, sind also Juden. Das Szenario, das Petrus anspricht, ist folgendes: Die nicht an Jesus als Messias glaubenden Juden hatten die Jünger Jesu verspottet, weil die an die Auferstehung ihres Messias und Seine baldige Rückkehr glaubten – „wo ist die Verheißung seiner Ankunft?" (**2 Pet 2,4**) - und das nun als Evangelium den Juden verkündeten.

Doch die jüdische Glaubenstradition besagte, dass der Messias kommen würde und ein Friedensreich unter jüdischer Herrschaft aufbauen würde. Er wäre ein strahlender Held und Sieger wie König David in seinen besten Tagen. Hier lag ein Missverständnis vor. Sie warteten nicht auf eine Auferstehung eines Messias, nicht auf eine Himmelfahrt und Wiederkunft, sondern auf ein einmaliges Kommen des Messias. Jedenfalls wäre der Auferstehung eines Messias kein schmählicher Tod vorausgegangen. Einer der am Pfahl hing, war ja ein Verfluchter.

Typisch für den jüdischen Ausleger Stern ist, dass er in seinem Kommentar verschweigt, dass Petrus hier Juden gemeint hat. Stern stellt lediglich moderne „Spötter" heraus, die mehr den Naturwissenschaften glauben als dem Wort der Bibel. Er ist hier nicht konsequent in der Auslegung. Das kommt daher, weil er unbedingt vermeiden will, dass die Bibel etwas Unangenehmes über Juden sagt.

Das ist einerseits ein verständliches Anliegen, andererseits ein kurioser Wunsch, der den Blick auf wichtige Wahrheiten verstellen kann. Eine davon ist, dass die Bibel ja tatsächlich ein Buch ist, wo eine Nation ganz besonders kritisiert wird. Das ist Israel. Die Bibel ist ein israelkritisches Buch, zugleich ist sie aber ein Buch, das Israel über alle anderen Nationen hebt. Daher muss man von einem Juden erwarten können, dass er die Kritik erträgt und zugibt.

In **2 Pet 3,5-6** greift Petrus noch einmal auf, warum die Spötter gewissenhafter und vorsichtiger sein müssten. Es gab ja schon einmal solche Spötter. Sie sahen sich den Schiffsbau von Noah an und fragten ihn, warum er denn so ein großes Schiff bauen würde, wenn doch weit und breit kein großes Wasser war. Selbst wenn die Flüsse über die Ufer treten würden, würde doch ein kleineres genügen. Ihnen war es verborgen, dass Gott es persönlich war, der gerade so viel Wasser herbeischaffen würde wie notwendig war, um das Schiff als angemessen erfahren zu lassen.

In **2 Pet 3,6** nimmt Petrus einmal Bezug auf die „damalige Welt", die „vom Wasser überschwemmt, unterging." In **1 Pet 3,20** hat er dabei auf Noah Bezug genommen. Daher greift er es hier nicht noch einmal auf. Seine Aussage ist, dass auch „der jetzige Himmel und die jetzige Erde" nur für ein erneutes Gericht aufbewahrt werden. Und wiederum werden nur Auserwählte vor dem Gericht bewahrt werden. Die Spötter gehörten gewiss nicht dazu. Indem er das den Briefempfängern schreibt, will er natürlich ihr Ausharren unterstützen und ihren Willen dazu stärken. In 1 Pet ergibt der Kontext, dass Jesus den in der Sintflut umgekommenen in ihrem „Gefängnis" predigt. Petrus will so verdeutlichen, wie ernst der rechte Glauben, den ja die Noahspötter nicht hatten, zu nehmen ist. Wer in der Sintflut umgekommen ist, befindet sich tausende Jahre später, zur Zeit nach Jesus Erdenwandel, immer noch im Gefängnis!

In 2 Pet ist der Kontext ganz ähnlich. In den letzten Tagen kommen nämlich wieder Spötter (**2 Pet 3,3**). Sie behaupten ähnlich wie die Leute damals vor der Sintflut, *„von Anfang der Schöpfung an"* (Vers 4) sei doch alles unverändert. Es regnet mal,

mal regnet es nicht und nie ist ein Zusammenhang mit göttlichem Segen oder Fluch zu erkennen. Und nach der Nennung des Anfangs der Schöpfung, worunter jeder Jude die sechs-Tage-Schöpfung von 1 Mos 1,2ff verstand, fährt Petrus gleich fort: *„Denn nach ihrem eigenen Willen ist ihnen das verborgen, dass von alters her Himmel waren und eine Erde, entstehend aus Wasser und im Wasser durch das Wort Gottes, durch welche die damalige Welt, vom Wasser überschwemmt, unterging."* (**2 Pet 3,5-6**)

Die Anordnung Schöpfung – Flut ist schlüssig, weil diese Schöpfung in der Sintflut großen und gewaltsamen Veränderungen in nur kurzer Zeit ausgesetzt worden ist. Die Erde wurde ja nicht nur mit Wasser geflutet. Ganze Kontinente wurden erschüttert, Erdplatten gehoben, vulkanische Eruptionen traten überall auf. Wo vorher Wälder waren, waren sie nun verschüttet. Wo vorher Flüsse flossen, waren jetzt Seen und Schluchten. Und kleine Seen waren verschwunden, stattdessen gab es Ozeane. Die Sintflut ist ein herausragendes Ereignis in der Bibel. Jeder Jude kannte die Geschichte von Noah. Petrus muss den Namen gar nicht nennen, denn jeder wusste, wenn von einer Welt die Rede war, die im Wasser untergegangen war, dann war das die Sintflut. Andere jüdische Überlieferungen, dass es vor der Sintflut schon einmal erdgeschichtliche Katastrophen gab, gibt es nicht.

„Die jetzigen Himmel aber und die Erde sind durch sein Wort aufbewahrt, für das Feuer behalten auf den Tag des Gerichts..." (**2 Pet 3,7**) und zwar, wie schon bei der Sintflut, für die „gottlosen Menschen". Die ganze Schöpfung wird nochmals vor Gottes Gericht kommen.

Heilsgeschichtlich ist hier bedeutsam, dass auch Petrus den „Tag des Gerichts" und den *„Untergang der ruchlosen Menschen" als etwas Kommendes* bestätigt, denn die *„jetzigen Himmel" „und die Erde"* werden für diesen Gerichtstag *„aufbewahrt".* Petrus und Paulus vertraten nicht die Auffassung, dass die Kirche die Welt nach und nach missionieren und den Schalom herstellen würde, den es brauchte, damit Jesus zurückkäme. Sie beleuchteten den Zustand der gottlosen und verführten Welt und ermahnten ihre Zuhörer sich von ihr fern zu halten und sich Christus anzunähern. Sie wussten, dass die Gemeinden den gleichen Verführungen ausgesetzt sein würde wie die Welt. Das wussten sie schon deshalb, weil es sich bereits andeutete. Der Geist Christi tat ein Übriges, damit sie die Situation richtig beurteilten. Zu beachten ist aber auch, *„da[ss] ein Tag bei [dem] Herrn wie tausend Jahre [ist], und tausend Jahre wie ein Tag."* (**2 Pet 3,8**) Ahnte Petrus, dass die Rückkehr des Messias noch lange auf sich warten lassen konnte? Wenn man lange wartet, lässt man entweder das Warten bleiben oder sagt sich, es dauert noch länger.

Dass ein Tag bei Gott wie für uns tausend Jahre sind, bringt Petrus als Erklärung dafür, dass Gottes Zeitrechnung eine andere ist als die unsere (**2 Pet 3,8**; Ps 90,4). Gemeint ist nicht, dass es eine Himmelszeit gäbe, die um den Faktor eintausend kleiner oder größer wäre. Deshalb sind Gleichsetzungen der Schöpfungstage mit einem Jahrtausend der Menschheitsgeschichte willkürlich, sonst müsste ja auch der „Tag des Herrn" tausend Jahre lang währen. Bereits die jüdische Tradition hat in Jahrtausenden gezählt. Sechs tausend Jahre geht die Menschheitsgeschichte, heißt es. Zwei tausend Jahre der Nichtigkeit und geistlichen Leere, tohu, bis Abraham kam, zwei tausend Jahre der Torah – das Vorzeigen geistlicher Fülle, ohne den Zugriff darauf - und dann kommt der Messias, die Fülle in jeder Beziehung! Das ist auch ein Grund, warum viele Juden den Messias in der Zeit, als Jesus kam, erwarteten. Auch wenn spätere Gelehrte, die Zeit erst mit der Zerstörung des Tempels oder noch später ansetzten. Und einige sind genau aus diesem Grund Anhänger des Predigers und Lehrers Jesus von Nazareth geworden, weil sie rechnen konnten!

In der Talmud-Zeit schien es sich zu bewahrheiten, dass dieser Jesus nicht der Messias sein konnte, denn das zweitausendjährige Friedensreich, das mit dem Kommen des Messias anbrechen sollte, kam nicht. Und natürlich kann man auch heute, nach Ablauf der zweitausend Jahre, nichts Anderes sagen. Und deshalb wird heute noch mehr gespottet als damals. Der irische Erzbischof Ussher schloss sich im 17. Jahrhundert einer ähnlichen Zählweise über Jahrtausende und Gottestage an. Und auch heutige Bibelforscher und Bibelmathematiker meinen, besonders bibeltreu zu sein, wenn sie sagen, dass mit dem Ablauf des Jahres 1999 oder drum herum, zumal der hebräische Kalender kürzere Jahre hat als der astronomische, in der göttlichen Agenda ein neues Zeitalter anbrechen würde. Das alles sind jedoch nicht die Ergebnisse zuverlässiger Rechnereien. Zuverlässig ist allein das, was Gott in Seinem Wort dazu gesagt hat.

Jesus (Mt 24) und Paulus nennen die Zeichen der Endzeit. Hätten die Kirchenlehrer der vergangenen Jahrhunderte beachtet, dass Jesus zu Seinen jüdischen Jüngern gesprochen hat und nicht zu ihnen, dann hätten sie auch Jesu Aussagen nicht auf sich deuten und zu falschen Schlüssen kommen müssen. Für Ungläubige scheint es manchmal leichter zu sein, geradeaus denken zu können, als für verblendete Gläubige. Man hat allen Ernstes daran herumgerätselt, was Jesus damit gemeint haben könnte, als Er sagte, dass man hoffen sollte, dass die Flucht aus Jerusalem nicht an einem Sabbat erfolgen müsste. Schließlich hat doch die christliche Amtskirche den Sabbat abgeschafft, wie kann dann Jesus vom Sabbat reden!

Auch wenn Petrus in **2 Pet 3,9** sagt, dass es des Herrn Langmut zu verdanken ist, wenn er mit Seiner Rückkehr als Gerichtsherr wartet, *„weil er nicht will, dass irgendwelche verloren gehen, sondern dass alle zur Buße kommen."* spricht er Juden an. Das bedeutet, dass das, was in seinen Briefen an die Juden in der Diaspora geschrieben steht, dem entspricht, was in seiner Verkündigung von seiner Version des Evangeliums der Beschneidung ebenfalls zum Ausdruck gebracht hat. Hier redet Petrus also nicht von einem Heilsuniversalismus. Ob er es an anderer Stelle getan hat, ist ungewiss. Tatsache ist jedoch, es gibt gute Gründe dafür, dass es eher unwahrscheinlich ist, dass er oft davon gesprochen hat, denn zwar war den orthodoxen Juden bekannt, dass Israel die Nationen im kommenden Äon in ein Gottesreich führen sollte, aber wer zur Braut Israel des einen Gottes dazugehören wollte, musste Jude werden. Und keiner, der nicht Jude war, würde das Heil im Bunde mit dem Gott Israels sehen können.

Diese Haltung, mit der Juden auf die nichtjüdischen Völker oder bloß auf halbjüdische Idumäer oder Samariter herabschauten, entspricht der Haltung, die viele orthodoxe und ultraorthodoxe Juden gegenüber Nichtjuden einnehmen. Dahinter steckt möglicherweise aber der gleiche Dünkel-Geist, der noch immer triumphierend, schon im Dritten Reich Halbjuden zu Halbmenschen degradieren wollte.

Die Verachtung, die manche Juden gegenüber ihren nichtjüdischen Nachbarn haben, steht nur im Einklang mit dem Hass, den eben diese Nachbarn auf Juden haben. So mag es sein, dass die jüdischen Siedlungen, die im Westjordanland legal gebaut wurden, weil eine staatliche Übereignung oder ein Kaufgeschäft stattgefunden hat zwischen zwei zivilen Parteien, die übereingekommen sind, kein berechtigter Grund für den Zorn und die Empörung von Leuten ist, die nichts mit dem Kauf zu tun haben und denen selber das Land nicht gehört hat. Wenn dann aber die Siedler versäumen, gutnachbarschaftliche Beziehungen zu ihren Nachbarn aufzubauen, dann überlassen sie das Feld anderen und laufen Gefahr als Feinde angesehen zu werden. Ein Siedler wird nicht dadurch schuldig, weil er Siedler ist, sondern, wenn er nicht gastfreundlich handelt.

Es sind nur die messianischen Juden, also die Juden, die in der Tradition von Petrus stehen, die wissen, wann genau der Messias als Richter und Erlöser Seines Volkes kommen wird, nämlich, wenn das Volk nach Ihm flehentlich rufen wird (Mt 23,39). So hat es Jesus vorausgesagt. Und Er muss es ja wissen, denn Er ist der Messias. Das Volk hat Ihn damals zurückgewiesen. Das Volk soll auch wieder Abbitte leisten. Und wenn es das tut, dann wird es nicht zu Kreuze kriechen, wie es sich vielleicht die Kirchen vorstellen, sondern reumütig und demütig zum Kreuz kommen.

Wer der Bibel glaubt, weiß also, was die Zeichen sind, bevor Jesus sichtbar für alle, die dann in Jerusalem sind, erscheint. Das bedeutet, dass dann Jerusalem keine arabische Stadt sein wird, denn Jesus kommt nicht zu den Muslimen, sondern zu Seinem Volk. Und das ist Israel! Für Glieder am Leibe Christi ist der Zeitpunkt der

Rückkehr Jesu nicht relevant, denn sie wurden lange vorher bereits entrückt, sofern sie nicht gestorben sind. Diese Möglichkeit wird meistens nicht in Betracht gezogen, weil die meisten, die an eine Entrückung glauben, die Vorstellung von einer großen Zahl von Christen haben, die zum Zeitpunkt der Entrückung leben und dann in einem Augenblick verschwunden sind.

Wenn es aber nicht ausreicht, Angehöriger einer Kirche zu sein, wenn es nicht genug ist, nur dem Namen nach Christ zu sein, aber die Kraft Seines Geistes und viele Worte Gottes geleugnet zu haben, und wenn man zwar geglaubt hat, aber Christus nur an zweite Stelle gesetzt hat, weil man an andere Dinge mehr geglaubt hat, dann könnte es auch sein, dass man gar kein Glied am Leibe Christi ist und nicht entrückt wird. Vielleicht kommt man irgendwie ins Reich Gottes, vielleicht kommt man irgendwie günstig weg, vor einem der Gerichte, die noch mit göttlicher Autorität stattfinden werden.

Aber ein Glied am Leibe Christi, hat sich so passend machen lassen, dass er sich in den Leib Christi eingliedern lässt. Und wenn das so ist, dann gibt es vielleicht doch nicht so viele Kandidaten für die Entrückung und je länger die Zeit andauert, in der Gott keine neuen Glieder für den Leib Christi ins Leben zeugt, desto älter werden die bereits Lebenden und desto mehr von ihnen werden sterben, so dass die Schar derer, die noch leben, wenn die Stunde geschlagen hat, klein sein könnte. Die Entrückung selbst, die im Verborgenen geschieht, wäre dann in einer turbulenten Zeit von untergeordneter Bedeutung, wenn die Menschen ohnehin gerade von großen Ereignissen in den Bann geschlagen sind. Und nur Freunde und Familienangehörige hätten noch einmal ein starkes Zeugnis dafür, die letzte Gelegenheit zu ergreifen, rechtgläubig zu werden. *75 Manchmal ist das, was man gestern noch für unglaublich hielt, heute schon längst wieder bestätigt. Und was man gestern geglaubt hat, ist heute zur Gewissheit geworden. Wie war das bei der Landnahme Israels? Israel war vierzig Jahre lang murrend durch die Wüste gezogen. Keiner derer, die in Ägypten geboren wurden, bis auf zwei, kamen ins

Gelobte Land. Nur Joshua und Kaleb, die Gott immer treu gewesen waren erreichten das Land jenseits des Jordan.

Nur zwei Menschen von zwei Millionen. Das sind 0,0001 Prozent „Ausbeute". Auf zwei Millionen Menschen, die von Gott wissen, kommen gerade mal zwei, die ihr Wissen auch zur Freude Gottes umgesetzt haben. Es sind nur diejenigen, die ihr Vertrauen auf Jesus Christus setzen, die entrückt werden. Die Welt sieht das nicht, weil sie nur auf das sieht, was groß und mächtig ist. Die Welt nimmt Millionstel nicht zur Kenntnis. Nicht freiwillig.

Fragt man orthodoxe Juden heute, was die Voraussetzungen für das Kommen des Messias ist, bekommt man meistens zu hören, dass das Volk bereit sein muss. Dazu muss es fromm werden, und das bedeutet, die Torah halten und beten. Das versuchen sie jetzt schon seit zweitausend Jahren so.

Demnach könnte dieser Gerichtstag sehr lange dauern. Wenn nun von alledem noch nichts zu sehen war, dann lag das daran, *„allen für [die] Umsinnung Raum"* zu machen (**2 Pet 3,9**). Petrus schrieb ja an die Juden. Er könnte also durchaus hier mit „allen", zumindest alle Juden gemeint haben, die gerade lebten und bis zur Ankunft des Herrn leben würden. Viele übertragen dieses „alle" auf alle Menschen. Das kann ja schon deshalb nicht stimmen, weil die meisten Menschen zum Zeitpunkt der Rückkehr Jesu tot sein werden. Es gibt das Problem, das vom Evangelium niemals alle erreicht werden können, wenn sie nicht auch nach dem Tod noch erreicht werden. Wie sehr sich die Missionare und Evangelisten auch bemühen, viele Menschen sind bereits gestorben, bevor sie – oder die Missionare - etwas von Jesus gehört haben. Die Friedhöfe der letzten zweitausend Jahre machen das überdeutlich: das Hauptmissionsfeld liegt unter der Erde!

Es ist möglich, dass Petrus mit dem „alle" gerade die meinte, für die er sich selber zuständig hielt, denn er predigte ja das Evangelium der Beschneidung, so wie die anderen Apostel mit Ausnahme von Paulus, der das Evangelium der Nicht-Beschneidung verkündete. Warum war es so wichtig, dass bei Israel sich alles bekehrte? Weil das in Verbindung gebracht wurde mit der Rückkehr Jesu. Diese Auffassung, dass nur genügend sich zum Gott Israels bekennen müssen, dann kommt der Meschiach Israels, ist im orthodoxen Judentum bis heute noch weit verbreitet. Die Wurzel dieses Glaubens ist die gleiche wie bei Petrus: Ankündigungen Gottes.

Hat also Petrus immer, wenn er in seinen Briefen „ihr" und „uns" und „alle" sagt, Juden gemeint? Auch der nachfolgende Vers, **2 Pet 3,10,** könnte das bestätigen. Hier geht Petrus auf die Frage ein, wann denn endlich dieser Tag kommt. Diese Frage hatten die Jünger einst auch Jesus gestellt und die Antworten widersprechen sich nicht: *„Der Tag [des] Herrn aber wird eintreffen wie [ein] Dieb; an dem werden die Himmel [mit] Getöse vergehen; [die] Elemente aber werden aufgelöst [und] [in] Glut [vergeh]en samt [der] Erde und den Werken, [die] auf ihr gefunden werden."* (KÜ) Gerade hier kann man erkennen, dass der Tag länger dauern wird als nur 24 Stunden, sonst würde ja alles, angefangen von der Rückkehr Jesu, die wohlgemerkt für das nichtmessianische Judentum zunächst wie das erste Auftreten des Meschiach wäre, bis zur Verbrennung der Erde an einem Tag geschehen.

Das Eintreffen wie ein Dieb zeigt an, dass die Welt nicht vorbereitet sein wird. Doch dann, wenn sogar die Himmel und die Elemente sich auflösen, dann ist das verständlicherweise der Untergang der Welt. Aus den Propheten weiß man aber, dass sich nicht alles ins Nichts verflüchtigen wird, sondern das messianische Reich wird errichtet.

Petrus ist gemäß **2 Pet 3,11-12** der Auffassung, dass die gläubigen Juden Anlass hätten *„des Tages Gottes [zu] [er]w[art]en, [ihm] [mit] Fleiß [entgegenseh]end, um dessentwillen [die] Himmel [mit] Glühen aufgelöst werden und [die] Elemente, [in] [dieser] Glut [vergeh]end, zerschmelzen."* (KÜ) Wie sollte man aber als Gottesfürchtiger den Tag der Zerstörung „mit Fleiß entgegensehen"? Doch nur, wenn man von diesem Tag etwas Gutes erwartet. Und was wäre dieses Gute? Offensichtlich die neue Weltordnung mit Israel an der Spitze aller Nationen unter dem König Jesus. Dass diese Auffassung richtig ist, erfährt man auch in **2**

Pet 3,13, denn da sagt Petrus „*Wir w[art]en aber [auf] neue Himmel und [eine] neue Erde, gemäß Seiner Verheißung, in denen Gerechtigkeit wohnt*". (KÜ) Petrus sagt aber nicht, „ihr wartet, damit ihr diesen Zusammenbruch der Welt miterlebt", sondern „ihr wartet auf das, was danach kommt." Das ist die Erwartung.

Paulus sagte den Thessalonichern, dass dieser Tag erst kommt, wenn der Abfall geschehen ist und der Mensch der Gesetzlosigkeit auftritt und sich in den Tempel Gottes setzt (2 Thes 2,3f). Dieser Tag kann noch nicht gewesen sein, denn der Tempel ist im Jahre 70 zerstört worden und müsste erst wiederaufgebaut werden. Pläne dazu gibt es ja. Beinahe in Sichtweite der Tempelmauer in Jerusalem steht auch bereits die in Gold gegossene Menora, die später im Tempel stehen soll. Paulus sagte aber noch etwas Anderes, nämlich, dass die Leibesgemeinde entrückt wird zu Christus und dass das vor dem Tag des Herrn geschieht. Wie lange vorher ist noch unbekannt. Die meisten Kirchen sehen keinen zeitlichen Abstand zwischen diesem Kommen des Herrn zu seiner Gemeinde und dem israelweiten Erscheinen des Herrn am Ölberg zum Vollzug des Gerichts an den Nationen, weil sie beides gleichsetzen. Es besteht jedoch ein Unterschied zwischen diesem Kommen zur Gemeinde und dem Kommen zu Israel und es ist nicht bekannt, in welchem zeitlichen Abstand diese beiden Ereignisse stehen.

Petrus zeigt an, dass er die Briefe von Paulus zu diesem Thema kennt und sagt auch, dass „*etliches schwer [zu] begreifen ist*" (**2 Pet 3,16**). Es kann nicht verstanden werden, wenn man heilsgeschichtlich keine Erkenntnis hat, denn dann bringt man zwangsläufig alle Linien Gottes durcheinander. Es gibt da „*Unwissende und Ungefestigte*", die die Schriften zu ihrem eigenen Nachteil verdrehen. Das ist eine bedenkliche Aussage, wenn man bedenkt, wie viele völlig unterschiedliche Lehrmeinungen es zu den Lehren von Paulus gibt. Vermutlich hat hier Petrus vor allem diejenigen im Sinn, die wissen, dass sie etwas verdrehen, denn wem Gott das Verständnis nicht gibt, der hat keine Chance Paulus richtig zu verstehen. Wer nun aber bereits eine Erkenntnis bekommen hat und sich dann, etwa in einer kirchlichen Position, hinstellt, um aus pragmatischen oder taktischen Gründen, etwas Anderes offiziell vertritt, der spielt in der Tat mit seinem Heilsweg und könnte sich auf einem schmerzhaften Umweg gestellt haben Petrus hat mit Sicherheit an nichts Geringes gedacht, weil er die ganzen Jahrzehnte miterlebt hat wie hart die Gerichte Gottes an Seinem Volk sein können. Bewusstes Übergehen von Gotteserkenntnis, da, wo man sich bekennen müsste, ist ein schwerwiegendes Versäumnis.

Petrus warnt ausdrücklich: *„Hütet euch, dass ihr nicht durch den Irrwahn der Ruchlosen mit fortgerissen werdet und aus eurer eigenen Festigkeit fallt!"* (**2 Pet 3,17**) Es hat jedermann selber eine Verantwortung dafür, ob er sich einen Bären aufbinden lässt oder Lehren nachfolgt, die ihm der Verstand eigentlich ausrät.

Petrus schließt mit einer auch von Paulus bekannten Gedankenführung: *„Wachst aber in [der] Gnade und [der] [Er]kenntnis unseres Herrn und Retters Jesus Christus. Ihm [sei] die Verherrlichung sowohl nun als auch für [den] Tag [des] Äons!"* (**2 Pet 3,18** KÜ) Ohne Wachstum in Gnade und Erkenntnis versteht man die Wege Gottes nicht.

Der abschließende Aufruf von Petrus ist das Lebensprogramm eines jeden Christen. Warum werden Gnade und Erkenntnis besonders hervorgehoben? Weil wir aus Gnade auserwählt sind, um uns lebenslang der Gnadenzuwendungen Gottes ausgesetzt sein und ihre Früchte erbringen zu lassen. Und weil die Erkenntnisvermehrung ein alle Sinne erfassender Prozess der Christuswerdung ist, die das Christuswesen heranbildet. Und nur, wenn man in Gnade und Erkenntnis wächst, wird Christus verherrlicht. Das ist ein laufender Prozess, der immer herrlichere Ausmaße annimmt und nie zurückschreitet.

Anmerkungen zu den Petrusbriefen

1

Viele Bibelkommentatoren schließen die Jünger in den Tadel mit ein. Vielleicht hatte Satan auch einen Kommentar, mit dem er Jesus verspottete: Du hättest dir auch frommere und gebildetere Jünger aussuchen können! Die Rabbiner trafen die letzte Entscheidung, wen sie als Schüler annahmen. Jesus hatte die Jünger nicht nach den üblichen Kriterien ausgesucht.

2

Hügelland westlich von Jerusalem

3

Das griechische „Gé" kann sowohl mit „Land", als auch mit „Erde" übersetzt werden (Nr. 1093 Helps Word studies, 1987, 2011)

4

Jüdische rituelle Badeanlage

5

Es ist klar, dass er hier nicht von einem Herausgehen des Sohnes Gottes vor Grundlegung der Welt spricht. Manche beziehen ja Ps 2,7 auf diese hypothetische Zeugung. Paulus tut es nicht. Bei einer biologischen Zeugung kommen immer Same und Ei von zwei unterschiedlichen Wesen zusammen. Das ist bei Jesus nur damals geschehen, als er Mensch geworden ist. Seine Mutter ist der Mensch Maria, der Vater ist der Gottvater.

6

Zypern ist also der Fleck Europas, wo erstmals das Evangelium des Paulus zu hören ist.

7

Die katholische Kirche hat Kraft ihres selbstverliehenen Amtes etliche Gebote der Torah abgeschafft und nur einen Teil übernommen. Z.B. wurden die Feiertage und

Ruhetage, die nach der Torah geboten waren, abgeschafft und stattdessen andere Feiertage und Ruhetage eingeführt, die verbindlich für das Kirchenvolk sein sollen.

8

So wird von David H. Stern in der Übersetzung im „Jüdischen Neuen Testament" und in seinem Kommentar das griechische Wort „nomos", das Paulus für die Torah benutzt, leider irreführend übersetzt.

9

Weshalb man auch zurecht davon reden kann, dass Lukas nicht alles in seinem Bericht geschrieben hat, was er hätte richtigerweise schreiben können.

10

Mt 8.14-15, Mk 1,29-31; Lk 4,38-39

11

Mt 26,40-41; Mk 14,37-38

12

Da Jesus mit seinem Anhang kaum zu übersehen war, darf bezweifelt werden, dass es beim Verrat des Judas nur darum ging, die Juden zu Jesu Aufenthaltsort zu führen. Es ist daran zu denken, dass Judas den Juden die Anklagepunkte bestätigte: Jesus hatte sich selber zum Gottessohn, wenn nicht sogar zum „Ich bin" - JHWH erklärt. Vielleicht hatte der Verrat auch noch die politische Komponente, die die Römer interessierte. Jesus würde, da er ja der „Messias" war, Israel wiederherstellen. Die Folge davon müsste sein, dass die Römer verschwinden mussten. Judas war „Insider" und damit der passende Informant.

13

Es gab auch eine griechische Diaspora, weil Griechen schon immer fremde Länder kolonisiert hatten. Aber daran dachte ein messianischer Jude sicher nicht. Im Gegenteil, er meinte auch Juden der Diaspora, wenn er von der Diaspora der Hellenen redete (Joh 7,35; 11,32). Die religiösen Juden schauten auf die Griechen herab, weil sie ihre eigene Kultur für überlegen hielten. Umgekehrt schauten die Griechen auf die Juden herab. Aber die Juden in Israel, insbesondere aus der

Umgebung des Tempels hatten auch Standesdünkel gegenüber den Juden der Diaspora und nannten sie abschätzig die „Hellenen", als ob es gerechtfertigt wäre sie mit den Griechen gleichzusetzen.

14

Wuppertaler Studienbibel, Bd. 18, S. 22, 1999. Vgl. auch Septuaginta 5 Mos 28,25; Neh 1,9, Jes 49,6.

15

Z.B. John MacArthur in seinem Kommentar zum Neuen Testament, S. 15, 2004.

16

Nicht wie Peter Dands es in seinem Kommentar zum ersten Petrusbrief angibt (*„The First Epistle of Peter"*, S. 46f, 1990), von Palästina, denn ein Palästina gab es damals noch nicht.

17

s. Nr. 14, S. 26

18

So auch Fruchtenbaum in seinem Kommentar, S. 19, 1985.

19

In der neugriechischen Aussprache Chérete ist es auch ein heute noch gültiger Gruß zum Abschied.

20

Vgl. 1 Thes 5,16

21

Nr. 313 Helps Word studies, 1987, 2011

22

Schon der Beginn ist ein deutlicher Hinweis auf die griechische Logoslehre.

23

Ganz abgesehen von älteren, nachapostolischen Quellen, die ihm eine lange Inhaftierung nachsagen.

24

Das Atmen wird bei Mensch und Tier durch einen Vorgang bewältigt, bei dem Sauerstoff und Kohlendioxid im Körper zur Aufrechterhaltung des physischen Lebens verarbeitet werden, einschließlich des Transports von Blut. Daher sagt die Bibel – auch wissenschaftlich korrekt -, dass das Leben im Blut sei.

25

Nr. 5590 Helps Word studies, 1987, 2011

26

Nr. 1271 Helps Word studies, 1987, 2011

27

Seele ist das Ich, Ichbewusstsein, Ichempfinden und ist so lange lebendig, wie es bewusst und empfindsam ist. Dies ist beim Menschen mit der Leiblichkeit verbunden. Dass aber letzten Endes der Schöpfergott selber darüber bestimmt, was mit „Seelen" geschieht, ergibt sich aus Of 6,9. Da gibt es *„unter dem Altar die Seelen derer, die..."* und *„sie riefen mit lauter Stimme und sprachen"* (Of 6,10) und doch müssen diese Seelen, heißt es da weiter noch, „warten". Möglicherweise auf eine neue Leiblichkeit. Leiblichkeit bedeutet immer, Teilhabe an einem größeren Ganzen wie es ein Weltgebäude ist.

28

„Die Liebe begnügt sich mit Brotkrumen und dem Lächeln Gottes, statt eine bessere Position und Beliebtheit in der Welt ohne dieses Lächeln zu erwerben. Solche Prüfungen müssen über alle echten Kinder Gottes kommen, denn sie trennen die Spreu vom Weizen. Das Gold kommt geprüft aus dem Feuer und ist von seinen Verunreinigungen befreit." (William Lincoln, *„Lectures on the Frist and Second Epistles of Peter"*, S. 21, 1888)

29

Hier den biblischen Nachweis zu erbringen, dass die Gerichte Gottes keine sinnlosen Bestrafungen sind, sondern zielgerichtet sind, dazu fehlt der Raum. Ich verweise daher auf mein Buch „Universalismus und Allvollendung", 2016.

30

Das „im" kann auch mit „durch" übersetzt werden.

31

Wuppertaler Studienbibel, Bd. 18, *„Die Briefe des Petrus und des Judas"*, S. 43, 1999

32

Aleksandar Vuksanović, *„Entwicklung der Trinitätslehre in den ersten drei Jahrhunderten"*, S. 5; 2016.

33

Es wäre zu begrüßen, wenn bibeltreue Christen das berücksichtigen würden. Stattdessen wird eine „Rechtgläubigkeit" daran festgemacht, ob der Gläubige an diese drei Götter glaubt oder nicht, obwohl es nach der Bibel genügt, wenn man Jesus Christus als seinen Erlösergott angenommen hat. Das sind offensichtlich Überreste einer dogmatischen Machtkirche, die gegen jede ketzerische Konkurrenz mit Härte vorging.

34

So ist es kaum verwunderlich, dass sogar messianische Juden sich dieser Denkweise angeschlossen haben.

35

„Denn ein Kind ist uns geboren, ein Sohn uns gegeben, und die Herrschaft ruht auf seiner Schulter; und man nennt seinen Namen: Wunderbarer Ratgeber, starker Gott, Vater der Ewigkeit, Fürst des Friedens." Hier steht „El" für „Gott".

36

Die hellenische Kultur hatte sich über den Mittelmeerraum und Vorderasien ausgebreitet, war aber dort, wo die Griechen einen Großteil der Bevölkerung stellten, noch ausgeprägter.

37

Das messianische Judentum steht den Lehren der Reformatoren insgesamt skeptisch gegenüber.

38

Uwe Holmer meint in der Wuppertaler Studienbibel (S. 14) vermuten zu können, dass der Jude Petrus unter den Vätern der Überlieferung Heiden gesehen hätte. Doch Väter sind im jüdisch-biblischen Kontext immer nur Väter der Juden.

39

Vgl. Nelson Darby, „*Collected Writings 1867*", Bd. 10, S. 12

40

Darby spricht von einer zunehmenden Verdorbenheit: „Das Böse ... tauchte bald auf." (Vgl. Nelson Darby, „*Collected Writings 1867*", Bd. 14, S. 76).

41

Die Übersetzung von „Katabole" ist ungewöhnlich. Gemeint ist die „Grundlegung" der Welt. Die KÜ ist wegen ihrer wortgetreuen Übersetzung wertvoll. Die „Worttreue" sollte aber nicht unterstellen, dass ein Begriff keinen Deutungswandel vornehmen könne. Katabole setzt sich zusammen aus „kata", herab, und „bole" – Wurf. Das deutsche Wort „Niederlage" würde nach dieser Übersetzungsmethode bedeuten, dass sich jeder, der einen sportlichen Fehlschlag erleidet, sich niederlegen müsste.

42

Was das Argument stützt, dass der Autor entweder Paulus ist oder aus seinem Umfeld stammt.

43

Grudem Wayne, „*The First Epistle of Peter*", S. 113, 1989; Peter Dands, „*The First Epistle of Peter*", S. 90f, 1990.

44

Die Kirchentheologie hat das seit Jahrhunderten bis zum heutigen Tag nicht erkennen können und lehrt, dass sie das wahre Israel sei (Vgl. M. Simon, Verus Israel (Paris 21964) 162-165; Y. Bodin, S. Jérôme et l'église (Paris 1966) 162-165.

45

Auch die Prophetie der Bibel wird daher eine Herausforderung sein, eine damit übereinstimmende Deutung zu finden.

46

Schon aus diesem Grund müssen Bibelausleger wissen, dass die christliche Kirche nicht grundsätzlich aus dem Buch der Offenbarung ausgeschlossen ist, da sie erheblich in die Geschichte Israels eingegriffen hat.

47

Röm 11,25-26; Mt 23,39.

48

Der päpstliche Silvester Prierias: *„Wer sich nicht an die Lehre der römischen Kirche und des Papstes hält als an die unfehlbare Glaubensregel, von der auch die Heilige Schrift ihre Kraft und Autorität bezieht, der ist ein Ketzer."* (Heiko H. Oberman, *„Luther. Mensch zwischen Tod und Teufel"*, S. 206, 1991)

49

Mt 24,5.11; 2 Tim 3,1ff

50

„Die unausweichlichen Leiden des christlichen Lebens zeigen immer dieselben gesegneten Folgen im Leben eines Gläubigen. Sie führen zu einem vertieften Glauben, einer positiven Veränderung seines Wesens und sie stützen und stärken das Volk Gottes und bringen es zur Ruhe." (übersetzt, Original von Harry Lacey, *„God and the Nations"*, S. 92, 1944.

51

Vgl. Röm 8,29; Kol 1,15; Of 1,5. Wohlgemerkt wurde Jesus der Erstgeborene aller Schöpfung im gleichen Maß wie Er der Erstgeborene aller Toten wurde und nicht, weil Er schon vor der Grundlegung der Welt und damit vor der Schöpfung dieser Welt bei Gott existierte und noch als Ungeborener in Bezug auf die Schöpfung innerhalb der Schöpfung wirkte. Seine Vorexistenz sollte nicht mit Seiner Geburt als Mensch verwechselt werden.

52

Vgl. Wuppertaler Studienbibel, S. 113.

53

Leider spricht auch die Wuppertaler Studienbibel von der Pflicht, die hier im Zusammenhang mit der liebenden Zuwendung gar nichts zu suchen hat.

Sie meint bei ihrem Kommentar zu 1 Pet 3,7 (S.113-114) das geschlechtliche Beiwohnen hervorheben zu müssen: *„Das „wohnt mit Erkenntnis bei ihnen" bedeutet also ungeteilte liebende Gemeinschaft, auch die geschlechtliche."* Ja, aber nicht als Forderung oder Druckmittel nach dem Motto: wer sich nicht geschlechtlich zur Verfügung stehst, widersetzt sich der liebenden Gemeinschaft! Das wäre ein fataler Trugschluss.

54

1 Mos 12,12ff und 1 Mos 20,2ff

55

Ich habe das einmal getestet. An drei Tagen habe ich von Dorf zu Dorf ziehend Haushalte aufgesucht, denen ich ein gutes Produkt, das exakt auf den jeweiligen Haushalt zugeschnitten war, zu stark herabgesetzten Preisen angeboten habe. Das Ergebnis: 85 Prozent hatten kein Interesse, 10 Prozent hatten Interesse, wollten sich aber nicht auf einen Handel einlassen, etwa 5 % gingen darauf ein. Unter denen, die kein Interesse hatten, gab es auch einige, die geradezu feindselig auf die Angebote reagierten. So geht es auch vielen Evangelisten und Missionaren. Sie bringen doch eine gute Botschaft, die nichts kostet, ernten aber nicht nur Undank, sondern werden auch oft in Schimpf und Schande weggejagt. Mein Testlauf erwies sich als psychisch extrem fordernd. Den Aposteln Jesu kann es nicht anders ergangen sein. Es ist nicht unwahrscheinlich, dass sie ihren Märtyrertod in mehrfacher Hinsicht als Erlösung betrachtet haben.

56

Das war bei meiner hochbetagten Mutter ganz genauso.

57

Nach der Konkordanten Übersetzung: „auch euch, gegenbild[lich], nun rettet: [als] Taufe" (KÜ)

58

Nrn. 5293, 5259, 5021, Helps Word studies, 1987, 2011

59

Auch Schlachter, Zürcher, Neue Genfer, Gute Nachricht, Einheitsübersetzung und Neue Evangelistische übersetzen mit „unterworfen", vielleicht weil sie theologisch voreingenommen sind. Nur Menge ist auch hier etwas genauer. Er übersetzt mit „untertan". Das ist etwas ganz anderes als „unterworfen". Das Englische „subjected" oder „in submission" hat nicht die Härte des Deutschen „unterworfen" und kann auch als „untertan" verstanden werden.

60

Fruchtenbaum kommentiert die Darstellung als brüllender Löwe: *„das betont sein ungestümes Wesen"* (S. 87, *„Die Petrusbriefe")* In der Bibel wird Satan nicht als ungestüm beschrieben, sondern als ein Widersacher Gottes, der überlegt und planvoll handelt.

61

Meist „Haus JHWHS" genannt: 2 Mos 23,19; 34,26; 5 Mos 23,19; 1 Sam 1,7.24; 2 Sam 12,20: 1 Kö 7,40.45.48.51 und viele andere mehr. In 1 Mos 28,17 ist das „Haus Gottes" ein Gedenkstein, in Ri 18,31 ist es das Stiftzelt.

62

Heb 10,21 nennt zwar auch das Haus Gottes, hier bezieht es sich aber wieder auf Israel.

63

Nr. 703 Helps Word studies, 1987, 201164

Die Übersetzung der Lu2017 mit „Kraft" ist irreführend und falsch. Dass Kirchenleute heutzutage nicht mehr gerne von Tugend und Moral reden, ist dem Zeitgeist geschuldet und mag auch daher kommen, dass man selber keine Moral oder Tugend mehr hat.

65

Nr. 4679

66

Gerhard Czermak, *„Christen gegen Juden. Geschichte einer Verfolgung"*, S.27, 1989

67

Rudolf Pfisterer (Hrsg.), *„Von A bis Z. Quellen zu Fragen um Juden und Christen"*, 1985, S.13.; Gerhard Czermak, *„Christen gegen Juden. Geschichte einer Verfolgung"*, S.27, 1989; Friedrich Heer, *„Gottes erste Liebe"*, S.63, 1986.

68

Iohannis evangelium tractatus CXXIV, 45,10.; CXXIV, 38,5.; CXXIV, 92,2.; CXXIV, 119,4. Vgl. Adv. Iud. 5,6.; Iohannis evangelium tractatus CXXIV, 30,2.; De civitate Dei 17,4,6.

69

Der Hellenismus hatte eines seiner Zentren im ägyptischen Alexandria, wo auch das Judentum ein gelehrtes Zentrum hatte. Der Hellenismus war unter dem griechischen General Ptolemaios mit Macht nach Ägypten gekommen. Er kolonisierte mit seinen griechischen Nachfahren bis zur Übernahme des Landes durch die Römer beinahe dreihundert Jahre lang, bis kurz vor der Zeitenwende, das Land Ägypten und die ersten hundert Jahre auch Israel. Man kann sagen, dass sich griechische Kultur mit der ägyptischen verband.

Ebenso war es im seleukidischen Nahen Osten, wo sich die griechische Kultur mit babylonischen und persischen Vorstellungen und Überlieferungen vermischte. Sowohl das Judentum als auch das Christentum wurden davon stark beeinflusst. Das führte dazu, dass Glaubenssätze und Glaubensinhalte aufgenommen wurden, die biblische Wahrheiten verdrängten. Man kann das vergleichen mit dem Aufkommen des Darwinismus im 19. Jahrhundert, der zur Folge hatte, dass die Kirchen dazu übergegangen sind, die biblische Sicht der Erschaffung der Welt und der Entstehung des Menschen zu verleugnen.

70

Merrill F. Unger, *Bible Dictionary*, S. 788, 1957.

71

Die meisten Exegeten sehen in Hes 28 eine spöttische Rede Gottes gegen den, der vorher schon Gott gespottet hat, nämlich der König von Tyrus, ähnlich wie Jes 14 und Hes 32, wo Gott auf die gleiche Weise mit dem König von Babylon und dem König von Ägypten spricht. Gott spottet Seiner Feinde, nachdem diese sich überheben, als wären sie anstelle von Gott getreten. Der Prophet Daniel hat das insbesondere am König von Babylon deutlich gemacht, wie ein menschlicher „Weltbeherrscher" tief fallen kann, nachdem er gedacht hatte, seine Herrschaft bis in den Himmel ausdehnen zu können.

72

Erwin W. Lutzer, „Unvollkommene Heilige", S. 96, 1999.

73

3 Mos 13,46 und 4 Mos 5,3

74

3 Mos 24,14; 4 Mos 15,35

75

Was sollte zum Beispiel eine schwach gläubige Frau denken, wenn ihr gläubiger Mann ihr von der Entrückung erzählt hat und dann spurlos verschwunden ist? Ihre Nachforschungen werden ergeben, dass auch andere, die ihr Mann kannte und eine ähnliche Glaubensausrichtung hatten, verschwunden sind.

Literaturverzeichnis zu den Petrusbriefen

Alexander Allen, „The Continuity of Christian Thought", 1884

Eduard Böhl, „Dogmatik", 1995

Michael Brown, „Answering Jewish Objections to Jesus", 2000

Emil Brunner, „Der Mittler", 1947

René Buchholz, „Volk Gottes in der Geschichte", 2015

René Buchholz, *„Wort Gottes Tradition und Krise"*, 2019

Anthony F. Buzzard, *„Das kommende Königreich des Messias"*, 2003

Gerhard Czermak, *„Christen gegen Juden. Geschichte einer Verfolgung"*, 1989

Peter Dands, *„The First Epistle of Peter"*, 1990

Nelson Darby, *„Collected Writings"*, 1867

James Denney, *„The Death of Christ"*, 1902

Arnold Fruchtenbaum, *„Die Petrusbriefe"*, 1985

Friedrich Heer, *„Gottes erste Liebe"*, 1986

Rolf Hille (Hrsg.), *„Gott als Mensch"*, 2013

Walter Homolka, *„Die Messiasvorstellungen im Judentum der Neuzeit"*, 2014

Hunt/McMahon, *„The Seduction of Christianity"*, 1985

Dave Hunt, *„A Cup of Trembling"*, 1995

Harry Lacey, *„God and the Nations"*, 1944

William Lincoln, *„Lectures on the Frist and Second Epistles of Peter"*, 1888

Erwin W. Lutzer, *„Unvollkommene Heilige"*, 1999

John MacArthur, *„Kommentar zum Neuen Testament"*, 2004

Christoph Markschies, *„Gnosis und Christentum"*, 2009

Christoph Markschies, *„Das antike Christentum"*, 1999

Erich Mauerhofer, *„Einleitung in die Schriften des Neuen Testaments"*, 1994

Friedrich Mayer, *„Die Neuschöpfung"*, 1972

Friedrich Mayer, *„Das Leben Jesu"*, 1989

Roman Nies, *„Universalismus und Allvollendung"*, 2016

Heiko H. Oberman, *„Luther. Mensch zwischen Tod und Teufel"*, 1991

Rudolf Pfisterer (Hrsg.), *„Von A bis Z. Quellen zu Fragen um Juden und Christen"*, 1985

Otto Pfleiderer, *„Die Entstehung des Christentums"*, 1905

Otto Riecker, *„Das Christentum im Wandel der Zeit"*, 1984

Erich Sauer, *„Morgenrot der Welterlösung"*, 1947

Herman Schell, *„Gott und Geist"*, 1895

Erich Schnepel, *„Der Weg der Gemeinde Jesu in den ersten vier Jahrhunderten"*, 1936

David H. Stern, *„Das Jüdische Neuen Testament"*, 1996

David H. Stern, *„Kommentar zum Jüdischen Neuen Testament"*, 1996

John Stott, *„Das Kreuz"*, 1986

Merrill F. Unger, *Bible Dictionary*, 1957

Aleksandar Vuksanović, *„Entwicklung der Trinitätslehre in den ersten drei Jahrhunderten"*, 2016

Grudem Wayne, *„The First Epistle of Peter"*, 1989

Die Johannesbriefe

Der Judasbrief

Vorbemerkungen

Ausleger weisen oft darauf hin, dass die Lehren, die sich aus den Schriften des Johannes ergeben, sehr viel näher an den Lehren von Paulus liegen als die der anderen Evangeliumstexter Matthäus, Markus und Lukas. Das hängt mit dem Umstand zusammen, dass die Synoptiker eine Biographie Jesu verfassten und sie unmittelbar nach der Auferstehung bzw. Himmelfahrt Jesu enden lassen. Die Apostelgeschichte ist zu Beginn eine Art Fortsetzung der Geschehnisse um die Gemeinde in Jerusalem, die aus Juden bestand, die alle auch noch Jahrzehnte nach der Himmelfahrt Jesu für die Torah eiferten (Ap 21,20). Dass überhaupt Nichtjuden in naher Zukunft mit dem Heil durch Christus bekannt gemacht werden sollten, obwohl man mit den Städten Israels noch gar nicht fertig war (Mt 10,23), wurde als erstem Petrus, ebenfalls nach vielen Jahren, die ins Land gegangen waren, offenbar (Ap 10,1ff). Und erst viel später hat Johannes seine Schriften verfasst.

Johannes schreibt allem Anschein nach ganz anders wie seine Vorgänger auf dem Hintergrund des Endes der Jerusalemer Gemeinde. Alle Apostel bis auf ihn, sind tot, einschließlich Paulus. Johannes befindet sich längst dauerhaft in Ephesus oder auf der Insel Patmos, weit weg von Israel, wohl auch zeitlich ist er von dem entfernt, was er noch im Johannesevangelium beschrieben hat. Die Situation des messianischen Judentums hat sich inzwischen entscheidend geändert und es gerät in der Diaspora noch mehr in Bedrängnis als zuvor. Erstens weil die Juden nach ihrem Aufstand und ihrer Deportation aus Israel im Jahre 70 noch kritischer von den Völkern, vor allem von den Römern, gesehen werden und zweitens, weil das verbliebene Judentum nun noch mehr auf Einheit bedacht sein musste, wenn es überleben wollte. Da waren diese messianischen Juden mit ihren nichtjüdischen Anhängern nicht willkommen und wurden eher als Störfaktor angesehen.

Die synoptischen Evangelien lagen schon lange den Gemeinden vor und hatten Verbreitung gefunden. Johannes wurde dazu inspiriert, der veränderten Situation auch geistlich Rechnung zu tragen. Das alles erklärt, warum sich sein Evangelium von denen der anderen unterscheiden musste. Die Zeit war weiter geschritten, auch die Heilsgeschichte Gottes. Johannes hat Pauls und seine Lehren gekannt und man darf davon ausgehen, dass der Geist Christi, der in Johannes war, nicht in Disharmonie war mit dem Geist Christi, der Paulus zu seinen Lehren inspirierte. Dennoch unterscheidet sich das Schrifttum von Johannes von dem Schrifttum von Paulus, das wahrscheinlich etliche Jahrzehnte früher in einem völlig anderen geschichtlichen und heilsgeschichtlichen Kontext verfasst wurde. Dies wird von vielen Exegeten gesehen, doch bei weitem nicht von allen.

Es hält sich hartnäckig die Auffassung, dass Johannes und Paulus das Gleiche lehrten, eben mit der Begründung, dass dafür schon der Geist Christi gesorgt hätte. Doch dieses Argument überzeugt nicht vollends, denn es ist ja Gott selbst, der mit Seinem Volk Israel und den Nationen Heilsgeschichte macht. Andere Zeiten, andere Sitten und andere Probleme, andere Lösungen, andere Zwischenziele und andere Schwerpunkte. Ein Lernstoff wird in verschiedenen Etappen bewältigt, mehrere Lernstoffe erst Recht! Das gilt auch für die Wirkweise von Johannes und Paulus und die Wirkinhalte ihrer Lehren. Niemand hat die identische Aufgabe eines anderen.

Johannes gehörte als Jünger Jesu einer anderen Ordnung an als Paulus. Das zeigt die Apostelgeschichte deutlich. Und das zeigen die Lehren des Paulus in Bezug auf das Geheimnis der Gemeinde und dem, was die Reformatoren als „soli" bezeichnet haben. „Nur" in Christus liegt das Heil. Der Messias Israels ist nicht einfach nur ein Befreier Israels vor der Unterjochung durch die Nationen oder ein Gründer eines messianischen Reiches, in dem jeder Jude ein eigenes Haus mit einem eigenen Garten haben wird.

Er ist der Anfänger und Vollender des Heils und damit der Garant für die Verherrlichung der Schöpfung. Verherrlichung der Schöpfung bedeutet, die Schöpfung zu dem Ziel zu bringen, das Gott für sie vorgesehen hat. Johannes greift das in der Apokalypse auf, ohne es dort noch konkreter auszuführen oder ausführen zu dürfen, denn auch die Apokalypse ist ein Geschichtsbuch, ähnlich unvollständig wie die Apostelgeschichte des Lukas. Es wird lediglich eine Auswahl wichtiger Ereignisse im Lauf Israels und der Nationen herausgegriffen und beleuchtet. Die Ereignisse in die richtige Reihenfolge zu bringen, setzt voraus, dass man daran glaubt, dass sie stattfinden. Daran scheitern die meisten Bibelausleger bereits.

Als Beispiel für eine verbreitete Exegesevariante weist ein Ausleger gleich zu Beginn darauf hin, *1 dass Johannes kein anderes Evangelium verkündet als Paulus, nachdem er feststellt, dass in den Johannesbriefen der Leser auf „Sprache, Stil und Inhalt von auffallender Eigenart" stößt. Er baut also die Auslegung gleich von Anfang an auf einen Selbstwiderspruch auf. Wenn man zwei Texte hat und sich der eine vom anderen auch inhaltlich durch „auffallende Eigenart" unterscheidet, dann kann man wohl zurecht darauf hinweisen, dass der Inhalt sich unterscheidet. *2 Die Rede von einer angeblich nahezu identischen Botschaft von Johannes und Paulus erklärt sich dann aber aus der theologischen Denkgrundhaltung. Für viele verschiedene solcher theologischen Ausrichtungen lassen sich auch immer Belege in der Schrift finden. Es lassen sich aber auch Gegenbelege finden. Doch vielleicht übersieht man dabei, dass man immer auch bestimmte Zuständigkeiten beachten muss, damit man auf eine Grundordnung stößt, die Gottes Planung zeigt und erkennen lässt, warum Gott heilsgeschichtlich handelt. In Südfrankreich gibt es Bauwerke, die auf den ersten und zweiten Blick wie Brücken aussehen. Erst wenn man sie mit Sachverstand untersucht, stellt man fest, dass es sich um Aquädukte handelt. So wie über sie einst das Wasser fließen sollte, sollte auch bei Theologen das Wasser des Geistes fließen, sonst tappen sie im Dunkeln.

Wenn dann der Ausleger darauf hinweist, Johannes berufe sich ausdrücklich auf das, was die Leser seiner Briefe, „von Anfang gehört haben", ist das eine in diesem Fall nicht riskante Verallgemeinerung, denn tatsächlich beruft sich in **1 Joh 2,7** nur auf „das alte Gebot" und erklärt es zum „Wort, das ihr gehört habt" und zwar „von Anfang an". Weiter erklärt er nichts. Angenommen Johannes würde damit einfach die Verkündigung meinen, die die Angesprochenen „von Anfang an" gehört haben, so müsste jeder Theologe stutzig werden. Jeder weiß ja, dass das Evangelium von Johannes und den anderen Aposteln schon lange verkündet worden war, ehe Paulus auf den Plan trat. Weil Paulus den Nichtjuden verkündete, dass sie die Torah nicht zu halten brauchten, ***3** musste in Jerusalem eine Konferenz zusammengerufen werden, bei der bestätigt wurde, dass Paulus jedenfalls für seinen Aufgabenbereich Recht hatte, so zu verkündigen und zu handeln wie er es tat (Ap 15,1ff). Johannes kann also mit dem, was die von ihm angesprochenen Brüder *„von Anfang an gehört"* haben, nur dann das gleiche meinen, was Paulus irgendwann einmal anfing, zu verkünden, wenn diese Brüder in den Gemeinden, die Paulus betreut hat, zum Glauben gekommen sind.

Das wäre nur dann der Fall, wenn der Brief an eine bestimmte Gemeinde gerichtet wäre, die es von Anfang der gesamten christlichen Bewegung an gar nicht gegeben hat. Die allgemein gehaltene Ansprache des Briefes spricht nicht stark dafür. Weil Johannes den Anfang mit dem *„was wir angeschaut und unsere Hände betastet haben vom Wort des Lebens"* verbindet, muss damit gerechnet werden, dass der Brief an eine Gemeinde oder Gemeinden gerichtet worden ist, die einen starken, wenn nicht überwiegenden Anteil messianischer Juden hatten, denn die Juden hatten von Anfang an von Johannes, Petrus, Jakobus und den anderen Apostel die Verkündigung über das Evangelium der Beschneidung erhalten und es waren messianische Juden, die lange Zeit die nahezu einzigen waren, die sich für das Evangelium erwärmen ließen. ***4** Der Inhalt des Briefes bestätigt dies. Er ist inhaltlich nicht paulinisch. Schließlich und endlich reicht das *„was wir angeschaut und unsere Hände betastet haben"* in eine Zeit, als nur Juden Gläubige waren. Damit dürfte klar sein, der Brief spricht jedenfalls auch, wenn nicht sogar in erster Linie, messianische Juden an.

Der Erste Johannesbrief

Lichtgemeinschaft mit Gott

1 Joh 1,1-8

„Was von Anfang an war, was wir gehört, was wir mit unseren Augen gesehen, was wir angeschaut und unsere Hände betastet haben vom Wort des Lebens ..." (**1 Joh 1,1**) Johannes fängt wie sein Evangeliumsbericht mit Jesu Christus als dem Wort des Lebens an. Man vergleiche:
„Im Anfang war das Wort, und das Wort war bei Gott, und das Wort war Gott." (Joh 1,1). Dieses Wort Gottes war von Anfang der Schöpfung an. Mit diesem Wort des Lebens ist das äonische Leben offenbar geworden, das „beim Vater war" (1 Joh 1,2). *5 Johannes gibt also das weiter, was ihm von Jesus schon zu dessen irdischen Zeiten gesagt worden war: wer an Ihn glaubt, hat das äonische Leben. Aber nicht nur das, sondern auch eine Zusage der Gemeinschaft mit Gott, die mit der Zugehörigkeit zu Jesus bereits anfängt. Wer das Wort Gottes hat und kennt, beginnt eine Gemeinschaft mit Gott selbst.
„was wir gesehen und gehört haben, verkündigen wir auch euch, damit auch ihr mit uns Gemeinschaft habt; und zwar ist unsere Gemeinschaft mit dem Vater und mit seinem Sohn Jesus Christus." (**1 Joh 1,3**)

Das entspricht den Worten Jesu an die Jünger beim letzten Abendmahl: *„Dies aber ist das äonische Leben, dass sie dich, den allein wahren Gott, und den du gesandt hast, Jesus Christus, erkennen."* (Joh 17,3) Das Wort aufnehmen, es als von Gott wesenhaft erkennen und Gott näher zu kommen, ist ein Entwicklungsvorgang, der zu einem Endergebnis führt: *„Und die Herrlichkeit, die du mir gegeben hast, habe ich ihnen gegeben, dass sie eins seien, wie wir eins sind - ich in ihnen und du in mir -, dass sie in eins vollendet seien."* (Joh 17,22-23)

Johannes stellt zunächst einmal klar, dass man keine Berührungsängste mit Gott haben muss und dass es eine große Nähe zu Ihm geben kann: *„Und zwar ist unsere Gemeinschaft mit dem Vater und mit seinem Sohne Jesus Christus."* (**1 Joh 1,3**) Auch hier besteht ein enger Bezug zum Johannesevangelium.

Bereits diese Briefeinleitung reicht bei Juden für eine Anklage der Gotteslästerung. *6 Gemeinschaft mit Gott, der in einem unzugänglichen Licht wohnt! Das hätte allenfalls bei den jüdischen Mystikern Anklang gefunden! Johannes war dabei, als Jesus sagte, dass Er das Einssein mit den Jüngern und mit dem Vater wünsche (Joh 17,24). Und Johannes war in der irdischen Nachfolge des Messias dabei, wie er hier zu Beginn seines Briefes betont.

Aber diese Gemeinschaft ist nur möglich, wenn man personenhaft Licht wird, wie Gott Licht ist. Johannes erinnert die Briefempfänger daran: *„Und dies ist die Botschaft, die wir von ihm gehört haben und euch verkündigen: dass Gott Licht ist, und gar keine Finsternis in ihm ist."* (**1 Joh 1,5**) Es ist also gar nicht möglich, mit Gott Gemeinschaft zu haben, wenn man lichtscheu ist und bleibt. Man sieht hieran, eine Gemeinschaft mit Gott setzt eine Wesensgemeinschaft voraus. Das „Licht" steht ja nicht für eine physikalische Strahlung, sondern für Wesenseigenschaften, die beim Menschen, wenn überhaupt, nur in Spuren vorhanden ist. Gemeinschaft mit Christus haben zu wollen und weiter in der Finsternis der Abwesenheit von Gottes Wesensmerkmalen zu leben, funktioniert nicht. *„Wenn wir sagen, dass wir Gemeinschaft mit ihm haben, und wandeln in der Finsternis, lügen wir und tun nicht die Wahrheit."* (**1 Joh 1,6**). Johannes kommt gleich zu Beginn seines Briefes zum Kern der Jüngerschaftslehre. Was bedeutet das, Jünger zu sein?

Zunächst einmal ist ein Jünger ein Lernender. Aber was soll denn gelernt werden? Quantenphysik? Algebra? Chinesisch? Der Weg des Menschen mit Gott zu seinem persönlichen Ziel, das Gott gesetzt hat, der soll gelernt werden. Da kann sogar das genaue Ziel noch im Nebel der Vorstellung liegen, Hauptsache man kommt heraus aus seiner Lebenssackgasse oder den schädlichen Abwegen und geht den Weg in eine bessere Zukunft. Der Sinaibund ist so ein Weg heraus aus der geistlichen und rein physischen Wüste, der ins Gelobte Land führen soll. Damit wäre man fürs Erste zufrieden, dem Erreichen des äußeren und inneren Friedens. Der Mensch hat eine große Bestimmung, die sogar noch mehr als das Gelobte Land bietet. In der Sprache der Juden gibt es sogar noch ein himmlisches Jerusalem, das schon gar nicht mehr von Menschenhänden gemacht worden ist, weil es die perfekte Gottesstadt im perfekten Gottesstaat sein soll.

Das ist das große Geheimnis der menschlichen Existenz, seine Bestimmung und wie er dahin gelangt! Nicht wie sein Blutkreislauf oder seine Immunabwehr funktioniert. Vieles ist nützlich zu lernen für dieses Leben. Aber die Jünger Jesu sind Lernende für das kommende Leben und für den Plan Gottes mit der Menschheit. Wer lernt, ist aber noch kein Meister!

Zur Zeit des Johannes befand sich das Volk Gottes in der Erwartung des Messias, der sie in das messianische Zeitalter führen sollte, eine Art optimiertes Gelobtes Land. Die Unmittelbarkeit dieses Ereignisses wurde aber insbesondere seit der Zerstörung des Tempels in Jerusalem im Jahre 70 von den gläubigen Juden in Frage gestellt. Zu Recht, wie sich inzwischen gezeigt hat. Die Juden warten immer noch auf ihr Gelobtes Land und den Messias.

Doch so sehr auch unter Christen die Erwartung des Kommens ihres Herrn, das sich doch gewiss nicht verzögerte (2 Pet 3,8-10), enttäuscht wurde, umso mehr musste sich unter den treuen Gläubigen die Glaubenspraxis auf die geistige Ebene verschieben. Die Gemeinschaft mit Gott war ja durch Christus schon jetzt im Geiste möglich geworden. Das „nicht versäumte Versäumnis" war ja auch ein starkes Anliegen der Gemeinden, in denen Paulus wirkte (1 Thes 4,13-18). Zumindest was die Gemeinde in Ephesus betraf, wahrscheinlich aber auch die meisten anderen Gemeinden, überschnitt sich der Wirkungsraum von Paulus und Johannes, der Paulus um Jahrzehnte überlebte und bis zum Ende im Wirkkreis um Ephesus herum geblieben ist.

Die Jünger waren die Lehrlinge Jesu. Aber die ersten Lektionen, die sie lernen sollten, war nicht sofort die letzte Lektion über den Plan Gottes mit den Menschen. Die ersten Lektionen betrafen das messianische Reich Gottes, das bald für Israel anbrechen sollte. Deshalb steht im Evangelium von Matthäus die Bergpredigt gleich am Anfang. Sie zeigt, dass die Messlatte sehr hoch liegt für alle, die nach Gottes Ansehen „gerecht" und „heilig" sein wollten. Wie war das äonische, messianische Leben zu bekommen? Wie bekam man den Platz im Gelobten Land? Diese Frage hatte sehr viel mit dem Messias zu tun. Doch dass dieser Messias in Jerusalem Sein Leben zu opfern hatte, davon redete Jesus zu Anfang noch nicht. Er überschüttete Seine Jünger nicht mit Endzeitwissen! Die Jünger mussten viele Lektionen lernen und als Johannes nach dem Jahre 70 sein Evangeliumsbericht und seine Briefe schrieb, hatte jedenfalls der Jünger Johannes schon sehr viele Lektionen gelernt, von denen er am Anfang seiner Jüngerschaft keine Ahnung hatte.

Hier in seinen Briefen wählt er andere Themen, die für die christliche Gemeinde im dritten Viertel des ersten Jahrhunderts wichtig sind. Das Ausharren im Glauben an Jesus Christus, das Festhalten an der Gerechtigkeit, die durch Christus gekommen ist, die Liebe zueinander als bindendes Glied für die Gemeinschaft, das in, aber nicht von der Welt sein. Das alles sieht Johannes in Gefahr. Er ist der letzte der ersten Jünger, die noch am Leben sind. Er sieht bereits die Gemeinden am Zerbrechen und unter gefährlichen Einflüssen. Das wird dann besonders deutlich in der von ihm niedergeschriebenen Apokalypse.

Die Sendschreiben geben ein Bild der damaligen kleinasiatischen Gemeinden wieder, die Johannes alle kannte. Bei ihrer Beschreibung wird deutlich, dass es sich um Gemeinden handelt, wo das messianische Judentum überwiegt. *7 Von allen Seiten wurden die Gemeinden bedrängt. Falsche Apostel, Irrlehren, heidnische Traditionen und Gebräuche, nichtmessianisches Judentum und Sittenzerfall bedrohten die Gemeinden und Johannes erlebte es mit, ohne mehr machen zu können, als dagegen anzupredigen oder anzuschreiben, was aus der Verbannung, in der er sich auf der Insel Patmos befand, nicht leicht war. Vielleicht hat er viele solcher Briefe verfasst, die von den bereits auf Abwegen befindlichen Gemeinden nicht immer gern angenommen wurden. Man hatte sich ja weiterentwickelt, was konnte einem dieser alte Greis Johannes noch beibringen? Der gute Johannes, der alle mit „Kindlein" ansprach und immer wieder die Liebe untereinander anmahnte. Ihn ernst zu nehmen, fiel nicht leichter, wenn er mit zunehmendem Alter – er soll ja hochbetagt geworden sein – auch die üblichen Alterserscheinungen hatte. Dieses Phänomen gibt es auch in der weiteren Kirchengeschichte noch öfter. Da gibt es Gestalten, die zuerst nicht ganz ernst genommen werden, weil sie ihrer Zeit zu weit voraus sind oder angeblich zu weit hinterherhinken, und später sucht man vergeblich nach ihren Gräbern und Schriften.

Aus einer Zeit, in der Johannes nicht mehr Herr über seine Sinne gewesen wäre, stammen die Briefe nicht, denn Johannes schreibt klar und tiefsinnig. Und daher ist auch deutlich zu erkennen, worauf er im Augenblick seinen Schwerpunkt bei seinen Sendschreiben setzt.

„Wenn wir aber im Licht wandeln, wie er im Licht ist, haben wir Gemeinschaft miteinander, und das Blut Jesu, seines Sohnes, reinigt uns von jeder Sünde." (**1 Joh 1,7**)

Das ständige, aufrichtige Streben nach der Gemeinschaft mit Christus *„reinigt uns von aller Ungerechtigkeit."* (**1 Joh 1,7** KÜ) Schlechte Gesellschaft verdirbt die Sitten, gute Gesellschaft verbessert sie. Christus ist die beste Gesellschaft. Wer immer wieder Seine Nähe sucht, sucht damit das Licht und Christus wird ihn nicht in der Finsternis belassen.

**Wer in Christus bleibt,
ist immer in bester Gesellschaft!**

Diese Aussage ist bedeutsam und weitreichend, weil sie bedeutet, dass Jesusjünger immer weiter ins Licht gestellt werden und eine Eingliederung an die Gewohnheiten der Welt begrenzt sein muss, da die Wege der Welt andere sind als die Wege Gottes. Ein bisschen gläubig oder ein bisschen Christ sein, kann daher nicht zum

Ziel führen und deshalb spricht Jesus auch davon, dass man sein Leben verlieren müsse, um es zu gewinnen (Mt 10,39). *8

Wie im Johannesevangelium, wo es ein herausragendes Thema ist, so hebt Johannes auch in seinem ersten Brief hervor, dass die Gemeinschaft mit *„dem Vater und mit Seinem Sohn Jesus Christus"* eine neue Wirklichkeit ist (**1 Joh 1,3**). Auch die Botschaft *„Gott ist Licht, und keinerlei Finsternis ist in Ihm"* (**1 Joh 1,5-7**) ist schon zu Beginn des Evangeliums nach Johannes betont worden, denn das bedeutet, dass man der Wahrheit nachfolgen muss und nicht der Sünde.
„In ihm war Leben, und das Leben war das Licht der Menschen. Und das Licht scheint in der Finsternis, und die Finsternis hat es nicht erfasst." (Joh 1,4-5)
Johannes meint mit dem Wandeln im Licht (**1 Joh 1,6-7**) nicht die Sündlosigkeit. Das stellt er ja schon im nachfolgenden Vers klar (**1 Joh 1,8**). Er meint die Gemeinschaft mit Christus, denn bei Ihm ist immer Licht. An Ihm muss man sich immer orientieren. *9 Je näher man an Ihm, besser noch „in" Ihm ist, desto mehr ist man in der Reichweite der Lichtquelle. Das Licht hat für einen selber die Funktion, nicht nur zu zeigen, wo vorne und oben ist, sondern auch wie Christus ist und wie man selber dasteht. Das Licht leuchtet die eigene Finsternis aus und macht die Sünde sichtbar. Der Wandel geht also auch immer wieder dahin, sich selber im Licht zu sehen. Es findet auch ein Übergang des Lichtes statt, so dass man selber zu einer Lichtquelle wird. Es ist ja bekannt, dass böse Menschen die Nähe von guten Menschen gewöhnlich nicht bevorzugen. So wie die einen das Licht scheuen, das von den anderen ausgeht, ist es auch umgekehrt.

Je mehr man vom Licht erfasst worden ist, desto mehr verschwindet die Affinität zur Finsternis. Es muss ja jeder einmal ins Licht Gottes gestellt werden. Der Grund für die äonenlangen Gerichte und die lange Heilsgeschichte liegt in eben diesem Unterschied zwischen Lichtwesen und Finsterniswesen. Dieser Unterschied muss überwunden werden. Wer ganz im Licht ist, ist ganz im Heil. Christus ist dieses Licht. Die gerade sehend werdenden Augen brauchen lange, bis sie das Licht, das zuerst noch in wohl dosierten Mengen kommt, aushalten können. Sie dürfen dann immer weiter aufgemacht und immer strahlenderem Licht ausgesetzt werden. Das menschliche Auge ist so limitiert, dass es bei einem Blick in die Sonne zerstört würde. Doch im Vergleich zum Glanz Gottes ist die Leuchtkraft unserer Sonne nur wie eine Kerze, die in Australien brennt.

Sündengemeinschaft

1 Joh 1,8-10; 2,1-11.15-17

1 Joh 1,8 wird gerne von Bibelkritikern angeführt, um auf Widersprüche der Bibel hinzuweisen. Dabei ist dieser vermeintliche Widerspruch leicht aufzulösen. Aus 1 Joh 1,8 ergibt sich, was Johannes glaubt, nämlich *„Wenn wir sagen: wir haben keine Sünde -, so führen wir uns selbst irre, und die Wahrheit ist nicht in uns".*
Dies entspricht der Erfahrung, die alle Christen gemacht haben. Es sind auch beinahe alle bereit, dies zuzugeben. Christen sündigen und manchmal scheint es so, als gäbe es keine größeren Sünder als Christen. Der Grund dafür ist verständlich. Sie bleiben Menschen, die immer wieder hinter dem bleiben, was sie eigentlich erreichen sollten: ein geheiligtes, tadelloses Leben zu führen. Und da es stimmt, was die Bibel sagt, ist auch klar, dass gerade Christen besonderen Finsterniskräften ausgesetzt werden. Satan versucht, sie dauernd zu verführen, nicht Christus, der sündlos war, sondern ihm, Satan, zu folgen.
Diesen Verführungsversuchen war ja auch Jesus selber ausgesetzt (Mt 4,1-11). Die Verführung, das hat Johannes sehr wohl auch aus eigener Anschauung erfasst, zeigt sich gerade auch in der Heuchelei, denn wer Wahrheiten kennt und nur so tut, als würde er sich nach ihnen richten, hat mehr die Multiplikatorfunktion eines Verführers wahrgenommen, als die eines guten Vorbildes für das Befolgen von Wahrheiten. Man macht anderen und noch öfter sich selber etwas vor und nimmt somit sich und andere in die Gefangenschaft der Lüge. Man belügt und betrügt sich selbst

und verunehrt damit Christus, den Weg und die Wahrheit, weil man noch zu sehr aus sich selber heraus lebt, dem berechnenden Ego des alten Adam. Und natürlich weiß man, dass man dem hinterherhinkt, was der Geist schon so oft angemahnt hat.

Deshalb soll man bekennen, dass man ein Sünder ist (**1 Joh 1,10**). Zuerst zeigt Jesus Seinen Anspruch. Den muss man verstehen. Dann muss man ihn verinnerlichen. Dabei gilt es, die Widerstände der eigenen Natur in der Seele zu überwinden. Es ist leicht, den krummen und leichten Weg zu gehen. Der gerade Weg ist anstrengender. Rabbi Tarpjon hat im 2. Jahrhundert diese Schwierigkeit so ausgedrückt: *„Es obliegt dir nicht, die Arbeit zu vollenden, du bist aber auch nicht so weit frei, dich ihrer zu entledigen."* ***10** Es ist zwar ernüchternd, immer wieder mit den eigenen Unzulänglichkeiten konfrontiert zu werden, aber sie sind genau von der Art, an der man das Überwinden erproben kann. Die Erprobung geht über das ganze Leben und korrespondiert nur unzureichend mit ihrer Sichtbarkeit (Kol 3,3). Es wird ja der verborgene Christusmensch erbaut, den nur Gott sieht wie er ist. ***11** Und nur Er weiß, wie weit die Erprobung noch gehen soll.

Johannes sagt aber auch ein paar Sätze später: *„Jeder, der aus Gott gezeugt ist, tut keine Sünde"* (**1 Joh 3,9**). Diesen offenkundigen Widerspruch löst aber Johannes selber auf, denn er sagt auch: *„Jeder, der in Ihm bleibt, sündigt nicht."* (**1 Joh 3,6**) Es ist also klar, was Johannes lehrt. Er lehrt eine in sich stimmige Wahrheit. Wer in Christus bleibt, bleibt in dem, der keine Sünde getan hat und keine Sünde tut. Sobald ein Christusnachfolger diese innige Gemeinschaft mit Christus aufgibt und „aus" dem Christus herausfällt, fällt er der Sünde anheim.

Draußen warten die Hunde! Dazu genügt schon ein kleiner Schritt aus dem Schutzbereich des Christus hinaus, um sich der Umgebung des alten Adams auszusetzen. Der hat sich in einer Welt häuslich eingelebt, der ständig Tribut zu zollen ist. Dieser

Tribut besteht im Ausleben der natürlichen Sündhaftigkeit, die dem Menschen innewohnt. Es gibt nur diese zwei Bereiche, in denen Menschen leben. In Christus oder außerhalb von Ihm.

Deshalb ist es so wichtig, sich in allen Dingen Christus hinzugeben und Ihn die Werke tun zu lassen, für deren Ausführung sich man lediglich bereithält. Man stellt Ihm sich als eines Seiner ausführenden Glieder zur Verfügung und wenn es geschehen und das Werk gelungen ist, sagt man nicht, man sei stolz auf sich. Wer Christus in sich hat, gibt Ihm die Ehre. Christen müssen sich selber zurücknehmen und Christus den Vortritt lassen, sonst regiert ihre Natur zum eigenen Verderben. Verderben muss alles, was mit Christus nicht übereinstimmt, auf jeden Fall, aber man sollte sich über einen kürzeren Heilsweg freuen, wenn man weiß, dass es auch schmerzhaftere Varianten gibt. Es gibt die äonenlangen Gerichtswege, über die Jesus sagt, dass man nicht herauskomme, bis man nicht den letzten „Kodrantes" bezahlt hat. *12 Nichts anderes spricht Johannes an, wenn er die enge Lebensgemeinschaft mit Christus und dem Vater hervorhebt. Bei Gott gibt es keine Sünde, daher kann „bei" Gott kein Sünder sein. Und umgekehrt gilt, wer bei Gott sein wird, wird von jeder Sünde frei sein.

Johannes ermahnt also seine Leser, sich nicht einem sündigen Leben hingeben zu wollen, sondern die Nähe zu Christus zu suchen. *„Meine Kindlein, dieses schreibe ich euch, damit ihr nicht sündigt."* (**1 Joh 2,1**) Er sagt aber auch, dass es die Sündenvergebung durch „Jesus Christus" gibt. Johannes lehrt also diesbezüglich nichts anderes als Paulus, wonach man als Christ zweierlei wissen muss:

1. man soll Sünden vermeiden und
2. durch Jesus Christus hat man die Sündenvergebung.

Weder Johannes noch Paulus lehren in ihren Schriften, dass man durch eigene Werke eine Sündenvergebung oder Erlösung erreichen könnte. Das ist ein universell gültiges Prinzip: *„Er ist [die] Sühne für unsere Sünden; nicht allein aber für [die] unsrigen, sondern auch für [die] der ganzen Welt."* (**1 Joh 2,2** KÜ) Damit vertritt Johannes nicht die Meinung, dass Jesus nur für die Juden die Rettung gebracht hätte. Die Tragweite ist noch größer, denn Johannes spricht nur die Worte nach, die ihm der Geist Christi eingegeben hat.

„Und hieran erkennen wir, dass wir ihn erkannt haben; wenn wir seine Gebote halten. Wer sagt: Ich habe ihn erkannt, und hält seine Gebote nicht, ist ein Lügner, und in dem ist nicht die Wahrheit." (**1 Joh 2,3-4**)

Johannes sagt auch hier nicht, dass man Gottes Gebote halten müsse, um gerettet zu werden. Für Juden war das Nichthalten der Gebote Gottes gleichbedeutend mit dem Sündigen. Sündigen bedeutete, Gottes Gebote zu missachten. Die Juden kannten auch die Verheißung, wer die Gebote hielt, würde ein gesegnetes Leben haben. Da die Sünde den Tod zur Folge hatte, würde folgerichtig das Nichtsündigen auch das Leben bedeuten. Daher musste für das unvermeidliche Sündigen das Sühneopfer ernst genommen werden. Es war also naheliegend, dass das jüdische Denken dem Einhalten der Torahgebote eine Wirkung zugestand, die es gar nicht haben sollte und konnte. Es konnte nicht das Zusammenleben mit dem heiligen Gott bewirken. Wer auf einer einsamen Insel lebt und keine Sünde begeht, bekommt nicht auf einmal Flügel, mit denen er wegfliegen kann. Das Halten von Geboten ist an sich also noch nicht die Rettung. Dazu brauchte es ein enges Vertrauensverhältnis und eine Sanktionierung durch Gott, die über das bekannte Opfer-Sühnesystem weit hinausging. Der Mensch braucht also in jedem Fall Rettung von außen, sonst bleibt er auf seiner Insel hängen.

Das wussten die Jünger Jesu. Sie wussten aber auch, dass Jesus einem Gelehrten das äonische Leben im messianischen Reich zugesagt hatte, wenn er die Gebote der Torah hielt (Lk 10,25ff). Einem anderen Gesetzeslehrer bestätigte Jesus das (Lk 18,18ff). Jesus fügte ihm gegenüber noch ein Gebot speziell für diesen Menschen hinzu und forderte ihn auf, Ihm nachzufolgen. Aber vorerst geht es bei alledem nur um das äonische Leben in Verbindung mit dem Kommen ins messianische Reich. Das war das damalige Begehren der Menschen in Israel. Wie konnte man in dieses messianische Reich gelangen, selbst wenn man vorher sterben würde? Das war gleichbedeutend mit der Frage nach der Gerechtigkeit, die vor Gott gilt und mehr beinhaltet als nur, unterschieden zu haben zwischen Recht und Unrecht. Die Gerechtigkeit handelte von der Rechtfertigung. Wenn Gott sagen würde: „Du bist ein Gerechter", dann war das gleichbedeutend mit der „Heiligung".

Man sieht daran, dass der Beziehungszusammenhang zwischen äonischem Leben, messianischem Reich, Gerechtigkeit und Angenommensein von Gott zwar schon damals gegeben, aber nicht jedem ganz bewusst, geschweige denn klar war. Die Evangelienberichte stellen hierzu keine Klarheit her. Auch daran erkennt man ihre Authentizität. Da wurde nichts geschönt oder geglättet, sondern historisch korrekt berichtet. Die heilsgeschichtlichen Schlüsse müssen andere ziehen. Die Autoren der Evangelien tun es nicht. Die Überlieferung ist lückenhaft. Aber Gott kann es sich leisten, weil Er ohnehin nur denen den Geist gibt, die Er in das weitere Verständnis führen will. Paulus konnte sagen: *„Uns aber hat Gott es offenbart durch den Geist, denn der Geist erforscht alles, auch die Tiefen Gottes."* (1 Kor 2,10) Da keine zwei Theologen eine gleiche Meinung haben, ist es erwiesen, dass der Geist Gottes, wenn er bei ihnen überhaupt tätig geworden ist, noch Lücken des Verstehens gelassen hat. Und man sollte nicht vergessen, das war zu keiner Zeit anders. Weder die sogenannten Kirchenväter der ersten Jahrhunderte, noch die Kirchenleute späterer Zeiten, bekamen den vollen Durchblick!
Dieser Geist Gottes ist dennoch in der Lage, wenn er will, die unterschiedlichen Lehren des Neuen Testaments zusammen zu tragen und die Widersprüche aufzulösen. Es liegt dann aber nicht am Wollen des Menschen oder an einem umfangreichen Theologiestudium, *sondern: „So liegt es nun nicht an jemandes Wollen oder Laufen, sondern an Gottes Erbarmen."* (Röm 9,16).

Paulus, dessen Briefe Johannes kannte, vertrat die Lehre, dass das Halten der Torah niemand die vollumfängliche Erlösung einbringt, weil es die ohne das Vertrauensverhältnis mit Christus nicht geben kann. Im deutschen Sprachgebrauch spricht man meist undeutlich von „Glauben". Glauben heißt nicht unbedingt Wissen. Vertrauen ist mehr als das. Vertrauen führt zum Anvertrauen und Anvertrauen kann bei Gott nur dazu führen, dass man nicht enttäuscht wird, weshalb daraus Treue wird.

Jesus hatte den beiden Gelehrten, die Ihn gefragt hatten, was sie tun müssten, um äonisches Leben zu bekommen, nicht gesagt, dass sie Ihm ihr Leben übergeben sollten. Die erste Aussage befand sich noch auf dem Niveau des Torahbefolgens. In der Steigerung kam zum Torahbefolgen noch die Aufforderung zur Nachfolge Christi dazu. Vom bloßen Halten der Torah, das die Juden praktizierten, wird man also weitergeführt zur Nachfolge Jesu Christi, was die Jünger Jesu taten. Sie hielten aber außerdem an der Torah fest.

Doch dann kommt Paulus und löst die Fesseln der Torah, nicht weil sie binden, denn sie sind längst in Christus aufgegangen zugunsten der engen geistlichen Verbundenheit mit Christus. Es heißt ja in den seltenen Fällen, wo sich ein Mann und eine Frau zu einer liebenden und vertraulichen Einheit gefunden haben, dass sie so sehr eins sind, dass sie sich viele Worte sparen können, die sonst Wünsche oder Forderungen oder Erwartungen ausdrücken sollen. Sie kennen die Gedanken und Befindlichkeiten voneinander.

So ist es auch in einer engen Beziehung mit Christus. Wenn man die noch nicht hat, mag das geschriebene Wort Gottes der buchstäbliche Wegweiser sein. Wenn man aber Gott noch gar nicht kennt, vielleicht weil man aus der Gottlosigkeit oder von anderen Götterglauben hergekommen ist, braucht man zuerst eine Art Sinaibund mit Geboten und Vorschriften, die einen in die richtige Richtung weisen. Diese Richtungsweiser sind noch grob, sie müssen im Geist verfeinert werden. Doch irgendwann hat man das Ziel erreicht und das ist Jesus Christus. Dann erst hat man die höchste Stufe erreicht. Es ist die Stufe der Gottessohnschaft.

Johannes geht in seinen Briefen nicht so weit. Er sagt, wer mutwillig sündigt, weil er glaubt, Gebote Jesu nicht halten zu müssen, hat Christus nicht erkannt bzw. verstanden. Jesus rief zur Nachfolge auf. Was Er sonst noch geboten hat, sieht man am Bericht, den Johannes über das Leben Jesu verfasst hat. Dabei ist ein

Gebot ganz besonders herauszuheben und zwar deshalb, weil das Johannes immer wieder betont hat, so auch in seinen Briefen. Jesus hatte den Jüngern gesagt: *„Ein neues Gebot gebe ich euch, dass ihr einander liebt, damit, wie ich euch geliebt habe, auch ihr einander liebt."* (Joh 13,34) Das wiederholt Johannes in 1 Joh 2,10; 3,14; 4,7.21 und 1 Joh 5,21, wobei er in **1 Joh 4,21** ausdrücklich darauf hinweist, dass es ein Gebot von Jesus ist. Es ist also wahrscheinlich, dass Johannes dieses Gebot, sich untereinander zu lieben, meint und nicht die Gebote der Torah, die sowieso jeder kannte.

Es macht keinen großen Unterschied. Der Sohn Gottes war schon der Gesetzgeber am Berg Sinai. Man muss sich daher nicht darüber streiten, ob die Gebote Jesu gleichzusetzen wären mit den Geboten der Torah. Sie kommen sowieso alle aus Seinem Mund, denn Er ist das Wort Gottes. Das heilsgeschichtliche Denken schließt einen solchen Streit aus, weil Gott immer gerade das gebietet, was der Mensch als Gebot empfangen soll. Es ist also keineswegs gleichgültig, ob Gott ein Gebot heute oder morgen gibt, denn es ist ja angepasst an den Menschen. Gott muss sich selber keine Gebote geben. Sie sind für den Menschen, um bei ihm etwas Bestimmtes zu erreichen.

Ein Israelit ist im Jahre 1440 vZ in einer ganz anderen Situation, als ein Jude im Jahre 70 nZ oder ein Christ im Jahre 2020, der wissen möchte, welche Gebote er einhalten soll. Schon eine solche Frage zeigt, dass er solche Gebote noch braucht. Wenn ein Kind seinen Vater fragt, welche Frau er wählen soll, scheint er noch nicht reif dafür zu sein, selber zu wissen, was gut für ihn ist.

Gott verlangt von niemand heute noch, dass man Seinem Gebot, die Stadt Jericho zu umrunden und dann zu erobern, welches Er damals den Israeliten gegeben hat, Folge leistet. Das würden die Sicherheitskräfte der Israelis nicht zulassen. Das wäre ein klassischer Fall von „falsche Zeit, richtiger Ort". Das immer erkannt zu haben, was gerade dran ist und was nicht, hat sowohl dem Judentum als auch der Christenheit immense Probleme bereitet. Das ist deshalb verständlich, weil Gott nicht zu jeder Zeit zu den Menschen spricht. Die Juden haben versäumt, Jesus als

Messias zu erkennen. Hätten sie Ihn erkannt, hätten sie sich 2.000 Jahre Verfolgung erspart. Und sie hätten den Christen der Kirchen und den Mohammedanern erspart, die Juden zu verfolgen.

Die Versäumnisse von Christen und Mohammedanern infolge eines falschen, unzeitigen Schriftverständnisses sind auf den ersten Blick noch folgenreicher. Es hätte keinen Holocaust gegeben, wenn die Christen verstanden hätten, dass nicht sie, sondern Israel Gottes Volk sind. Die Kirchenchristen der Nationen sind allenfalls ein Zweig am Ölbaum Israel.

Den Kirchenchristen kostete ihre Judenfeindschaft den klaren Blick auf das Wort Gottes, andere Versäumnisse verschlimmerten die Situation im Halbschatten der Erkenntnis noch mehr. Die Kumpanei mit den widergöttlichen weltlichen Kräften brachte sie um die Autorität im Sinne von Johannes und Jesus die verlorenen Menschen überzeugen zu können. Jesus sagte nämlich im Anschluss an Sein Liebesgebot unter Brüdern: *„Daran werden alle erkennen, dass ihr meine Jünger seid, wenn ihr Liebe untereinander habt."* (Joh 13,35) Stattdessen verfolgte das Papsttum andersgläubige Christen und andersgläubige Christen machten es, sobald sie sich organisiert und Macht errungen hatten, überwiegend nicht viel besser. *13 Die Außenwirkung war und ist bis auf den heutigen Tag verheerend, denn so wie die Christenheit Geschichte geschrieben hat, wurde der Name Jesu Christi verunehrt und entheiligt. Die lobenswerten Ausnahmen fallen dabei viel zu wenig ins Gewicht. Es ist also wichtig, die Aussagen der Heiligen Schrift auch richtig einordnen zu können und nicht sich dazu verführen zu lassen, dass man den Glaubensverweigerern schon in dieser Erdenzeit ein Höllenfeuer bereitet, nur weil die Bibel von einem Feuersee redet, der irgendwann brennen wird.

Gerade das Christentum hat dieses Wort von Johannes verhöhnt: *„Darin [er]kennen wir, da[ss] wir Ihn [er]kannt haben: wenn wir Seine Gebote halten."* (KÜ) Wer die Gebote Gottes hält, soll es eben gerade nicht mit der Absicht tun, sich einen Verdienst zu erwerben, sondern weil der Geist Gottes in Ihm wirkt. Wozu wirkt er? Um eine Wesensangleichung zu erreichen. Dazu kann ein Gehorsam, um nicht Fluch, sondern Lohn zu bewirken, ein Anfang sein, aber nicht der Weisheit letzter Schluss. Und gerade deshalb sind die Briefe eines Paulus im Neuen Testament von so grundlegender Bedeutung, weil sie das Wesen Gottes näherbringen und den Gehorsam-Lohn-Gedanken relativiert zu einer noch unvollkommenen halbschattigen Ausrichtung, der die völlige Ausrichtung auf Christus noch fehlt.

Jesus sagte von sich selber, dass er der Weg und die Wahrheit ist (Joh 14,6). Das hat Johannes überliefert. Und doch sind diese Worte wahrscheinlich zu einer Zeit aufgeschrieben worden, als die erste Generation Jesusjünger schon nicht mehr lebte. Johannes wirkt mit seinen Schriften wie ein Vermittler zwischen den synoptischen Evangelien und der paulinischen Verkündigung. *14

Wenn nun der Geist Christi in einem Menschen wirkt, dann ist klar, dass dieser Mensch den Weg Christi geht mit Werken, die christliche und sündlose Werke sind, da Christus ohne Sünde war und ist (1 Joh 1,6). Und er wird wahrhaftig sein, nicht lügnerisch. An diesem Wandel kann man erkennen, dass der Geist Christi in einem Menschen wirkt, nicht der Geist des Menschen, der einen anderen Wandel hervorbringt, den Wandel der Welt, in welchem sich auch ein unwahrhafter Geist zurechtfinden kann. Man „erkennt" also einen in Christus wandelnden Menschen deshalb an seinen Werken, weniger an seinen Worten. Wie muss dann aber das Urteil für einen großen Teil der Christenheit ausfallen?

Bei Jesus stimmten Worte der Wahrheit und Wandel in Wahrheit überein. Es gibt also sowohl Wahrheitswerke als auch Unwahrheitswerke. Mehr sagt Johannes hier nicht. Es kann kein „In-Christus-sein" geben, wenn man im Sündigen weiterlebt. Das Nichtsündigen versetzt einen nicht in den Leib Christi, sondern das „In-Christus-sein" bringt das Nichtsündigen hervor.

Nun gibt es aber nicht selten Sünden, die jemand ständig begeht, weil sie bereits zu seiner Lebensart gehören und er sie zwar als Sünden erkennt, der Reiz zur Sünde ihn aber immer wieder wie eine Sucht ergreift. Auch hier helfen die eigenen Kräfte und Absichten wenig. Man muss sich ganz und gar Christus nähern, um solche Gewohnheiten beenden zu können. Das liegt daran, dass sie zum alten

Adam gehören. Es gehört zu dessen Wesensart. Diese kann man nur durch die Wesensart Jesu verdrängen.

Jeder hat Gebiete, wo er noch mehr die Zeit und Aufmerksamkeit den Angelegenheiten Gottes widmen kann. Wer auf sündige Gedanken kommt, weil er sich ungeistlichen Situationen aussetzt, soll dem aus dem Weg gehen und stattdessen in der Bibel lesen oder andere Dinge bewusst ansteuern, die ihm unverfängliche Freuden bringen können. Gerade hierzu ist die Gemeinschaft mit anderen, die gleichgesinnt sind, sehr nützlich. Es gibt kaum einen sinnvolleren Grund, außerhalb des Gottesdienstes Gemeinschaft in der Gemeinde zu haben. Man verbringt zurecht viel Zeit mit der Familie, aber die Zeit, die man in der Gemeinde verbringt, kann einen vielfältigen geistlichen Nutzen haben.

Auch dürfen kleine Sünden nicht unterschätzt werden, weil sie zu großen auswachsen können. Und meistens tun sie es. Ein Sauerteig, der im Teig bleibt, wird ihn ganz durchsäuern. Man muss Sünde immer ernst nehmen, auch wenn sie nur klein und unbedeutend erscheint. Wer ab und zu einmal „flunkert", hat noch gar nicht erkannt, dass seine Persönlichkeit unzuverlässig ist und wenig überzeugen kann. Aber auch Nichtstun kann Sünde sein. Ein Mensch, der immer wieder Gelegenheiten verpasst, liebenswürdig zu sein, wird irgendwann nicht mehr als liebenswürdig wahrgenommen. Kleine Sünden, die ignoriert werden, können das ganze Leben ungünstig beeinflussen. Und wenn sie zu großen Sünden auswachsen, bekommt man sie umso schwerer wieder los. Und anstatt seine Kräfte noch verstärkter im Dienst für Gott einzusetzen, kämpft man an Fronten, die Opfer fordern und Niederlagen einbringen.

Den Feind sollte man nie unterschätzen. Vor allem, wenn man meint, nichts mit Satan zu tun zu haben, lauert er schon in unmittelbarer Schlagdistanz. Vielleicht kann die Schlange als Sinnbild für Satan gelten. Man kann meinen, dass man ihn in Schach halten kann und verwechselt ihn mit einer harmlosen Schlange. Doch die Schlange wartet auf einen unachtsamen Augenblick und beißt dann zu. *15

Sünden lassen sich nicht dressieren. Man meint vielleicht, sie zu beherrschen. Aber am Ende steht man als Verlierer da. Für einen Christenmenschen bedeutet das, dass er ausnahmslos alle Sünden, von denen er weiß, angehen muss. Er muss sie vor Christus bringen und dann Seiner Weisung folgen. Die Weisung wird kommen. Es gibt keine Kompromisse mit der Sünde. Auch sonst gilt für den Menschen, wenn er eine Sucht hat, ist es am erfolgversprechendsten, wenn er radikal mit ihr bricht. ***16** Die Seele muss ganz frei sein. Sie muss ganz Christus zugeneigt sein. Wie sehr Jesus vor den Folgen von Sünden warnt, hat Er durch drastische Beispiele deutlich gemacht (Mt 5,29). Das Heil der Seele ist viel wichtiger als die Unversehrtheit des Leibes. Der Leib vergeht, die Seele bleibt. Man pflegt den Leib, weil man die unmittelbaren Auswirkungen der Vernachlässigung sieht und spürt. Doch dass die Seele erkrankt und verkommt, ist meist ein schleichender Prozess, dem man nicht gebührlich Achtung schenkt. ***17**

Diese Verse über die Gebote Jesu im Johannesbrief werden von manchen Christen missbraucht. Katholiken würden unter den Geboten Gottes lieber die „Gebote des Papstes" verstehen, weil sie das eine mit dem anderen gleichsetzen. Torahgläubige würden sagen, „hier steht es doch!", man müsse die Torah halten, denn Johannes meint mit Geboten natürlich die Gebote der Torah. Er war ja Jude, der die Juden ansprach.

Das ergibt sich jedoch nicht aus dem, was Johannes sagt. Johannes redet von den Geboten Christi.

Er bleibt damit eng an dem, was er von Christus gehört hatte, denn der hatte auch gesagt: wenn die Jünger Seine Gebote halten, dann tun sie recht (Joh 15,10). Und wenn sie Seine Gebote halten, dann zeigen sie, dass sie Ihn lieben (Joh 14,15. 21). Wenn man sich liebt, dann ist man sich nahegekommen oder strebt das Näherkommen zumindest mit großem Interesse an. Dieses „große Interesse" sollte bei Jesusjüngern und erst Recht bei Gliedern am Leibe Christi gegeben sein. Jeder kann sein Verhältnis zu Jesus jederzeit sehr leicht auf die Probe stellen. Er muss nur daran denken, was eine große Liebe auslöst. Das weiß jeder zu beurteilen.

„Wer aber sein Wort hält, in dem ist wahrhaftig die Liebe Gottes vollendet. Hieran erkennen wir, dass wir in ihm sind." (**1 Joh 2,5**). Wenn Johannes das unter der Inspiration des Geistes Christi sagt, sagt es Christus, der das Wort Gottes ist, selber. Dieser Vers ist eine deutliche Absage an die Kirchenchristenheit, die sich nicht an das Wort Gottes hält, sondern an die historisch-kritische Methode, das Wort um- und wegzudeuten.

Das Wort Gottes sagt, dass Gott die Welt in sechs Tagen erschaffen hat, dass Gott in der Sintflut die Menschheit bis auch acht Personen umgebracht hat, dass Er Israel aus Ägypten befreit hat, dass Jesus gekreuzigt und auferstanden ist.

Die Lehren der großen Kirchen widersprechen allen oder einem Teil dieser klaren biblischen Aussagen. Und daher kann auch die Liebe Gottes nicht vollendet in ihnen sein und dass diese Glaubensgemeinschaften nicht in Christus sind. So müsste es aber sein, wenn sie mit seiner Autorität reden wollten.

Die Liebe zeigt einem also selber, wie weit man mit diesem Christus bekannt ist. Die Liebe selber erkennt außerdem, ob man in Christi Wort beheimatet ist. Das erfordert, dass man das Wort kennt. Zuerst in der Bedeutung der Aussage, dann in seiner Reichweite. Deshalb bleibt nie ein Wort allein, es wird lebendig, bringt Frucht und erzeigt rechtes Denken und Handeln. Die Worte Jesu müssen gesprochen und gelebt werden. In ihnen wird etwas Geistiges lebendig und pflanzt sich fort. Es hegt und pflegt und baut die Schöpfung auf.

Ein rechter Wandel in Christus ist ein Wandel nach der Moral Jesu. Johannes fasst seine moralische Forderung zusammen, indem er wieder an das Einssein mit Christus erinnert: *„Wer da sagt, dass er in ihm bleibe, ist schuldig, selbst auch so zu wandeln, wie er gewandelt hat."* (**1 Joh 2,6**) Daraus ergibt sich aber auch unweigerlich, dass hier Johannes gar nicht von der Torah redet, denn Christus wandelte vollkommen, während die Torah nur unvollständig Gottes Willen abbildete.

Jesus hat auch viele Gebote der Torah, die für Juden von zentraler Bedeutung waren oder sind, in ein völlig anderes Licht gesetzt. Er zeigte, dass die Torah eine Gebotesammlung für einen unvollständigen Sachverhalt sind: der unvollständige Sachverhalt war, dass nur eine vorläufige und unzureichende Entsühnung von Sünden vor dem Golgatha-Ereignis überhaupt möglich war. *18 Jesus zählte niemals die in der Torah vorgeschriebenen Opfergesetzen zu einer immerwährenden Ordnung, weil Er gerade im Begriff war, sie weitgehend aufzulösen. Das gilt aber für alle Gebote der Torah, in Jesus und durch Jesus werden sie vollendet und für alle restlos erfüllt. Eine andere Möglichkeit gab es nie, weil ein Mensch niemals eine Sünde rückgängig machen kann. Die Torah gehört also einer anderen heilsgeschichtlichen Ordnung an, als die Opferung von Golgatha.

Nur in Jesus gibt es die Gabe,
alle Gebote Gottes zu erfüllen,
weil nur Jesus das Wesen Gottes hat.

Damit ist nicht gesagt, dass Johannes die Torah missachtete. Er hat nicht gepredigt, dass man als Jude die Torah nicht bis in alle Einzelheiten befolgen müsste. Damit ist nur gesagt, dass er hier in seinem Brief an unbekannte Empfänger von den Geboten Christi in ähnlicher Weise sprach wie es Jesus den Jüngern gegenüber getan hatte.

Das waren Gebote, die die Jünger bereits aus der Torah kannten und so zusammenzufassen waren, wie es speziell Johannes liebte, nämlich mit den beiden Geboten: „Du sollst Gott aus ganzem Herzen lieben!" und „Du sollst deinen Nächsten lieben wie dich selbst". Das konnte thematisch passend ergänzt werden durch „neue Gebote" von Jesus, die aus einer gleichen Denkrichtung herkamen: *„Ein neues Gebot geben ich euch: dass ihr euch untereinander liebt, wie ich euch geliebt habe, damit auch ihr einander liebhabt."* (Joh 13,34) Und tatsächlich macht hier

Johanes das gleiche, denn er sagt: *„Wieder[um] schreibe ich euch [ein] neues Gebot, das [sich] in Ihm und in euch [als] wahr erweist; d[enn] die Finsternis geht vorüber, und das wahrhafte Licht erscheint schon."* (**1 Joh 2,8** KÜ).

Wieso erweist es sich als wahr in Christus und in den Christusnachfolgern wie es Johannes hier behauptet? Weil der Christusgeist die Erleuchtung gibt und in dem gleichen Maße wie er in Christusnachfolgern wirkt, kommt dort das Lichtwesen Gottes zum Vorschein. Das „Neue" Gebot erläutert Jesus: *„[Wer] sagt, [er] sei im Licht, und hasst seinen Bruder, [d]er ist [ein] Lügner und wandelt in der Finsternis bis jetzt. [Wer] seinen Bruder liebt, [d]er bleibt im Licht, und kein Anstoß ist in ihm. [Wer] aber seinen Bruder hasst, [d]er ist in der Finsternis und wandelt in der Finsternis und weiß nicht, wohin er geht, weil die Finsternis seine Augen blind ge[mach]t hat."*
(**1 Joh 2,9-11** KÜ)

Jedes Wort Christi ist ein Gebot, weil man sich an jedem Seiner Worte ausrichten soll, solange wie man den Geist Christi nicht ganz verinnerlicht hat. Jesus sagt dabei, wie man annehmen kann, „Du sollst jedem meiner Worte Bedeutung zumessen. Du sollst jedes Wort befolgen und beherzigen, darüber nachsinnen und es in den Wandel einfließen lassen und zu einem Bestandteil deiner Erkenntnis machen, aus der du immer weiter schöpfen wirst."

Und Er sagt stets auch statt „du sollst…!" das viel fortgeschrittenere „du wirst!" Für viele wird Er verständlich und hörbar sagen: „Du wirst es genau dann tun, wenn du auf mich hörst!" Und man wird, wenn man im Gehorsam nach Ihm lauscht, Seine Stimme hören. Man erkennt sie daran, weil einem die Stimme Christi vertraut ist. Es ist der Geist Christi, der so spricht, dass man ihn identifizieren kann als eigene Stimme, der Gehör geschenkt werden soll. Das Reden Christi, das sind Seine Gebote. Es ist zu kurz gegriffen, auf die Torah zu verweisen.

Die Torah ist für Glieder am Leibe Christi von gestern. Jesus Christus ist heute und morgen. Jesus spricht in einen hinein.

Jesus ist das lebendige Wort
und das lebendige Gebot der Nachfolge in den Menschen,
die Seine Annäherung zulassen.

Jesus trägt keine Torah-Rolle mit sich herum. Er ist auch selber nicht die Torah, sondern Er übersteigt sie himmelhoch. Es ist schade, wenn das Menschen, die sich zu Christus bekennen, nicht begreifen. Man darf dabei nicht den Fehler machen, das Ganze so zu vergeistigen, dass die gelebte Praxis zu einer bloßen Theorie wird, die sich irgendwann verwirklichen können soll. Und deshalb betonen Jesus und Johannes die Erkennbarkeit der Liebe und der Wahrheit in Wort und Wandel der Jesusjünger für die Menschen.

Johannes kannte natürlich die gnostischen Philosophien, die sich im Griechenland seiner Zeit entwickelten. Die spätere Kirche hatte mit der Gnosis zu kämpfen. *19 In der Gnosis hatte man die Vorstellung, dass der Geist das Wahre und Göttliche sei. Das Körperliche sei nur eine Verirrung ins Ungöttliche. Zum Teil ging man so weit, zu denken, alles was der Körper tue, beeinträchtige den Geist nicht. *20 Doch in Wahrheit ist es so, dass die Werke, die der Mensch mit dem Körper vollbringt, Werke des Geistes sind, der sich lediglich des Köpers bedient. Deshalb ist es immer der Geist, das selbstbewusste Ich, das sündigt. Sündigen ist das Kennzeichen einer Person, die autonom von Gott sein will. Im Sündigen steckt immer auch der Wille zur Rebellion, zum Anderssein.

Vielleicht betonte Johannes hier in seinem Brief die Verantwortlichkeit des Menschen für all sein Tun, weil er damit der in die Gemeinden eindringenden Gnosis-Bewegung einen Riegel vorschieben wollte. Es war wichtig, hier keinen Zweifel zu lassen: Bei Jesusjüngern müssen Taten und Worte übereinstimmen.

Der Geist kann nicht von Tugend und Reinheit reden, wenn der Körper, der ihm untertan ist, das Gegenteil tut. Johannes steht in Übereinstimmung mit Hesekiel, der gesagt hatte: *„Ich will meinen Geist in euch legen und euch bewegen, meine*

Gebote zu folgen, und ihr werdet meine Urteilsprüche halten und danach handeln." (Hes 36,27) JHWH-Christus hat damals das Volk Israel angesprochen. Wenn YHWH von Seinem Geist redet, der im Menschen sein wird, ist es also Christi Geist. In Israels Geschichte ist das richtungsweise in Ap 2,2-4 geschehen: *„Und plötzlich geschah aus dem Himmel ein Brausen, als führe ein gewaltiger Wind daher, und erfüllte das ganze Haus, wo sie saßen ... und sie wurden alle mit Heiligem Geist erfüllt.*" Das war von Jesus angekündigt worden und Johannes hat das überliefert.

*21

Die Lehre, die Johannes hier in seinem Brief entfaltet, ist deckungsgleich mit dem, was Johannes im Johannesevangelium ausführt. Der Verfasser ist der gleiche. Er redet dem nach, was Jesus vorher gesagt hat. Das bedeutet aber, dass es ihm hier nicht so sehr um die Torah, die ersten fünf Bücher Mose und deren Forderungen geht, sondern um die Lebensweise Jesu Christu und seinen „Forderungen". Jesus hat nach Johannes und nach Paulus nur eine „Forderung", die man ebenso „Bitte" oder „Zulassung" nennen könnte: man darf und soll Christi Geist in sich zur Entfaltung bringen lassen. Dies ist aber vorerst nicht an jeden gerichtet, sondern nur an diejenigen, die Gott dafür auserwählt hat.

Wer sagt, dass Johanes hier von Torahgeboten spricht, muss auch sagen, dass Jesus von Torahgeboten gesprochen hat. Doch was soll damit gewonnen sein? Jesus befand sich exakt auf der Distanz zur Torah, die ihr gegenüber dem Geber und Erfüller und Überwinder der Torah zustand. Er hat die Gebote der Torah erlassen. Er hat nicht gegen die Torahgebote verstoßen, weil sie ein Ausfluss Seines Wesens sind. Er hat nicht nur ein sündloses, sondern göttliches Leben gelebt und durch seine Heilstat für alle Menschen die Relevanz der Torah geradegerückt, weil nun jeder Mensch die direkte Verfügbarkeit des Wesens Christi durch Seinen Geist haben kann. Dazu gehört auch die Übermittlung des Sündenbewusstseins mit der Einsicht der Umkehrwilligkeit. Dazu gehört eben auch die heilsgeschichtliche Zuordnung der Torah.

Dies alles geschieht unter Christus in Ordnungen, die zu beachten sind, denn wenn ein Mensch den Geist Christi nicht hat, sündigt er, ganz gleich, ob er die Torahgebote oder irgendwelche anderen Gebote, die dem Wesen Christi Rechnung tragen, hält oder nicht. Was Jakobus in seinem Brief geschrieben hat, gilt nämlich ausnahmslos für jeden Menschen (Jak 2,10). Jeder Mensch wird daran scheitern, alle Gebote zu halten. Das ist das, was die Torah leisten kann: Sündenerkenntnis zu geben für die Gesetzlosen (1 Tim 1,9). Christus ist jedoch nicht ein Gesetzloser gewesen.

Und weil das so ist, kann Johannes sagen, dass man Jesu Gebote hält, weil man Christi Geist hat und dass man weiter sündigt, wenn man ihn nicht hat. Und Johannes kann Juden, die Anfänger des Glaubens sind und den Geist Christi noch nicht in allen Bereichen ihres Lebens zugelassen haben, raten, „haltet euch weiter an die Torah als Richtschnur, aber setzt sie nicht anstelle des Christus!" Nur, hier im Johannesbrief macht er es nicht.

Was für Johannes gesagt ist, gilt ebenso für Paulus. Sie hatten genau den heilsgeschichtlichen Durchblick, den der Geist Christi ihnen gegeben hatte, damit sie ihre Aufgaben erfüllen konnten. Ein Bäcker lernt das Bäckerhandwerk, dazu muss er nichts zum Beschlagen von Pferden wissen. Ein Zeltmacher muss nicht backen können, aber beide können sich ergänzen, denn der Bäcker braucht einen Wetterschutz, wenn er auf dem Marktplatz verkaufen will.

Ob die anderen Apostel einen ähnlichen Durchblick hatten, darüber lässt die Bibel zwar gewisse Rückschlüsse zu, aber sie verschafft keine letztendliche Gewissheit. Andererseits ist aus der Bibel nur zu deutlich zu entnehmen, dass die Jünger ihren eigenen Adressatenkreis für ihre Aufgabenerledigung hatten. Es musste Bäcker und Zeltmacher geben.

Wenn Johannes sagt: „Liebt nicht die Welt noch was in der Welt ist!" und ergänzt, dass man nicht zugleich die Welt und Gott lieben kann (**1 Joh 2,15**), dann kann das auch als Aufforderung verstanden werden, dass man sich von weltlichen Kirchen oder Welt-Kirchen fernhalten muss. Es gibt Kirchen, die behaupten, sie seien selbst das Königreich Gottes oder zumindest der Vorhof desselben, durch den man Einlass bekommt. Es gibt Kirchen, die behaupten, dass ihr Oberhaupt Stellvertreter Christi sei, obwohl sowohl Lehre oder Wandel oder beides dieser selbsternannten Führerstellvertreter dem Hohn spotten. Es gibt Kirchen, die sogar meinen, über Jesus, den Sohn Gottes, der laut dem letzten Buch der Bibel zur Rechten Gottes sitzt, verfügen zu können, indem sie Ihn immer wieder aufs Neue auf ihren Opferaltar zerren könnten. Es gibt Kirchen, die sagen, dass sie selbst die Königreich-Gottes-Verhältnisse herstellen müssen und erst dann käme Christus um die Regentschaft übernehmen. Das erinnert an die jüdische Denkweise, die schon zur Zeit Jesu beliebt war. Vielleicht sind das nur lehrmäßige Verirrungen. Es könnte aber auch sein, dass diese Kirchen weltliche Kirchen sind, weil ihre Lehren auf den Lehren von Menschen gründen, die nicht christlich, sondern weltlich dachten. Der Beherrscher der Welt ist Satan (Joh 16,11). Er muss seine Herrschaft erst abgeben, wenn Christus die Regentschaft übernimmt. Und daher muss alles nicht Christusgemäße und damit nicht dem Willen Gottes Gemäße als weltlich betrachtet werden (**1 Joh 2,16-17**).

„Liebt nicht die Welt noch was in der Welt ist! Wenn jemand die Welt liebt, ist die Liebe des Vaters nicht in ihm; denn alles, was in der Welt ist, die Begierde des Fleisches und die Begierde der Augen und der Hochmut des Lebens, ist nicht vom Vater, sondern ist von der Welt. Und die Welt vergeht und ihre Begierde; wer aber den Willen Gottes tut, bleibt in Ewigkeit." Johannes spannt hier einen Dualismus auf, der für einen Weltmenschen und jeden Freizeitchristen unerträglich sein muss. *„Alles, was in der Welt ist… ist nicht vom Vater."* Soll heißen, alles davon, was von diesem Anderssein geprägt ist, was in irgendeiner Weise gegen Gott aufgestellt werden könnte, ist abzulehnen. Nichts darf vor Gott stehen. Und selbst das, was in zweiter Linie steht, muss in einer von Gott abgesegneten Ordnung stehen. Als Beispiel dazu kann die Familie nur nachrangig sein. Das machte Jesus deutlich, als er seiner Familie den ersten Rang abspricht und darauf verweist, dass die geistliche Verwandtschaft nähersteht (Mt 12,47-50). Er begründet es mit dem Willen Gottes:

„Denn wer den Willen meines Vaters tut, der in den Himmeln ist, der ist mein Bruder und meine Schwester und meine Mutter."

Antichristentum

1 Joh 2,17-23

Die Welt vergeht mit all ihrer Lust und Unlust, sagt Johannes. Dazu gehören auch die irdischen Familienbande. Johannes greift die Thematik des Willens Gottes, die schon Jesus mit der Familie in Verbindung brachte, hier wieder auf, wenn er sagt: *„Und die Welt vergeht und ihre Begierde; wer aber den Willen Gottes tut, bleibt in Ewigkeit."* (**1 Joh 2,17**) Die Bibel ist ein in sich stimmiges Lehrwerk für den Menschen, welches ihn immer näher zu seiner Bestimmung bringt. Dabei lösen sich auch die vermeintlichen Widersprüche auf. So auch hier, denn es gibt ein Gebot der Torah, das die Ehrung von Vater und Mutter verlangt, es ist aber untergeordnet der Ehrung des Vaters im Himmel! Auch die anderen Apostel waren der Meinung: *„Man muss Gott mehr gehorchen als Menschen."* (Ap 5,29)

Es passt, wenn Johannes in diesem Zusammenhang auf die „letzte Stunde" und den Antichristus zu sprechen kommt, dem viele Antichristen vorausgegangen sein werden (**1 Joh 2,18**), weil es diese Antichristen sind, die immer wieder unter dem Deckmäntelchen der Frömmigkeit oder Rechtgläubigkeit oder der religiös-humanistischen Korrektheit die Menschen dazu bringen wollen, ihre Fähnlein nach dem Wind ihrer eigenen Lehren zu drehen. Dazu gehören auch solche, die den rechtgläubigen und Getreuen Gottes nahestehen oder standen, wie Johannes zusätzlich warnt (**1 Joh 2,19**). Sie reden vielleicht sogar viel über Gott, aber sie gehören nicht zu denen, die Gott gehorsam sind. Es wird sogar offenbar, *„dass sie alle nicht von uns sind"*, aber nur denen, denen selber die Wahrheit offenbar gemacht worden ist. Sie haben den Geist, der ihnen aufzeigt, was wahr und was Lüge ist. Diese „Erleuchteten" wissen das aber naturgemäß nur selber. Andere müssen entscheiden, wem sie vertrauen.

Johannes sieht diese letzte Zeit, vor deren Verhältnisse und Protagonisten er so dringlich warnt, für schon gekommen. Er hatte zweifellos eine Naherwartung des Kommens Christi, erwartete vorher aber noch einen alle bisherigen Antichristusse an Bedeutung und Macht überragenden Antichristus. *22

Paulus hatte ja gesagt, dass zuerst der große Widersacher kommen müsse, bevor der Tag des Herrn kommen würde. Er ist identisch mit dem „Mensch der Gesetzlosigkeit" und dem „Sohn des Verderbens" (2 Thes 2,3-4) Und dass dieser vor dem „Tag des Herrn" kommen würde, der schon im Alten Testament als Gerichtstag für die Nationen ausgewiesen worden war. Der Richter wird aber der Messias sein, der sichtbar zu Seinem Volk Israel zurückkehren wird. Johannes gibt hier den Hinweis, dass vorher noch viele Verführer kommen würden. Was er nicht wusste, die Verführung betraf vor allem zwei Gruppen von Gläubigen. Juden, die nicht an den Messias Jesus Christus glaubten, aber auf andere oder falsche Messiasse warteten.

Und ebenso Christen, die keine Herzensbindung mit Jesus hatten, weil sie ihn gar nicht kannten und deshalb anfällig waren, falschen Christussen nachzurennen.

Unter diesem Begriff des Antichristen sind nicht so sehr Fälschungen von Christus gemeint, sondern eine gefälschte Jüngerschaft. Später wird Johannes in seiner Apokalypse schreiben, dass er sehr erstaunt war, als er sah, wie die Entwicklung der Geschichte der Gläubigen und deren, die sich dafür hielten, weiter ging. Wenn es schon zur Zeit von Paulus stimmte, dann erst Recht zur Zeit des späteren Johannes: *„Denn schon ist das Geheimnis der Gesetzlosigkeit wirksam"* (2 Thes 2,7). Messianische Juden mögen in diesem Begriff *23 einen Beweis dafür sehen, dass in den letzten Tagen die Torah missachtet würde. Diesen Beweis wird man aber auch von anderen Schriftstellen führen können, ohne dass gesagt ist, dass auch Paulus davon spricht. Es ist wichtig, zu verstehen, dass die Bibel unter Gesetzlosigkeit im engeren Sinne sehr wohl den Verstoß gegen die Gebote Gottes wie sie in der Torah aufgezeichnet sind, versteht. Im weiteren Sinne bedeutet der Begriff jedoch jegliches Zuwiderhandeln und Zuwiderdenken von Gottes Willen. Das betrifft die bewussten Sünden und die unbewussten Übertretungen. Es widerstrebt Gottes Willen, dass man Jesus nicht sein ganzes Vertrauen schenkt. Aber davon, dass man einem Jesus von Nazareth Glauben schenken sollte, redet die Torah nicht! Sie gibt bei weitem nicht vollständig Auskunft über den Willen Gottes.

Wenn Johannes die Gemeinden vor dem Antichrist warnt, dann war er überzeugt davon, dass die Zeit seines Auftretens nahe war. Nun sind es erstaunlicherweise 2.000 Jahre her und die letzte Stunde, die es nach **1 Joh 2,18** sein soll, hat sich in eine Länge ausgedehnt, dass man kaum umhin kommt, Johannes einen Irrtum zu unterstellen. Eine andere Frage ist, was der Grund dafür ist. Warum hat es Gott nicht für notwendig gehalten, Seine Jünger aufzuklären. Was ich nicht weiß, macht mich nicht heiß?

Noch fassungsloser wäre der Blick aus jener Zeit geworden, wenn Johannes die zweitausend Jahre überblickt hätte, als er die Briefe schrieb. Und das genau ist geschehen, als Johannes genau diesen Blick tun durfte. Das geschah bei der Offenbarung, die ihm zuteil wurde. Er sieht eine Frau, die ist *„trunken vom Blut der Heiligen und vom Blut der Zeugen Jesu. Und ich wunderte mich, als ich sie sah, mit großer Verwunderung."* (Of 17,6) Viele Ausleger haben diese Frau, die auch *„Babylon, die Große, die Mutter der Huren und der Gräuel der Erde"* genannt wird (Of 17,5), mit der Kirche Roms gleichgesetzt. Inzwischen hat ihr Merkmal der „Unreinheit ihrer Unzucht" (Of 17,4) früher noch ungeahnte Assoziationen geweckt. Wenn dieses Babylon die Hure ist, dann ist der Antichrist ihr Liebhaber. Wenn man die letzten zweitausend Jahre nach geeigneten Kandidaten sucht, die bei Johannes solch ein Erstaunen hervorriefen, handelt es sich sicherlich nicht um Personalien, die ein Menschenleben gewirkt haben und dann wieder verschwunden sind. Das hätte Johannes sicherlich nicht verblüfft. Die Kaiser der Römer, die Johannes erlebte waren in ihrer kosmopolitischen Machtentfaltung kaum zu übertreffen. Es muss sich also um etwas Langwieriges und Nachhaltiges handeln, das nicht allein

politisch beeindruckte. Der erste Anwärter ist, wenn man die Menschheitsgeschichte der letzten zweitausend Jahre betrachtet, sicherlich die Kirche Roms, weil
sie sowohl die geistliche Führung unangefochten über Jahrhunderte beanspruchte
und bis ins 21. Jahrhundert als einflussreichste religiöse Instanz der Erde gilt, und
zwar auch bei Nichtkatholiken. Aber auch weil sie politisch mehr bewegte als sonst
eine andere Macht. Es wäre verwunderlich, wenn das Buch der Apokalypse sich
ganz über diese Kirche ausschweigen würde, die auch die Heiligen Gottes und das
Volk Gottes massiv verfolgte.

Gibt es eine Verbindung zu den Johannesbriefen? In **1 Joh 2,18-19** gibt Johannes einen Hinweis darauf, dass es zwei Arten von Christen gibt. Die erste rückt er
in die nächste Nähe zum Antichristen, *„so sind auch jetzt viele Antichristen geworden."* Und wer sind diese? *„Sie sind von uns ausgegangen …".* Da gab es also eine
Gruppe von Versammlungsbesuchern, die eine Nähe zu den Gläubigen in Christus
Jesus gehabt haben. Sie haben teilweise geglaubt, was die anderen geglaubt haben. Doch dann sind sie „weggegangen" und haben ihre eigene „Kirche" gegründet,
ist man versucht zu sagen. Die Nähe dieser Leute ging aber nicht so weit, dass sie
„von uns gewesen wären", denn sonst wären sie ja geblieben. Die Nähe war eine
Oberflächlichkeit und ging nicht in die Herzenstiefe.

So ist es heute auch und so war es immer in der Kirchengeschichte, räumliche
Nähe und nicht einmal lehrmäßig gleiche Antworten besagen vieles über den Status vor Gott und in Christus. Johannes hat die Auffassung vertreten, dass sich in
der Gemeinde auch solche Gläubige befinden, die ihren Glauben so der Wahrheit
entfremden, dass sie Hinausgehende sind, auch wenn sie sich vielleicht räumlich
nicht gleich verändern. Johannes sagt hier, dass das Anti-Christentum aus der Gemeinde der Gläubigen kommt und dass es nicht zu jeder Zeit erkennbar ist, weil es
sich immer erst aus der Gemeinde heraus entwickeln muss. Ein solcher Vorgang
könnte heutzutage bei dem Abschied zu sehen sein, den manche Evangelikale von
der biblischen Wahrheit nehmen, wenn sie den Papst als heiligen Vater bezeichnen
- obwohl er aus biblischer Sicht weder als heilig noch als Vater bezeichnet werden

kann - oder wenn sich sonst wie an das Weltkirchentum, das längst den biblischen Boden in zentralen Themen verlassen hat, angleichen. Das Anti-Christentum, das schon zu Zeiten von Johannes stark war, war immer auch das Ergebnis der Verführung, der man nachgibt, um es dann selber weiter zu geben. Es ist aber auch wandelbar und hat die Neigung, zum Größenwahn auszuwachsen.

Wer davon nicht berührt ist, kann es wissen, weil es der Geist in ihm weiß. Johannes bezeichnet es als Salbung und „alles Wissen" (**1 Joh 2,20**). Das ist ein wichtiges Unterscheidungsmerkmal der Heiligen Gottes. Sie wissen, dass sie es sind und sie wissen, dass sie es wissen, was wahr ist. Sie müssen nicht von Menschen das Etikett eines Heiligen angeheftet bekommen oder eine Urkunde des Wissens erwerben.

In **1 Joh 2,22** gibt Johannes eine Definition von „Antichrist": *„Dieser ist der Antichrist, der den Vater und den Sohn leugnet."* Antichristen sind also nach dieser Definition alle, die leugnen, dass der Gott der Bibel Gott ist und dass Jesus Christus der Sohn Gottes ist. Damit sind Atheisten und Mohammedaner als Antichristen qualifiziert. Aber ebenso nicht-messianische Juden und Angehörige anderer Religionen. ***24**

Johannes kennzeichnet den Antichrist als denjenigen *„der den Vater und den Sohn leugnet"* (**1 Joh 2,22**), mit dem wichtigen Zusatz: *„Jeder, der den Sohn leugnet, hat auch den Vater nicht".* (**1 Joh 2,23**) Das bedeutet, dass niemand behaupten kann, Gott zu kennen oder Gott anzubeten, wenn er nicht Jesus Christus als den Gottessohn und Messias Israels anerkennt. Als Gottessohn ist er der Erlöser der Menschen und als Messias ist er der König über alle Nationen im künftigen messianischen Reich Gottes.

Viele bezeichnen sich als Christen. Doch den Gott der Bibel muss man identifiziert haben. Es reicht nicht, zu sagen, „Ich denke, dass der Gott, an den ich glaube, der gleiche ist, wie der Gott, der in der Bibel steht". Jemand zu kennen, setzt voraus, dass man vieles weiß, was den Betreffenden charakterisiert. Und spätestens bei Jesus scheiden sich die Geister. Es ist nicht mehr als eine Wortspielerei, wenn man sagt, dass man an Jesus, vielleicht als großer Lehrer der Menschen, glaubt, aber nicht daran glaubt, dass Er von den Toten auferstanden ist. Auch ein Hindu glaubt vielleicht sogar noch das, doch er müsste fragen, welcher der zahlreichen Götter, an die Hindus glauben, der Gott der Bibel ist. Er könnte den Gott der Bibel nie als den Einen sehen, der sich in der biblischen Überlieferung als der offenbart, der keine anderen Götter neben sich duldet. Und auch die Identifizierung von Jesus als den alleinigen Weg der Wahrheit gelänge ihm nicht.

Deshalb stehen die Gebetstreffen der Religionen, die unter der Leitung des Papstes erfolgen, unter dem Verdacht ein religiöser Akt zu sein, der dem entspricht, was den Regierenden Israels im Alten Testament den Fluch Gottes eingebracht hat. Für Gott sind anti-christliche und götzendienerische Handlungen ein Gräuel. Er ist dabei nicht tolerant, weil Er nur zu gut weiß, dass Er einen umso größeren Aufwand betreiben muss, um die Menschen vor noch mehr Schaden zu bewahren.

*25

Es gibt auch die Form der Leugnung des Vaters und des Sohns, wenn man das Anti-Christliche fördert und selber ein anti-christliches System bildet. Johannes wusste zu seiner Zeit noch nichts von einer zur Vergöttlichung gesteigerten Verehrung der Mutter Jesu.

In der katholischen Kirche ist die Verehrung der Maria so weit fortgeschritten, dass man es von der Anbetung nicht mehr unterscheiden kann. Das trifft auf das gemeine Volk, als auch auf die Oberen dieser Kirche zu. Hinzu kommt, dass Marienverehrer die Ehre, die Jesus gebührt, teilweise auf sie übertragen haben, denn anstatt Jesus anzubeten, ersuchen sie Maria für sie bei Jesus Gunst zu erbitten, von der sie glauben, dass Jesus sie bei direkter Anfrage nicht gewährt. Das ist nicht weniger als eine Ungeheuerlichkeit, weil man unterstellt, dass Maria gnädiger wäre und Jesus in diesen Fällen, wo man seinen Zorn fürchtet (also eigentlich immer), nur wegen ihr Gnade erweisen würde, nicht aus seiner eigenen freien Überzeugung heraus.

Dieser unbiblische Glauben offenbart eklatante und dramatische Verzerrungen der Wirklichkeit und schwerwiegende Beziehungsprobleme mit Gott. Oder Jesus wird gleich ganz als kompetente Adresse ausgespart. Sogar für die Entsühnung von Sünden wird Maria in der katholischen Kirche zuständig gemacht, wie sonst könnte das „gegrüßest seist du Maria" das Ablassgebet beim Beichten sein!

Der Marienkult konnte entstehen, weil alle Religionen der Antike ein Grundbedürfnis nach einer weiblichen Gottheit hatten. Die Maria war die geeignetste Kandidatin, da sie ja immerhin den Sohn Gottes gebar. Es war die römische Amtskirche, die viele heidnisch-religiöse Strömungen aufgenommen und umgewandelt hat. *26

Im Heidentum gab es die Göttertriaden. Es gab einen obersten Gott, dessen Gemahlin und einen Sohn. Dass Mohammed im sechsten Jahrhundert das orientale Christentum als Dreigottglauben mit der Maria als weibliche Göttin wahrgenommen hat, ist kein Zufall. Damals war das biblische Christentum in weiten Teilen bereits verformt und degeneriert. Dass erst viele Jahrhunderte später Maria eine Himmelfahrt und die Sündlosigkeit zugedichtet worden sind, spricht eher noch gegen die Richtigkeit der katholischen Kultus, denn wenn daran etwas Wahres gewesen wäre, hätte dieser wichtige Umstand in der Bibel stehen müssen, oder müsste zumindest bereits bei den Aposteln Jesu Bestandteil des Glaubens gewesen sein. *27

Es ist leicht einzusehen, dass die Sündlosigkeit Marias in Konkurrenz tritt zur Sündlosigkeit Jesu. Hinzu kommt, dass die Bibel sagt, dass kein Mensch, außer Jesus sündlos war. Mariä Himmelfahrt wurde sogar erst 1950 zum Dogma erhoben. Der heilige Geist hätte sich lange damit Zeit gelassen, diese Schenkung der Bekanntgabe einer weiteren Inthronisierung einer gottähnlichen Person weiteren vorzunehmen. Auch bei der Himmelfahrt Mariens ist ersichtlich, dass sie in Konkurrenz zur Himmelfahrt Jesu tritt. Jene ist in der Bibel bezeugt, die andere nicht. Jene ist geschehen, die andere nicht.

Es gibt auch noch einen anderen Grund, warum man die katholische Kirche als anti-christliche Kirche bezeichnen kann. Sie bekennt sich selber dazu. Anti-Christus kommt aus dem Griechischen und hat auch die Bedeutung Anstatt-Christus. Der Anti-Christ ist also ein Stellvertreter Christi. Ob zurecht oder nur vorgespielt, ist eine andere Frage. Dieser Titel eines Stellvertreters Christi auf Erden hat sich aber der Papst angemaßt, sonst niemand. Es gab dafür keine biblischen Gründe, sondern nur machtpolitische, denn so ließ sich die Christenheit widerspruchslos regieren.

Christus braucht keinen Stellvertreter auf Erden, denn Er ist ja selber persönlich da. Er ist mit Seinem Geist in jedem Seiner Glieder, die zusammengenommen Seinen Leib bilden, vertreten. Indem man sagt, dass Jesus im Himmel thront und der heilige Geist eine andere Person ist, entfernt man Jesus und hat damit eine fadenscheinige Begründung, dass Er einen Menschen als Seinen Stellvertreter erwählt hätte. Da die Amtskirche eine dritte Gottesperson als innewohnend in den Gläubigen eingeführt hat, hat sie wiederum Jesus Christus die Ehre genommen. Man kann sich die Frage stellen, ob Christus in einen Menschen mit Seinem Geist einzieht, wenn dieser Ihn, also den Geist Christi, als andere Person betrachtet.

Ein Christ, der glaubt, dass eine dritte Gottperson, die er „Heiliger Geist" nennt, in ihm wohnt, sagt damit nichts anderes, als dass er keinen direkten Kontakt mit Jesus hat. Das widerspricht aber in eklatanter Weise Paulus, der unablässig davon spricht, dass er in Christus und Christus in ihm ist. Paulus redete davon, dass Christus mit Seinem Geist in ihm wohnte. Er nannte diesen Geist Christi Geist und zugleich Gottes Geist (Röm 8,9), woraus sich ergibt, dass der Geist Christi in der Bibel auch als Geist Gottes bezeichnet wird. Für eine dritte Person wird es eng bei Paulus.

Diese Lehre von der Gottesdreiheit stammt von zwei Entwicklungssträngen. Der eine ist der hellenistische, der andere ist aus dem hellenisierten Judentum entstanden. Die sogenannten Kirchenväter hatten eine Neigung, ihren schlichten Glauben philosophisch zu „veredeln" und suchten nach Antworten auf ihre Fragen in der damals kulturell einflussreichen griechischen Philosophie. *28

Es gibt ein untrügliches Merkmal, welches Glaubensgemeinschaften als zumindest teilweise anti-christlich ausweisen: das ist ihr Anti-Israelismus. Die christliche Kirche, die zur Amtskirche im Römischen Reich wurde, hat diese Einstellung in Gegnerschaft zum Judentum gegangen zu sein, nachweislich seit dem vierten Jahrhundert. Irgendwo in einer finsteren Ecke im Palast eines römischen Cäsaren im vierten Jahrhundert, kann sie ihre Geburtsstunde gehabt haben. Bis ins 15. Jahrhundert gab es in Europa, mit Ausnahme von Griechenland, nur die katholische Kirche. Die unzähligen Judenverfolgungen, die etwa zur Zeit der Entstehung der katholischen Kirche begannen und sich bis ins 20. Jahrhundert fortsetzten, wurden meist von der Kirche bzw. Kirchenchristen angestiftet oder gutgeheißen. Auch waren die Hauptverantwortlichen des Holocausts überwiegend getaufte Katholiken. Wie auch die evangelische Kirche, schwieg die katholische Kirche, als die Juden abtransportiert wurden. Der Münsteraner Bischof Galen setzte sich mit Erfolg für die Beendigung der Ermordung der Geisteskranken ein. Als man ihm einen Brief schrieb, dass er das doch auch für die Juden machen könnte, schwieg er. Er orientierte sich am Schweigen des Papstes, seinem Dienstherrn Beinahe alle anderen christlichen Würdenträger in Deutschland und den angrenzenden Staaten schwiegen ebenfalls in böser alter Tradition. Daran hat sich auch nach dem Krieg nur wenig geändert. Aus einem Drachen wird nicht plötzlich ein Lamm, auch nicht, wenn er wie ein Lamm redet.

Es gibt kaum einen besseren Beweis für eine anti-christliche Gesinnung als der Antisemitismus.

Es ist schlicht unmöglich, dass der Geist Christi eine antisemitische Einstellung duldet. Er wird sie sofort aus einem Gläubigen entfernen. Diese Art Bekehrung haben schon viele erlebt. Die Umgekehrte gibt es nur unter einem anderen Geist. Wenn man heute eine Umfrage in der Kirchenchristenheit durchführen würde, ergäbe sich sicherlich keine Mehrheit, die für das Judentum und den Staat Israel Sympathien zum Ausdruck bringen würde. Der Antisemitismus ist vorhanden, er ist nur nicht immer an der Oberfläche zu sehen. *29

Aus den intoleranten Worten von Johannes wird ersichtlich, dass Nichtchristen keine Gottesanbeter sein können. Juden und Muslime beten dementsprechend höchstwahrscheinlich nicht zum gleichen Gott wie Christen. Das stimmt auch dann, wenn Gott die Gebete hört, ja selbst wenn Er sie erhört! Gott hört alle Gebete und kann auch darauf antworten wie Er will, aber weder Juden noch Muslime, Buddhisten oder Hindus kennen Gott, den Vater Jesus Christi, weil sie den Sohn nicht kennen (wollen). Der Vater hat sich im Sohn zu erkennen gegeben. Einen anderen Weg zu Gott als den in der Nachfolge Jesu Christi gibt es nicht, so zumindest muss man es aus dem biblischen Befund schließen. *„Es ist in keinem anderen das Heil; denn auch kein anderer Name unter dem Himmel ist den Menschen gegeben, in dem wir gerettet werden müssen."* (Ap 4,12)

Wahrheit oder Irrtum

1 Joh 2,23

Paulus hat klargestellt, dass der Mensch, gleich welchen Glaubens, erkennen kann, es gibt einen Gott, der alle Dinge erschaffen hat (Röm 1,20ff). Die Menschen haben somit im besten Fall eine wahre Vorstellung über Gott als Schöpfer, ohne Ihn jedoch so zu kennen, dass sie Ihn wesentlich von ihren eigenen Götzen unterscheiden können. Dazu müssten sie das Wort Gottes umfassend zur Kenntnis nehmen. Dazu brauchen sie jedoch die Führung durch Gottes Geist. Gegen diese Führung richtet sich nicht nur die menschliche Natur im menschlichen Geist, sondern auch noch die Geister der Götzen. Das kann man sinnbildlich und wörtlich verstehen. Oder anders gesagt, sowohl der Willen Gottes als auch der Willen des Menschen sind an der Wegfindung beteiligt. ***30** Das liegt aber allein daran, dass Gott will, dass der Mensch zuvor will, bevor er mit ihm einen Schritt weiter geht.

„Denn es ist ein Gott und ein Mittler zwischen Gott und den Menschen, nämlich der Mensch Christus Jesus." (1 Tim 2,5) Das schrieb Paulus einem seiner Mitarbeiter und Gott hat dafür gesorgt, dass es überliefert wurde, weil Er natürlich wusste, was die Menschen aus der Überlieferung machen würden. Deshalb gibt es auch keine Entschuldigung für Glaubensgemeinschaften, die sich Ämter anmaßen, die es gar nicht für sie geben kann. Paulus betonte die Unmittelbarkeit zwischen

Gott und Mensch. In der Gemeinde Christi sind die einzelnen Glieder Jesu miteinander verbunden, nicht in einer von Menschen gemachten Kirche, deren Kompetenzen menschliche Kreativität hervorgebracht hat, aber nicht der Willen Gottes. Wenn Paulus immer wieder zu den Überlegungen über die Briefe der anderen Verfasser des Neuen Testaments zitiert werden muss, zeigt dies, dass mit Paulus erst Gottes Urkunde, was Er den Menschen schriftlich überliefern wollte, abgeschlossen ist. Paulus ist derjenige, der die Fragen, die die anderen gestellt haben, beantwortet. An dieser Stelle sei noch einmal darauf hingewiesen, dass es noch zwölf andere Apostel gab. Und nur von zweien, Petrus und eben Johannes hat man noch Hinterlassenschaften, die aber bei weitem nicht die Lehrweite haben als die Briefe von Paulus. **31**

So spiegelt sich der Niedergang des messianischen Judentums bzw. die Bedeutung desselben, im Lauf des ersten Jahrhunderts auch hierin wider. Das nichtjüdische Christentum hat die „jüdischen" Schriften der jüdischen Apostel, soweit es sie gegeben hat, wohl auch zunehmend nicht mehr wert geschätzt und hat nur die bewahrt, die nicht in so einem deutlichen Widerspruch zu dem zwar auch jüdischen Apostel Paulus standen, doch dessen Schriften sind ja ausdrücklich an die Adresse der Nichtjuden gerichtet und betonen, dass für Paulus Nichtjuden gegenüber Juden nicht minderwertig waren. **32** So interpretieren es manche Ausleger und Theologen. Doch dem muss man den Jakobusbrief dagegenhalten, der an Juden gerichtet ist und dennoch die Zeit überdauert hat. Gott hat dafür gesorgt, dass eine Urkunde des messianischen Judentums mit diesem Brief überliefert wurde. Paulinische Lehren darf man darin nicht erwarten. Das wäre so als würde man in ein Lehrbuch über das Ein mal eins, höhere Algebra einstellen.

Man geht wohl richtig, wenn man die Überlieferung unter der Auswahl und Obhut Gottes sieht. Es wurden genau die Schriften überliefert und in den Kanon eingestellt, die Gott dort haben wollte. Dann bleibt aber die Feststellung, dass die paulinischen Lehren der Abschluss und der Schwerpunkt des brieflichen, neutestamentlichen Schriftwerks sind. Paulus sitzt als einziger der neutestamentlichen Verfasser an der Orgel und kann alle Register ziehen und richtig harmonisch einsetzen. Die anderen Apostel konnten nur einen Teilbereich abdecken.

Eine andere Frage ist, inwieweit man den Vater kennen kann, wenn man Jesus nicht wirklich kennt. Hier muss die „Erkenntnis" auch eine lückenhafte sein. Wer Christi Erlösungswerk schmälert oder Ihm Eigenschaften zuspricht, die Er nicht hat, hat den Vater auch nur eingeschränkt erkannt. Das gilt zum Beispiel für Kirchen, die sich teilweise sogar anstelle von Christus und Sein Werk gesetzt haben. Jesus ist und bleibt der Vermittler zwischen dem Vater und den Menschen. Keine Kirche kann dieses priesterliche Amt übernehmen.

Johannes bezieht sich im Folgevers gerade noch einmal auf die, die sich so sicher im Besitz der Wahrheit und des einzig wahren Gottes wähnten: die Juden, denn das war an sie gerichtet: *„Jeder, der den Sohn leugnet, hat auch den Vater nicht."* (**1 Joh 2,23**) *33 Wenn sich die Juden einbildeten, Jesus nicht zu brauchen, weil sie ja JHWH hatten, war das ein doppelter Irrtum. Jesus war JHWH. Und wenn sie Jesus ablehnten, dann lehnten sie JHWH ab. Der eine Gott hatte nun einen anderen „Sohn" als nur Israel. JHWH war ein Mensch geworden und JHWH war identisch mit dem Messias!

Wer Jesus nicht als Ebenbild Seines Vaters ansehen kann, sieht von Gott nichts. Es kommt nicht darauf an, ob sie das, was sie nicht sehen und nicht kennen als Schem, Adonai oder Allah bezeichnen. Was sie sehen ist nicht der Gott der Bibel. *34

Ist das nur ein Problem der Religionen, dass sie statt Gott einen Götzen oder eine Vorstellung von einem Gott haben, der wirkungslos ist? Dennoch gibt es ja aus der Sicht der Bibel doch einen Gott dieser Welt, der über allen Götzen thront. Das ist Satan, ein ehemals hochrangiger Engel. Und wenn es ihn gibt, ist er nicht nur ein Problem für die Frommen. Denn wer im Herrschaftsbereich des Gottes dieser Welt lebt, kann ihn leugnen, doch ändert das nichts daran, von wem er beherrscht wird. Jenseits eines Glaubens zu sein, bedeutet nicht außerhalb des Machtbereichs der

Mächte in diesem Kosmos zu sein (Eph 2,2). Niemand gehört zu keiner Religion, niemand gehört zu keiner Glaubenssache. Der moderne, a-religiöse Mensch lässt nur wieder alte Praktiken aufleben, die immer latent im Menschen vorhanden waren. Niemand kennt Gott, außer diejenigen, denen sich Gott offenbart hat. Das einzige, was Atheisten verbindlich feststellen können, ist, dass sie entweder Gott noch nicht begegnet oder von Ihm noch nicht angesprochen worden sind. Ihn zu leugnen, schafft ihn nicht aus der Welt.

Nietzsche sagte zwar über eine Person, über die er nichts wissen konnte, nämlich Gott, sie sei tot, weil sie vom Menschen ermordet worden sei. Aber die Wahrheit ist, dass die Götter der alten Religionen nie gestorben sind. Sie haben nur andere Namen. Und damit es für ihre Anhänger leichter ist, sie zu verehren, ohne sich des Verdachts aussetzen zu müssen, dass sie nicht aufgeklärt seien, haben sie diese namhaften Tarnungen. Und oft nicht einmal mehr das. Man nennt es grüne Bewegung, aber darunter vergöttert man die Natur; man meditiert, betreibt Yoga, benutzt die Wirkung von Steinen und irgendwie geweihtem Wasser, nutzt Kräfte, die einst Göttern und Geistern zugeschrieben waren, die man jetzt von ihnen losgelöst erklärt.

Man ist Animist und Fetischist und nennt es nur anders. Die Materialisten meinen, im Chaosgott die Schöpfermacht verehren zu müssen, oder in einer allmächtigen Urkraft, die sich der unbelebten Materie bedient und zufällig etwas daraus entwickelt, ganz ohne Sinn und Verstand, wie die Theorie selbst. Andere meinen, von aller Religion befreit zu sein, wenn sie nur sich selber ins Zentrum ihres Interesses stellen. Dabei sind sie dann vielleicht näher beim Satanismus als ihnen lieb ist, denn als die Schlange im Garten Eden die ersten Menschen verführte, kitzelte sie ihr Ego. Das funktioniert fast immer. Wenn man das Ego groß macht, wird alles andere kleiner, auch das Bedenken. Das reichte zum Verlust des Paradieses und es reicht weiter, gar nicht erst hinein zu kommen.

Die fernöstlichen Religionen sind deshalb so erfolgreich beim Bildungsbürger, weil sie vermeintlich ohne Gott auskommen. Sie propagieren die Selbsterlösung. Es gibt keinen Gott, der etwas fordert! Nicht Selbstaufgabe oder Selbstverleugnung, wie im Christentum, sondern Selbsterlösung! Wie praktisch! Man bekennt sich zu buddhistischen Ideen schon ungezwungener, weil ja Buddha nur ein Mensch, kein Gott war. Man muss sich dann auch nicht Theist schimpfen lassen und hat auch als Atheist ein bisschen Transzendenz.

Aber Buddha glaubte an die Götter, nur eben, dass sie unter ihm standen. Er wähnte sich als Über-Gott. Der Aberglauben ist der Stiefbruder des Unglaubens. Der Buddhismus ist eine Spielart des Irrglaubens, man könne sich selber erlösen. Von was? Von allem, was nervt und erlitten wird, von einer Existenz, der noch das Wesentliche fehlt, damit sie vorbehaltlos gelebt werden will. Vielleicht auch erlöst von der drohenden Wiedergeburt in eine noch beschwerlichere Existenz. Von der Gefahr, dass es danach noch leidvoller weitergehen könnte, wissen ja alle Religionen!

Zum Wunsch auf Selbsterlösung neigt man, wenn man keinen Sinn des Lebens erkennen will und Gott entweder leugnet, oder Seine Kompetenz anzweifelt. Er kann es nicht, wird gedacht, also muss man es selber besorgen. Man macht sich zum Priester seiner selbst.

Tatsächlich kommt man ja nicht umhin, folgern zu müssen, dass das menschliche Leben keinen Sinn hat, wenn es keinen Gott gibt. Wenn es aber einen Gott gibt, dann muss Er der Sinngeber sein. Und auch echte Transzendenz kann es nur mit Gott geben, denn wo sollte der Mensch hintranszendieren können, wenn es Gott nicht gäbe? Er kommt immer nur gerade soweit, wie er schwitzt. Der Buddhismus will ja im Selbst die Transzendenz erleben. Doch wo soll sie herkommen? Woher soll man wissen, wie es im Jenseits zugeht, wenn man noch nie dort war? Es braucht eine Offenbarung aus dem Jenseits. Gott muss also reden. Gibt es Ihn nicht, gibt es auch kein Jenseits. Spricht Er nicht, kann man auch nichts vom Jenseits wissen. Das Selbst kann nicht zugleich reden und hier sein.

Der Atheismus hat viele Spielarten, aber immer steckt mehr „-theismus" drin, als „a-". Es gibt kein Leben ohne Gott. Die Frage ist, ob es sinnvoll sein kann, so zu tun, als gäbe es ein Leben ohne Gott. Mit dieser Frage beschäftigen sich viele, die sich als Aufklärer verstehen, aber in Wirklichkeit nur Gotteskritiker sind. Sie brauchen ja Gott, um Ihn kritisieren zu können. Sie sind die Sprecher und Vertreter des Widersachertums Gottes. Wenn es Gott nicht gäbe, bräuchte man nicht über Ihn reden.

Die Frage ist also sinnvoll, ob man seine Ersatzgötter gebrauchen oder lieber verjagen sollte. Die meisten Atheisten sind in Wirklichkeit Polytheisten. Sie haben lediglich das Subjekt der Anbetung, den Gott, der die Himmel und die Erde und alles was darinnen ist, erschaffen hat, für sich durch viele Objekte der Anbetung ersetzt. Für den einen ist es die Mode, oder eine bestimmte Marke; für den anderen ist es das Auto, oder der Sport, der Verein, das Hobby. Oder der Konsum an sich. Der Gott des Konsums ist mächtig und zieht den Konsumenten in seine Konsumententempel, wo er mit religiöser Musik und religiösen Ritualen gebannt wird. Die Priester sind die Verkäufer, der Oberpriester ist der Wirtschaftsminister. Bald wird nur noch derjenige dort kaufen können, der sich zu dieser Religion bekennt. Diese Religion kommt mit wenig Dogmatik aus. Man braucht nur die Zugehörigkeitskarte in Form einer Kreditkarte. In alter Zeit reichte eine Tätowierung oder ein Ring durch die Nase, um erkennbar zu sein. Vieltausendjahre menschlicher und kultureller Entwicklung führt doch immer nur an den Ursprung zurück. Außer dass man mehr Zeit für Zerstreuung hat, die man ja Muse nicht nennen kann. Und die ist eng an das Objekt des Konsums, die Ware gebunden. Man sitzt stundenlang vor dem TV oder PC. Mittlerweile braucht man dazu nicht einmal mehr zu sitzen. Man hat die Unterhaltung stets bei sich. Man unterhält sich viel, ohne viel sinnreiche Worte zu machen. Man tut es über die Vermittlung der Technik und wähnt sich ohne sie nutzlos und hilflos. Man gibt den Konsumartikeln inzwischen wieder die Namen der alten Götter. Der Wunsch bei den Göttern im Himmel zu sein, ist ersetzt worden durch die Dinge, die man um sich und bei sich hat. Die Werbung schreibt ihnen erlösende Eigenschaften zu, sie schmecken himmlisch, verheißen Freiheit und Glücksgefühle, Abenteuer und ewige Zufriedenheit. Es genügt, die Dinge sein Eigen zu nennen, ob man sie braucht oder benutzt, ist noch einmal eine ganz andere Sache. Hauptsache man hat seinen Hausgott auf dem Hausaltar stehen.

Damit beweist man, man ist ein religiöses Wesen, will es nur nicht wahrhaben. Man ist nicht gottunfähig. Manch einer hat das jeweilige Objekt der Begierde, das goldene Kalb genannt, um das man im Konsumrausch tanzt, oder man sieht darin eine Art Hostie, die man sich durch den Konsum einverleibt, was bedeutet, dass der Mensch eins wird mit dem Objekt, Homo consumensis. Da braucht man kein Jenseits mehr, denn mehr Jenseits geht nicht mehr. Jenseits von Sinn und Verstand! Wenn das Lebensziel immer mehr Konsum ist, dann ist man am Ziel, wenn man sich ganz im Konsum auflöst. Wer bei zu viel Konsum ein schlechtes Gewissen bekommt, dem kann auch geholfen werden. Er muss dann nur auf Bio oder Öko umsteigen. Nichts verkauft sich besser. Und gerade die, die sich dabei gerne anti-kapitalistisch geben, schaffen neue Märkte.

Auch die anderen Religionen beteiligen sich am Markt des Konsums. Der Konsument kann sich am Markt bei ihnen bedienen, wie es ihm beliebt. Man kauft eine Kerze, einen Yogakurs, einen Adventskranz, oder vielleicht auch den dickbäuchigen Buddha. Man kann sich also seine Wohlfühlreligion selber zusammenbasteln. Weihnachten mit dem Kind in der Krippe ist bei so manchen Weltbürgern deshalb beliebt, weil da Gott gar nichts fordert. Er ist ja noch harmlos und wortlos, seines gefährlichen Wortes ganz beraubt, ja auch Jesus konnte an Seinem Geburtstag noch nicht reden! Und dieser Jesus-Gott braucht uns Menschen sogar, wenn Er einen Platz bei uns bekommen will. Krippe im Stall, das geht noch. Ein Gott, der nur nicht zu viele Ansprüche stellt. Und vor allem, schweigen soll er! Deshalb feiern auch Nichtchristen Weihnachten, und natürlich, weil es das Konsumfest schlechthin ist. Es ist mehr das Fest der Konsumreligion als das Fest von Christen, die dafür auch keine Empfehlung in der Bibel finden, als ob Gott den Missbrauch Seines wehrlosen Sohnes in der Krippe geahnt hätte. *35 Interessanterweise haben ja die biblischen Feste diesen Missbrauch nicht erfahren. Sie sind zu sehr mit Gottes

Heilsgeschichte verbunden, für die sich die Menschen nicht interessieren. Jedenfalls nicht so sehr wie für den Konsum. Sind etwa Kirchenchristen, die allesamt diese Feste nicht halten, auch Konsumenten? Ein Konsumentenchristentum führt dem Bedürfnis näher, auch das Wort Gottes immer an die augenblickliche Konsumlage anzupassen. *36

Der Gott am Kreuz zeigt die Schuld des Menschen, das Kind in der Krippe fordert nicht heraus, es macht nicht Angst. Dabei ist kennzeichnend für die heutige Gesellschaft, dass sie auch viele Ängste zum Kultgegenstand macht, den man pflegt und sich von den Experten bestätigen lässt. Man hat Angst vor der Erderwärmung, vor Naturkatastrophen, vor Kriegen, Epidemien, vor der Inflation, vor der Weltverschwörung, vor der Arbeitslosigkeit, vor den Flüchtlingen, vor den Rechten, vor den Linken, vor den Islamisten. Und gegen jeden und jedes formieren sich die Glaubenskrieger, dabei übersieht man leicht die größeren Feinde. Jeder potentielle Feind wird größer, wenn es ihm gelingt, sich zu tarnen, als Freund, als Verbündeter oder gleich als Bruder im Geiste. Davon kommt das Misstrauen zwischen den Menschen. Man spinnt Verschwörungstheorien und merkt nicht, dass man selber zum Verschwörer wird.

Die Menschen wollen sich wohlbefinden, dabei aber nicht gefordert sein; *37 sie wollen in den Himmel, aber dafür nicht bezahlen. Nun gibt es aber einen Weg, ohne zu zahlen in den Himmel zu kommen, sagen die Missionare. Jesus habe für alle Schuld bezahlt, als er am Kreuz für die Sünden der Menschen starb. Doch dazu müssen sie genau genommen alles hergeben, was sie besitzen, nämlich dasjenige, was ihnen am liebsten ist, das Selbst. Daher sprach Jesus von Selbstverleugnung. Das ist der Grund, warum sich Selbsterlösungsjünger am schwersten Tun mit der vollständigen Bejahung Jesu Christi. Und so erklärt sich auch, dass es im Kirchenchristentum die starke Tendenz gibt, die medizinische Heilkraft von Ritualen, Sakramenten und Geboten, den Gehorsam gegenüber Priestern und Kirchen anzuerkennen, denn das hat den Vorteil, dass man sein Selbst nicht ganz aufgeben muss.

Es wird an der Heilstat beteiligt. Aus biblischer Sicht ein törichter Gedanke, denn nur Christus wird in der Bibel als Heiland bezeichnet.

Doch wo kommt eigentlich der Wunsch nach Erlösung her, dem sich auch Atheisten nicht entziehen können? Seit der Vertreibung aus dem Paradies erfährt und empfindet der Mensch Entfremdung, Heimatlosigkeit und Entzweiung, Entzweiung vor allem mit sich selber. Er ist ein Wesen, das uneins mit sich ist. Und das spürt er. Und da er sich mit dem Einsmachen mit Christus nicht einlassen will, versucht er sich mit der Welt eins zu machen oder in der Welt möglichst vieles zu seinem eigenen zu machen. Doch die untersteht einem anderen Fürsten. Und der will die schöpferische Vielfalt zerstören. Er hat einen Widersachergeist. Doch er ist kompromissfähig und bietet eine eigene Einheit an: Gegensätze sollen überwunden werden, Widersprüche aufgelöst oder zumindest weggeredet werden; Unebenheiten werden eingeebnet; Toleranz statt Konfliktbewusstsein, Solidarität statt widerstreitende Interessen; das Unterscheidbare nicht mehr unterscheiden, die Grenzen auflösen; was getrennt gehört, zusammen lassen; Gleichmacherei allenthalben. Sogar bei den Geschlechtern soll alles vereinheitlicht werden. Eheähnliche Beziehungen für alle. Nicht einmal Sodom und Gomorra hatten das staatlich verbrieft.

Der Widergeist will mit allem die Einheit, um darüber herrschen zu können, nur nicht mit Gott. Er ist bereit, die Schöpfung anzubeten, aber nicht den Schöpfer. Paulus hat das vorausgesehen (Röm 1,21ff). Mutter Erde anstatt Vater Gott. Und die Mutter ist ja mit dem Kind verbunden, stirbt sie, stirbt auch das Kind. Dabei liebt sie ihr Kind nicht einmal, sonst gäbe es keine Naturkatastrophen. Aber der Begriff ist irreführend. Nicht die Natur erlebt eine Katastrophe, sondern die Menschen, die ihr zum Opfer fallen. Diese unberechenbare Mutter ist den Menschen, die sich so aufgeklärt geben, lieber, als der redende und Erlösung zusagende Gott.

Mutter Erde redet mit ihren Kindern nicht, das macht sie so beliebt. Man kann sie ausbeuten, bei Gott gelingt das nicht. Man kann sie zerstören, wenn man dabei einen Profit sieht, Gott hingegen ist unantastbar. Er bleibt souveräner Herrscher. Jesaja lässt Er sagen: „Es gibt keinen sonst, keinen Gott gleich mir, der ich von

Anfang an den Ausgang verkünde und von alters her, was noch nicht geschehen ist, - der ich spreche: Mein Ratschluss wird zustande kommen, und alles, was mir gefällt, führe ich aus." (Jes 46, 9-10)

Mensch ohne Gott

1 Joh 2,24-29

So manchen intellektuellen Atheisten fällt es schwer, ihren Unglauben in Worte zu fassen, weil sie im Grunde ihres Herzens etwas niedergelegt haben, was Zweifel an ihrem Zweifel an Gott, ist. *38 Wäre da nicht Stolz, Selbstgefälligkeit und andere Demutsverhinderer, könnte aus dem Zweifel vielleicht mehr werden, jedenfalls mehr Mut zum Überdenken und weniger Furcht, sich aufgeben zu müssen. Dieser Furcht liegt der Irrtum zugrunde, mehr aufgeben zu müssen als zu gewinnen und die berechtigte Erwartung sich entblößen zu müssen. Wer sich für Christus entscheidet, ist immer der Gewinner, auch wenn sich das nicht gleich in vollem Umfang zeigt. Wer sich gegen Ihn entscheidet, erfährt sich früher oder später als Verlierer.

Religion kann nur durch Religion - oder die Wahrheit ersetzt werden. *39 Die Wahrheit kann das aber nur leisten, wenn sie alle Fragen der Religion, auch die über die Transzendenz, beantworten kann. Deshalb können die Naturwissenschaften niemals die Religion ersetzen, weil ihr Gebiet nicht die Transzendenz ist. Bemerkenswerterweise hat gerade der Fortschritt der Wissenschaften, der manche Mythen und religiöse Motive entzaubert hat, die Notwendigkeit, auf dem Gebiet der Transzendenz weitere Geisteskraft investieren zu müssen, deutlich gemacht. *40 Als Beispiel sei der Darwinismus genannt. Darwin hatte keine Ahnung von den hochkomplexen Lebensvorgängen und –strukturen. Aus heutiger Sicht ist es leicht, die Phantasielosigkeit der Menschen vor 150 Jahren zu bemängeln. Doch inzwischen ist der Neodarwinismus keinen Schritt weiter mit seinem Anliegen gekommen. Und das muss kritisiert werden. Er unternimmt alle erdenklichen Anstrengungen, um durch Zusatz- und Hilfstheorien, die offenkundigen Unstimmigkeiten der Darwin'schen Evolutionsgedanken zu beheben.

Doch mit jeder neuen Entdeckung, bleibt er immer mehr schuldig. ***41** Wir wissen immer mehr und vor allem, wissen wir immer mehr, dass wir immer weniger wissen. Die Datenflut und die Erkenntnisse nehmen zu und viel mehr Fragen bleiben offen und tun sich neu auf, als dass Verstehenslücken geschlossen würden. Der forschende Blick in die Mikrowelt offenbart ebenso Ehrfurchterheischendes wie der in die Makrowelt. Es überwältigt mehr und mehr, immer tiefer in die Geheimnisse des Kosmos eindringen zu können und dabei immer größere Freiräume für das Forschen zu entdecken. Und immer weiter tun sich neue Weltenräume auf, von denen man vorher noch nichts ahnte. Man hat nicht damit gerechnet. Und dann rechnet man immer nur nach und stellt immer nur fest, die Rechnung stimmt nur in der Harmonie höherer Mathematik. Aber wer hat die Rechnung gestellt?

An Gott als Schöpfer zu denken, wird immer unvermeidlicher. Auch für Atheisten. ***42** Im Kern ist ihre Religion der Glaube, nicht an Gott glauben zu wollen. Atheisten, die davon überzeugt sind, dass Gott nicht existiert, ereifern sich nicht über Andersgläubige. In vielen Atheisten steckt eine Mogelpackung des Unglaubens. Sie verdrängen nur ihre Sorge, dass Gott nicht nur existiert, sondern auch noch Rechenschaft fordert, nicht von Pflanzen und Tieren, nicht vom Kaktus oder vom Maikäfer, sondern vom Menschen. Ein unbehaglicher Gedanke. Und so hören sich manche Sturmläufe der Entrüstung über die Rückständigkeit von Gottgläubigen eher an wie das Pfeifen im Walde, das nur die Funktion haben kann, sich selber in einer furchteinflößenden Situation beruhigen zu können, ohne die Ursache der Furcht im geringsten beeinflussen zu können.

Wenn Gott Gott ist, ist Er auch souverän und wird den Unglauben der Verweigerer nicht belohnen. Atheisten sind also in einem Dilemma, welches sie nur durch Umkehr und Glaubensänderung lösen können. Und manche tun es genau aus diesem Grunde, weil sie mit dem Pfeifen im Walde aufhören wollen und dabei feststellen, dass sie zugleich auch noch die Furcht verlieren, denn es gibt keine Gefahr mehr! Der rechte Glauben ist praktisch, denn er erlöst! - Vor Furcht, vor Strafe, vor der Peinlichkeit, einst vor Gott zu stehen und Ihm beantworten zu müssen, warum man nicht schon früher mit Ihm gerechnet hat. Der rechte Glauben, die richtige Verortung in den Möglichkeiten, mit Gott eine Beziehung einzugehen, hat durchaus Vorteile.

Die Naturwissenschaft stößt immer weiter vor in die Natur. Sie könnte aber immer nur allenfalls die Grenzen der Natur ausmachen, wenn sie sie denn jemals erreichen sollte. Man könnte diese Grenzen bereits in der Unschärfe des nicht mehr konkret Messbaren, sowohl im Mikrobereich der Quanten als auch im Makrobereich in der Umgebung dessen, was man „Urknall" nennt, ausgemacht haben. Aber man weiß auch das nicht. Menschliches Wissen, d.h. Erkenntnisse, die wir Menschen kraft eigener Anschauung erwerben, muss immer unscharfes Wissen bleiben. Die Grenze zwischen dem Stofflichen und Geistigen hat unser Forschergeist in unserem stofflichen Gehirn jedenfalls noch nicht erreicht. Und immer ist es das Gleiche. Der Mensch kann nicht sagen, was jenseits der entdeckten Grenzen ist. Auch in der Hirnforschung kann man nur beschreiben, wie das Hirn als Maschine funktioniert. Was der Mensch ist, bleibt der Humanforschung verborgen. Fragen nach dem warum, kann die Naturwissenschaft nur weltdimensional und damit nicht erschöpfend beantworten. Den Dualismus zwischen Diesseitigem und Jenseitigem, zwischen außerhalb und innerhalb von Raum und Zeit kann die Naturwissenschaft nicht auflösen, die Kluft zwischen Schöpfung und dem Schöpfer nicht schließen.

Was bedeutet in diesem Zusammenhang Christ zu sein? Christsein ist nicht als ein Mittel zu verstehen, durch Mitleid und Nächstenliebe die Herrschaft der Selektion zu durchbrechen, sondern Christsein bedeutet, sich geistig nach oben entwickeln zu lassen. Nicht nur der Mensch, auch der Rest der Welt zerfällt, sich selbst überlassen. Das Gesetz der Entropie ist unerbittlich. Der Mensch kann nur zum Bewahrer und Pfleger der Schöpfung werden, wenn er den Kontakt zum Schöpfer bewahrt und intensiviert. Der christliche Glaube ist an sich anti-darwinistisch. Nicht der blinde Zufall bestimmt, wo es hin geht, sondern Gott mit dem Menschen. Gott nimmt den Menschen mit, und deshalb ist der Mensch mit Gott unterwegs. Das „mit Gott" stört die Darwinisten. Die Darwin-Welt leugnet Schuld, Verantwortung und Sünde. *43 Am Anfang steht die Leugnung, die im Garten Eden mit der Schlange begonnen hat. „Sollte Gott gesagt haben?" Im Falle Darwins lautet die Frage abgewandelt auch: „Sollte Gott geschaffen haben?" oder noch früher „Sollte Gott je existiert haben?" Die Antwort lautet immer bei der Schlange, „nein!"

Am Anfang war das Wort, heißt es in Joh 1,1 für diejenigen, die sich von Gott etwas sagen lassen und auf die Kommunikation mit Ihm Wert legen. Und das Wort wurde in Jesus Christus Mensch.

Bei Darwin ist es das stumme Chaos, das am Anfang war, in das durch Zufall Sprache, Programm und Ordnung gekommen sein sollen. Der Gott der Darwinisten ist der blinde Zufall, der nichts will, aber alles kann. Konträrer können Weltanschauungen nicht sein. Der Darwinismus ist also eine Widersacher-Religion mit dem absurden Anspruch Wissenschaft zu sein.

Aber man kann ohne Gott noch nicht einmal menschlich sein. Das zeigt sich auch bei den Auswüchsen des Darwinismus. Man kann ohne Gott allenfalls ein toter Mensch sein. Gottverweigerer fürchten sich vor Raum und Zeit. Sie wollen alles endlich haben, überschaubar, nicht transzendent, nicht jenseitig. Sie sind wie Nestlinge, die sich nicht zu fliegen trauen. Sie haben Angst vor der großen weiten Gotteswelt. Im Grunde sind Atheisten Angsthasen, die die Augen zu machen, damit die ungewisse Gefahr vorübergeht. Ihre Traktate sind wie das Pfeifen im Walde und dazu gehören letzten Endes auch die Theorien und Hypothesen, die an Gott vorbeigedacht werden.

Wenn man über jemand nicht redet und nicht nachdenkt, existiert er nicht in dieser stummen, gedankenlosen Welt. Insofern sind die, die sehr viel Mühe dafür verwenden, zu argumentieren, dass der Schöpfergott nicht existiert, sehr viel weiter, als die, die nur den verspotten, der ihnen ihre Existenz geschenkt hat. Sie scheinen zu ahnen, dass sie irgendwann doch einmal fliegen lernen und sich in das

Vertrauenswagnis einlassen müssen. Sie blicken über den Nestrand, es schaudert ihnen noch vor der Tiefe, dem tiefen Fall, bei dem zu hoffen ist, dass er beendet wird, sobald sich die Flügel entfalten. Denn dazu hat ihr Konstrukteur sie bestimmt.

In **1 Joh 2,24** erinnert sich Johannes an das, was Jesus über die Bestimmung des Menschen gesagt hat (Joh 17,21-23). Er gibt einen „heißen Tipp" wie man sicherstellen kann, dass man nicht in die Irre geht und bei der Wahrheit bleibt. *„Wenn in euch bleibt, was ihr von Anfang gehört habt, so werdet auch ihr in dem Sohne und in dem Vater bleiben."*

Er spricht also Gläubige an, von denen er annimmt, dass sie bereits in einer Gemeinschaft mit Gott sind. Es kann also nur noch darum gehen, in dieser Gemeinschaft zu bleiben. Das Ausgangsproblem ist, dass man zuerst einmal die Wahrheit haben muss. Wenn ich die Wahrheit nicht habe und auch die Welt sie nicht hergibt, brauche ich als erstes eine Offenbarung von Gott. Niemand kann von selbst auf die Wahrheit des Evangeliums kommen und andere können das auch nicht für einen besorgen. Evangelisten und Missionare werden ja sogar von dieser Meinung angetrieben, die Rettung vor dem Höllenfeuer hänge für die Menschen davon ab, dass man sie erreicht und überzeugt. Doch erreichen muss sie nur Gott!

Und mancher Feuereifer, der dabei an den Tag gelegt worden ist, war dann zu feurig. Er hat bei Millionen Menschen dazu geführt, dass sie von dieser mit dem Höllenfeuer drohenden, angeblich frohen Botschaft abgestoßen und damit unempfänglich für ein ernsthaftes Interesse an Christus geworden sind. Zu früheren Zeiten hat man nicht wenige Zweifler gleich dem Ausrottungsprogramm der Feuerprediger überantwortet, das nicht selten nahtlos in ein tatsächliches Feuergericht überführte. Viele Scheiterhaufen wurden errichtet, weil man es für eine gute Botschaft hielt, dem physischen Leib und der Seele jetzt schon große Schmerzen zuzufügen, damit das Feuer im Jenseits nicht mehr brennen muss oder zumindest nicht mehr ganz so unvorbereitet trifft und nicht mehr ganz so heiß brennt.

Die Kirchengeschichte lehrt, dass die Lehre vom endlosen Höllenfeuer zahlreiche Versuche des vorauseilenden Gehorsams zu verzeichnen hat, dem Millionen Menschen zum Opfer gefallen sind, wenn man alle dazu zählt, die der Eifer der besorgten Kirchenchristen über die Klinge springen ließ.

Die Täter, hautsächlich Verkünder einer anderen als der biblischen Botschaft über die Rettung, können das nicht mehr gut machen. Aber sie können auf zweierlei hoffen. Erstens, dass ein anderer gnädiger mit den ermordeten Ungläubigen verfährt und das wieder gut macht, was die Höllenprediger und ihre Gefolgsleute verbrochen haben. Und zweitens, dass sie wegen ihrer besonders missglückten Anwendung von „Nächstenliebe", nicht selber in ein endloses, sondern nur in ein endliches Feuer geworfen werden, bei dem man zwar den Wurm, der einen quält, nicht vor der Zeit auslöschen kann, bei dem man aber nur so lange brennen muss, bis das Böse weggebrannt ist. Ein Arzt brennt eine Wunde aus, damit nicht der ganze Mensch im Wundbrand verdirbt.

Höllenprediger warnen gerne davor, dass man bei der Verkündigung des Evangeliums nicht die drohende Hölle weglassen darf. Das stimmt, aber das Evangelium soll man auch nicht weglassen. Man soll auch nicht wesentliche Elemente, die zur frohen Botschaft wahrheits- und schriftgemäß dazugehören, weil sie einen froh machen, ersetzen durch wesentliche Elemente einer Droh- und Angstbotschaft, die nicht wahrheits- und schriftgemäß sind und allenfalls dazu dienen, Macht über die Menschen auszuüben. Viele Verkünder täten gut daran, noch einmal darüber nachzudenken, wem sie mit ihrem Drohen und Schnauben in Wirklichkeit dienen (Ap 9,1). Auch sie brauchen noch ihr Damaskus-Erlebnis, wo zuerst gefragt wird *„Wer bist du?"*, weil man die Lichtgestalt nicht erkennt. Und dann: *„Was willst du, dass ich tun soll?"* (Ap 9,6 SchlachterÜ)

Satan, der nicht nur ein Lügner, sondern auch ein Angstverbreiter und Machtmissbraucher ist, verführt keine Hindus, Buddhisten oder Atheisten. Denen das Wenige an Wahrheiten, das sie haben, wegzunehmen, lohnt die Mühe nicht. Er verführt diejenigen mit Vorliebe, die nahe an der Wahrheit ist, ohne so weit mit ihr eins zu sein, dass sie nicht mehr verführt werden können. Das bedeutet, dass sich diejenigen, die sich „Christen" nennen, in Acht nehmen müssen, denn nur wer ganz eins ist mit Christus, ist auch eins mit der Wahrheit und steht damit nicht mehr unter dem Machtbereich Satans.

Die Kirche Roms ist ein historisch klar nachweisbares Beispiel dafür, wie es zuerst zur Machtausübung und dann zum Machtmissbrauch kommen kann. Das wird von Historikern nicht bestritten. *44

Wenn die von Johannes angeschriebenen Briefempfänger *in dem Sohn und in dem Vater bleiben"* (**1 Joh 2,24**) wie es Jesus verheißen hat, hat man die Verheißung des äonischen Lebens" (**1 Joh 2,25**). Inzwischen gibt es Theologen, die das „äonische Leben" nicht mehr mit einer Art „ewiges Leben" gleichsetzen, sondern verstanden haben, dass es bei den Juden einfach an das viel bessere Leben danach gedacht worden. *45 Wenn Johannes das schreibt *„betreffs derer, [die] euch irre[führe]n [wollen]"* (**1 Joh 2,26** KÜ), lässt das erkennen, dass es im Umfeld der Briefempfänger Irrlehrer gab. Welche Irrlehren sie vertraten, verschweigt Johannes. Es dürften aber die gleichen gewesen sein, mit denen auch Paulus zu kämpfen hatte. Eine Überbetonung der Torah ist ein üblicher Verdächtiger, denn schon Jesus hatte seine Jünger dahingehend belehrt und vor den damaligen religiösen Machthabern gewarnt, die die Torah scheinheilig als Waffe zur Machterhaltung benutzt hatten. Scheinheilig deshalb, weil sie sich selber nicht daran hielten. Und Waffe deshalb, weil man damit immer die Menschen bedrohen konnte. „Wenn du die Gebote nicht hältst, wirst du verdammt und wir können dich nicht in unserer Gesellschaft gebrauchen."

Die nicht von Gott beauftragten religiösen Machthaber haben immer dasselbe Kennzeichen. Sie bieten Sicherheit und Rettung an, wenn man ihnen dafür die Macht und/oder die Machtmittel überlässt. Ein Machtmittel ist das Geld. Man sollte sich immer in Acht nehmen vor Glaubensgemeinschaften, die sich selber als unverzichtbar für die Rettung und das jenseitige Lebensglück darstellen. Sie sagen,

Christus allein reiche nicht für die Erlösung, oder sie verdrehen diesen Satz geschickt zu „Christus allein reicht, aber Er wird von uns dargereicht und verwaltet".

*46 Man sollte bei jedem Mensch und jeder Organisation stutzig werden, die behauptet, dass es bei ihr das Heil zu erwerben gäbe. Meist ist man selber derjenige, der dann etwas hergeben muss, seine Freiheit, seine Arbeitskraft, sein Geld und sein Seelenheil.

Es gibt auch Glaubensgemeinschaften, die sich „christlich" oder „Kirche" nennen, die sich dabei erfolgreich hervortun. Diese Kirchen sind keine christlichen Kirchen, sondern antichristliche Kirchen. Gerade Johannes warnte davor, etwas anderes als die Gemeinschaft mit Christus haben zu wollen, denn wer den Christus nicht hat, hat auch den Vater nicht.

Wenn man sich die Geschichte der Weltkirchen ansieht, kann man es kaum für möglich halten, dass Johannes oder Paulus ihnen ein gutes Zeugnis ausgestellt hätten. Der erste Johannesbrief ist ein beredtes Dokument gegen alle die, die zwar viel von Gott reden, aber Sein Wort nicht gelten lassen, dafür ihre eigenen Ordnungen aufrichten, um damit zu Macht und Besitztum zu kommen. Das kann man bei allen Weltkirchen nachweisen.

Der Brief von Johannes ist eine Anklage und ein Enthüllungsdokument, weil er Auskunft darüber gibt, was zu Christus gehört und was zum Anti-Christus gehört. In dem Maße aber wie man das Wort Gottes abschwächt, indem man sagt, es braucht ein Amt, um es verstehen zu können und es braucht das menschliche Siegel der Aktualität, damit es gelten darf, wird aus einer möglichen christlichen Sichtweise, die das Wort Gottes näherbringen möchte, eine antichristliche Sichtweise, die den Kontakt mit dem Geist Christi längst verloren hat oder sich gar nie für ihn geöffnet hat.

Warum sollte Christus sich jemand zuwenden, der Ihn nicht ernst nimmt? Aus Gnade zu Seiner Zeit, und vorher aus Gnade zum Gericht. Aber auch hier gilt, die Gnadenzuwendungen Gottes wird man erkennen können. Solange es in der Kir-

chenchristenheit die Tendenz gibt, an menschengemachten und antichristlichen Irrlehren und der systemimmanenten Missachtung des Wortes Gottes festzuhalten,
können sie die Zuwendung von Christus noch nicht erhalten haben, es sei denn, es
handelt sich um eine Gerichtsstufe, die im Dahingeben in weitere Irrtümer besteht
(2 Thes 2,11). **47** Dementsprechend muss man sich von den Verachtern von Gottes Wort fernhalten. Johannes will sagen: „Wir brauchen nur eine Nähe, nämlich
die Nähe Christi."

Johannes stand Jesus nahe. Er lag an Seiner Brust (Joh 21,20). Und Paulus,
dem sich der erhöhte Christus so sehr näherte, dass dieser niederfiel, lehrte das
Gleiche. Man sollte beim Lesen des Neuen Testaments immer wieder einmal inne-
halten und sich bewusst machen, dass das Wort Gottes ein sehr hartes Urteil über
die fällt, die nicht dem Wort Gottes folgen. Mag es noch fraglich sein, ob man das
Wort Gottes immer zweifelsfrei ausmachen kann, aber oft ist es allzu deutlich und
Gott ist ein gerechter Richter. Das bedeutet aber auch, dass nicht alle, die den
Namen Gottes im Mund geführt haben, um eine Verurteilung herumkommen und
nicht von Christus Anerkennung finden werden.

Johannes sieht die Gefahr, durch das Nicht-in-der-Wahrheit-bleiben auch vom
angestrebten Einssein mit Christus abzukommen und dann der Verführungsmacht
der Unwahrheit zu erliegen: *„Dies habe ich euch betreffs derer geschrieben, die
euch verführen."* (**1 Joh 2,26**) Er appelliert an sie, bei der rechten Lehre zu bleiben:
„Ihr bedürft nicht, dass euch jemand belehre." (**1 Joh 2,27**) Dahin muss jeder kommen, dass man die Wahrheit so gut kennt, dass man selber die Dinge, die einem
vorgetragen werden, beurteilen kann. Reife Gemeinden sind im Wort Gottes beheimatet und erkennen, wenn ihnen einer mit unbiblischen Lehren daherkommt. Aber
es geht nicht nur um biblische Lehren, sondern auch um die Beurteilung von gesellschaftlichen Praktiken und Lebensentscheidungen. Die Demut rät einem einerseits, offen zu bleiben und die eigene Meinung nicht höher zu bewerten als es die
Bescheidenheit und Nüchternheit gebietet. Aber gerade deshalb muss man Jesus

im Geist nähergekommen sein, dass man auch genügend Christusbewusstsein besitzt, um Irrtümer abzuwehren und alles, was gegen den Geist Christi geht, überhaupt erkennen zu können.

Johannes verweist auf die rechte *„Salbung"*, die *„über alles belehrt"* (**1 Joh 2,27**) und wahr ist, die jeder bekommen hat. Dies ist ein Verweis auf den heiligen Geist, der der Geist Christi ist. Wer dieser Salbung folgt, sagt Johannes, wird in Christus bleiben. Wer nicht in Christus bleibt, wer nicht dieser geistlichen Salbung folgt, wird bei der Ankunft Christi beschämt werden (**1 Joh 2,28**), denn dann wird die Wahrheit ganz deutlich zu erkennen sein.

Wenn man in der Lüge gelebt hat und einem das gegen Ende des Lebens bewusst wird, wird das eine große Beschämung ergeben. Wer dem vorbeugen will, muss in Christus bleiben, dann wird er „Freimütigkeit" haben.

„Bleibt in ihm, damit wir, wenn er offenbart werden wird, Freimütigkeit haben und nicht vor ihm beschämt werden bei seiner Ankunft!" (**1 Joh 2,28**)

Das griechische Parresia bedeutet Freiheit, Zuversicht, aber auch Kühnheit. ***48** Wer feige ist, ist unfrei. Er traut sich nicht aus dem Haus, er traut sich nicht zu reden, er buckelt und zieht immer den Kopf ein, anstatt die Augen aufzurichten. Paulus beklagte es: *„Ihr als Kluge ertragt die Toren ja gern. Ihr ertragt es, wenn jemand euch knechtet, wenn jemand euch aufzehrt, wenn jemand euch einfängt, wenn jemand sich überhebt, wenn jemand euch ins Gesicht schlägt."* (2 Kor 11,19-20)

Wer feige ist, ist nicht wirklich frei. Viele nennen sich Christen, viele rühmen sich ihrer Bibelkenntnisse, aber wenn es darum geht, seine Freiheit unter Beweis zu stellen, zieht man sich in die letzte Reihe zurück und bemüht vielleicht noch die vermeintliche Demut. Demut sollte man die mit Feigheit verwechseln, denn Demut ist eine Eigenschaft Christi, Feigheit ist es nicht. Der Geist Christi ist nicht feige, sondern frei und ungebunden in jeder Hinsicht.

Man kann sich hierin selber prüfen, erwartet man Jesus zuversichtlich und rennt Ihm ohne Scheu entgegen, weil man ja bereits sehr vertraut mit Ihm ist. Oder wird man sich verschämt zurückhalten, weil man Ihn nicht so richtig kennt und Er doch ein bisschen anders ist, als man erwartet hat. Es ist wichtig und gehört zum Heiligungsleben unbedingt dazu, dass man einen engen Kontakt mit Christus hält, sonst wird Er einem fremd. Diese Fremdheit kann einem dann schmerzlich bewusst werden, wenn Er zurück kommt und Seine Gemeinde zu sich holt. Und dann wird einem auch schlagartig bewusst, was man versäumt hat.

Hinzu kommt, dass der Unfreie unter einem Fluch steht. Wer sich gefangen gibt, wird dann nicht nur eingeschränkt in Geist und Seele, er wird empfänglich für andere Herren, die ihn dann umso leichter unter ihre Herrschaft bringen.

Dann aber verliert man den, der eigentlich allein Herr sein sollte, aus den Augen und aus dem Sinn. Als Israel eine versklavte Nation geworden war, war die Feigheit groß und man war nicht gleich bereit, dem Ruf in die Freiheit zu Christus hin zu folgen. Man tanzte bald um das Goldene Kalb und wollte von JHWH nichts wissen. Das Volk, das aus Ägypten auszog, kam bis auf zwei Mann in der Wüste um.

Diese Verse in seinem Brief zeigen, dass Johannes eine Naherwartung hatte und dass er sie so auch an seine „Kindlein", wie er die jüngeren Gläubigen nannte (**1 Joh 2,28**), weiter vermittelte.

Im letzten Vers des so eingeteilten Kapitels kommt Johannes wieder auf das Thema Heiligung zurück: *„Wenn ihr wisst, dass er gerecht ist, so erkennt, dass auch jeder, der die Gerechtigkeit tut, aus ihm geboren ist."* (**1 Joh 2,29**)

Jedes Erkenntniswachstum über das Heil geht einher mit einem Sich-immer-kenntlicher-Machen als Christusangehöriger. Und das geschieht durch die Heiligung. Daher muss immer wieder an sie erinnert werden. So auch Johannes hier: *„erkennt, dass auch jeder, der die Gerechtigkeit tut, aus ihm geboren ist."* Hier ist mit der Gerechtigkeit das gemeint, was ein Gerechter tut. Und der tut das, was ihm Jesus vorgelebt hat, denn Jesus war der einzige gerechte Mensch, der jemals gelebt hat. Und weil in seinen Nachfolgern Sein Geist wohnt, können sie auch im Geiste Christi handeln.

Im Griechischen steckt in „dikaiosune" noch etwas, was am besten noch mit „Recht-schaffenheit" (englisch „righteousness") wiederzugeben ist. *49 Aber im Deutschen hängen Gerechtigkeit und Rechtfertigung wie in der Bibel eng miteinander zusammen. Weil Jesus der Gerechte war, konnte Er die Ihm Zugehörigen rechtfertigen, denn Er hat ihre Sündenschuld, ihre Ungerechtigkeit auf sich genommen und damit für die Befreiung gesorgt. Wer gerecht ist, ist vor Gott gerechtfertigt. Der Rechtsan-spruch ist „fertig" gemacht bei ihm durch Christus. Da nur Jesus gerecht war, kann folgerichtig nur der Gerechtigkeit tun, der aus Ihm geboren ist.

Das griechische „gennao" kann ebenso gut mit „gezeugt" wiedergegeben werden. *50 So ist es ja auch in der Natur, bevor etwas geboren wird, muss es gezeugt worden sein. Genau genommen wird auch ein Christ zuerst einmal vom heiligen Geist ins neue Leben gezeugt und erst, wenn er verwandelt wird, wiedergeboren. Man muss erst auferstehen zu einer neuen Kreatur, um eine neue Schöpfung zu sein. Auch Jesus wurde vom Geist des Vaters gezeugt, der Kraft, die alles in der Schöpfung ins Leben gerufen hat. Später heißt es dann in Seiner Biographie, dass das Kind an Geist wuchs (Lk 1,80). Und Jesus wurde mit der Auferstehung erst Recht als Erstgeborener bestätigt.

Luther erkannte auch konsequenterweise, dass das Vertreten einer Lehre, wonach der Mensch noch selber zu seiner Erlösung beitragen müsste, einer vollständigen Leugnung des Erlösungswerkes Christi gleichkam. *„Denn wenn wir an Gottes Gnade zweifeln und nicht glauben, dass Gott um Christi willen an uns Wohlgefallen habe, dann verleugnen wir, dass uns Christus erlöst hat, ja wir bezweifeln schlechterdings alle seine Wohltaten."* *51

Man darf sich nicht durch die Wortwahl von Vertretern der katholischen Kirche täuschen lassen. Wenn sie von „Gnade", „Gerechtigkeit", „Rechtfertigung", „Glauben" reden, meinen sie etwas, was ihrer Anschauung und Dogmatik entspricht. Das ist mit der Bibel nicht identisch. Daran hat sich bis heute nichts geändert. Man sollte auch nicht vergessen, dass die katholische Kirche in der Gegenreformation die biblischen Lehren bis aufs Messer bekämpfte. Deutschland, das Land der Reformation, das aus biblischer Sicht durch die Zuwendung zum Wort Gottes auf einzigartiger Weise gesegnet worden ist, wurde infolge der Glaubenskriege und des Dreißigjährigen Krieges verwüstet und verlor ein Drittel seiner Bevölkerung.

Satan schlummert nicht, wenn seine Herrschaft in Gefahr gerät. Daher folgt einer Segnung durch Gott nicht selten eine Gegenbewegung durch den Widerwirker. Der Dreißigjährige Krieg war eine Spätfolge der sogenannten Gegenreformation durch die katholische Kirche.

Die beiden letzten Päpste, Ratzinger und Franziskus haben bestätigt, dass es von den Trienter Konzilsdogmen keine Abweichungen geben könne. Demnach müssten Protestanten, also diejenigen, die zurück zum Wort Gottes wollten, als Verfluchte gelten. Im 9. Kanon des Trienter Konzils von 1547 wird die Rechtfertigungslehre der Bibel verurteilt: *„Wenn jemand sagt, der Sündhafte werde allein … durch den Glauben gerechtfertigt; sodass er damit versteht, es werde nichts anderes, das zur Erlangung der Rechtfertigungsgnade mitwirke, erfordert, und es sei keinen Teils notwendig, dass er sich aus Antrieb seines Willens dazu vorbereite, und bereitsam mache, der sei im Bann [verflucht]".* ***52**

Dafür wird die Rechtfertigungslehre der katholischen Kirche als alleiniger nicht zur Verfluchung führender Glauben vertreten: *„Wenn jemand sagt …, die erhaltene Gerechtigkeit werde durch die guten Werke nicht bewahrt, und auch vermehrt vor Gott, sondern diese Werke seien nur allein Früchte und Zeichen der erlangten Rechtfertigung, aber nicht die Ursache ihrer Vermehrung, der sei im Bann [verflucht]."*

Konsequent in ihrem Unverständnis stellten die Katholiken im Konzil von Trient auch die biblische Lehre von der Heilsgewissheit unter den Bann. *„Wenn jemand sagt …, der Mensch werde von den Sünden dadurch losgesprochen und gerechtfertigt, dass er gewiss glaube, er werde losgesprochen und gerechtfertigt; oder niemand sei wahrhaft gerechtfertigt, als wer da glaube, er sei gerechtfertigt, und durch diesen Glauben allein werde die Lossprechung und Rechtfertigung vollbracht, der* *sei im Bann [verflucht].... Wenn jemand sagt ..., der wiedergeborene und gerecht-fertigte Mensch sei, vermöge des Glaubens, zu glauben verpflichtet, dass er gewiss unter der Zahl der Vorbestimmten sei, der sei im Bann [verflucht]."* ***53**

Es ist nicht Anmaßung, von einer Heilsgewissheit zu sprechen, wie es die Katholi-ken behaupten, ***54** sondern es ist Anmaßung, das was Christus getan hat, zu schmälern und sich selbst eine Erlösungsrolle zuzuweisen.

Wer in Christus ist, weiß, dass er in Sicherheit und im Zentrum des Heils ist. Der muss sich nicht von Außenstehenden sagen lassen, dass er sich fürchten müsse. Er kennt den Christus, weil er eine Beziehung mit ihm lebt, besser als jeder Fremde. Wer hingegen meint, zum Heilswerk Jesu noch etwas aus eigenem Vermögen hin-zufügen zu müssen, für den ist Christus noch ein Unbekannter und noch nicht ganz gestorben. Dann kann er aber auch noch nicht ganz erlöst sein. Er bleibt draußen.

Wer nicht ganz in Christus sein Heil sucht,
findet es auch nicht vollständig.

Erst die Erlösungsgewissheit macht das Evangelium zu einer frohen Botschaft. Wer nicht weiß, ob er erlöst ist, muss immer befürchten, dass er es nie schafft und seine eigenen Bemühungen nicht ausreichen, um Gott gnädig zu stimmen. Er lebt sein Leben unter der beständigen Furcht, in die Hölle zu kommen. Er sollte aber statt-dessen lieber die Zeit nutzen und Gottes Wort gründlich studieren. ***55**

Wer sagt, dass Jesus alles getan hat am Kreuz, stimmt zu, dass Gottes Sohn ein unendliches Werk mit einem unendlichen Wert geschaffen hat. Wer sagt, dass Jesus nicht alles getan hat, sondern der Mensch noch selber etwas dazu tun muss, der macht aus Gottes Werk ein endliches Werk mit endlichem Wert, das nur durch den Menschen vervollständigt wird. Das ist nicht die Lehre der Bibel.

Johannes warnt alle Kirchengläubigen auf vielfältige Weise, unter anderem auch, indem er ihnen sagt, dass sie die Anmaßungen anderer, nicht beachten sollen, denn *„ihr habt nicht nötig, dass jemand euch lehre, sondern wie euch Seine Salbung über alles [be]lehrt, so ist es wahr und keine Lüge; und wie sie euch gelehrt hat, [so] bleibt in Ihm"* (**1 Joh 2,27** KÜ). Es ist auffällig, dass gerade die größte Amtskirche über die Jahrhunderte und sogar bis zum heutigen Tag behauptet, dass die richtige Auslegung des Wortes Gottes nur durch Kirchenamtsträger möglich sei. Johannes straft sie lügen. Gott widerspricht diesen Kirchenlehren. Aber wie sagte schon Jesus: gar fein lehren sie die Traditionen von Menschen, aber die Gebote Gottes missachten sie. ***56** Es gibt Kirchen, die sich so weit von der biblischen Wahrheit entfernt haben, dass sie sagen müssen, dass nur sie berechtigt und autorisiert seien, das Wort Gottes verstehen zu können. Würden sie es nicht, müssten sie gelten lassen, dass man den Wortlaut der Bibel verstehen könnte. Dann aber wäre es zu offensichtlich, dass die Bibel einen anderen Wortlaut hat als die Kirchenlehre.

Wer einmal mit der Lüge angefangen hat, muss entweder umkehren, oder, wenn er das nicht will, verdammt sich selber dazu, immer weiter zu lügen. Diese Strategie der Unwahrheit muss durchschaut werden. Hinter jeglichen Strategien der Unwahrheit steckt der Vater der Lüge, aber nicht Christus. Wer es nötig hat, mit Unwahrheiten seine Lehren und seine Macht zu stützen, ist von der Welt und nicht von Gott. Wer das nicht beachtet, wird zuschanden vor dem Richterstuhl Christi (**1 Joh 2,28**).

Wer vor dem Richterstuhl Christi stehen wird, lernt erst dann Christus wie Er wirklich ist, kennen. Er kennt aber vorher auch nicht diejenigen, die Christus kennen. Er wird sie eher verfolgt und verfemt haben. *„Deshalb kennt uns die Welt nicht, weil sie Ihn nicht [er]kannt hat."* (**1 Joh 3,1** KÜ). Daraus ergibt sich, dass jeder, der aus der Lüge ist, den, der aus der Wahrheit ist, verfolgen muss, weil der ihm seinen Stand streitig macht.

Genau das hat die Kirche durch die Jahrhunderte getan. Auch blieb die Existenz von Gottes Volk Israel ein dauerhaftes Gegenargument gegen die Kirche, die sich als neues Volk Israel bezeichnete. Judenfeindlichkeit der Kirchen hat die gleiche

Ursache wie die Juden- und Christenfeindlichkeit des Islam, der seine Anhänger auch als einziges Volk Gottes verstand. Aus Sicht Satans muss gelten, solange die Erben des Christus existieren, sind sie auch bereit zu machen, ihr Erbe anzutreten.

Heil und Heiligung
1 Joh 3,1-10

Johannes macht in **1 Joh 3,1** die Liebe zur Grundlage dafür, *„dass wir Kinder Gottes heißen sollen."* Es ist die vom Vater gegebene Liebe. Aber wie nun? Ist die Liebe dazu da, so zu wandeln, dass man als Kind Gottes erkennbar ist? Oder war es die Liebe, die Gott veranlasste, Kinder in die Welt zu setzen? Beides ist richtig. Aber das ist bei weitem nicht alles! Wenn aber die Welt nicht erkannt hat, dass es eine Liebe Gottes gibt, dann ist es auch nicht verwunderlich, wenn sie nicht die Kinder Gottes an deren Liebe erkennt. Es stimmt auch nicht, dass es irgendeine Verhaltensweise eines Christen ist, die einen Menschen zum Glauben bringt. Es ist immer Gott, der dahinter wirkt. *„Deswegen erkennt uns die Welt nicht, weil sie ihn nicht erkannt hat."* (**1 Joh 3,1**) Da Gott Liebe ist, versteht auch jeder, der Gott erkennt, sehr schnell, dass Er Liebe ist.

Im nachfolgenden Vers behauptet Johannes wieder etwas für orthodox-jüdische Ohren Unausstehliches. Wenn diejenigen, die jetzt noch nicht als Kinder Gottes so offenbar gemacht worden sind, dass sie die Welt erkennt, dann wird sich das noch ändern. Das ist die Verheißung, die sie haben. Doch wie wird dieses Offenbarwerden dann sein, wenn das kommt, was der Jude Johannes hier sagt: *„Es ist noch nicht offenbar geworden, was wir sein werden; wir wissen, dass wir, wenn es offenbar werden wird, ihm gleich sein werden, denn wir werden ihn sehen, wie er ist."* (**1 Joh 3,2**). Das ist für nichtmessianische Juden wie eine Gotteslästerung. Gleich zwei Ungeheuerlichkeiten in einem Satz. Aus dem Alten Testament wussten die Juden, dass kein Mensch Gott in Seiner ganzen Herrlichkeit gesehen hatte. Das

Licht würde jeden verbrennen (2 Mos 33,20). Johannes hätte an Jes 52,8 denken können: *„Denn sie werden es mit eigenen Augen sehen, wenn JHWH nach Zion zurückkehrt."* Wer? Die Bewohner von Jerusalem, die Jesaja mit Zion gleichsetzt. Jerusalem und die jüdischen Bewohner sind Zion. Doch da geht es nicht um den Vatergott, sondern um den kommenden Messias Jesus Christus, der am Ende der Trübsalzeit zu Seinem Volk Israel zurückkehren wird.

Doch Jesus sitzt jetzt schon zur Rechten des Vaters und mit Ihm jeder, der zu Ihm gehört, denn jeder ist geheiligt und gerecht gemacht durch Christus. Aber dann noch „Ihm gleich sein!"

Das Christentum war offenbar eine Glaubensrichtung, wie sie noch nicht da war. Gott wurde Mensch und blieb Gott und wurde dann Gott und blieb Mensch. Gott starb für alle Menschen, um sie alle zu erretten und: um sie Ihm gleich zu machen. Wenn das nicht die Wahrheit ist, dann ist es das Größenwahnsinnigste, was sich Menschen jemals ausgedacht haben. Wie passt das in die Bibel?

Jedoch lehrte Paulus auch nichts anderes. Was bedeutet dieses gleich sein? So wie es Paulus erklärt hat! Derjenige, der sich ganz Christus anvertraut, wird wie ein Glied am Leibe Christi sein. Jedes der Glieder gehört dazu, um den Leib zu vervollständigen und ist insofern unverzichtbar. Wie bei einem menschlichen Leib beherbergt jede einzelne Zelle den ganzen Bauplan des Wesens. Sie ist also von der Art wie der Gesamtorganismus, jedoch nimmt jede Zelle nur die Aufgaben wahr, die ihrem Platz im Gesamtgefüge entspricht. Konkret heißt das für die Menschen, die sich Christus anvertrauen, dass sie so denken und fühlen und handeln wie Gott selbst.

Für normale Menschen und normale Juden ist es schwer, zu glauben, dass Gott wirklich den Menschen auf eine Stufe mit Ihm in ein Vater-Kind-Verhältnis stellt. Doch für die Juden können diese Gedanken nicht so befremdlich sein. Dazu berichtet Johannes in Joh 10,34-36 auf den Vorwurf, dass Jesus sich durch Seine Aussagen selber zu Gott gemacht habe. Jesus bezieht sich dabei auf Psalm 82: *„Steht nicht in eurem Gesetz geschrieben: „Ich habe gesagt: Ihr seid Götter"?,*

Wenn er jene Götter nannte, an die das Wort Gottes erging - und die Schrift kann nicht aufgelöst werden -, sagt ihr von dem, den der Vater geheiligt und in die Welt gesandt hat: Du lästerst, weil ich sagte: Ich bin Gottes Sohn?"

Nichtmessianische Juden können das Neue Testament aus nachvollziehbaren Gründen nicht akzeptieren. Sie müssen aber dabei auch gedanklich einen großen Bogen drum herum machen, weil sie sonst immer wieder herausgefordert werden, ihre eigene Position zu hinterfragen. Es gibt dieses bekannte Phänomen, dass man sich nicht gerne mit Dingen beschäftigt, die das eigene Weltbild ins Wanken bringen können. Man will seine kleine heile Welt bewahren.

Ganz andere Probleme haben Theologen und Laien, die zwar die Bibel insgesamt anerkennen, aber ebenfalls zum Teil ihre Aussagen anzweifeln. Z.B., wenn man an der Theorie festhalten möchte, dass es nur eine Gottperson gibt. Es gibt dabei ein Glaubwürdigkeitsproblem. Das für wahr zu halten, dass in der Bibel größenwahnsinnige Schreiberlinge ein Forum bekommen haben, ist auch nach menschlichem Ermessen unglaubwürdig, denn die Bibel ist ein Buch mit einer in sich stimmigen Botschaft, als wäre sie von einem Autor verfasst. Viele Menschen haben an diesem Buch über Jahrhunderte mitgeschrieben und obwohl die früheren Autoren kein Konzept hatten, schrieben sie Aussagen und Voraussagen nieder, die von späteren Autoren ergänzt wurden. Und keines dieser Worte wurde je widerlegt. Im Gegenteil wurden viele durch die außerbiblische Geschichtsschreibung bestätigt, viel mehr als in jedem anderen Buch aus der Antike.

Wie gewissenhaft die Überlieferer dieser Worte waren, erkennt man daran, dass die biblischen Texte, die sich aus dem zweiten vorchristlichen Jahrhundert erhalten haben, mit den Texten, die sich über die Jahrtausende bis heute von Generation zu Generation überliefern ließen, übereinstimmen. ***57** Es sind die messianischen Juden, die seit Anbeginn, bis zum heutigen Tag, versuchen, die biblisch bezeugte und biblisch begründete Verstockung der Mehrheit der Juden zu lösen und ihren Volksangehörigen zu erläutern und nahezubringen, dass das Neue Testament die stimmige Fortsetzung und Erfüllung des Alten Testaments ist. Dieser Aufgabe widmeten sich alle Apostel, jedoch zu einer Zeit, als die Verstockung noch nicht das ganze Volk erfasst hatte. Ob sie je etwas von ihr wussten, ist unklar. Nur bei Paulus ist es klar, denn er gibt im Römerbrief die Begründung dafür (Röm 11,25). Man muss sich bewusst sein, dass die Apostel nicht alle einen gleichen Kenntnisstand hatten. Das ist ja heute bei den Jüngern Jesus auch nicht anders. Die Apostel waren historisch real existierende Gestalten, keine Figuren des mythologischen Wunschdenkens. Sie unterlagen auch keinem vorauseilenden Gehorsam gegenüber den Theologen der nachfolgenden Jahrhunderte.

Johannes schreibt seinen Brief an Gläubige Jesu Christi. Darunter gab es Juden. Johannes wusste wie sie dachten und er hatte die Wahl, ihre Empfindsamkeiten zu berücksichtigen. Da Mose der größte Prophet des Judentums war und nicht einmal er Gott in Seiner ganzen Majestät sehen durfte oder konnte, bekräftigte er hier in **1 Joh 3,2**, dass man in der Nachfolge Jesu Christi genau auf diesem Weg war, Gott sehen zu dürfen. Das Nichtsehen Gottes war so begründet worden, dass es dem Menschen an eigener Strahlkraft und Heiligkeit fehlt. Er ist so unheilig, dass er sich dem Allerheiligsten nicht nähern kann. Nicht weil er unwürdig wäre, sondern, weil es ihm an Heiligkeit und Reinheit mangelt.

Man hat etwas Vergleichbares auch unter Menschen, wenn sie sich in der Nähe von moralischen Autoritätspersonen unwohl fühlen. Sie sind dann wie Kinder, die etwas angestellt haben und den Blick ihrer Mutter oder ihres Vaters scheuen. Das ist nur eine schwache Analogie.

Johannes spricht nicht nur von diesem Sehenkönnen Gottes, weil er verstanden hat, dass man dazu wesensmäßig Gott gleich sein muss. Das steht offenbar am Ziel und Ende der Heilsgeschichte. Darauf hat sich Jesu: *„Es ist vollbracht!"* auch bezogen. Er hat ja den Schiffbrüchigen nicht einfach auf Sein Rettungsboot gezogen, sondern Er ordnet sein ganzes Leben neu und hebt es auf die höchste Ebene. Dabei wird aber der Gerettete intensiv am Gestaltungsprozess beteiligt, denn gleich im nächsten Vers kommt eine wesentliche Ergänzung. Jesus ist auch das Ende und der Telos der Heiligungsgeschichte. *„Und jeder, der diese Hoffnung hat, reinigt sich* *selbst, gleichwie er rein ist.* " (**1 Joh 3,3**). Reinigung ist Heiligung und die fängt mit der geistgewirkten Umkehr an. Gott muss sich nicht heiligen. *58 Er ist es schon vom Wesen her. Sein Geist vermittelt die wahre Bedeutung der Heiligung des Menschen. Das bedeutet aber auch, dass Menschen, die diesen Geist nicht haben, nicht heilig sein können.

Die Taufe ist ein Bild für den Tod des alten Adam und die Auferstehung des neuen Adam. Bildnisse an sich haben jedoch nicht die Wirkung von dem, für was sie stehen, sondern machen es allenfalls sichtbar. Eine Wirkung zu dem, was sie abbilden, kann es nur geben, wenn das, was sie abbilden sollen, tatsächlich auch existiert.

Damit aus einem alten Adamsmenschen ein neuer Christusmensch wird, muss sich die Wirklichkeit der Geisttaufe zugetragen haben. In der Geisttaufe bekommt der alte Adam die Erstlingsgabe des neuen Adam, den Geist des Christus, der der neue Adam ist. Es ist so auf diese Weise der neue Adam in ihm ins Auferstehen gekommen. Der alte Adam wird geopfert, er muss sterben. *59 Es ist daraus noch nichts Fertiges geworden, denn erst jetzt beginnt ein Reifeprozess, der zugleich ein Reinigungsprozess ist. Das ist mit dem „sich reinigen" gemeint. Dieser Reinheit, die der neue Adam Christus vorgelebt hat, setzt Johannes die Sünde gegenüber, die es abzulegen gilt (**1 Joh 3,4**).

Inwieweit Johannes hier auf die Torah als Gesetzeswerk verwiesen hat, wenn er Sünde mit Gesetzlosigkeit gleichsetzt, ist fraglich. Sünde ist bei Johannes aber auf jeden Fall, das Nicht-so-sein wie Christus ist, denn *„Jeder, der in ihm bleibt, sündigt nicht; jeder der sündigt, hat ihn nicht gesehen noch ihn erkannt."* (**1 Joh 3,6**) Er setzt also einen hohen Maßstab. Die beste Versicherung für ein sündloses Leben ist demnach, die größtmögliche Nähe zu Jesus. Das entspricht ganz dem Ideal der Bergpredigt, denn da zeigt Jesus, dass man selber niemals Gott gerecht werden kann, es sei denn, dass man sich durch Gott selbst gerecht machen lässt.

Umgekehrt stimmt auch, dass ein Fernsein von Jesus ein sündloses Leben unmöglich macht. So wie es ohne Christus keine Erlösung gibt, gibt es ohne Ihn auch keine Sündlosigkeit, denn man bleibt ja bei seinem alten Adam. Wenn jemand nur ein Stellvertreter Christi auf Erden sein will, ohne zugleich mit Christus eins sein zu wollen, verträte er Ihn ja nur. Damit gibt er aber selber zu, dass er nicht in Christus ist, sondern im alten Adam und damit in der Sünde.

Es wurde darauf hingewiesen, dass sich Johannes hier mit **1 Joh 1,8** widerspräche, wo er sagt: *„Wenn wir sagen, dass wir keine Sünde haben, so betrügen wir uns selbst."* Doch dieser Widerspruch ist leicht aufzulösen. Wenn man in Christus ist, sündigt man nicht, weil man sich ganz nach dem Geist Christi richtet. Ist man nicht in Christus, ist man wieder ganz bei sich, und das ist wieder der alte Adam. Deshalb sagt Johannes auch: *„Jeder, der aus Gott gezeugt ist, tut nicht Sünde, denn sein Same bleibt in ihm."* (**1 Joh 3,9**)

Johannes bezeichnet die einen als Kinder Gottes, die anderen als Kinder des Teufels. (**1 Joh 3,10**) Das scheint ein hartes Urteil zu sein. Aus dem Kontext ergibt sich, dass die *„Werke des Teufels"* (**1 Joh 3,8**) die Gesetzlosigkeit ist, der jeder Adamsmensch seit dem Sündenfall zugeneigt ist. In Konsequenz muss man also sagen, dass man, wann immer man sündigt, ein Werk des Teufels tut. Damit verdeutlicht Johannes, wie wichtig die Heiligung und Reinigung ist, weil sie jeden in die sichere Nähe Jesu Christi bringt. Es ist ihm ernst: *„Jeder, der nicht Gerechtigkeit tut, ist nicht aus Gott."* (1 Joh 3,10)

Manche haben daraus den Gedanken gezogen, dass bei Johannes die Sünde so groß gemacht wird, anstatt dass er die Befreiung davon preiste. Man muss aber bedenken, dass er genau wusste, an wen er schrieb und was er bei seinen Adressaten betonen musste. Er kannte seine „Pappenheimer". Vielleicht hat er die Briefe sogar nach der „Johannes- Apokalypse" geschrieben und stand noch unter dem Eindruck der Sendschreiben an die Gemeinden, die er vermutlich alle kannte. Und nun nach den Sendschreiben, welche typische jüdische bzw. messianisch-jüdische Probleme im Einflussbereich des Hellenismus aufzeigten, kannte er die Gemeinden umso besser. ***60**

Wahrscheinlicher ist jedoch, dass Johannes lediglich zur Kenntnis genommen hat, wie sich die Gemeinden entwickelt hatten und darauf reagierte. Er ist auch gar nicht verwundert, als Jesus ihm die Botschaft über die Sendschreiben gibt, weil er den Zustand der Gemeinden kennt, sondern als Jesus ihn einen Blick weit in die Zukunft machen lässt, denn da gibt es keine kleinen Ortsgemeinden im griechischen Kleinasien mehr, da wurde das Christentum eine weltweite Bewegung, die viele Grundsätze des Evangeliums über Bord geworfen hat und alles das, was man den Gemeinden der Sendschreiben vorzuwerfen hatte, noch stärker ausgeprägt hat.

Bei allem Bemühen um die Sündlosigkeit und die Nachfolge Jesu Christi macht man sich zu einem gesellschaftlichen Außenseiter. Das ist heute nicht viel anders wie damals. Außenseiter liebt man nicht. *„Wundert euch nicht, Brüder, wenn die Welt euch hasst."* (**1Joh 3,13**) Die Weltlichen sind die Sünder. Über sie hat Johannes eben noch gesagt, dass sie Kinder Satans sind. Satan hat aber schon immer das Volk Gottes und Gottes Heilige gehasst. Und daher kann es auch nicht verwundern, wenn Satan seinen Hass in die Welt hineingibt.

Nahegekommensein

1 Joh 3,24; 4,1-10.14-19; 5,1-9

Ganz anders als der Hass der Welt ist das, was die Glaubensgeschwister miteinander verbindet. Johannes appelliert auch an die Geschwisterliebe. *61 Er stapft darin Paulus und Jesus nach. Das ist nicht nur wichtig, weil die Christen untereinander eins sein müssen und der Welt ein Beispiel geben sollen. Die Liebe Christi wirkt in die Richtung der Geschwisterliebe, weil Christus heilsgeschichtlich zuerst Seinen Leib fertig zubereiten will. Das hat Priorität. Die Kirchen lehren überwiegend, dass das alles ist, was Gott noch im Sinn hätte. Aber in Wirklichkeit hat Er Israel zurückgestellt (Röm 11,15f) und ruht nicht eher, bis Er nicht alle unter die Herrschaft Jesu

Christi gebracht hat (1 Kor 15,22ff). Wegen dieser Gemeinschaft stiftenden Bruderliebe hat es seine Berechtigung, wenn immer wieder darauf hingewiesen wird, dass man in eine Gemeinde oder zumindest in einen Geschwisterkreis eingegliedert sein sollte. Noch wichtiger ist aber, dass man dabei auch die richtige Adresse gefunden hat, denn nicht jede Kirche ist eine Heilig-Geist-Kirche. Und ebenso wichtig ist, dass die biblischen Anweisungen über die Gemeinde befolgt werden.

Johannes bringt die Gebote Gottes in einen unmittelbaren Zusammenhang mit dem Bleiben in Gott (**1 Joh 3,24**), aber ebenso sicher ist, wer in Gott ist und Gott in ihm, handelt aus dem Geist Christi heraus. Und da Christus nicht gegen Gottes Gebote handelt, ist das Halten der Gebote auch ein Kennzeichen für Christen. Aber Werke können auch nur den Anschein vom Halten der Gebote Gottes geben. Solche Scheinwerke können vom Beobachter irrtümlich für Gotteswerke gehalten werden, weil der Mensch nicht ins Herz schauen kann. Das Gebot, „Du sollst nicht morden", kann auch von Atheisten eingehalten werden oder von Scheinchristen, die noch meinen, durch die Werke Gerechtigkeit, die sie in den Himmel bringt, schaffen zu können. Für diese Leute und somit auch für Angehörige solcher Kirchen gilt der Satz *„Und [wer] Seine Gebote hält, [der] bleibt in Ihm und Er in ihm"* (**1 Joh 3,24** KÜ) nicht, denn Johannes meint den Satz so, dass das Befolgen der Gebote immer nur dann ein Zeichen der Gerechtigkeit sein kann, wenn die Gerechtigkeit Christi die Werke überhaupt hervorgebracht hat. Nur dann haben die Werke das Kennzeichen Werke Christi zu sein, wenn sie Werke Christi sind. Sie müssen also ihren Ausgang in Christus durch Seinen Geist genommen haben. Alle anderen Werke mögen mehr oder weniger gute Werke sein, aber ein Werk ist nie von dem Geist, der sie initiiert hat, zu trennen und ist danach zu beurteilen, welcher Geist das Werk zu welchem Ansinnen hervorgebracht hat. Nur Christi Geist generiert vollkommene Werke.

Manche wollen in **1 Joh 3,24** eine dritte Gottheit erkennen, die in dem Christen wohnt. ***62** Diese abwegige Idee scheint auf das Bemühen der Theologen und Bibelausleger zurückzuführen zu sein, überhaupt etwas über diese rätselhafte dritte

Gottheit zu finden. Johannes redet von den Geboten Jesu: *„Und wer seine Gebote hält, bleibt in ihm und er in ihm; und hieran erkennen wir, dass er in uns bleibt; durch den Geist, den er uns gegeben hat."* Es ist völlig klar, dass es der Geist Christi ist, der in einem Glied des Leibes Christi innewohnt, denn der Christ ist ja in Christus und Christus ist in Ihm und zwar nicht in Form einer Oblate, sondern durch Seinen Geist. Das erfundene Konstrukt mit einer weiteren Person neben Christus, die nun irgendwie in dem Gläubigen wohnt, ist abwegig. Das umso mehr als das Neue Testament den Gläubigen mit dem Geist Christi in Verbindung bringt. So schon bei Petrus, der bezeugt (1 Petr 1,11), dass schon die früheren Gläubigen *„forschten, auf welche oder auf was für eine Zeit der Geist Christi, der in ihnen war, hindeutete, als er die Leiden, die auf Christus kommen sollten, und die Herrlichkeiten danach vorher bezeugte."* Hier heißt es ausdrücklich, dass es der Geist Christi ist, der den Gläubigen innewohnt.

Paulus bezeugt in Röm 8,9 *„Wenn aber jemand Christi Geist nicht hat, der ist nicht sein."* Von einer dritten Person, die man Heiliger Geist nennen könnte, spricht er dabei nicht. Für Paulus ist der Geist, der sich bei gläubigen Menschen bemerkbar macht, keine dritte Person, sondern der Geist Christi. Daher kann er sagen: *„Weil ihr nun Kinder seid, hat Gott den Geist seines Sohnes gesandt in unsre Herzen, der da ruft: Abba, lieber Vater!"* (Gal 4,6) Die Trinitätslehre ist eine der verhängnisvollsten Irrlehren der Kirchen. Sie widerstrebt dem ersten Gebot, welches Gott den Israeliten gab. Da heißt es: *„Du sollst keine anderen Götter haben neben mir"* (2 Mos 20,3)

Ein Ausleger versteigt sich sogar zu der Aussage, es stünde in 1 Joh 3,24 „das ganze Geheimnis der Dreieinigkeit Gottes vor uns". ***63** Das ist pure Fantasie, die mit dem Ausleger durchgegangen ist und letztlich ein trauriges Beispiel für ein Irregeleitetsein, das zu einer Irreführung wird. Man gibt die Verwirrung, die man übernommen hat, an andere weiter. Man muss dem jedoch nicht nachgehen. Hier in diesem Vers geht es eindeutig um Christus und Seinen Geist und sonst gar nichts.

Wer das nicht sehen kann, ist als Ausleger unglaubwürdig und ganz offensichtlich dogmatisch voreingenommen. Er legt nicht aus, sondern hinein.

Das wäre an sich nicht weiter zu beachten. Allerdings ist zu bedenken, was man dabei bei sich selber bewirkt, wenn man von JHWH-Jesus Christus, die Ehre nimmt, die Ihm zusteht. Wer das, was Christus tut, einem anderen zuschreibt, ehrt Ihn dadurch sicher nicht. Das kann Ihn betrüben (Eph 4,30). Eine Betrübnis ist immer eine Störung einer Beziehung. Johannes wiederholt das Gesagte nochmals in 1 Joh 4,13 in einer Variante: *„Hieran erkennen wir, dass wir in ihm bleiben und er in uns, dass er uns von seinem Geist gegeben hat."* Vorher ist von Gott geredet. Es ist auch hier eindeutig. Der Geist von Gott ist entweder von Gottes Sohn Christus, oder von dem Vater. Nirgendwo ist von einer dritten Person die Rede. ***64**

In **1 Joh 4,1-3** warnt Johannes vor falschen Propheten und gibt an, woran man sie erkennen kann, was gleichbedeutend damit ist, dass man den Geist Gottes erkennen kann. *„Hieran erkennt ihr den Geist Gottes: Jeder Geist, der Jesum Christi im Fleische gekommen bekennt, ist aus Gott; und jeder, der das nicht bekennt, ist nicht aus Gott."* (**1 Joh 4,2-3**) Da gab es die Gnostiker und andere, die sich nicht vorstellen wollten, dass Gott sich mit der menschlichen Leiblichkeit herablassen würde Seine geistliche Existenz auch nur im Geringsten einzuschränken. Im Wesentlichen läuft diese Markierung eines Geistes, der nicht von Gott kommt, darauf hinaus, dass die Doppelnatur Jesu als ganzer Mensch und ganzer Gott verneint wird. Der Christus, der dann übrigbleibt, wenn man entweder das eine oder das andere bezweifelt, ist nicht mehr Jesus Christus, sondern ein Anti-Christ im Sinne eines Anstelle-Christus. Daher sagt Johannes: *„Und dies ist der Geist des Antichrists"* (**1 Joh 4,3**) Wer nicht den Geist aus Gott hat, hat kein geistiges Vakuum, sondern einen noch antichristlichen Geist. Johannes betont diesen Dualismus, wer nicht Gott zum Vater hat, ist ein Kind des Teufels. Zeitweiliger Dualismus, den es überall in der Welt gibt, weil es sich um eine unerlöste Welt handelt, soll aufgelöst werden.

Da Johannes in seinem Brief die Leser mit „Kindlein" anspricht, dürfte die Vermu-tung, dass er ihn im fortgeschrittenen Alter geschrieben hat, zutreffen. Johannes soll ja ein hohes Alter erreicht haben. Wenn er dann eine so strenge schwarz-weiß Sicht der Dinge hat, unterstreicht das seine Aussage noch. Weil es um alles oder nichts geht, ermahnt Johannes die, die er Kindlein nennt, die aber geistlich nicht den Stand von unmündigen Kindern haben sollten, „prüfet die Geister" (**1 Joh 4,1**). Doch dazu muss man selber den richtigen Geist haben. Der hat sich allem Anschein nach aus vielen Kirchen verflüchtigt, anders kann man sich die vielen unbiblischen Anwandlungen und Ausweitungen nicht erklären. Die Gesetzlosigkeit wird in den Kirchen sogar zum Teil noch potenziert.

Ein Beispiel dafür: Homosexualität wird nicht mehr als Sünde gesehen. Dadurch brechen nicht nur Dämme der Moral, sondern das Evangelium kann nicht mehr kraftvoll und in der Wahrheit gepredigt werden, es verliert sich und verschwindet, nachdem längst der Geist Christi verschwunden ist. Damit noch nicht genug, nicht nur die Sexualmoral wird ausgehöhlt. Man erlaubt homosexuelle Ehen. Ein Wider-spruch in sich. Damit wird die eheliche Schöpfungsordnung angegriffen. Doch da-mit immer noch nicht genug. Man lässt Homosexuelle geistliche Ämter und ihre Unehen ausüben. Hat man da noch zu erwarten, dass überhaupt noch eine bibli-sche Sicht der Dinge in Bezug auf Sexualität und Ehe gelehrt wird? Wer hier ver-schrobene Ansichten vertritt, kann auch das Verhältnis von Christus zur Gemeinde und deren existentielles Wesen nicht mehr richtig verstehen, denn das Verhältnis von Mann und Frau wird in der Bibel auch als Bild der höheren Beziehung zu Chris-tus und Seiner Leibesglieder verstanden. Wer hier alles durcheinanderwirbelt, ver-liert jedes Maß und Ziel und am Ende den Verstand.

Das biblische Verständnis ist schon lange nicht mehr vorhanden. Man beruft sich ja auch gar nicht mehr auf die Bibel, weil man weiß, dass eine solche Berufung Heuchelei wäre. Die, die es dennoch tun, greifen Sätze heraus, die sie dazu miss-brauchen, ihre Ansichten zu stützen. Ein solcher Satz, der bei ihnen beliebt ist, ist auch von Johannes entlehnt: *„Gott ist Liebe"* (**1 Joh 4,8**). Es ist unsinnig annehmen zu wollen, dass deshalb Gott von Seinem eigenen Vorhaben Abstand nehmen sollte oder Seine moralischen Forderungen über den Haufen werfen sollte. Es ist genau umgekehrt, weil Gott Liebe ist, will Er die Menschen vor Ungemacht bewahren und sie zur himmlischen Freude bringen und nicht zum Höllentanz.

Dazu stiftet der Antichrist an. In **1 Joh 4,3** identifiziert Johannes den Geist des Antichristus. Er hat das Merkmal, nicht zu bekennen, dass Jesus, *„als im Fleisch gekommen"* ist. Wenn Jesus nicht Mensch gewesen wäre, hätte Er aber nicht für die Schuld der Menschen einstehen können. Wenn Jesus nicht Gott gewesen wäre, hätte Er auch nicht das erforderliche Opfer bringen können, um für die Sünden aller Menschen einzustehen. Golgatha ist also nur deshalb ein vollgültiges Opfer gewesen, weil Gott Mensch geworden ist und Gott geblieben ist.

Gnostiker und Juden lehnten diese Sichtweise ab. Heute sind es insbesondere die Muslime, die Jesu Gottheit abstreiten. Ihre Haltung ist ebenfalls als antichristlich zu bezeichnen, auch wenn Muslime behaupten, sie würden die Gesandtschaft Jesu als Prophet Gottes anerkennen. Muslime kennen weder Jesus noch Seinen Vater. Johannes hätte wie Paulus jeden als Antichristen bezeichnet, der Jesus Christus nicht als Herrn anerkennt oder ihn nur zum Schein als Herrn bezeichnet und in Wirklichkeit einen Anstatt-Christus, also ein eigenes Bild von Christus vertritt. Anti- heißt ja sowohl „gegen-" als auch „anstatt-", und deutet darauf hin, dass nicht der wahre Christus vertreten wird sondern ein gefälschter Christus. ***65** Jeder „Christus", der nicht die Hauptmerkmale Christi hat, ist ein gefälschter Christus. Für Johannes waren es folgende Hauptmerkmale:

1. Nur Christus erlöst von der Sündhaftigkeit, nur Er befreit von der Sündenschuld
2. Nur bei Christus gibt es die Werke der Gerechtigkeit
3. Nur bei Christus gibt es Rettung vor dem äonischen Gericht
   Und Paulus hätte diesem allem zugestimmt.

Vergleicht man das mit der Glaubenspraxis mancher Kirchen, die in der Tradition der Amtskirche des vierten Jahrhunderts stehen, dann wird man feststellen müssen, dass dort alle drei Punkte nicht vertreten werden. Bei der Kirche Roms lässt sich feststellen:

Zu 1.: der Priester spricht von Sünden frei und beruft sich bei der Sühnung auf Maria und andere Heilige, die einen Schatz von guten Werken abrufbar erworben haben, die zum Sündenerlass genutzt werden können

Zu 2.: der Mensch kann durch eigenes Bemühen gerechte Werke erreichen, die Gott anerkennt und zum Beispiel durch Sündenerlass belohnt

Zu 3.: der Mensch erbringt selber durch Entscheidung das rettende Glaubenswerk, der Glaubensakt ist gleichzusetzen mit dem Glauben an die katholische Kirche, man kann nur in der katholischen Kirche gerettet werden, dazu muss man der Kirche gehorsam sein und ihre Sakramente nutzen

Dem kann man das Konzept der babylonischen Mysterienreligion gegenüberstellen, aus deren Umfeld Gott Abraham herausholte:

Zu 1.: der Mensch überlässt dem Priester sein Opfer, der es für Gott angenehm opfern soll, der Priester ruft die Göttin Ishtar an oder andere Götter der Götterfamilie (Bel, Tammuz)

Zu 2.: der Mensch kann durch eigenes Bemühen Gott wohlgefällige Werke verrichten, die Gott belohnt

Zu 3.: nur unter Anwendung der Mysterienkulte kann die Seele erlöst werden.

Man kann deutlich erkennen, dass die Nähe der Kirche Roms zu Babylon größer zu sein scheint als zu Jerusalem.

Während bei Johannes alles in Christus und durch Christus und zu Christus geschieht, was Rettung und Befreiung von der Sündenschuld bringt, ist es bei der babylonischen Religion ein Zusammenwirken von Mensch und Gott über den Priester. Ohne den Mensch kann Gott nichts machen. Der Mensch trägt entscheidend zu seiner Erlösung bei. Das ist auch die Religion Goethes: „Wer immer strebend sich bemüht, den können wir erlösen." Bei Goethe singen es die Engel. Er hat recht gehört, aber es sind die Engel Babylons, sie bürgen nicht für Wahrheit. Ihre Erlösung ist die Ablösung von Gott.

Bei Johannes ist es umgekehrt, wer immer strebend sich bemüht, kann streben und sich mühen wie er will, es erlöst ihn nicht, denn das vermag nur Christus.

Johannes lässt auch wissen, dass *„der Geist des Antichrists" „schon in der Welt"* ist (**1 Joh 4,3**). Er ist auch seit Johannes nicht mehr aus der Welt herausgegangen. Er hat sich allerdings geschickt getarnt. Die beste Tarnung einer Fälschung, einer Anstatt-heit, ist die, welche nicht für eine Tarnung, sondern für ein Original gehalten wird.

Der Christus und die, welche Ihm angehören, werden in der Welt nicht gehört. Gehört werden die, welche dem Anti-Christ angehören, weil er von der Welt ist. Er ist aber eben auch in der Welt! *„Sie sind aus der Welt, deshalb sprechen sie aus der Welt, und die Welt hört sie."* (**1 Joh 4,5**).

Für nicht wenige Christen ist die gesamte Kirchengeschichte die Geschichte der weltlichen Kirchen und nicht der Christusgemeinde, denn sie wird nicht gehört und erscheint nicht in der Geschichtsschreibung der Welt. Allenfalls hie und da mag es Hinweise geben, denen ein Ereignis zugrunde liegt, für welche die Christusmenschen verantwortlich waren.

Wer weiß, dass er aus Gott ist und rechtgläubig ist, hat ein untrügliches Zeichen dafür, ob er es bei anderen mit Rechtgläubigen zu tun hat. Johannes offenbart diese Wahrheit: *„Wir sind aus Gott; wer Gott erkennt, hört uns; wer nicht aus Gott ist, hört uns nicht. Hieraus erkennen wir den Geist der Wahrheit und den Geist des Irrtums."* (**1 Joh 4,6**). Das hilft zwar denen, die nicht aus Gott sind, nicht, da sie sich sowohl, was die Lehre als auch was den Stand derer, die aus Gott sind, betreffen, irren. Aber es ist für diejenigen, die wissen, dass sie aus Gott sind, weil sie aus Gott sind, ein immenser Wissensvorsprung. Sie sollen ihn nutzen, um sich zu schützen. Sie können so aber auch die Lehren anderer beurteilen. Es gibt also die Situation, dass diejenigen, welche aus Gott sind, die rechte Lehre kennen, aber von der Welt nicht gehört werden. Im Gegenteil wird man sie als Irrlehrer betrachten und nicht weiter beachten.

Dieser Umstand bedeutet aber auch, dass das Evangelium, insoweit es die Fülle der Lehre über Gott und seinen Weg mit der Menschheit betrifft, immer nur von denen, die aus Gott sind, ganz verstanden und erklärt werden kann, während die anderen allenfalls Teilkenntnisse über das Evangelium haben, ohne dass ihnen dieser Umstand voll bewusst sein könnte. Das erklärt auch ihren oftmals dogmatischen Irrtum und die Engstirnigkeit, mit welcher unbiblische Lehrsätze verteidigt werden.

In **1 Joh 4,7-8** greift Johannes wieder sein Lieblingsthema auf. Die Liebe. An erster Stelle steht hier die Liebe untereinander. Und auch hier hat die Begründung universalistischen Anspruch: *„Denn die Liebe ist aus Gott; und jeder, der liebt, ist aus Gott geboren und erkennt Gott."* (**1 Joh 4,7**) Den Nächsten zu lieben ist oft schwerer als den Übernächsten und Fernen, weil man ja mit ihm konfrontiert wird. Wie schwer das fortgesetzte und nachhaltige Lieben ist, sieht man daran, dass bei den Nahestehendsten die Liebe auch zur größten Abneigung entwickeln kann. So sehr braucht man also die Nähe zu Gott, damit man nicht aus der Nähe zum Menschen herausfällt. Das Verhältnis Eltern – Kind und Ehemann – Ehefrau ist sogar noch mehr anfällig gegen den Liebesschwund. Wenn der da einsetzt, ist die Fallhöhe am größten. Man wird nicht nur mit den echten oder vermeintlichen Unzulänglichkeiten des anderen bekannt gemacht, sondern auch mit den eigenen. Während man das erste vielleicht noch wegstecken kann – denn man liebt ja und ist ein soziales Wesen! – ist das, was man über sich selber oft genug schonungslos erfährt, doch nicht mehr zum Aushalten und so entfernt man sich lieber von den Spiegelungen der eigenen Seele. Und doch bleibt bestehen, ohne Erkennen Gottes, der ja Liebe in Person ist, bleibt auch die Selbsterkenntnis und das Erkennen der Möglichkeiten, die man hätte im Dunkeln. Die Menschen kennen ihr eigenes Potential nicht, weil sie sich nicht mit Gott einlassen und so bleibt auch ihre Liebesfähigkeit verkümmert.

Und so fährt Johannes folgerichtig fort: *„Wer nicht liebt, der kennt Gott nicht; denn Gott ist Liebe."* (**1 Joh 4,8**) Das ist so zu verstehen, wer keine Liebe zeigt, vor allem auch keine Liebe infolge seines Kennengelernthabens Gottes, hat das Wesen Gottes und damit auch Seine Heilswege noch nicht richtig erkannt. Menschliche Liebe hat jeder, darum geht es Johannes hier nicht. Er denkt an die besondere Liebe, die dem Grunde nach dem entspricht, was Paulus in 1 Kor 13 als bedingungslose Liebe beschreibt. Auch hier zeigt sich Lieben und Erkennen, was im Hebräischen schon sprachlich nahe beieinander liegt, hängen aneinander wie Braut und Bräutigam.

Die Identität von „lieben" und „erkennen" wird im hebräischen „jadoa" und im deutschen „meinen" und „minnen" deutlich. Das deutsche Wort Mutterliebe, wird dem Hebräischen „rachamin" von „rechem" - Mutterschoß zugeordnet.

Aber eine Ehe ist unglücklich, wenn sie zu einseitig gelebt wird. Das „Erkennen" wird, wenn es ohne Liebe bleibt, fruchtlos und allmählich gerät es in eine Schieflage. Aber in der harmonischen Einheit von beidem, erschließt sich alles, was der Mensch über Gott wissen kann, den die rechte Erkenntnis und die rechte Liebe werden beide von Gott gestiftet. Sie kommen von Ihm. Gott will das geben, aber Er handelt wachstumsmäßig, Er hält zurück, nicht weil es Ihm um das Vorenthalten geht, sondern um die Schonung. ***66**

Liebe und Erkenntnis passen zusammen. Es gesellt sich die Liebe aber auch zu allen anderen Wesenseigenschaften Gottes.

Wie groß die Liebe Gottes ist, hat historische Ausmaße. Sie ist exakt so groß, dass Er Seine Zugeneigtheit gegenüber den Menschen durch die Opferung Seiner selbst demonstriert hat, um damit zugleich das Existenzproblem des Menschen zu lösen. Das besagt der nächste Vers: *„Darin ist die Liebe Gottes an uns offenbar geworden, dass Gott seinen eingeborenen Sohn in die Welt gesandt hat, damit wir durch ihn leben."* (**1 Joh 4,9** Menge) ***67** Sein Existenzproblem kann der Mensch nicht selber lösen. Das kann nur Gott. Zugleich demonstriert Er Seine Liebe, weil Er Seinen Sohn opfert, damit die Sündenschuld der Menschen getilgt wird. Das ist notwendig, weil in Gottes Gemeinschaft die Sünde nicht Bestand haben kann. Wer unendlich sündig ist, lebt unendlich unglücklich und spürt umso mehr sein Leid, je näher Er Gott kommt. Gott befreit die Menschen also nicht allein deshalb von ihren Lastern, weil Er sie nicht mit ansehen will und weil es bei Ihm keine Dualität geben kann, sondern weil der Mensch es selber bis zur Unausstehlichkeit hassen würde und damit nie ein Ende finden würde. Er braucht also eine Generalüberholung, einen Neuaufbau. Gott handelt also aus Liebe zum Menschen.

In **1 Joh 4,10** weist Johannes gleich im Anschluss darauf hin, dass wir nicht in Liebe zu Gott gefallen sind. Es ist umgekehrt, dass Gott uns zuvor geliebt hat, wie es ein Vater immer tut (Röm 9,25). So heißt es auch in **1 Joh 4,19**. Das Kind kennt seinen Vater anfangs noch nicht. Es lernt ihn erst kennen und dann auch lieben. Und auch der menschliche Vater darf die Erfahrung machen, dass er bis zu einem bestimmten Maß die Sünden seines Zöglings vergeben kann und ihn dennoch weiter liebt. *„Hierin ist die Liebe: Nicht, dass wir Gott geliebt haben, sondern dass er uns geliebt und seinen Sohn gesandt hat als eine Sühnung für unsere Sünden."* (**1 Joh 4,10**) Ein Vater kann auch einmal zornig sein, aber seine Liebe obsiegt. ***68**

In **1 Joh 4,14** wiederholt Johannes seine Aussage, die in ihrer ganzen Tragweite von den Kirchen nicht erkannt worden ist: *„Und wir haben gesehen und bezeugen, dass der Vater den Sohn gesandt hat als Retter der Welt."* Der Sohn Gottes wurde gesandt, die Welt zu retten. Die Frage stellt sich, hat Er diesen Auftrag erfüllt? Wenn nein, wird Er ihn erfüllen? Wenn nein, ist dann das Vorhaben Gottes gescheitert? Wenn ja, wie konnten sich die Kirchen so irren?

„Wer irgend bekennt, dass Jesus der Sohn Gottes ist, in ihm bleibt Gott und er in Gott." (**1 Joh 4,15**) Ob Guru oder Islamist, ob Judenrabbi oder Mystiker, wer nicht bekennen kann, „dass Jesus der Sohn Gottes ist", in dem kann die Wahrheit über Gott und die Menschen nicht sein. Die rechte Menschenkenntnis setzt ja auch die rechte Gotteskenntnis voraus. Die rechte Gotteskenntnis beinhaltet die rechte Kenntnis über Gottes Vorhaben. In der Bibel ist dieses Vorhaben offenbart. Wer davon nichts weiß, kann nur eine weitgehend wertlose Weltanschauung haben, weil

ihr der Schlüssel fehlt, die Welt verstehen zu können. Wer nicht mit Gott rechnet, kann sich nur verrechnen. Die genauste Rechnung kann der aufmachen, mit dem Gott Seine Rechnungen auftut.

Leider wird der Geist, der nicht aus Gott ist, viel zu oft nicht geprüft und als solcher aufgedeckt. Je weniger es gibt, die ein gesundes Urteil geben können, desto mehr wird sich in den Kirchen ein falscher Geist ausbreiten.

Johannes hat nicht vergessen, was Jesus im Kreis Seiner Jünger wenige Stunden vor Seinem Tod über das Einssein gesagt hat (Joh 17,17ff). Er verbindet hier zwei Dinge miteinander, die an Bedeutung kaum zu übertreffen sind. Das absolute Merkmal der Rechtgläubigkeit ist, zu glauben, dass Jesus der Sohn Gottes ist. Damit scheiden andere Religionen und Glaubenskonzepte aus dem Kreis der Kandidaten, das zum Heil führende Richtige über Gott sagen zu können, aus. Sie haben null Erlösungspotential. Hinzu kommt, dass auch nur dieser biblische Glauben mit dem Bekenntnis an Jesus als den Sohn Gottes ein Einssein mit Gott bringt. Man kann doch auch nicht mit einem Bild einer Braut, die nicht wirklich existiert eine fruchtbare Ehe eingehen!

Das ist die höchste Form der Beziehung, die man zum Urgrund allen Seins und in Glückseligkeit haben kann, dass man sich in diesen Christus ein und unterordnen lässt und so selber die „Sohnschaft" eines Gottessohns bekommt. Wer den Sohn nicht hat, hat den Vater nicht und kann nicht selber Sohn werden. Wer aber den Vater nicht hat, liegt völlig neben dem Erlösungsweg, begibt sich komplett ins Abseits, kommt nicht zum Ziel, erreicht seine Bestimmung nicht. Es ist daher nicht nur irreführend, sondern höchst kontraproduktiv, wenn Kirchenvertreter sagen, dass alle Wege zu Gott führen und jede Religion ihre Berechtigung hat. Berechtigung von wem? Von Satan? Und Berechtigung wozu? Zur Irreführung?

Die Bibel ist auch in Hinsicht auf das Judentum unmissverständlich. Wer den Sohn nicht hat, hat den Vater nicht. Umgekehrt ist es der Vater, der sein Volk hat und nie aufgegeben hat. Daher ist das Verhältnis von Israel zu Gott ein anderes, weil Gott es ein anderes sein lässt. Er hält die Treue zu Israel. Israel ist die erste unter den Nationen, die ihr Ziel im messianischen Reich erreichen. Wenn auch Israel seinen Gott nicht kennt und nur eine ungefähre Ahnung hat, Gott kennt Sein Volk.

In und durch Jesus Christus mit Gott eins zu sein, ist die höchste Form der menschlichen Existenz. Es ist die höchste Form des menschlichen Bewusstseins, wenn es vom Geist Gottes aufgeweckt worden ist und nicht nur den tiergleichen Bedürfnissen nachjagt. Johannes stellt den Zusammenhang zwischen dem Bekenntnis zu Jesus und dem Einssein heraus. Aber was ist das Bekenntnis? Es ist mehr als ein Lippenbekenntnis. Es ist eine Geisterkenntnis. Der Mensch hat erkannt, dass es der Geist Gottes ist, der ihn lehrt und mit ihm wandelt. Sich zu Christus bekennen, fängt klein an und wächst immer weiter, bis das Bekenntnis das ganze Denken und den ganzen Leib erfasst hat. Man wird zu einem lebenden Bekenntnis, wo man vorher noch eine lebende Verneinung, ein lebender Selbstwiderspruch war. Nichts anderes ist es, wenn man seiner Bestimmung im Einssein mit Gott flieht und sich mit der sterbenden Welt eins machen will, was nie ganz gelingt und wenn es gelingen würde, doch auch nur Todeswesen hätte. Bekenntnis zu Christus wird zu einem Bekenntnis in Seinen Geistleib hinein und dann zur Gottesnähe hin, weil es durch Ihn lebendig und zu Ihm hin wachsend ist.

Doch was sagt Johannes noch dazu als Nächstes? *„Und wir haben erkannt und geglaubt die Liebe, die Gott zu uns hat."* (**1 Joh 4,16**) Das ist ebenfalls aus zwei Gründen wichtig. Die Liebe Gottes war es, von der aus das Bekenntnis seinen Anfang genommen hat, denn wenn Gott sich nicht in Seinem Sohn den Menschen zugewendet hätte, wüssten sie nichts von Ihm. Der Sohn war ja schon im Alten Testament der JHWH. Das Bekenntnis zu Ihm ist die Antwort auf Ihn. Er hat sich zuvor zu Seiner Schöpfung bekannt und indem Er sagt, dass Er alle zu sich ziehen wird (Joh 12,32), hat Er das Ziel Seines Bekenntnisses angegeben. Das Bekenntnis ist aber zugleich ein Vorgang, der ohne Liebe Gottes nicht ablaufen kann. Daher sagt Paulus, dass ohne Liebe alles nichts ist (1 Kor 13,1ff). Und das ist auch der Grund, warum jede Art von Gottesdienst und von Frömmigkeit zu nichts nütze ist, wenn sie nicht von der Liebe Gottes getragen ist. Da wo der Geist Gottes ist, ist auch Seine Liebe. Er kann nie von dem, was Er ist, getrennt werden. Deshalb ist es falsch, wenn Kirchenleute sagen, dass Gott die Menschen in die Verdammnis entlassen würde und aufhören würde Menschen zu lieben, oder dass in den Gerichten Gottes keine Liebe mehr wäre. Ganz im Gegenteil sind die Gerichte Gottes ohne Seine Liebe gar nicht denkbar.

Wenn Johannes davon spricht, dass man erst in Christus die Liebe erkannt und geglaubt hat, dann deshalb, weil das Leben und Sterben Jesu Christi ein einziger Liebesakt war, um sicherzustellen, dass die Liebe Gottes sich über die ganze Schöpfung, angefangen beim Menschen ausbreiten kann. Und auf Golgatha ist dann auch der Samen für den rechten Glauben gelegt worden, der eigentlich nichts anderes ist als Gottvertrauen. Es ist das Vertrauen darauf, dass Gott alles, was Er angekündigt und in Christus zu einem alles entscheidenden Punkt gebracht hat, ausführen und vollenden wird. Zwei Sätze drücken das in Kurzform aus. Zuerst die Ankündigung Jesus: *„Ich werde alle zu mir ziehen!"* (Joh 12,32). Das mochten Ihm die Jünger glauben oder nicht. Wenn sie Ihm vertrauten, mussten und durften sie Ihn beim Wort nehmen. Und dann die Worte Jesu am Kreuz: *„Es ist vollbracht!"* (Joh 19,30) Beides von Johannes überliefert. Jetzt durften die Jünger umso mehr auf Jesus vertrauen. Erst Recht nach der Auferstehung, denn wer Macht über den Tod hat, dem darf man glauben, wenn er sagt, dass er den Tod besiegt hat, *„und der Tod wird nicht mehr sein"* (Of 21,4)

Den Kirchen des 21. Jahrhunderts fehlt dieses Gottvertrauen „durch die Kirchenbank". Sie glauben Jesus keinesfalls, dass Er auch den letzten Feind, den Tod, besiegt hat (1 Kor 15,26). Sie glauben Jesus nicht, wenn Er sagt, dass Er alle zu sich ziehen wird. Sie glauben Jesu nicht, wenn Er sagt, dass Sein Heilswerk vollbracht ist. Sie argumentieren dabei so wie es auch die Juden tun, wenn sie leugnen, dass Jesus der Christus ist. „Wo ist das Friedensreich, das Er für Israel schaffen wollte? Es ist noch nicht da, weil Jesus noch nicht da ist." Und die Kirchen? Sie sagen, „Wir sehen doch, wie viele nicht sich zu Jesus bekennende Menschen sterben. Ihnen bleibt nur das Gericht und die Verdammung."

Und sie unterstellen Gott ein Entweder-oder-Denken als letzter Weisheit Schluss, obwohl die Bibel klar erkennen lässt, dass Gottes Wesen nicht Verdammung ist, die über Barmherzigkeit triumphiert, sondern dass es umgekehrt ist und Gottes Gerichte genau diesem Zweck dienen, aus einem sich selbst und andere verdammenden Menschen einen nach Liebe und Gottes segnender Heiligkeit sich sehnenden Menschen zu machen, der dann für sich und andere zum Segen werden kann. Bei den Menschen ist das nicht möglich. Deshalb gelingt das auch keinem hier in diesem Leben und in dieser Welt. Deshalb dem Leben der Menschen hier Beschränkung und Tod auferlegt.

Doch bei Gott ist es möglich, denn Er hat alle Zeit Seiner unermesslichen Welt; Er hat unbegrenzte Macht. Vor allem hat Er Liebe, eine Liebe die den Retterwillen hat, der zu dieser Schöpfung passt. Und das betont Johannes hier. *„Gott ist Liebe, und wer in der Liebe bleibt, bleibt in Gott und Gott in ihm."* (**1 Joh 4,16**). Und diese Liebe muss man erkannt und geglaubt haben.

Bei den Kirchen gibt es dazu nur Stückwerk. Die Kirchenleute wollen in den Himmel kommen, aber ohne diese Liebe, die Gott hat, schaffen sie das nicht. Erst recht nicht, wenn sie den Status haben, Verdammungsbefürworter zu sein. Im Himmel gibt es keine Endgültig- Verdammer. Im Himmel gibt es nur den Allvollender. Da gibt es nur den, der sagte „es ist vollbracht!" und solche, die Ihn dabei unterstützen, dass bereits angefangene Vollbringen zu Ende zu bringen.

Ein Bekenntnis zu Christus, ein Ihn-Erkennen und Ihm-Glauben und Ihm-Vertrauen, kann es also, nach Johannes, nur geben, wenn man auch die Liebe Gottes erkannt und geglaubt hat. Sie ist in Christus, sie kommt durch Christus zum Menschen und sie bleibt. Sie legt sich aber nicht auf die faule Haut, sondern wird aktiv nach innen und nach außen. Der Geist Gottes wird nicht gleich jedem alles über die Liebe offenbaren. Das kann Er wegen des gebremsten und oft genug verhinderten Wachstums der Glaubensmenschen den Kindern im Verstehen nicht antun. Er wird sie nicht überfordern.

Die Liebe Gottes war es, die Gott dazu gebracht hat, die Himmel und die Erde mit den Geschöpfen zu erschaffen. Sie will nämlich aus sich heraus. Sie will sich anderen mitteilen. Sie will sich schenken. Jeder, der viel und stark geliebt hat, weiß das. Die Liebe will sich dem anderen gegenüber aktiv zeigen. Das gehört zu Ihrem Wesen, sie kann nicht für sich bleiben. Deshalb ruht sie auch nicht, wenn sie noch nicht zum Ziel gekommen ist. Das erklärt auch die große Eifersucht Gottes. Die Liebe Gottes hat aber mit der Schöpfung nicht angefangen, um sie zu verlieren. Menschen wissen, was vergebliche Liebesmühe ist. Und darin liegt auch ein wesentlicher Unterschied zur Liebe Gottes.

Bei Gott gibt es keine vergebliche Liebesmühe!

Daher wirkt die Liebe immer weiter fort, denn sie will die Schöpfung nicht in einem unerlösten Zwischenzustand belassen, sondern zu ihrer Vollendung bringen, wie es dem Liebesplan von Anfang an entspricht.

Liebe heißt Wohlwollen und Wohlwirken.

Während der Mensch viel wollen und wenig davon bekommen kann, *vollbringt Gott auch Ein Wollen. Auf das Wohlwollen folgen das Wohltun und Wohlausführen und zwar so lange, bis das Wohlsein erreicht ist. So kann man Liebe bei Gott definieren.*

Die Liebe Gottes ist das Wohlwollen,
das durch Wohltun zum Wohlsein hinführt.

Das bedeutet aber auch, dass Gottes Wohlwollen kein Halt macht, bevor das Wohlsein erreicht ist. Außerdem bedeutet es, dass sich der gefallene Mensch am wenigsten mit dem speziellen Wohltun Gottes im Einklang befinden wird, weshalb er Gottes Wege mit ihm oft verkennt, ablehnt und bekämpft. Dazu gehören auch die Kreuzeswege und die Gerichtswege. Was der Mensch als Strafe, Leiden, Verdammung erfährt, geschieht nicht außerhalb des Wohltuns, auch wenn es der Mensch nicht so sehen kann. Den Kirchen ist diese Wahrheit nahezu völlig verborgen geblieben.

Sie denken, dass Gott dabei ist, zu retten, was noch zu retten ist. Für sie ist Gott der große Flickschuster. Er sitzt an einem viel zu großen Teich und hat sich wie ein Angler ein Zeitlimit gesetzt, in dem Er versucht, möglichst viele Fische zu fangen. Der Grund für diese Fehlentwicklung des kirchlichen Denkens über Gott liegt in der anfänglichen Gegnerschaft zu Gottes Volk und der Anmaßung an die Stelle Israels getreten zu sein. Wer Israel bekämpft oder Feindschaft gegen Israel sät, ist verflucht. Gott wird den Gegnern Israels nicht alle Offenbarungen geben, denn jede Offenbarung ist ein Segen.

Was für eine primitive Vorstellung doch der Mensch von Gott hat, wenn er diese Offenbarungen nicht hat! Unter dieses Wohlwollen, Wohltun und Wohlsein kann man alles subsumieren, was Paulus in seinem Hohelied der Liebe nennt (1 Kor 13). Aber damit ist die Liebe Gottes bei weitem noch nicht erfasst. Wichtig ist aber, dass sie das ganze All umfasst und ein konkretes Ziel hat, das sie mit ihrer Liebesmacht beständig anstrebt und auch erreicht. Sie erreicht es deshalb, weil sie stärker ist als die Hindernisse auf dem Weg dahin. Hindernisse, die Gott vorausgesehen hat und nie über den Rahmen des Geschöpflichen hinausgeht und deshalb von Gott auch kalkulierbar waren.

Gottes Liebe ist wirkmächtig und allbeherrschend.

Wer vermag die Tragweite dieser Aussage zu begreifen! Man kann Wahres reden und doch nur einen Funken davon verstanden haben.

Gott kann eines nicht. Er kann nichts schaffen, was größer ist als Er. Konkret heißt das, dass nichts existieren kann, was Seinem Wesen widerstehen kann. Gottes Liebe ist eine Siegende! Zwar hat Gott der Schöpfung einen Freiraum geschaffen. Jedoch ist sie nie so frei, dass sie frei von ihrem Schöpfer wäre, denn sie lebt ja nur durch Seinen Atem. Er hält sie im Innern *zusammen.* Die Schöpfung außerhalb des Menschen ist deshalb vom Menschen abhängig, weil nur der Mensch den Freiraum, den er hat, als begrenzten Freiraum wahrnehmen kann. Sein sündhaftes Wesen will ihm zwar sagen, dass er uneingeschränkt regiere und der Mensch alles Wollen könne. Aber damit ist er bereits der Verführung erlegen, er könne sein wie nur Gott ist. Nur bei Gott ist wahre Freiheit. Und nur in Christus wird man dieser Freiheit teilhaftig.

Nur diese Freiheit bedeutet auch Freiheit vom Gericht. Wer die vollkommene Liebe hat, hat vollkommene Freiheit. Die vollkommene Liebe Gottes zielt sowohl auf die Vollendung der Schöpfung ins Wohlsein, so dass alle Geschöpfe die Freiheit in Christus erreichen, als auch auf die Vollendung jedes einzelnen. Jeder für sich und alle für Gott. *69 Deshalb sagt Johannes: *„Hierin ist die Liebe Gottes in uns vollendet worden, damit wir Freimütigkeit haben am Tage des Gerichts."* (**1 Joh 4,17**) Das griechische Parresia bedeutet Freiheit, Zuversicht, Vertrauen. *70

Warum Johannes nun zum Thema „Furcht" kommt, ist nur auf den ersten Blick verwunderlich. *„Furcht ist nicht in der Liebe, sondern die vollkommene Liebe treibt die Furcht aus…Wer sich aber fürchtet, ist nicht in der vollkommenen Liebe."* (**1 Joh 4,18**)

Wer die Liebe Gottes hat, ist frei. Er ist dann aber auch befreit von der Furcht. Wer Furcht hat, ist nicht fei. Jahrhunderte lang hat die Kirche eine Botschaft des Schreckens verbreitet und tut es zum Teil immer noch. Der erste Schrecken ist: wenn ich nicht glaube, komme ich in die Hölle. Der zweite Schrecken ist: wenn ich glaube, aber nicht genug für oder infolge des Glaubens tu, komme ich auch in die Hölle. Hier ist ein Dilemma zu erkennen. Woher weiß ich, dass ich rechtgläubig bin? Wenn ich mich irre, gehe ich verloren. Und inwiefern ist mein Glaube eigentlich echt? Bekenne ich mich nur zu einem Glauben, weil ich der Hölle zu entgehen suche? Ist es das, was Gott will? Natürlich nicht! Gott will eine enge, familiäre Liebes- und Vertrauensbeziehung mit dem Menschen.

Ein Merkmal der Rechtgläubigkeit ist, dass man Jesus als den Messias Israels anerkennt. Das ist gleichzusetzen damit, dass man aus Gott geboren ist (**1 Joh 5,1**). Man kann das auch so übersetzen, dass man von Gott gezeugt und generiert, also zum weiteren Leben in Gott entwickelt wird. All das ist vom griechischen Begriff her möglich. ***71** Ein weiteres Merkmal nennt Johannes im gleichen Vers. Es kann nicht sein, dass die Sönne Gottes untereinander im Unfrieden sein. Da sie von Gott hervorgebracht werden, muss für sie alle gelten, dass sie die Liebe als Bindeglied zu Gott entwickeln und damit auch zu den Mitgläubigen.

„Daran erkennen wir, dass wir Gottes Kinder lieben, wenn wir Gott lieben" (**1 Joh 5,2**). Wer sich nicht sicher ist, dass er genügend den Glaubensbruder liebt, weil man ja nicht immer zweifelsfreie Rückmeldungen bekommt, weiß vielleicht, dass er Gott liebt, denn dazu kann er vielleicht aus reicher Erfahrung schöpfen. Dann aber weiß er, dass er auch die Fähigkeit bekommen hat, den Glaubensbruder zu lieben. Dazu gehört außerdem, was Vers 2 angehängt ist: *„… und seine Gebote galten."* Da sind sie also doch endlich, die Gebote Gottes. Für messianische Juden ist der Fall klar. Hier lässt Gott durch Johannes ausrichten, dass man die Gebote Gottes halten soll. Und das müssen die Gebote der Torah sein. Doch klar ist lediglich, dass Gott mehr gebietet, als die Gebote der Torah. Johannes redet ja dauernd davon: von der Liebe untereinander, der Liebe zu Christus, von dem in der Torah noch gar nicht die Rede war und von vielem anderen mehr, was zu beachten ist und was Gott auch erwartet, denn inzwischen hat eine neue heilsgeschichtliche Phase mit dem Neuen Bund begonnen, der ein anderer Bund ist, als der Bund vom Sinai mit seiner Buchstabensammlung.

In **1 Joh 5,3** bestätigt Johannes, dass sich die Liebe Gottes darin kundtut, *„dass wir Seine Gebote halten"*. Er bringt aber gleich die Begründung dafür, *„Denn alles, was aus Gott geboren ist, überwindet die Welt; und unser Glaube ist der Sieg, der die Welt überwunden hat."* (**1 Joh 5,4**) Liebe - Gebote halten - Überwinden der Welt – Glauben: das ist die Gedankenkette, die Johannes knüpft. Er hat wiederholt von dem Gebot der Bruderliebe gesprochen und es an die Spitze seiner Gebote gestellt. Das hat für ihn persönlich einen aktuellen Bezug.

Der Niedergang einer Gemeinschaft ist wie der Niedergang der Gemeinde daran zu erkennen, dass man miteinander zunehmend Probleme bekommt. Es kommt zu Streit und Entzweiung, weil man sich inhaltlich nicht mehr einig ist. Das ist in einer Gesellschaft ebenso wie bei einer Ehe. Zur Zeit des späten Johannes waren die messianischen Gemeinden unter harte Bedrängnis gekommen, weil sie von zweit Seiten in die Zange genommen wurden.

Dabei teilten sie ironischerweise das Schicksal von Paulus. Doch bei den Gemeinden in Kleinasien waren es die Angriffe des Judentums und des nicht jüdischen Christentums, während es bei Paulus noch die messianischen Juden und die traditionellen Juden waren. *72

Die Gebote, um die es bei Johannes geht, stehen bei ihm unter dem Glauben, denn es ist der Glauben, der siegreich die Welt überwindet, nicht die Werke, die sich aus dem Befolgen der Gebote ergeben. Das Halten der Gebote ist also nur eine Folge des Glaubens. Im Treueverhältnis zu Jesus Christus kann man die Welt überwinden.

Die Gebote Gottes ergeben sich dann aber aus nichts anderem als aus den Worten, die Gott zum Menschen spricht. Daraus folgt eine Absonderung von der Welt, weil sich die Welt nicht an Gottes Willen orientiert.

Sowohl Paulus, als auch Johannes haben einen umfangreichen Verhaltenskodex kundgetan, aus dem klar hervorgeht, dass sie eine Lebensweise vertreten, die in der heidnischen Umwelt hervorsticht und zum Teil auf Ablehnung stößt. Der alte Adam will das alte Leben ausleben.

Manche sagen, dass man aus Liebe zu Gott seine Gebote hält. Das ist aber nicht die oberste Ebene der Einstellung gegenüber Gott. Die Liebe, die in Gott ist, kann nicht anders als sich recht zu verhalten. Sie ist Gott wohlgefällig, denn sie entspricht Gottes untadeligem Wesen. Man ist ja erst dann Gott gleich, wenn man ebenfalls aus der göttlichen Liebe heraus seine Werke tut. Nicht „um zu" tut man etwas, sondern „infolge" des innigsten Lebens- und Liebesverhältnisses heraus. Inniger als in Christus geht es aber nicht! Einem Vater, der sein Kind liebt, muss man nicht das Gebot geben, seinem Kind essen zu geben. Dieses Gebot existiert für ihn nicht einmal. Aber bei dem, was er für sein Kind tut und wie er es tut, wird man erkennen können, was für eine Liebe er für sein Kind hat. Überwinder der Welt wird nicht der, der die Gebote hält, weil er die Gebote hält, sondern weil er den rechten Glauben und somit das rechte Verhältnis zu Gott hat (**1 Joh 5,5**). Die Werke folgen also dem Glauben und nicht umgekehrt. Das rechte Verhältnis zu Gott geht über Jesus Christus: *„Wer ist es aber, der die Welt überwindet, wenn nicht, der da glaubt, dass Jesus Gottes Sohn ist?"*

„Dieser ist's, der gekommen ist durch Wasser und Blut, Jesus Christus; nicht im Wasser allein, sondern im Wasser und im Blut; und der Geist ist's, der das bezeugt, denn der Geist ist die Wahrheit." (**1 Joh 5,6**) Wenn Johannes sagt, dass Jesus *„durch Wasser, Blut und Geist gekommen ist"*, gibt er damit den heilsgeschichtlichen Werdegang Christi an. Zuerst wurde er symbolisch im Jordan untergetaucht, als Zeichen nicht der bußfertigen Umkehr seiner Selbst, sondern eines Gehorsams gegenüber dem Vater, der wollte, dass alle diesem Beispiel folgen – nicht dem Beispiel der Wassertaufe, sondern dem Beispiel der echten Umkehr.

Mit der Taufe in der Nachfolge Christi würde jeder Jude dem alten Bund, der nicht das Heil konnte, begraben und zum neuen Bund erweckt. Für den Juden würde es keine andere Möglichkeit geben in den neuen Bund zu kommen, wenn er nicht auch seine persönliche Heilsgeschichte nach diesem Muster erleben würde: Wasser, Blut, Geist. Das Blut steht für Golgotha. Dort hat Jesus sein unschuldiges Blut vergossen, damit die Schuldigen entsühnt würden. Der Geist ist gekommen, seitdem

Jesus aufgefahren ist. Er hatte selber angekündigt, dass er gehen müsste, damit er den Tröster schicken könnte. Der Tröster ist niemand anderes als der Geist Christi.

Gnostiker lesen hier in **1 Joh 5,6**, dass Jesus nicht im Fleisch gekommen sein kann. Dabei bezieht sich Johannes auf den Istzustand seiner Briefleser. Sie wissen, dass in ihnen der Geist Christi lebendig ist. Diese Schriftstelle kann man als Beleg dafür sehen, dass der heilige Geist der Geist Christi ist, denn *„drei sind, die das bezeugen: der Geist und das Wasser und das Blut; und die drei stimmen überein."* (**1 Joh 5,7-8**) Wenn sie in Christus übereinstimmen, dann müssen sie auch in denen übereinstimmen, die Christi Vorbild gefolgt sind.

Dieser Geist ist natürlich „die Wahrheit", denn Jesus nannte sich selber Wahrheit. Wer lebt wie Christus, noch genauer, wer lebt, weil er in Christus lebt und Christus in ihm, der kann nur in der Wahrheit sein (**1 Joh 5,7**). Auch beweist der Satz: „Und der Geist ist es, der dies bezeugt, denn der Geist ist die Wahrheit.", weil Christus sich selber die Wahrheit nannte und außerdem Jesus das Kommen des Geistes der Wahrheit ankündigte (Joh 16,13), ist klar, dass der Geist, der da kommen sollte, um in den Menschen zu wohnen und sie in der Wahrheit Christi bleiben zu lassen, niemand anders als der Geist Christi sein würde. Manche Ausleger können diesen einfachen Sachverhalt aus dogmatischen Gründen und Eingebundenheit in den akademischen oder kirchlichen Betrieb ihres Berufszweigs nicht erkennen und verstehen das Gesagte gar nicht. Sie bringen dann ihre gedankliche Unschärfe dennoch zum Ausdruck, wenn sie vom „Geheimnis der Dreieinheit Gottes" reden. *73

1 Joh 5,6 kann aber nicht als Hinweis auf die Trinität verstanden werden. Im Vers zuvor heißt es, *„Wer aber ist es, der die Welt überwindet, wenn nicht der, der glaubt, dass Jesus der Sohn Gottes ist."* (**1 Joh 5,5**) Auf diesen Jesus nimmt nun die folgende Feststellung Bezug: *„Dieser ist es, der gekommen ist durch Wasser und Blut: Jesus Christus; nicht im Wasser allein, sondern im Wasser und im Blut. Und der Geist ist es, der dies bezeugt, denn der Geist ist die Wahrheit. Denn diese* *drei, die es bezeugen, der Geist und das Wasser und das Blut, und die drei sind einstimmig."* (**1 Joh 5,6-8**). Nachfolgend wird dieses Zeugnis als Zeugnis Gottes bezeichnet.

Diese Schriftstelle hat mit der Trinität nichts zu tun. Die Wassertaufe war schon vor der Zeit Jesu für die Juden ein Instrument der rituellen Reinheit, das symbolisch für die Befreiung von der Sünde stand. ***74** Vor der Klagemauer in Jerusalem, derzeit im archäologischen Park kann man eine sogenannte Mikwe, ein Reinigungsbad aus der Zeit Jesu, sehen. Aus etwa der gleichen Zeit dürfte das Mikwe im Garten des Dormitios auf dem Zionsberg stammen. Das sind Zeugnisse jüdischer und nicht islamischer Vergangenheit.

Wenn Johannes an seine jüdischen Leser schreibt, dass Jesus „durch Wasser" gekommen ist, will er damit sagen, dass er von der Sünde rein war. Und das bezeugt, dass Er der Messias war. Als zweites verweist Johannes auf das Blut. Auch das ist für jüdische Ohren verständlich, denn Jesus war selber nicht nur rein. Er war auch das makellose Opferlamm, das durch Sein Blut die Sünden der Welt weggenommen hat. Daher bezeugt auch Sein vergossenes Blut, dass Jesus der Erlöser ist. Was fehlt noch als Drittes? Der Geist! Welcher Geist? Der Geist Gottes! Das tat er schon, als Johannes der Täufer Jesus im Jordan ins Wasser tauchte. Aber den Glaubenden Jesu bezeugt es der Geist nach wie vor ebenso, denn wer den Geist nicht hat, kann auch nicht glauben, dass Jesus das makellose Opferlamm war, dass die Sünden der Welt getragen hat. Da es im nachfolgenden **1 Joh 5,9** heißt *„Dies ist das Zeugnis Gottes, das er über seinen Sohn Zeugnis abgelegt hat."* erkennt man, dass der Geist zum Vater einen ebensolchen Bezug hat wie zum Sohn. Gott ist Geist. Da der Vater und der Sohn Gott sind, sind sie auch Geist. Jemand Drittes hier hineinzulesen, ist nicht gerechtfertigt. ***75**

Die Trinitätslehre ist in die Traditionskirche, die zur Amtskirche wurde, hineingewachsen. Das mögen die einen als natürliche Offenbarungsgeschichte beachten. Für die anderen ist es ein nachvollziehbarer historischer Prozess. Inwieweit dabei der Willen Gottes kund gemacht worden ist, ist eine ganz andere Frage. Wer nur nach dem Wort Gottes geht, kann diese Lehre nicht richtig heißen. Auch die katholische Heidenkirche hat erst ab dem vierten Jahrhundert eine zunehmende Bezugnahme auf diese Lehre praktiziert. Auch der Textus Receptus, auf die sich die Katholiken berufen, kennt eine Textvariante mit einer Hinzufügung in Vers 7, die deshalb nicht authentisch sein kann, weil sie nicht in den Kontext passt, sonst müssten Vater, Sohn und heiliger Geist dem Wasser, Blut und Geist entsprechen. ***76** In der textkritischen Literatur finden sich Hinweise, dass sich die entsprechende Ergänzung nur in wenigen Handschriften, von denen keine vor dem 14. Jahrhundert entstanden ist, findet. Sie war den griechischen Kirchenvätern unbekannt, die sie in den Diskussionen des 4. Jahrhunderts unerwähnt ließen. Da es sich um eine katholische Hinzufügung handelt, um die katholische Trinitätslehre zu stützen, ist damit erwiesen, dass sie sonst biblisch nicht gesichert ist.

Wer den Geist Christi hat

1 Joh 5,11-21

Wer den Geist Christi in sich hat, weiß, dass er den Geist Christi in sich hat. Das korrespondiert mit der Aussage von Paulus, dass der Geist Gottes weiß, was in ihm ist. (1 Kor 2,11) Wer den Geist Gottes nicht hat, aber glaubt, ihn zu haben, glaubt es nur. Das kann fatale Konsequenzen haben: *„Ein natürlicher Mensch aber nimmt nicht an. Was des Geistes Gottes ist, denn es ist ihm eine Torheit, und er kann es nicht erkennen, weil es geistlich beurteilt wird."* (1 Kor 2,14) Das ist auch der Grund dafür, dass es so viele Menschen gibt, die sich dem christlichen Glauben zuzählen und widerchristliche Lehren und Lebensweisen vertreten. Wenn sie der Geist Gottes nicht leitet, wissen sie nicht, dass sie der Geist Gottes nicht leitet. Sie können es aber annehmen, weil sie nicht wissen, wie es ist, wenn man vom Geist Gottes geleitet wird. Wäre es anders, hätte es Satan auch nicht so leicht, die Wahrheit zu verfälschen und die Gläubigen zu verführen.

Im einundzwanzigsten Jahrhundert ist es phänomenal, wie sich auf einmal ehemals verfeindete Lager annähern und angleichen und Lehrauffassungen, die jahrhundertelang galten, über den Haufen geworfen werden. Und auch hier gilt, die Beurteilung, ob das Wirken des Geistes Gottes dahintersteckt oder die Verführungsmacht Satans, des Widergeistes, kann nur der gültig leisten, der den Geist Gottes hat und somit die Geister unterscheiden kann.

Beispiele für solche historischen Endzeitzeichen sind die Aussöhnungsbewegungen zwischen Protestanten und Katholiken, das Fortschreiten der Ökumene, die inhaltlich eine Angleichung nichtkatholischer Kirchen an die katholische Kirche darstellt. Die biblische Wahrheit bleibt dabei auf der Strecke. Das aber heißt, dass Christus auf der Strecke bleibt. *77

Das würde immerhin seitens der der katholischen Kirche die Aufgabe des Dogmas bedeuten, dass man katholischen Glaubens sein müsse, um gerettet zu werden. Es können auch Nichtchristen selig werden, wenn sie sich nur der katholischen Kirche unterordnen. Die Kirche backt kleinere Brötchen, seitdem ihr einige Felle davon geschwommen sind! Damit ist sogar das biblische Ziel der Schöpfung und der Heilswege Gottes, nämlich alles Christus unterzuordnen, durch das katholische Ziel mit dem neuen Christus der katholischen Kirche ersetzt worden. Nicht Christus unterordnen, sondern der Kirche Roms. Wer kann daran Interesse haben?

Auffällig ist auch die starke Zuwendung der Traditionskirchen zur charismatischen Bewegung. Kritiker bemerken, dass sich auf diese Weise ein antichristlicher Geist in eine bereits verführte Christenheit einschleichen könnte, der ihr den kommenden letzten großen Antichrist immer einladender macht. *78 Sogar Evangelikale werden mit ihren Kirchen von der Ökumene des Anti-Christentums vereinnahmt. Nicht alle sind damit einverstanden und bemerken: *„Das Streben nach Anerkennung, Einfluss und Bedeutung wurde nicht nur der Kirche im dritten und vierten nachchristlichen Jahrhundert zum Verhängnis. Es scheint auch den heutigen Evangelikalismus einzunebeln und die Rückreise nach Rom zu beschleunigen."* *79

Luther sagte einmal, theologisch folgerichtig gedacht: *„Wenn der Papst seine Krone absetzt und von seinem Thron heruntersteigt und auf den Primatsanspruch verzichtet und bekennt, dass er geirrt und die Kirche verdorben und unschuldiges Blut vergossen habe, dann wollen wir ihn in der Kirche aufnehmen. Anders muss er für uns immer der Antichrist bleiben."* ***80**

Es war auch Luthers Ansicht, dass der Papst so lange keinen Anteil am Leib Christi haben kann, als er den ganzen Christus für das Heil ablehnt. Er will ja nur ein bisschen mit Ihm eins sein, der nicht geringe Teil seines Einsseinwollens gilt ja der Maria. Mit wem will das Papsttum denn verheiratet sein? Mit Maria oder mit Christus? Bei Maria besteht mit Sicherheit kein Interesse, denn sie ist Jüdin und wird davon zu hören bekommen, was die katholische Kirche den Juden in zweitausend Jahren angetan hat. Sie wird die Bewerbung der Kirche ausschlagen und nicht auf ihr Liebeswerben und ihre Schmeicheleien eingehen. Und Jesus? Er wird den Parteigängern Roms den Platz weisen, der ihnen zukommt.

Immer noch gibt es Theologen, die bekennen, dass sie die Kirche Roms nicht für einen geeigneten Kandidat und eine gute Partie für Jesus halten. Sie sagen, die katholische Kirche war auch nie ein Teil des Leibes Christi und wird es auch nie werden. Solange sie sich nicht ganz zu Christus bekehrt, wird sie wenig gelobtes Land zu sehen bekommen, geschweige denn eine Eigentumswohnung im Palast Gottes. ***81**

Die Kirche Roms ist in 1.500 Jahren nicht umgekehrt von ihren Traditionswegen, die zum Teil Abwege in die Finsternis der Verfolgung Rechtgläubiger und Juden und anderer Unschuldiger waren. Es waren auch Wege der Irrungen, Wege der Gewalt und Anmaßung. Auch die Reformation vor 500 Jahren hat ihr Antichristentum nur noch weiter herausgefordert. Und nach der unsäglichen Tradition ihrer Judenfeindlichkeit, die mit dem Holocaust einen traurigen Höhepunkt erreicht hat, kam es immer noch nicht zur Umkehr. Die Ökumenebewegung, die zu allererst eine Bewegung der protestantischen Kirchen auf die katholische Kirche zu ist, stärkt das Selbstbewusstsein Roms. Insofern tragen die Protestanten und Evangelikalen zur

Verweigerungshaltung gegenüber Christus bei, anstatt wie die Reformatoren die Verfehlungen und das Antichristentum dieser Kirche deutlich anzusprechen. Es gibt viele Warner, die auch für die Nachfahren Luthers mit dem Schlimmsten rechnen: Dieser Zweig der Christenheit werde deshalb dem Gericht ebenso verfallen wie die Papst- bzw. „Heiliger-Vater-Kirche".

Entscheidend ist, was Gott anerkennt. Aber das entnimmt man der Bibel, nicht vatikanischen Verlautbarungen. *82

Wer hätte gedacht, dass die Erben der Reformation sich unter den Hut des Papstes zaubern lassen! Eine Rückkehr zum kirchlichen Heidentum ist natürlich jederzeit möglich, wenn man die Anfangsgabe des Geistes systematisch gedämpft und des Feldes verwiesen hat. Der Geist Christi ist in diesem Äon sanftmütig (Mt 11,29), er drängt sich nicht auf, er versucht immer wieder den diabolischen Gedankenschwall in den Kirchenköpfen zu unterbrechen, aber die Wahrheitsverweigerer lassen ihn nicht zu Wort kommen.

Dafür kann es die unterschiedlichsten Gründe geben. Aber es ist einsichtig, dass die Bibel auch hier die richtigen Hinweise gibt. Es gibt eine starke geistliche Macht, die ein großes Interesse daran hat, dass es mehr Menschen, die sich als Christen bezeichnen lassen, gibt, die der verführten Variante zuzuzählen sind. Wer nur glaubt, dass er Christ ist, es aber nicht wirklich ist, über den hat Satan noch Macht. Das ist die klare biblische Aussage.

In den letzten Tagen dieses Äons zieht sich auch der Geist Gottes immer mehr zurück. Vielleicht bleibt er nur noch in denen, die entrückt werden. Entrückt werden nur die, die noch nicht gestorben sind. Und ihre Zahl kann klein sein, wenn Gott vorher alle anderen sterben lässt. Wenn es Nacht wird, werden auch keine neuen Lichtträger aufgeweckt, denn nachts schläft man. Und dazu soll es finster sein.

Das erklärt, warum als Licht vorgetäuschte Finsternis immer mehr mit Licht verwechselt wird. Die Zahl derer, die hier den klaren Durchblick behalten, wird geringer. Man braucht einen inneren Scheinwerfer, um in der Finsternis etwas erkennen zu können. Das ist der Geist Christi. Ehemals christlichen Verlagen geht es nicht anders als den Glaubensgemeinden. Sie werden entweder stillgelegt oder sie werden anti-christlich unterwandert. Sie bieten nicht mehr biblische Lehren, sondern Esoterik, charismatisches und ökumenisches Gedankengut. Dazu kommt Kritik an den Fundamentalisten und Warnern. Neben viel Gutem wird zunehmend noch viel mehr Ungutes verbreitet. *83

Der Anteil des Anti-Christlichen wächst beständig, geradeso wie der Anteil des Biblischen dahinschwindet. Der *„Engel des Lichts"* (2 Kor 11,13-14) ist inzwischen so unverfroren und schamlos, weil er es sich leisten kann, denn eine Mehrheit hat ihn bereits ins Herz geschlossen und umfängt ihn mit Wärme und Gastfreundschaft. Er braucht keine hinterlistige Tarnung mehr. Es stehen ihm die Gräuel der Verführung auf die Stirn geschrieben. Aber das tut nichts zur Sache, weil die Gastgeber blind sind. Plötzlich werden Spiritisten und spiritistisch beeinflusste Geistesgrößen, die klare Zeichen okkulter Beeinträchtigung und Ablehnung biblischer Lehren erkennen lassen, als vorbildlich dargestellt. *84

Die Propheten, die sich dem entgegenstellen, werden weniger. Sie werden zu Randerscheinungen *„Man kann es tatsächlich beobachten, was sich in unseren Tagen ausbreitet! Droge, Magie, Okkultismus und Perversion auf der einen, Mystik und zunehmende „Erleuchtungen", Prophezeiungen und schwärmerische „Erweckungen" auf der andren Seite."* *85

Der in der weltweiten Christenheit sich ausprägende Hang zu mehr Spiritismus, Okkultismus und Mystizismus muss man aus biblischer Sicht als ein vom Satan inszeniertes Programm zur Installierung des Antichristentums betrachten, denn Spiritismus ist der Ersatz für den Geist Christi, den jeder wahrhafte Bekehrte hat, Okkultismus ist die Zuhilfenahme verborgener Mächte zu anderen „Heilsabsichten", hinter denen immer Unheilsabsichten stecken, obwohl doch Jesus Christus Seine erlösende Macht am Kreuz für alle sichtbar dargestellt hat. Mystizismus ist das Forschen nach einem Einswerden mit einem unbekannten Gott, der sich und Sein Wollen in Seinem Sohn offenbart hat.

Dass die letzten Tage gekommen sind, lässt sich an vielen deutlichen Zeichen erkennen. Wie lange die letzten Tage noch dauern und wie viele ihrer noch sind, ist eine andere Frage. Die Zustände in der Gesellschaft sprechen eine unmissverständliche Sprache, dass das Christentum auf dem absteigenden Ast ist. Es wird abgelöst durch etwas anderes, was anscheinend in der Lage ist, das mit dem Unbiblischen kompatible Kirchenchristentum zu dulden. Doch es gibt einen großen qualitativen, nicht nur quantitativen Unterschied zu früheren Zeiten.

Böse Menschen gab es schon immer, auch in den Kirchen. Auch Kirchenobere gehörten dazu. Was aber in den letzten einhundert Jahren hinzugekommen ist, ist die inflationäre Zunahme von Kirchenzugehörigen und Namenschristen aller Herkunft, die in offene Rebellion gegen Gottes Wort gehen. Daher darf man sie die „Unbiblischen" nennen. *86 Die Bibelkritik als anerkannte Wissenschaft gibt es erst seit ungefähr einhundert Jahren. Das „sollte Gott gesagt haben" steht vielen auf die Stirn geschrieben. Das geht einher mit dem Absegnen von gegen Gottes Ordnungen und Gebote angehende Moden und Gewohnheiten.

Man müsste es prophetisch nennen, wie Fritz Binde vor einhundert Jahren das nicht mehr ganz so christliche Abendland charakterisiert hat, wenn er nicht einfach nur die Zustände seiner Zeit analysierte und die folgerichtigen Schlüsse, für das, was aus seiner Sicht, bald kommen musste, gezogen hätte: *„Beides wird gegen das Ende des Zeitalters hin schnell heranreifen. Die Scheidung vollzieht sich bereits vor unseren Augen. Hier Menschengeist, hier Gottesgeist. Hier geistreicher Ichdünkel, hier Bettelarmut im Geist. Hier ich- und kulturseliger Welttaumel, hier gottgemäße Betrübnis zur Buße. Hier stolzer Kaufrausch, hier selbstverneinende Sanftmut. Hier ruhmredige Selbstgerechtigkeit der Einzelnen, der Parteien und der Völker, hier Gottes Gerechtigkeit bei den Hungernden und Dürstenden nach Gott. Hier zunehmende, selbstsüchtige Herzensverhärtung trotz zunehmender Liebes- und Sozialarbeit, hier stille, wirkliche Barmherzigkeit. Hier Herzensverrohung, hier Herzensreinigung. Hier Selbstverblendung, hier Gottesschau. Hier Krieg, hier Frieden."*

*87 Schon damals also. Und wie würde es weiter gehen? So der Ausblick bei Binde: *„Immer mehr wird man Jesu Seligpreisung der Bettelarmut im Geist als ein Verbrechen gegen die Kultur empfinden. Immer mehr wird man die Träger dieser Bettelarmut als Kulturfeinde bezeichnen."* ***88** Was früher als ideal galt - ein frommer Christ, der der Botschaft der Bibel ersten Rang in seinem Leben einräumt -, wird heute als Armutszeugnis eines gestrigen, etwas verwirrten Fundamentalgeistes gesehen. Bibelgläubige Christen werden sogar von den großen Kirchen in die Ecke gefährlicher Fundamentalisten gestellt und zum Teil mit Islamisten verglichen. *„Völker, die jetzt widereinander Im Krieg liegen, werden sich bald wieder miteinander vertragen. Ihre sogenannten gemeinsamen Kulturinteressen werden sie wieder vereinen."* ***89**

Binde konnte nicht wissen, dass die Auseinandersetzungen des Ersten Weltkrieges noch nicht gänzlich beendet war und mit dem Zweiten Weltkrieg fortgesetzt werden würden. Man denkt zwangsläufig an die EU, wo sich die ehemaligen Kriegsfeinde bemühen, ein gemeinsames kulturelles römisch-griechisches Erbe zu bewahren und dabei das „Christliche" immer mehr zurückdrängen. *„Aber ein Volk wird man je länger desto mehr als den eigentlichen gemeinsamen Feind herausfühlen; es wird das Volk Gottes sein."* ***90** Auch wenn Binde hier nicht an Israel dachte, weil es den Staat Israel damals noch gar nicht gab, für Israel ist das längst wahr geworden. Kein anderes Land wurde von der Staatengemeinschaft der UN so an den Pranger gestellt. *„Wie eine hochmütige Verachtung des hohen Menschengeistes und seiner großartigen Kulturleistungen wird man die Ablehnung der menschlichen Selbsterlösung durch Kulturentfaltung und die Leugnung eines kommenden Reiches menschlicher Gerechtigkeit auffassen."*

Die Kirchen haben sich mittlerweile so sehr mit dieser „Kulturentfaltung" eins gemacht, dass sie gemeinsam Front machen gegen diejenigen, die aus biblischen Gründen davor warnen. Das sind die bibeltreuen Christen. Es gibt nicht wenige unter ihnen, die dieses Einsmachen von Kirchen, die etwas von Gott wissen, mit der Kulturgesellschaft, die vom demokratischen Rechtsstaat beschützt und gefördert wird, als Hure Babylon bezeichnen. Fakt ist, Jesus warnte davor, sich mit der Welt eins zu machen, denn wer Gott folgt, ist nur in der Welt, nicht von der Welt. Der Selbsterlösungsglauben kommt in den atheistischen Kulturen dadurch zur Ausprägung, dass man Gesellschaftstheorien entwickelt und nachlebt, die ohne Gott und die Bibel auskommen. Sie heißen dann „soziale" oder „liberale Marktwirtschaft" oder „Kommunismus". In den Kirchen, die dort angeschlossen sind, werden diese Werte übernommen, dazu kommen Sakramentalismus und Werkgerechtigkeitsglauben und als Exot, um gewisse Bedürfnisse der Seele zu befriedigen, der Spiritismus aus dem alten Babylon.

Andere Religionen, die bereits den Selbsterlösungsglauben kultiviert haben, werden synkretistisch mit einbezogen. Und so sieht man Kirchenobere protestantischer, evangelikaler, pfingstlerischer und charismatischer Prägung mit Katholiken, Muslimen und Buddhisten gemeinsam Beten. Alle wollen sie den Weltfrieden. Das erinnert an die Wahlen zu Schönheitsköniginnen, die in ihrer Vorstellungsrunde niemals vergessen, darauf hinzuweisen, dass ihnen der Erhalt des Weltfriedens am Wichtigsten ist. Das kommt immer gut an!

Alle wollen sie das „Reich Gottes" durch menschliche Mittel errichten und leugnen dabei die Rückkehr Christi als Richter an den Nationen. Man schämt sich des Namens Jesu Christi, zumal wenn Mohammedaner und Juden mit am Tisch des gemeinsamen „Abendmahls" sitzen. Die Katholiken verstehen sich selber als Reich Gottes und wollen alle anderen unter ihre fürsorgliche Obhut bringen, um auch über sie zu herrschen. Die Muslime denken an das „Haus des Friedens", wo alle zur Ruhe gekommen sind, nachdem alle zum Islam übergetreten sind. Wobei bei ihnen auch immer noch der Mammon mit dabei ist, denn Schutzbefohlene Nichtmohammedaner müssen dafür bezahlen, dass man ihnen keine Gewalt antut. Die Buddhisten wollen, dass auch die Götter über den Weg des Menschen Buddha zu ihrem Frieden kommen. Ihr höchster Gott ist das Selbst, das nur es selber erlösen kann. Das wären dann Vorgänge, die für alle Jünger Jesu und den Apostel Paulus ein Gräuel bedeutet hätten.

„Wie ein Mann wird man sich zuletzt gegen das Wort vom Kreuz, gegen das für unsere Sünden vergossene Blut des Gotteslammes empören und den Sohn Gottes mit Füßen treten. Dann wird Gottes Wort vollends zerfetzt und Gottes Wort Volk der Verfolgung preisgegeben werden." ***91**

Die Verfolgung wird nach Auskunft der Bibel ein abruptes Ende haben, denn die Gemeinde des Leibes Jesu Christi wird entrückt werden. Das andere Volk Gottes, Israel, wird dann die ganze Wut der Nationen auf das göttliche Anderssein abbekommen. Würde Binde heute leben, würde er einen Schreck bekommen. Nicht darüber, dass seine Voraussagen wahr geworden sind, sondern darüber, dass sich schon so vieles ereignet hat. Deutlich ist bereits, dass man das Kreuz überall entfernt. Zuerst inhaltlich und lehrmäßig. Aber auch symbolisch. Es wird aus Klassenzimmern entfernt, aus öffentlichen Gebäuden, sogar Gipfelkreuze hat man schon abmontiert und „geistliche Würdenträger" versuchen es vor ihren muslimischen Brüdern zu verbergen, wenn sie wieder einmal mit ihnen gemeinsame Sache machen wollen. Da werden dann auch mal Kreuze abgenommen, man schämt sich des Kreuzes aus Toleranz vor denen, die sich schämen sollten.

Alle Religionen sind sich darin gleich, dass sie die Kluft, die sie von Gott trennt, nicht genügend würdigen. Da sie die Kluft so geringachten, meinen sie, sich mit einiger Anstrengung darüber hinweg setzen zu können. Gott müsse nur ein wenig nachhelfen. Die Hauptsache hat immer der Mensch zu bewerkstelligen, immer auf die Frage „Sollte Gott gesagt haben, dass ihr nichts zu eurer Rettung tun könnt, weil ihr dazu zu unheilig seid?" antwortend: „Nein, so redet unser Gott nicht zu uns, Frieden ist ihm das Wichtigste!" Und damit haben sie vielleicht sogar Recht, denn ihr Gott stellt die Fragen und ihr Gott beantwortet sie, genauso, dass Fragen und Antworten für die Menschen annehmbar sind. Das nennt man „Religion". Bei den

Buddhisten wird gleich ganz auf Gott verzichtet, eine nicht ganz unlogische Weiterentwicklung der Frage, wozu brauchen wir eigentlich Gott, wenn alles in unserer Hand liegt.

Von Seiten der weltlichen Philosophie und Psychologie, die beide keine exakten Wissenschaften sind, wurden diese Gedanken in den Religionen noch verstärkt. Um zu dem Schluss zu kommen, der Mensch könne seines eigenes Glückes Schmied sein, Mensch, hilf dir selbst, sonst hilft dir niemand usw., nutze die Kraft der Autosuggestion und der Selbstheilung, usw. braucht man keine Religion. Solche weltlichen, im Ursprung jedoch nur abergläubischen Konzeptionen, finden sich auch in den unbiblischen Kirchen.

Und dort treffen sie dann auch folgerichtig auf Ansatzpunkte für die synkretistische Vermischung, für die der Papst wie ein Fürsprecher öffentlich wirbt. „Wir sind alle Gottes Kinder". Für „Gott" kann jeder setzen, was er will. Der verlorene Sohn wusste das auch, dass er einen rechtmäßigen Vater hatte, aber zum Guten hat es ihm nur geholfen, als er zurückgekehrt ist.

Umkehr ist also das, was Jesus in Israel predigte. Er wollte, dass jeder Angehörige Israels, des Brautvolkes, diesen Gottvater anerkannte. Umkehr ist das, was Jesu Jünger dem Volk predigte, und Umkehr müsste auch der katholischen Kirche und den anderen in ihrem Gefolge gepredigt werden, denn sie rennt immer noch in die religiöse Richtung in der Fremde vor Gott. Das Fatale ist nur, dass die katholische Kirche meint, das Alleinvertretungsrecht für die rechte Predigt zu haben. Umkehr ist für sie, in den Schoß der Kirche zu kommen. Sie predigt allen verlorenen Söhnen dieser Welt, ja nicht zum Vater umzukehren, sondern das Erbe weiter in der unbenommenen Sündhaftigkeit zu verprassen. Mit diesem Unheilsinstitut kann es daher für Christusjünger keinen Schulterschluss geben.

Der Mensch ist von sich aus völlig verloren, nicht nur zum Teil oder ein bisschen. Das lehrt die Bibel und diese Erkenntnis steht am Anfang der Reformation. Es ist eine heilsame Erkenntnis, denn erst hier beginnt die Umkehr.

Luther erkannte, dass sich hier alles recht einfügte, was die Schrift über das Heil sagte. Das eine ergibt sich folgerichtig, und auch ausschließlich aus dem anderen. ***92**

In **1 Joh 5,11** drückt Johannes das Zeugnis der Rechtgläubigkeit anders aus. Die Quelle des äonischen Lebens ist in Gottes Sohn. Und allen Kritikern, die diese Gottessohnschaft anzweifeln sagt er: *„Wer den Sohn hat, hat das Leben; wer den Sohn Gottes nicht hat, hat das Leben nicht.“* (**1 Joh 5,12**).

Den Sohn haben bedeutet, an Ihn als Sohn Gottes zu glauben und eine Lebensgemeinschaft mit Ihm zu bilden. Angehörige der Religionen können nicht das sich daraus ergebende Leben haben. Sie müssen ins äonische Gericht. Sie müssen eine andere Stufe der menschlichen Entwicklung in Kauf nehmen.

Auch in **1 Joh 5,12** sagt Johannes etwas Anti-Ökumenisches und Intolerantes, womit er bei jedem Kirchentag und jeder interreligiösen Gebetsrunde vor die Tür gesetzt würde. Auf welcher Grundlage wollen Protestanten oder Katholiken mit Muslimen oder Juden oder Buddhisten zusammen beten? Dass jeder zu seinem eigenen Gott beten soll? Man stelle sich Jesus vor, der die Religionen zu einem gemeinsamen Gebet eingeladen hätte, ohne kund zu tun, dass Er der Weg und die Wahrheit ist und niemand zum Vater kommt, außer durch Ihn!

Bibeltreue Christen sollten sich nicht über die Ökumene ereifern, wenn sich die Religionen zum Gebet treffen. Man darf ihnen unterstellen: Sie folgen nur ihrem Herrn. Der Herr Jesus Christus kommt an dem für diese Religionen jüngsten Tag, um mit ihnen eine Abschlussrechnung aufzumachen. Danach gibt es keine Religionen und keine wie auch immer ausgestaltete Ökumene mehr.

In Bezug auf den Glauben an die Rückkehr Jesu, sagte Spurgeon prophetisch. *„Wenn der Herr nicht bald wiederkommt, wird eine andere Generation folgen und dann noch weitere. Und all diese Generationen werden befleckt und Schaden leiden, wenn wir heute nicht treu zu Gott und seinem Wort stehen.“* ***93** Genau das ist nämlich geschehen. Die Untreue zu Gottes Wort, nicht allein durch Darwinismusglauben und Bibelkritik, sondern durch Hinwendung zu all den modernen Götzen in dieser Welt, haben den Samen gelegt, der heute in der Ökumene der Beliebigkeit unter dem Oberhaupt des Papstes aufgegangen ist. Diese Götzen haben das Leben nicht, das Jesus anbietet.

1 Joh 5,13 ist ein Beleg dafür, welche Bedeutung in der Bibel der Name Gottes hat: „glaubet an den Namen des Sohnes Gottes!" fordert Johannes die Briefempfänger auf. Der Name ist Jeschua und das bedeutet „JHWH rettet". Das Wie und durch wen ist mit eingeschlossen. JHWH ist höchstpersönlich gekommen, um zu retten. Er hat gerettet und Er rettet weiter. Im Namen Jeschua steckt auch das JHWH. Und das bedeutet für sich im engeren Sinn, der Gott, der immer da ist, zu allen Zeiten und Orten und darüber hinaus. Im erweiterten Sinn folgt daraus aber alles, was dieser Gott seit Anbeginn der Schöpfung durch Seine Präsenz über sich zum Ausdruck gebracht hat. Man denke nur an Sein Wirken wie es im Alten Testament verzeichnet ist, die Geschichte mit Israel usw., das alles fließt in den Namen ein, Gottes Namen steht für dieses alles. Glauben an den Namen Gottes bedeutet, alles dies, wofür Gott gewirkt hat, auch zu glauben. Daher muss es immer ein Ziel sein, dem Einswerden mit Christus nichts vorzuenthalten. Ein Mensch kann nur geistig mit Gott eins werden, wenn er Gottes Heiligkeit und Wesen erhalten hat. Deshalb muss er seine Sünden bekennen und sich reinigen lassen. Ein Bräutigam will sich mit seiner Braut eins machen. Doch das wird nicht gut gelingen, wenn die beiden sich gegenseitig etwas vorenthalten. Vor dem Einswerden müssen daher das Bekenntnis und die Umkehr kommen.

In **1 Joh 5,14-15** bestärkt Johannes diesen Prozess des Vertrautwerdens mit Christus. Da er zuvor von Jesus gesprochen hat, muss man annehmen, dass die Bitten, die man hier formuliert haben will, an Ihn gerichtet sein sollen und zugleich die Zusage bekommen, Erhörung zu finden. Hier befindet sich also eine Schriftaussage im neuen Testament, die man als Bestätigung der Göttlichkeit Jesu anführen kann.

1 Joh 5,16 zeigt, dass Johannes auch an Juden schreibt, denn im Judentum unterschied man zwischen Sünden, für die nach der Torah ein Opfer als Sühnung vorgesehen war und andere, auf der die Todesstrafe lag. Die Hinrichtung war die Sühnung. Nichtjuden waren diese Besonderheiten nicht bekannt. Es stellt sich aber die Frage, warum Johannes das hier zur Sprache bringt. Darüber und über die Bedeutung der Aussage: *„Wenn jemand seinen Bruder sündigen sieht, eine Sünde nicht zum Tode, so wird er bitten, und er wird ihm das Leben geben"* (**1 Joh 5,16**) wurde viel herumgerätselt und noch mehr hinzugedichtet, umso mehr als es weiter heißt: *„Es gibt Sünde zum Tode, nicht für diese sage ich, dass er bitten solle."* Manche wollen hier die „unvergebbare Sünde" sehen, ohne verstanden zu haben, was die unvergebbare Sünde überhaupt ist. Diese betrifft nur die Ablehnung der Juden, denen sich Jesus in Seiner messianischen Identität offenbart hat. Wer Jesus als Messias abgelehnt hat, obwohl er Zeuge von dessen Messianität geworden war, dem wird die Sünde nicht in diesem Äon vergeben und – verständlicherweise – auch nicht im messianischen Äon, wo ja eben dieser Messias mit den gläubigen Juden über die Nationen regieren wird. ***94**

Die Lösung zum Verständnis der Aussage von Johannes liegt möglicherweise im Kontext. Nachfolgend heißt es in **1 Joh 5,17-18**: *„Jede Ungerechtigkeit ist Sünde. Und es gibt Sünde, die nicht zum Tode ist. Wir wissen, dass jeder, der aus Gott geboren ist, nicht sündigt, sondern der aus Gott geborene bewahrt sich und der Böse tastet ihn nicht an. Wir wissen, dass wir aus Gott sind, und die ganze Welt liegt im Bösen."* Zuvor hieß es noch, wer an den Namen des Sohnes Gottes glaubt, hat das äonische Leben und alles, was man bittet, wird vom Sohn Gottes gehört. Der Name des Sohnes Gottes beinhaltet in „Christus" das Wort für den Messias.

Der Sinnzusammenhang ist folgender: Wer an Jesus als Messias glaubt, der bekommt äonisches Leben, was gleichbedeutend ist mit dem Kommen ins messianisch-äonische Reich. Wer nicht glaubt, der bleibt im äonischen Tod. Er hat damit auch eine Sünde zum Tod begangen, die darin besteht, nicht zu glauben. Das betrifft aber nicht die aus Gott gezeugten Glieder am Leibe Christi, einfach deshalb, weil sie solche Sünden nicht begehen. Das sind die mit dem Geist Christi. Jeder Jude, der gläubig geworden ist, möchte seine jüdischen Mitbürger und „Brüder", die vielleicht sogar vorgeben, an den Messias Christus zu glauben, die aber zeigen, dass der Geist Gottes nicht in ihnen ist, zum rechten Glauben bringen. Und gerade für die, die noch in Sünden leben, möchte man beten. Gott soll sich ihnen gnädig erweisen. Wenn Gott das Gebet erhört, hat man ihnen dadurch „Leben gegeben". Im Text fehlt der Artikel.

Jeder, der über Jesus Christus messianisch redet, legt einen Samen für äonisches Leben und erzeugt es. Auch wenn man nur von Gott Leben bekommt, so benutzt doch Gott auch Menschen für diesen Zeugungsprozess. Doch Johannes scheint sagen zu wollen, für diejenigen, die die Messianität Jesu ablehnen, braucht man nicht zu beten, denn die müssen ins Gericht! Und so entspricht das leichte Sündigen im Alten Bund, das nicht dazu führte, dass man aus der Gesellschaft Israels ausgeschlossen wurde, dem leichten Sündigen im Neuen Bund, das ebenfalls auch nicht den Vorstoß aus der Heilskörperschaft Israels, dann im messianischen Reich, mit sich bringt. Wer um Vergebung bat und Sühne tat oder Sühnung erlitt, dem wurde im Alten Bund insoweit vergeben. Das schwere Sündigen im Alten Bund beendete durch Hinrichtung die Gemeinschaft mit dem Gottesvolk. Im Neuen Bund sind aber Sünden zum Tod nicht mehr bei denen möglich, die den Christus bereits in sich leben haben.

Das meint Johannes, wenn er sagt: „der aus Gott gezeugt ist, sündigt nicht". In **1 Joh 2,21** hat Johannes gesagt, dass die Jesusjünger die Wahrheit wissen und dass aus ihr keine Lüge kommt. Und doch sind viele von ihnen ausgegangen (**1 Joh 2,19**) und ins anti-christliche Lager übergewechselt. Natürlich meint er nicht, dass ein Gläubiger nicht mehr sündigen könnte, das hat Johannes ja bereits in **1 Joh 1,8** klargestellt. Aber er macht klar, dass diejenigen, die aus Gott geboren sind in der Wahrheit sind, weil sie in Christus sind. Sie haben die Salbung durch den Geist: *„wie dieselbe Salbung euch über alles belehrt und wahr ist und keine Lüge ist, und wie sie euch belehrt hat, so werdet ihr in ihm bleiben."* (1 Joh 2,27) Paulus machte diesen Sachverhalt noch deutlicher, weil er dabei auf jüdische Traditionen gegenüber den Nichtjuden keine Rücksicht nehmen musste.

Die Ungerechtigkeit ist ein fester Bestandteil dieser Welt des Bösen. Es ist daher normal, wenn alle Menschen, einschließlich der Jesusanhänger in die Sünde, die sich in Ungerechtigkeit und Bösem zeigt, geraten. Aber das Wesen Christi ist sündlos und deshalb kann man in der Einheit mit dem Geist Christi die Sünden ausräumen, nachdem man die größte Sünde überhaupt nicht mehr hat: Christus abzulehnen.

Schon Paulus hat in Röm 13,8 und 1 Thes 4,9 darauf hingewiesen wie wichtig es ist, dass die Glaubensgeschwister *einander lieben"*. Johannes erklärt, warum das so ist: *„Und dies ist sein Gebot: dass wir an den Namen seines Sohnes Jesus Christus glauben und einander lieben, wie er es uns als Gebot gegeben hat. Und wer seine Gebote hält, bleibt in ihm und er in ihm; und hieran erkennen wir, dass er in uns bleibt; durch den Geist, den er uns gegeben hat."* (**1 Joh 3,23-24**) Die enge Zugehörigkeit von Gottes Geist zum Vater und Sohn drückt sich auch darin aus, dass aus Sicht des Menschen nicht immer zu unterscheiden ist, wer von beiden ihn anspricht. Hier in **1 Joh 3,23** und anderen Versen bei Johannes werden die Personalpronomen »er«, »ihn« und »ihm« so benutzt, dass sie sowohl Gott, dem Vater als auch Jesus Christus zugeordnet werden können. ***95**

Man kann nicht „in Christus" sein, wenn man nicht seinen Platz im Leib Christi einnimmt. Und der ist immer neben einem anderen Glied Christi. Johannes vermerkt hier noch etwas Wichtige zur Frage der Geistgabe, Gott gibt den Geist, infolge davon ist man in Ihm und Er in dem, der den Geist empfangen hat. Es ist klar, dass hier der Geist Gottes gemeint ist, der die Gemeinschaft mit dem Vater und dem Sohn bedeutet. Warum? Weil der Vater und der Sohn Geist sind. Was Johannes hier offensichtlich nicht sagt, ist, dass Gott eine Person in die Menschen hineinversetzt, denn sonst müsste er jedem eine eigene Person geben. Eine „Besetzung" oder „Besessenheit" kennt die Bibel von Menschen, die einen Dämon, also ein personales Wesen in sich haben. Der Geist Gottes ist aber der Geist, der der Vater und der Sohn ist. Das ist die biblische Sicht. Die Sicht der Theologen gehört zur Kirchengeschichte. Gott macht aber Heilsgeschichte.

Es geht Johannes darum, die Briefempfänger zu ermutigen, dass sie auf dem eingeschlagenen Weg bleiben und sich nicht beirren lassen (**1 Joh 2,28**). Abschließend warnt er sie: *„Kinder, hütet euch vor den Götzen!"* (**1 Joh 5,21**) Ein sonderbares Ende für den ersten Johannesbrief. Ist das die Hauptsorge von Johannes? Die damalige Welt im hellenischen Kleinasien war tatsächlich voll von Götzen. Das war keine neue Situation. Jedoch kann man angesichts der weiteren Geschichte, die die Christenheit nahm ersehen, dass Johannes gute Gründe hatte, vor den Götzen zu warnen. Die Warnung mag manche erreicht haben, sie hat jedoch nicht verhindern können, dass das entstehende Kirchenchristentum sehr viele, vielleicht viel zu vieles aus dem Heidentum übernommen hat. Der Geist Christi scheint sich sukzessive aus der Welt verabschiedet zu haben. Anders lässt sich der zunehmende Antisemitismus in der Kirchenchristenheit nicht erklären.

Der Zweite Johannesbrief

In der Lehre bleiben

Seinen zweiten Brief beginnt Johannes mit einem Gruß, der das Erbarmen, die Gnade und den Schalom Gottes hervorhebt (**2 Joh 1-3**). Er knüpft direkt an die Thematik des ersten Briefes an. Johannes stellt sich selber als „der Älteste" dar, der sich anscheinend dazu berufen sieht, die Briefempfänger als Kinder einer Herrin, der Gemeinde, zu denen sie gehören, zu bezeichnen. ***96** Dabei betont er wiederum seine Liebe zur Wahrheit. Er war ja auch der Jünger, der Jesus geliebt hatte. Er hatte eine besonders herzliche Beziehung zu Ihm. Er hatte Jesus sagen hören, dass Er die Wahrheit sei. Nun war Schluss mit aller Ungewissheit und Unschärfe der Vorstellungen. Wer Jesus sah, sah den Vater. Diese Wahrheit des Weges mit Christus und zum Vater würde nie enden, sondern eine Bleibende sein (**2 Joh 2**). Und deshalb würden auch Gnade, Barmherzigkeit und Frieden auf dem Weg dieser Wahrheit und dieser Liebe sein. Der Sohn ist die Wahrheit, der Vater ist die Liebe.

Mag auch bei Gott und denen, die Gott benutzt, um Sein Vollendigungsziel zu erreichen, Ungnade und Gericht, Zorn und Eifer vorübergehend Anwendung finden, so sind sie doch nur Mittel und nicht Selbstzweck, denn es bleiben doch immer Wahrheit und Liebe, die alles zum Erbarmen, zur Gnade und zum Frieden bei Gott hinführen sollen und werden.

Doch das können nur die erkennen, *„die die Wahrheit erkannt haben, um der Wahrheit willen, die in uns bleibt und mit uns sein wird in Ewigkeit."* (**2 Joh 1-2**)

Leider hat Johannes bei der angesprochenen Gemeinde nur „einige" gefunden, die in dieser Wahrheit wandeln (**2 Joh 4**). Das zeigt schon, dass Johannes Realist ist. Nicht über alle „Kinder" kann er sich freuen und manche wird er nicht einmal als Kinder bezeichnen, auch wenn sie sich bei der Gemeinde finden lassen. Die von

Gott empfangene „Wahrheit" zeigt sich ja immer wieder auch in Erkenntnissen und Handlungsanweisungen. Insoweit kann es Gebote geben, die dem entsprechen. Johannes erwähnt ein Gebot, das vom Vater empfangen worden ist (2 Joh 4). Er präzisiert es in **2 Joh 5**: *„Dass wir einander lieben."* Das ist das bekannte Thema des alternden Johannes.

Und wieder erklärt er Liebe so, *„dass wir seinen Geboten gemäß wandeln mögen".* **(2 Joh 6)** Und wiederum warnt er wie schon im ersten Brief vor den Verführern und dem Antichrist. Auch wird der Antichrist gekennzeichnet als einer, der den Christus im Fleisch nicht bekennt (**2 Joh 7**). ***97** Weil Johannes weiß, dass nur „einige" in der Wahrheit wandeln, gibt es auch Schwankende und Unentschlossene, die noch nicht richtig bei der Sache sind. Sie, die in einer Kosten-Nutzen-Rechnung, aber noch nicht in der Kindschaft sind, muss er an den Lohn erinnern, der auf die wartet, die durchhalten und überwinden (**2 Joh 8**)

Johannes spezifiziert, wer Gott hat und wer Ihn nicht hat: *„Wer darüber hinausgeht und bleibt nicht in der Lehre Christi, der hat Gott nicht; wer in der Lehre bleibt, der hat beide, den Vater und den Sohn."* Man muss in der rechten Lehre sein (**2 Joh 9**). Die Kirche Roms argumentiert so: da wir die rechte Lehre haben, sind wir auch bei Gott angekommen. Doch wie kommen sie darauf, dass sie die rechte Lehre haben sollten? Sie hat 1.700 Jahre gebraucht, bis sie alle ihre Lehren zusammen hatte. Sie hat ständig etwas verändert oder hinzugefügt, obwohl sich doch die Bibel nicht geändert hat.

Johannes sagt, man soll den nicht einmal grüßen, der eine andere Lehre bringt (**2 Joh 10-11**). Das zeigt, wie angespannt die Lage bereits zu sein scheint. Es gibt mindestens zwei Lager im Umfeld der Gemeinde. Wenn man genauer hinschaut, sind es mehrere Gruppierungen, die sich voneinander unterscheiden, die meisten haben aber etwas gemein. Sie gehören zu denen, die Johannes kritisiert. Es ist klar, dass diese Gruppierungen von Johannes woanders charakterisiert werden, nämlich in der Johannes-Apokalypse. Das kann man deshalb wissen, weil die Gemeinden in den Sendschreiben der Apokalypse mit Lehren zu kämpfen haben, die in die Zeit von Johannes passen. Es sind außerdem Lehren, die nicht über Nacht verschwunden sind, ebenso wenig wie sie über Nacht entstanden sind. Ganz im Gegenteil sind sie geblieben und haben den Grundstock der kleinasiatischen Kirchenchristenheit gebildet. Was waren das für Probleme in den kleinasiatischen Gemeinden?

„Bei der Gemeinde von Ephesus galt es die falschen Apostel zu entdecken (Of 2,2). Die Gemeinde von Smyrna widerstanden den nichtmessianischen Juden, die sich selber als Verführte erwiesen (Of 2,9.10). Auch die Gemeinde von Pergamon hält an Jesu Namen fest, die die nichtmessianischen Juden angefangen haben, zu verfluchen (Of 2,13), jedoch ist sie einem Irrglauben verfallen (Of 2,14.15). Die Gemeinde von Thyatira hat sich von dem „Weib Isebel" zur Unzucht verführen lassen (Of 2,20). Der Gemeinde von Philadelphia sagt er zu, dass er sie bewahren wird *„vor der Stunde der Versuchung, die über den ganzen Erdkreis kommen wird, um die zu versuchen, die auf der Erde wohnen."* (Of 3,10)." ***98**

Johannes ist ähnlich intolerant wie Paulus. Das muss nicht verwundern, wenn sie beide von demselben Geist der Wahrheit angetrieben wurden. Wer ein anderes Evangelium lehrt, wird verurteilt (**2 Joh 12**).

Johannes ermahnt die Briefempfänger, wie schon 1 Joh 3,11 und 4,11-12, dass sie in der Liebe untereinander bleiben sollen. ***99** Das ist auf dem Hintergrund der Situation, in der sich die Christen damals zu Ende des ersten Jahrhunderts befanden, verständlich. Paulus und die anderen Apostel waren wahrscheinlich schon seit Jahrzehnten nicht mehr da. Die früher dominierende Gemeinde in Jerusalem gab es nicht mehr. Ihre Stützen waren, sofern sie noch lebten, noch vor der Zerstörung der Stadt im Jahre 70 durch die Römer geflüchtet. Wenn sich die christliche „Bewegung" noch vorher Hoffnung gemacht haben sollte, die Juden im Heiligen Land und in der Diaspora evangelisieren zu können, so war doch jetzt nur noch eine kleine Schar messianischer Juden und nichtjüdischer Christusgläubiger übriggeblieben. Und da war es wichtig, erst einmal das Wenige, was noch da war, zusammenzuhalten.

Vielleicht ist die Situation zu Beginn des 21. Jahrhunderts nicht so viel unterschieden davon! Wenn sich die weltlichen Kirchen einig sind, dass sie noch näher zusammenrücken sollen, warum sollten das die christliche Gemeinde des Leibes Jesu Christi einerseits und die Gemeinschaft der messianischen Juden andererseits nicht ebenso? Denn ihre Zahl ist klein, die Spreu ist allgegenwärtig, der Weizen soll sich finden.

Wenn die Glaubensgeschwister sich untereinander lieben, werden sie eher die Tendenz haben, näher zusammenzurücken. Sie sollen ja eins mit Christus werden und der Leib Christi ist ja in sich nicht zerstritten, weil er vom Haupt gesteuert wird. Umso erstaunlicher ist, dass so viele Glieder des Leibes Christi noch nicht so zusammengewachsen sind, und dass man ihnen auch heute noch sagen muss, dass sie sich untereinander lieben sollen, nicht nur in der Theorie und Sonntag morgens für zwei Stunden, sondern gerade dann, wenn die Liebe am meisten gebraucht wird. Das ist in der Verfolgung, in der Prüfung, unter Druck und in der Not. Johannes war es am Ende seines Lebens wichtig, dass nach seinem Tod die Gemeinde weiter am Leben blieb. Dass die kleine Herde der Gläubigen nicht die Torah ablehnte, war so klar, dass es gar nie zur Debatte stand.

Aus dem Textzusammenhang von 2 Joh 5-6 und 1 Joh 3,23-24 ergibt sich, dass Johannes zu den Geboten Gottes auch die Gebote, die Jesus gab, dazuzählt. Es geht dabei insbesondere um

1. An Jesus Christus zu glauben und einander lieben (1Joh 3,23)

2. In Christus zu bleiben, was gleichbedeutend damit ist, in Gott zu bleiben (1 Joh 3,24)

Es ist kein Zufall, dass Johannes auch die Jesusworte vom Einssein mit Ihm und dem Vater und der hervorzuhebenden gegenseitigen Liebe in seinem historischen Bericht über das Leben Jesu überliefert hat (Joh 17,22-23). Johannes geht es im Kontext weniger um die Torah, die ohnehin nicht zur Diskussion stand, als um die Liebe untereinander, die zum Einssein mit Gott unbedingt dazugehört.

Wenn man die weitere Kirchengeschichte betrachtet, kann man den Gedanken fassen, dass es auch bei dem Gegenentwurf zu Gottes Heilsgeschichte, der satanischen Unheilsgeschichte zu einer typischen Ausbildung eines Antichristentums kommen konnte. Sie besteht darin, dass sie ebenfalls auf das Einssein setzt, nicht mit dem Christus, wie ja inzwischen auch längst nicht mehr behauptet wird, sondern in der Ökumene mit anderen Kirchen und Religionen, sofern sie nicht bibeltreu sind, weil die Bibeltreuen zu Kompromissen nicht fähig sind. Der Böse will immer einen Zusammenschluss seiner Kräfte, nicht weil er meint, dass er so gegen den Zusammenschluss des Guten besser bestehen kann, sondern um diesen Zusammenschluss zu verhindern. Wer aber Böses tut, hat Gott nicht gesehen! (**3 Joh 11**)

Es wäre dann nicht verwunderlich, wenn es eine Kirche in einem anderen Geist gäbe als dem Geist Christi. Ihr Christus ist dann aber reduziert auf das Weltlich-Fleischliche, was historisch fassbar ist. Das glauben heute auch viele Vertreter des protestantischen Christentums, dass Jesus zwar Mensch war, aber eben nicht zugleich Gott, denn die Vorstellung, dass Gott körperlicher Mensch gewesen sein kann, wird ebenso abgelehnt wie die leibliche Auferstehung Christi. Aber *„Jesus Christus, im Fleisch gekommen"* bedeutet noch mehr. Jesus Christus steht für JHWH, der Erlöser und Messias Israels. JHWH ist der Gott, der Himmel und Erde erschaffen hat, der Adam und Eva nach dem Sündenfall aus dem Garten Eden entfernt hat, der die Sintflut über die Bewohner der Erde kommen gelassen hat und der sich in besonderer Weise Israels angenommen hat. Das alles glauben die wenigsten Kirchenchristen, die in einer Ökumene ihre Einheit suchen. Die von vielen Kirchen angestrebte Ökumene ist nicht biblisch, daher kann sie auch nicht vom Geist Christi durchgeistet sein. Jesus ist aber auch der Erlöser, nicht die Ökumene, nicht die Kirche, nicht die Sakramente, und ein Mensch ist auch nicht der Stellvertreter Christi, sondern der Geist Christi, der in jedem Christusmenschen ist, vertritt Christus.

Im erweiterten Sinne bekommt man so ein umfassenderes Bild von dem Antichrist, weil der sich dadurch kennzeichnet, dass er alles, was Christus ist und tut und bewirkt, entweder leugnet oder nur zum Teil anerkennt, weil man sich selber Heilswesen und Heilskompetenz zuschreibt. Im Grunde ist also das Antichristentum leicht zu identifizieren, vorausgesetzt man hat den Geist Christi und man bleibt auf der Grundlage von Gottes Wort. Dann ist man auch berechtigt, zu sagen, dass man den Vatergott kennt, wenn man den Geist Christi hat (Gal 4,6).

Das ist auch eine Lehrfrage. Wer nicht auf der Linie von Gottes Wort bleibt, für den gilt in Abwandlung von **1 Joh 2,23**: *„Jeder, der weitergeht und nicht in der Lehre des Christus bleibt, hat Gott nicht; wer in der Lehre bleibt, der hat sowohl den Vater als auch den Sohn."* Daraus folgt, dass das Einssein mit Gott gar nicht erreicht werden kann und dass man nicht ein Glied am Leib Christi sein kann, wenn man noch nicht einmal dem Wort Gottes bleibt und Lehren über Gott verbreitet, die dem Geist Christi widerstreben.

Dass viele christlichen Glaubensgemeinschaften keine biblische Kirche genannt werden können, verdeutlichen sie selber in zahlreichen ihrer Schriften und Stellungnahmen. Im 21. Jahrhundert genügt oft ein Blick auf die Webseite. Sie leugnen das ja auch gar nicht immer. Besonders frappierend ist das auch bei der EKD. Luther, den man als ihr Mitverursacher sehen kann, wäre sicherlich längst aus ihr ausgetreten. So heißt es in einer Schrift mit dem Titel „Rechtfertigung und Freiheit. 500 Jahre Reformation 2017": ***100** *„Anders als die Reformatoren ist man sich heute dessen bewusst, dass das Entstehen der einzelnen biblischen Texte und des biblischen Kanons selber ein Traditionsvorgang ist. … Seit dem siebzehnten Jahrhundert werden die biblischen Texte historisch-kritisch erforscht. Deshalb können*

sie nicht mehr so wie zur Zeit der Reformatoren als »Wort Gottes« verstanden wer-
den. Die Reformatoren waren ja grundsätzlich davon ausgegangen, dass die bibli-
schen Texte wirklich von Gott selbst gegeben waren."

Das sind ehrliche Bekenntnisse, die denen, die an der Wahrheitsfindung interessiert sind, wertvolle Wegweiser sein können. Für Bibelgläubige bedeutet das,
dass sie sich gar nicht erst solchen Kirchen zuwenden müssen. ***101** Diese Verlautbarung spricht Bände und beweist, dass die Leitung der EKD nicht an einen
Geist Gottes glaubt, der im Unterschied zum Geist des Menschen in göttliche, mithin biblische Erkenntnisse einweist.

Diese biblische Erkenntnis, dass man Gott nicht verstehen kann, wenn man seinen
Geist nicht hat, ist direkter Ausfluss aus 1 Kor 2,10ff, woran die EKD nicht glauben
kann, weil sie ja sagt, dass die Bibel nicht Gottes Wort sei. So entwertet man jede
Aussage des Wortes Gottes und kann keine Kirche Gottes sein. Man bekennt sich
ja selber nicht mehr zu dem Gott der Bibel! Was Paulus den Korinthern hier geschrieben hat, trifft vollständig auf die EKD zu und soll hier im Zusammenhang zitiert werden:

„Uns aber hat Gott es geoffenbart durch den Geist, denn der Geist erforscht
alles, auch die Tiefen Gottes. Denn wer von den Menschen weiß, was im Menschen
ist, als nur der Geist des Menschen, der in ihm ist? So hat auch niemand erkannt,
was in Gott ist, als nur der Geist Gottes. Wir aber haben nicht den Geist der Welt
empfangen, sondern den Geist, der aus Gott ist, damit wir die Dinge kennen, die
uns von Gott geschenkt sind. Davon reden wir auch, nicht in Worten, gelehrt durch
menschliche Weisheit, sondern in [Worten], gelehrt durch den Geist, indem wir
Geistliches durch Geistliches deuten. Ein natürlicher Mensch aber nimmt nicht an,
was des Geistes Gottes ist, denn es ist ihm eine Torheit, und er kann es nicht er-
kennen, weil es geistlich beurteilt wird. Der geistliche dagegen beurteilt zwar alles,
er selbst jedoch wird von niemand beurteilt. Denn `wer hat den Sinn des Herrn
erkannt, dass er ihn unterweisen könnte? Wir aber haben Christi Sinn." (1 Kor 2,10-
16)

Die EKD bezeugt also in Teilen ihrer Mitglieder, Christi Sinn nicht zu haben, weil sie ja die biblischen Aussagen als aus der menschlichen Tradition erwachsen versteht. Sie kann damit die Bibel auch gar nicht auf der Grundlage des Geistes Christi beurteilen. In ihren Verlautbarungen geben es evangelische Kirchenvertreter immer wieder zu.

Sie behaupten, ohne es beweisen zu können, in Übereinstimmung mit dem Zeitgeist *„dass das Entstehen der einzelnen biblischen Texte und des biblischen Kanons selber ein Traditionsvorgang ist".* Das ist eine reine Annahme, denn ebenso gut kann Gott, wenn Er Gott ist, die Texte zustande kommen lassen. Er braucht dazu die menschlichen Traditionen nicht. Die EKD ist dagegen eine Traditionsveranstaltung und muss sich deshalb zwangsläufig gegen Gott richten, wie alle menschengemachten Traditionen, die eine geistige Relevanz beanspruchen, aber vom Geist Gottes abgeschieden sind.

Weiter behauptet die vorgenannte für den geistlichen Zustand der EKD unserer Tage beispielhafte Schrift, *„Seit dem siebzehnten Jahrhundert werden die biblischen Texte historisch-kritisch erforscht. Deshalb können sie nicht mehr so wie zur Zeit der Reformatoren als »Wort Gottes« verstanden werden."* Das *„deshalb"* ist keine logische Folge auf die historisch-kritische Forschung. Bei der „historisch-kritischen Forschung" wird bereits als Denkvoraussetzung davon ausgegangen, dass Gottes Wort nicht Gottes Wort ist. Es ist so wie bei einem Gutachten. Wenn vorher schon feststeht, was dabei herauskommen soll, kommt es auch heraus.

Aber, wie sollte der menschliche Geist überhaupt in der Lage sein, ob „kritisch", d.h. untersuchend, oder nicht, Gottes Wirkungen auszumachen? Das ist die typische widerchristliche Anmaßung, die schon in der Frage der Schlange steckte: „Sollte Gott gesagt haben?" Der lange Weg der EKD und der historisch-kritischen Forschung hat zu nichts weitergeführt, als abermals der Schlange Gehör zu schenken und Gott zu misstrauen. Es fällt daher schwer, die EKD überhaupt noch als „Evangelische Kirche" zu bezeichnen. Sie ist alles andere, nur nicht „evangelisch". Das „Evangelium" ist die frohe Botschaft. Was soll daran noch eine frohe Botschaft sein, wenn man sagt, wir wissen nicht, was die Wahrheit ist, aber das was die Bibel sagt, ist es nicht! Die EKD ist anti-evangelisch, sie mag sich historisch-kritisch nennen, aber biblisch ist sie längst nicht mehr. Das „deshalb" ist entlarvend, weil es zeigt, dass dem menschlichen Forschungsgeist mehr zugetraut wird als Gott. Der Mensch bringt ans Licht, dass Gott eben doch nicht gesprochen hat! Das soll er Ihm dann aber auch persönlich sagen! ***102**

Wenn es dann am Schluss der Verlautbarung heißt: *„Die Reformatoren waren ja grundsätzlich davon ausgegangen, dass die biblischen Texte wirklich von Gott selbst gegeben waren."* Heißt das im Klartext: wir glauben das natürlich heute nicht mehr: die biblischen Texte sind nicht von Gott gegeben.

Wer war so schlau, das herauszufinden? Indem Forscher sich alte Texte angeschaut haben und dann erkennen konnten, dass sie nicht von Gott stammten! Wie kann man das erkennen? Weil die Lehren nicht genehm sind? Weil Schreibfehler drin waren? Könnte es nicht sein, dass lediglich die Schreibfehler von Menschen sind, die Inhalte aber zum Durchdenken und Umdenken (gr. Metanoia) gegeben sein sollten, nicht zur kritischen Ablehnung? Letzten Endes lehnt man damit Gott ab. Sonst kann man auch nichts von Ihm wissen! Der Mensch ist auf die Offenbarungen von Gott angewiesen! Die historisch-kritische Methode kann nicht entscheiden, ob Gedanken, die schriftlich von Menschen festgehalten wurden, von Gott inspiriert wurden, weil das ihre Kompetenz übersteigt. ***103** In Bezug auf die Bibel erbringt eine Prüfung des Textes kein anderes Ergebnis, dass die gelehrten Inhalte das menschliche Verständnis weit übersteigen. Man braucht den Geist Gottes, um den Geist Gottes verstehen zu können. Wer den Geist Gottes nicht hat, versteht nichts und kann auch nicht akzeptieren, dass es Menschen geben soll, die mit ihrem Verständnis die Wahrheit haben, die man selber nicht hat und auch nicht akzeptieren kann. Wenn das aber so ist, und so sagt es ja die Bibel, dann ist das große Problem auf Seiten der Wort Gottes Verweigerer.

Der Geist Gottes befindet sich auf einer anderen Ebene, die sich der Beurteilung von Menschen, die nicht bei Gott angeschlossen sind, entzieht. Die Bibel sagt über „sich" selbst, dass sie ewig bleibt, weil sie Gottes Wort ist: *„Auf ewige Zeit, o HERR, steht fest dein Wort im Himmel."* (Psalm 119,89). Die EKD, bzw. Teile von ihr, straft also Gott Lügen.

Luthers Urteil dazu ist klar. Luther warnte noch davor, auch nur ein Wort Gottes anzuzweifeln, weil man dann bald alles verlieren würde an göttlicher Erkenntnis, und damit auch das Heil. ***104** Bei den anderen Reformatoren finden sich dementsprechende Bekenntnisse. Bei Calvin. ***105** Bei Zwingli. ***106** Bei Heinrich Bullinger. ***107**

Dass die Reformatoren auch nicht alles klar und richtig sahen, ist keine Frage. Aber in einem waren sie sich einig, die Bibel ist das Wort Gottes und wer es nicht versteht, hat die Gründe dafür bei sich selber zu suchen.

„Denn wer hat den Sinn des Herrn erkannt, dass er ihn unterweisen könnte? Wir aber haben Christi Sinn." (1 Kor 2,16)

Der Dritte Johannesbrief

Der letzte Aufruf

Der dritte Brief von Johannes zeigt, dass bereits antichristliche Kräfte, die Christusgläubige aus der Gemeinde herausdrängten, am Werk waren. Johannes schreibt an einen gewissen Gaius, den er „in der Wahrheit" liebt (**3 Joh 1**): *„Ich habe der Gemeinde geschrieben; aber Diotrephes, der unter ihnen der Erste sein will, weist uns ab. Darum, wenn ich komme, will ich ihn erinnern an seine Werke, die er tut; denn er verleumdet uns mit bösen Worten und begnügt sich nicht einmal damit: Er selbst weist die Brüder ab und hindert auch die, die sie aufnehmen wollen, und stößt sie aus der Gemeinde."* (**3 Joh 9-10**)

Da ist also einer, der das Kommando übernehmen will oder bereits übernommen hat und vorgibt, das Recht zu haben, andere aus der Gemeinde auszuschließen, die er verleumdet. Anti-Christen, die selber Kritiker des allerhöchsten Gottes sind, dulden keine Kritiker ihres Kurses in ihren Gemeinden. Sie bemerken auch nicht mehr, wenn diese Kritik biblisch begründet ist und Christus als wahren Absender haben. Da sie meist in einer festgewordenen Tradition stehen, halten sie sich für rechtmäßig autorisiert. Alles was sie tun, ist von ihrem persönlichen Geist inspiriert, wie immer er sich auch nennen mag. An diesem Diotrepes kann man aber auch erkennen, dass auf einen Strang der Tradition nicht Rücksicht genommen wird. Das ist der Strang der biblisch ist und auf Wahrheit beruht. Deshalb betont Johannes in allen seinen Briefen die Wahrheit. Auch hier erwähnt er sie gegenüber Gaius mehrfach und lobt ihn, dass er für die Wahrheit Zeugnis gab und in der Wahrheit wandelte (**3 Joh 3-4**).

Das Verhalten des Diotrepes zeigt, wie dann später das Verhalten anderer Kirchenleute, dass man das unmittelbare Wort Gottes und das Zeugnis über Jesus durch den Geist Christi und denen, die den Geist Christi haben, nicht mehr gelten lassen will. Das entspricht der kritisch-historischen Methode. Ein Diotrepes mag zu einem Johannes gesagt haben: „Du bist ein alter Mann und kannst dich nicht mehr an alles erinnern. Was du sagst, ist deine Meinung. Wir müssen aber mit der Zeit weiter gehen, wir können nicht an alten Vorstellungen hängen bleiben." Das Verhalten von Diotrepes zeigt aber noch etwas anderes. Es gab in der Gemeinde keinen ausreichenden Widerstand. Die Gemeinden waren schon immer anfällig für Irrwege. Das wird ja auch an den Sendbriefen an die anderen kleinasiatischen Gemeinden deutlich.

Interessanterweise versucht man heutzutage mit der gleichen Methode bibeltreue Christen von ihrer Kirchenkritik abzubringen, wie man das damals bei Luther versuchte. Man setzt sie, wenn sie Bedeutung haben, mehr oder weniger unter Druck, dass sie klein beigeben und gemeinsame Sache mit Bel, dem klassischen Erzbibelkritiker, machen sollen. Da Luther in der Sache nicht beizukommen war, warf man ihm vor, die Einheit der Kirche anzugreifen. Jeder, der heute den Kirchen vorhält, nicht schriftgemäß zu lehren, oder womöglich vor der Ökumene warnt, wird zum Feind der Kirche und der Einheit erklärt, wenn er nicht wiederruft.

Die meisten Theologen, die dann Einwände formulieren würden, halten sich zurück. Und viele sind schlicht käuflich. Man muss ihnen nur schmeicheln, ihnen Bedeutung oder Schweigegeld oder beides geben. Sobald man mit dem Papst Kaffee trinkt, tun sich auch andere lukrative Türen auf. Nicht dass man sich seines Fehlweges dabei immer unbedingt bewusst wäre. Vielleicht am Anfang noch, doch irgendwann hat man wünschenswerte Ergebnisse und kann dann nicht mehr erkennen wollen, dass man einen falschen Weg eingeschlagen hat, der mit der biblischen Wahrheit auf Konfrontationskurs geht. Dass man sich vom Wortlaut und der Bedeutung der biblischen Aussagen entfernen würde hatte Luther vorausgesehen.

„Denn die Welt muss etwas Neues haben. So galten der Apostel Schriften nichts [mehr], als die [Kirchen]lehrer kamen; der [Kirchen]lehrer Schriften galten nichts [mehr], als die Scholastiker kamen; diese waren dann selber untereinander uneins, und einer wollte es immer besser machen als der andere. Das gefällt dann dem gemeinen Mann; denn die Welt ist vorwitzig. Darum sagt Paulus (2 Tim 4,4): »Sie werden sich zu den Fabeln kehren.« ***108**

Der Judasbrief

Die andere Kirche entsteht

Der Verfasser war vermutlich einer der Halbbrüder Jesu (Mk 6,3). *109 Zu beachten ist, dass Väter des Glaubens in geistlicher Hinsicht zugleich „Brüder" sind. *110 Auch Judas beginnt seinen Brief mit einem Gruß und Segensspruch zur Mehrung von zuallererst „Barmherzigkeit, Friede und Liebe" (**Judas 2**)

Der Brief ist an messianische Juden gerichtet. Von einem Juden an Juden. Sie bilden eine Gemeinde, die zwar auch von außen, aber inzwischen auch stark von innen gefährdet wird. Der Brief folgt in den meisten Bibeln den Johannesbriefen. Er greift das Thema des dritten Johannesbriefes wieder auf. Doch auch Petrus hat es in seinem zweiten Brief zum Thema gemacht. Das zeigt, was das aufkommende Problem des messianischen Judentums war, wenn alle drei messianische Juden, Petrus, Johannes und Judas darüber einmütig sind. Merkwürdig wäre es, dass er kanonisch erklärt worden ist von Leuten, die in der Tradition derer stehen, vor denen Johannes und Judas warnen, wenn nicht Gott Seine Souveränität immer behalten würde und deshalb sogar auch seine Gegner dazu benutzt, Ihm zu dienen, wenn auch nicht so, wie es die Gegner selber glauben!

Die Gegner kann man so beschreiben, wie es Judas tut: *„Denn es haben sich einige Menschen eingeschlichen, über die schon längst das Urteil geschrieben ist: Gottlose sind sie, verkehren die Gnade unseres Gottes ins Gegenteil, in Ausschweifung, und verleugnen unsern alleinigen Herrscher und Herrn Jesus Christus."* (**Judas 4**)

Der Judasbrief ist deshalb wichtig, weil er bestätigt, dass sich *„gewisse Menschen" „eingeschlichen"* haben. Wenn Gott etwas mehrfach, nicht nur zwei Mal sagt, hat es besonderes Gewicht. Leider hat das die Christenheit nicht wirklich wahrgenommen, sonst hätte sie sich auf den rechten Weg begangen. Ursprünglich nannten die Christen sich ja selber gar nicht „Christen", sondern sie bezeichneten sich als diejenigen, die den Weg gehen. Endlich hatte man ein für alle Mal den rechten Weg gefunden!

Wie war es möglich geworden, dass Leugner Jesu Christi eingeschlichen waren in die Versammlung der Heiligen? In einer geheimen Versammlung ist das kaum möglich, weil man da vorher schon die Karten auf den Tisch legen muss, was man glaubt und sonst gar nicht eingelassen wird. Bei den jüdischen Synagogen ist das anders. Sie stehen für alle Juden offen. Über diese Versammlungen können dann auch Juden, die nicht an Jesus glauben, in Hauskreise Eingang gefunden haben, entweder um sich zu erkundigen oder um es auszuspionieren. Dazwischen gibt es ein breites Graufeld.

Hier bei Judas scheinen Menschen gemeint zu sein, die zwar vorgaben, an Jesus zu glauben, aber an ihrem weltlichen Lebensstil nichts änderten und genau deshalb als Leugner Jesu Christi bezeichnet werden konnten. Sie waren nicht zu Ungläubigen geworden, weil sie ein ausschweifendes Leben führten, sondern weil sie keinen echten Glauben hatten, führten sie auch ein ausschweifendes Leben.

In **Judas 6** erfährt man über *„die Engel, die ihren hohen Rang nicht bewahrten, sondern ihre Wohnstatt verließen"*, und dass Gott sie „für das Gericht des großen Tages aufbewahrt mit ewigen Banden in der Finsternis." Auch *„Sodom und Gomorra und die umliegenden Städte, die in gleicher Weise wie sie Unzucht trieben und hinter fremdem Fleisch herliefen"*, liegen als ein Beispiel vor, *„indem sie die Strafe des äonischen Feuers erleiden."* Über dieses äonische Feuer hat Jesus die Jünger belehrt, dass es für die von Sodom und Gomorra glimpflicher ausgeht als für manche Bewohner der Städte Galiläas, die Jesus predigen gehört hatten. Wer Wahrheit hört, wird verantwortlich gemacht. Menschen können niemals ganz ohne Verantwortlichkeit leben. Sie sind ins Leben gestellt von Gott und werden nach ihrem Leben vor Gott gestellt. Sie gehören Gott. Sie kommen nicht an Ihm vorbei. Wenn sie es versuchen, werden sie es nur bereuen. Widerstehen sie Ihm, werden sie dennoch nicht daran vorbeikommen, die Notwendigkeit der Reue zu begreifen.

Angesichts der fortschreitenden Praxis Gottes Gebote über den menschlichen Umgang miteinander, z.B. die Praktiken sich mit *„fremdem Fleisch"* zu verbinden, ***111** gesellschaftlich abzusegnen, droht auch der heutigen Gesellschaft ein hartes Gericht, denn es ist klar, welche Lebensart der Unzucht hier von Judas angesprochen worden ist. Ein noch schwereres Gericht als diejenigen, die so leben, werden vielleicht diejenigen erfahren, die es kirchlich abgesegnet haben, weil sie den Namen Christi dadurch verunehrt haben (**Judas 8**). Jesus Christus hat kein hurerisches Wesen und hält den Umgang mit „andersartigem" oder „fremdem Fleisch" sicher nicht für erstrebenswert. Die von Judas so bezeichneten „Ruchlosen" sind auch unter Kirchenleuten anzutreffen.

In Judas 8 erklärt Judas, dass das grundsätzliche Problem des Menschen das ist, dass er die göttliche Herrschaft nicht in vollem Umfang anerkennt. Das hindert ihn daran eine fruchtbare, liebevolle und vertrauensselige Beziehung mit Gott einzugehen. Christis Geist hat der Mensch dazu dringend notwendig, der genau daran etwas ändert. Aber bevor der Einzug hält, müssen bestimmte Reinigungsarbeiten im Umfeld der Seele und im Herzen des Menschen bereits zumindest angefangen haben. Bei Sodomitern ist das ebenso wenig der Fall, wie anderen, die Gottes Gebote nicht nur ignorieren, sondern sogar ihnen spotten, indem sie die den Geboten gegengesetzte Lebenswiese praktizieren. Dazu gehören auch insbesondere Unzuchtsünden.

Judas 9 ist ein sonderbarer Einschub, der thematisch aber sich anschließt, weil Judas hier den Erzengel Michale als Beispiel dafür nennt, dass man sich auf seine Aufgaben konzentrieren kann, ohne sich über die Gerichtskonsequenzen, die andere erwirken ein Urteil fällen muss: *„Michael aber, der Erzengel, wagte nicht, als er mit dem Teufel stritt und Wortwechsel um den Leib Moses hatte, ein lästerndes Urteil zu fällen, sondern sprach: Der Herr schelte dich!"* Wenn das doch auch die Christen mehr beachten würden! Michael hat noch nicht einmal Satan verflucht. Er war ja einer seiner Mitengel. Aber was tun Kirchenchristen mit ihren Mitchristen, die tatsächlich oder nur angeblich die Herrschaft Gottes missachten? Sie tun etwas,

was ihre eigene Missachtung der Herrschaft Gottes unter Beweis stellt, weil sie ein Urteil über sie fällen. Zu früheren Zeiten endete das nicht selten mit der physischen Vernichtung Andersgläubiger. Ganz zu schweigen von der Verurteilung der Juden kollektiv für die Ermordung Jesu Christi mit den Gerichtskonsequenzen der Ermordung der Juden. Das ist irrsinnig. Es sollte nicht vergessen werden, deshalb erwähne ich es immer wieder. Die Kirchen verfolgten die Juden, weil ihre Väter und sie selber Christus abgelehnt hatten. Dabei taten sie ihnen genau das an, weshalb sie die Juden verurteilten. Und so machten sich die Kirchen selber gerichtsreif.

In Judas 10 bis 14 werden diejenigen, die sich im ersten Jahrhundert in die Gemeinden eingeschlichen haben und möglicherweise geblieben sind, weiter charakterisiert. Damit wird das, was Petrus in 2 Pet 2,1-3 erwähnt wird, bestätigt.
„Diese aber lästern alles, was sie nicht kennen; alles, was sie aber von Natur aus wie die unvernünftigen Tiere verstehen, darin verderben sie sich." (**Judas 10**)
1.
Sie lästern, was sie nicht kennen; wer mit dem Lästern anfängt, endet mit dem Lästern des Wortes Gottes und lästert letztlich Gott.

„Wehe ihnen! Denn sie sind den Weg Kains gegangen" (**Judas 11**)
2.
Sie gehen den Weg Kains. Kain führte einen fruchtlosen Gottesdienst ein, der nach viel aussah, aber substantiell leer war, und er wurde zum Brudermörder. Welche Kirchen folgten dem?

„und haben sich für Lohn dem Irrtum Bileams völlig hingegeben" (**Judas 11**)
3.

Sie fallen in den Irrtum des Bileam um Gewinnes willen. Bileam wusste um die herausgehobene Stellung Israels als Volk Gottes und handelte dennoch israelfeindlich. Welche Kirchen sind israelfeindlich und schwingen sich zu einer Führungsrolle auf, die sie nicht von Gott haben?

„und in dem Widerspruch Korachs sind sie umgekommen." (**Judas 11**)

4.

Korach meinte, Gottes Volk führen zu müssen, obwohl er dazu gar nicht autorisiert war.

Wer in seinem Hochmut die Vollmacht an sich reißt, übt für einen ganz anderen Vollmacht aus.

„Wolken ohne Wasser, von Winden fortgetrieben; spätherbstliche Bäume, fruchtleer, zweimal erstorben, entwurzelt; wilde Meereswogen, die ihre eigenen Schändlichkeiten ausschäumen; Irrsterne, denen das Dunkel der Finsternis in Ewigkeit aufbewahrt ist." (Judas 12-13)

5.

Bei bestimmten Glaubensgemeinschaften fällt, außer ihnen selber, auf, dass sie über die Zeiten mit die schlimmsten Verbrechen, die es in der Menschheitsgeschichte gab, begangen haben und sich dennoch als „Kirche Gottes" oder „Gottes Volk" darstellen. Eine dieser Gräuel ist die jahrhundertelang praktizierte Judenverfolgung und Judenverleumdung, die im Holocaust gipfelte und noch bis zum heutigen Tag, wenn auch in einer milderen Variante, andauert. Nach Judas werden die „umherirrenden Sterne" „für die dunkelste Finsternis aufbewahrt" und ins Gericht kommen: *„Siehe, der Herr ist gekommen mit seinen heiligen Myriaden, Gericht auszuüben gegen alle und alle Gottlosen zu überführen von allen ihren Werken der Gottlosigkeit, die sie gottlos verübt haben, und von all den harten Worten, die gottlose Sünder gegen ihn geredet haben."* (**Jud 14-15**)

Und trotz ihrem schändlichen Tun leben sie *„nach ihren Begierden, und ihr Mund redet stolze Worte, und um ihres Nutzens willen schmeicheln sie den Leuten."* (**Jud**

16) Wer es sich leisten kann, nach seinen Begierden zu leben, hat etwas zu sagen, er ist auch noch stolz darauf. Sie sind sich aber nicht zu schade, den Mächtigen zu hofieren. Man denke an das Konkordat zwischen der Kirche Roms und dem Machthaber Nazideutschlands. Freundschaften des Bösen halten nicht für ewig. Judas ist überzeugt davon, sie enden im Feuersee.

In **Jud 18-19** erfährt man noch, dass auch die Apostel vor dieser Situation gewarnt haben, wohl wissend: *„Zu der letzten Zeit werden Spötter sein, die nach ihren eigenen gottlosen Begierden leben. Diese sind es, die Spaltungen hervorrufen, irdisch Gesinnte, die den Geist nicht haben."* (**Jud 18-19**) Ja, aber die Kirchen sind doch auf Versöhnung und Einheit und Ökumene aus! Wer`s glaubt! Aber vielleicht ist das eine ganz andere Einheit als das Einssein mit dem Christus. Es gibt ja auch die Fälschung des Leibes Christi durch den Anti-Christus. Der Leib Christi hat ein glaubens- und treuensmäßiges Einssein mit der Quelle ihres Glaubens, keine künstliche Einheit, die durchsetzt ist von unbiblischen Irrlehren und Toleranzbeliebigkeiten. Es kann kein Einssein geben zwischen Antichristus und Christus, es gibt ja auch keine Einheit zwischen Bibelgläubigkeit und Bibelkritik oder Wahrheit und Irrtum. Das Merkmal eines Menschen, der mit seiner Lebensweise oder seinen Worten Gott spottet, dass er irdisch gesinnt ist und den Geist Christi nicht hat. Ganz anders tritt er aber auf. Er redet davon Gott die Ehre zu geben, aber sein verhalten, kann nicht von ihm selber beurteilt werden, wenn er den Geist Christi gar nicht hat.

Das kann nur Gott und diejenigen, denen es Gott durch Seinen Geist gegeben hat. Da hilft auch nicht, wenn man Gebetswochen veranstaltet oder Gebetshäuser einrichtet. Wer den Geist Christi nicht hat, gehört nicht zu Christus. Man hat auch keine Gewähr für Rechtgläubigkeit, wenn man Glaubensvorbildern folgt. Es gibt nur eine verlässliche Quelle für wahre Anbetung, dass ist der Geist Christi mit Seinen Manifestationen, von denen eine für alle Menschen zugänglich ist. Das ist die Bibel. Den Zweiflern und nach Wahrheit Suchenden, kann Barmherzigkeit widerfahren, auch noch in diesem Äon (**Judas 22**). Die anderen werden dennoch auch Barmherzigkeit erfahren, jedoch wird ihre Rettung noch hinausgeschoben und das ist furchterregend wegen der harten Gerichte, die man heraufbeschworen hat (**Judas 23**).

Wer ohne zu straucheln, bewahrt werden möchte vor all diesen Irrwegen, die es innerhalb des Christentums gibt, muss sich demütig dem Wort Gottes beugen, denn die Tendenz der Kirchen geht eindeutig weg vom Wort Gottes und richtet sich immer mehr nach der antichristlichen Welt. Im 21. Jahrhundert könnte man den Eindruck gewinnen, als hätte es nie eine Reformation gegeben. So beliebig und wirkmächtig sind die Glaubensrichtungen geworden. ***112**

Der Unterschied zwischen den Entdeckungen, die die Reformatoren machten und dem Glauben Roms ist nicht *„mit einer anderen Akzentuierung und in einer anderen Sprache"* auszumachen, wie es Papst Franziskus ausdrückte, ***113** denn die fünf sola Grundsätze hat die katholische Kirche nicht. Die Unterschiede sind gewaltig. Deshalb stimmt die Erklärung der katholischen Kirche und des lutherischen Weltbundes, dass das Verbindende größer sei als das Trennende nur dann, wenn Letztgenannter die reformatorischen Grundsätze ignoriert oder aufgegeben hat.

Dass die katholische Kirche einen anderen Christus lehrt als die Bibel, ist daran zu erkennen, weil ihr „Christus" nur ein Reparaturunternehmen auf Golgatha ausgeführt hat. Wie bei allen Religionen so hat auch bei der katholischen Religion der Mensch das Entscheidende zu seiner Erlösung oder „Rechtstellung" zu tun, nicht Gott. Der katholische Mensch sieht sich, wenn er bei der Dogmatik seiner Kirche bleibt, nur reparaturbedürftig, denn die Sündhaftigkeit entstellt nur sein zur Ehre Gottes geschaffenes Wesen, das im Kern gut sein darf. Und nun kann er, mit gnädiger Mithilfe Gottes, wieder durch eigene Anstrengung und im Schoße der Kirche heil werden. Im Resultat weiß er nicht um seine Heilsgewissheit, so wie bei den anderen Religionen. Es gibt sie nicht.

Ganz anders stellt die Bibel ihre Heilslehre dar, denn wer in Christus ist, weiß darum. Er weiß, dass sein Heil zugesagt und gewiss ist. Nur wer nicht in Christus ist, weiß nichts Verbindliches. Für den, der den Geist Christi hat, hat Gott durch

Seinen Sohn Jesus Christus nicht nur alles getan, sondern bereits fest zugesagt.
*114

Auf diesem Hintergrund ist es fraglich, wie es zwischen der katholischen Kirche und den protestantischen Denominationen je zu einem lehrmäßigen Schulterschluss kommen, oder im Rahmen einer ökumenischen Zusammenarbeit über die Unterschiede hinweggesehen werden könnte, denn die katholische Heilsmethode ist nach Sicht der Bibel ebenso unwirksam wie die hinduistische oder buddhistische oder islamische. Insoweit macht es durchaus Sinn, wenn Papst Franziskus in einem Video die Botschaft verkünden lässt, dass alle diese Religionsangehörige den gleichen Vater hätten. Wenn es nicht der Vater der Lüge sein soll, sondern der Vater der Wahrheit, dann hat hier ein in der Fremde befindlicher verlorener Sohn lediglich andere verlorene Söhne daran erinnert, dass sie ihrem Vater fern sind, ohne daran zu denken, ernsthaft zu ihm zurückzukehren!

Der Vorwurf, der meist von den Katholiken an die Reformatoren geäußert wird, sie hätten die Kirche gespalten, ist irrelevant. Die katholische Kirche war nie Kirche im biblischen Sinne, weil sie nie die biblischen Lehren zu den Grundaussagen der Bibel vertreten hat. Sie leugnet die Richtigkeit von 1 Mos 1 ebenso wie die Hauptaussage der Bibel, dass allein in Christus das Heil liegt. Der Islam, der das ebenfalls leugnet, hat sich ja auch nicht von der Kirche abgespalten können, weil er nie dazu gehört hat. Er vertrat ebenfalls von Anfang an seine eigenen unbiblischen Lehren. Seit einigen Jahrzehnten buhlt die katholische Kirche um die Gunst des Islam. Deshalb werfen viele der Kirche den Verrat an der Christenheit vor.

Luther hat das auch lange nicht erkannt, dass die katholische Kirche gar nicht Kirche Gottes sein kann, denn wer den Sohn nicht ganz hat, der hat auch den Vater nicht ganz. Zwar sind die reformatorischen Kirchen insofern keine Abspaltungen von Rom, wenn sie selber biblische Lehren in Bezug auf die unverzichtbaren „Solus"- Grundsätze vertritt, das bedeutet aber umgekehrt, dass jede Preisgabe dieser Grundsätze eine Annäherung an die Kirche Roms bedeuten kann, die zu einer fleischlichen Vereinigung von zwei Kirchen führt, die vorher nicht zusammen waren. Die Frage, die sich stellt, ist also weniger, ob etwas wiedervereint wird, als ob das, was zusammengehört, sich zusammenfindet.

Will man aber bei dem Vorwurf der Spaltung bleiben, dann ist klar, dass es zum Bekenntnis zum Wort Gottes keine Alternative geben kann und es deshalb niemals auf dieser Grundlage ein Zusammengehen mit der Kirche Roms geben kann, weil diese das Wort Gottes missachtet. Nach wie vor gilt, was Calvin damals auf den Vorwurf des katholischen Kardinals zur Kirchenspaltung geantwortet hat: *„Die Bekehrung ... auf Grund unserer Predigt – weg von jenem Morast von Irrtümern, in den sie versunken waren, zurück zur reinen Lehre des Evangeliums – nennst Du Abfall von Gottes Wahrheit; ihre Selbstbefreiung vom Joch des römischen Priesters zu einer viel besseren Kirchenform heißt Du Trennung von der Kirche....War nicht die Keuschheit der Kirche von eurer Partei mit fremden Lehren bestürmt, ja verletzt? War sie nicht mit zahllosem Aberglauben entehrt? War sie nicht befleckt mit der scheußlichsten Form des Ehebruchs, mit dem Bilderkult?"* ***115**
Luther selbst dichtete zur Idee der Vereinigung mit der Papstfraktion: *„Wenn der Teufel morgen stirbt, und ein Wolf zum Schafe wird, so werden Luther und Papst eins. Der beider geschieht gewisslich keins. Doch will man viel traktieren, das ist nur Geld und Zeit verlieren. Bleibt Christi ›Wort‹ in Ehren stehen, so muss der Papst in Trümmer gehen. Kein Mittel ist auch zu finden hie. Was tun wir denn mit unsrer Müh?"* ***116**
Über das Verhältnis der reformatorischen und biblischen Wahrheit zur Auffassung der Kirche Roms kann man sagen, dass im Kern die Reformation eine Hinwendung zum Wort Gottes war, während die Kirche Roms sich immer mehr vom Wort Gottes und damit auch von der Wahrheit abwendete." ***117**

Aber im Lauf der Zeit haben sich die Kirchen der Reformation ebenso von der Bibel abgewendet und entdecken dann folgerichtig und zwangsläufig die Nähe zur Kirche Roms. Unwahrheit und Unwahrheit verträgt sich besser miteinander als

Wahrheit und Unwahrheit. Aus der Reformation scheint inzwischen eine Deformation geworden zu sein. ***118**

Nach dem Judasbrief folgt das Buch der Offenbarung. Es besteht eine Kontinuität zwischen dem Auftreten der Spötter und falschen Kirchenleuten der Zeit, in der Johannes und Judas lebten und ihre neutestamentlichen Briefe schrieben, bis zur „letzten Zeit", die sich in der Offenbarung dann in der Vorausschau entfaltet.

Wenn Judas die Gottesspötter auch noch als schandhaft und irrend bezeichnet (**Judas 13**), bezieht er es auf ihr Verhalten und ihre Lehre. Schandhaft ist ihr Verhalten, weil sie vorgeben, Diener Gottes zu sein und sich in Wirklichkeit anti-christlich verhalten: wo Gott gebietet, barmherzig zu sein, sind sie unbarmherzig; wo Gott gebietet sich von den weltlichen Lüsten fern zu halten, tun sie das Gegenteil.

Diese Dinge hat es zuhauf in der Geschichte der großen Kirchen gegeben und gibt es immer noch. Schandhaft ist ihre Lehre, weil sie Gott teilweise als gottlos darstellen. Sie schreiben Gott Eigenschaften zu, die Er gar nicht hat. Wo Gottes Wesen Liebe ist, sagen sie, dass sie vor dem bösen Eigenwillen des Menschen Halt macht und sich in eine Verweigerungshaltung gegenüber den Menschen verwandelt. Warum das so sein sollte, wissen sie nicht. Es ist Kirchenlehre, die aus heidnischen Vorbildern schöpft. Wenn die Beschreibung Gottes, „jeder Beschreibung spottet", dann hat man Gott verspottet. Man tut das vielleicht nicht bewusst. Doch dann befindet man sich auf der Stufe von jemand, der Gott gar nicht kennt und sich selber zum obersten Gesetzgeber macht, der darüber bestimmt, wie er mit Menschen umgeht und es dann so tut, dass er Gottes Gebote missachtet und so dem göttlichen Gericht verfällt.

Doch vorher schon gilt, was laut Judas über solche Menschen sagt. Sie gehören nicht zur Gemeinde Jesu Christi. Sie gehören aufbewahrt für die *„Dunkelheit der Finsternis für [einen] Äon"* (**Judas 13** KÜ) Welchen Äon der Äonen meint Judas? Es ist offenbar ein Gerichtsäon. Er findet statt, nachdem der Messias gekommen ist mit seinen Heiligen *„um an allen Gericht zu üben und alle Ruchlosen zu entlarven wegen aller ihrer Werke"* (**Judas 15**).

Sie sind außerdem gekennzeichnet durch zwei Dinge:

1. *„ihr Mund redet stolze Worte"* und

2. *„sie bewundern Personen um des Vorteils willen."* (**Judas 16**)

Sie kultivieren also Schauwerte, die man wie in einer Show noch großmundig, ohne großen Wahrheitswert, verkündet. Großspurig kann man auch sein, wenn man über andere voller Stolz redet. Nach dem was man aus der Bibel über Gott wissen kann, ist Er kein Freund von Stolz, denn dabei neigt der Mensch immer zu Undankbarkeit gegenüber Gott und zur Überhebung dessen, wegen dem er stolz ist.

Es gibt in der Tat viele Kirchen, wo etwas fürs Auge und Ohr geboten wird, wonach die Ohren jucken und die Augen übergehen. Es ist wie ein religiöser Zirkus zur Befriedigung des Fleisches und der Vertreibung des Geistes. Die Kirchengebäude oder die Bühnen sind geschmückt, die Zeremonien sind prächtig und geheimnisumwittert, die Musik ist ergreifend oder mitreißend, die Redner sind es ebenso, sogar wenn sie in fremden, ausgestorbenen oder künstlichen Sprachen sprechen. Und das Gabensäckel soll immer gefüllt werden. Manchmal besorgt es auch ein berechnender Landesfürst oder der Staat, oder Leute, die gerne für eine gute Show mit Rettungsgarantie etwas springen lassen und ihre Seelen retten oder zumindest ihr Gewissen beruhigen wollen.

Was sind das für Menschen? Hier ist nicht von Atheisten oder Muslimen die Rede, sondern von Kirchenleuten, *„irdisch gesinnte Menschen, die den Geist nicht haben."* (**Judas 19**). ***119**

Judas spricht in Judas 20-22 einige Empfehlungen aus, um diesen Kirchenleuten nicht auf den Leim zu gehen:

1.

Das Gebet im heiligen Geist (**Judas 20**). Damit sind die angesprochen, die den Geist Christi haben. Es gibt Gebete in anderen Geistern. Zu ihnen gehören Lügengeister und deshalb ist es den Betern, die in diesen Lügengeistern beten nicht bekannt, dass sie den Geist Christi gar nicht haben, denn sie werden angelogen.

2.

Die Bewahrung in der Liebe Gottes (**Judas 21**). Menschen, denen es an dieser Liebe mangelt, erkennt man an ihrem gesetzlichen, starren Denken. Sie verurteilen gerne und verdammen, weil sie sich überwiegend nur selber lieben

3.

Das Ausschauen nach dem „Erbarmen unseres Herrn Jesus Christus" (**Judas 21**). Menschen ohne den heiligen Geist Gottes sind unbarmherzige Menschen. Sie sind nicht versöhnungsbereit und halten es ohne weiteres für gerecht und überhaupt nicht wirklich bedauernswert, wenn Ungläubige verloren gehen.

Judas sagt auch, dass diese Ausschau, dieses Interesse an dem Erbarmen, das Jesus auszeichnete, zum äonischen Leben führt. Das ist deshalb so, weil der Wunsch und der Antrieb für die Ausschau von Jesus selber kommen. Er zieht diejenigen zu sich, die äonisches Leben haben werden. Auch hier zeigt sich, der Ausdruck „äonisches Leben" ist ein gewohnter Ausdruck der Juden als Gegensatz zum äonischen Gericht, welches die Gerechten Gottes, die man nun auch seit der Auferstehung Jesu als Jesusvertraute bezeichnen kann, von den Gottlosen unterscheidet.

Judas weiß auch, dass Gott der Herr über alle Äonen ist (**Judas 1,25**). Die Übersetzung mit „alle Ewigkeiten" in Bezug auf die Zeit, die linear verläuft, ist eigentlich eine Unmöglichkeit, weil es mehr als nur eine Ewigkeit nicht geben kann. Hier sind natürlich Äonen oder Zeitalter gemeint. Der Mensch ist in einen Äon eingesetzt, in dem er sein natürliches Leben lebt, dann aber kommt das Gerichtsäon für ihn, wo er nicht mehr leben kann in der Unkenntnis von den Dingen, die ihn in seinem Verhältnis zu Gott betreffen. Auf den Äon der Dunkelheit, den Äon des alten Adam, folgt der Äon der Erleuchtung. Es sei denn, der Mensch ist von Gott auserwählt schon in diesem ersten Erleben zu den Erleuchteten zu gehören, die in künftige Äonen vorausschauen dürfen, soweit es das Wort Gottes zulässt.

„Dem alleinigen Gott, unserem Retter durch Jesus Christus, unseren Herrn, sei Herrlichkeit, Majestät, Gewalt und Macht vor aller Zeit und jetzt und in alle Äonen! Amen!"

„Wenn der Christus, euer Leben, offenbart werden wird,
dann werdet auch ihr mit ihm offenbart werden in Herrlichkeit."

Kol 3,4

Anmerkungen zu den Johannesbriefen und zum Judasrief

1

Z.B. de Boor in der Wuppertaler Studienbibel, Bd. 19, S. 11. 20, 1999.

2

Siehe hierzu Christian Stettler, „Das Endgericht bei Paulus", S. 162ff, 2017

3

Röm 7,4.6; 1 Kor 9,20.21; Gal 2,19.21; 3,11; 5,4.18; Phil 3,9

4

Paulus unterscheidet zwei Evangelien. Das eine nennt er das Evangelium der Unbeschnittenen, das andere, mit dem Petrus betraut ist, das Evangelium der Beschneidung (Gal 2,7).

5

Nach der Konkordanten Wiedergabe *„zum Vater [hingewandt] war"*.

6

Wenn in dieser Arbeit von „Juden", ohne Konkretisierung die Rede ist, ist immer nur der bestimmte Teil der Juden gemeint, auf den das Gesagte zutrifft. Nur mit dem Zusatz „alle" sind auch alle gemeint.

7

Siehe vom Verfasser, *„Apokalypsis"*, S. 22ff, 2018

8

„Viele Menschen geben sich mit einem teilweisen Christentum zufrieden, wobei einige Teile ihres Lebens noch immer weltlich sind. Die apostolischen Ermahnungen schauen ständig in alle Ecken unseres Wesens, so dass keine der Reinigung entkommen kann." (R. C. H. Lenski, *„The Interpreation of St. Paul's Epistles to the Colossians, to the Thessalonians, to Timothy, to Titus, and Philemon"*, S. 364, 1937)

9

Vgl. Wuppertaler Studienbibel, Bd. 19, S. 37

10

Talmud, Avot 2,16

11

2 Kor 5,1; Eph 2,20.22; 4,12; Hebr 3,4; 1 Pet 2,5

12

Nr. 2835 Helps Word studies, 1987, 2011.

13

Die katholische Kirche hatte nie Gewissenskonflikte, Mord und Totschlag gut zu heißen, wenn es der eigenen Sache diente. Hierin gleicht der Katholizismus dem Islam. Als Beispiel sei Bernhard von Clairvaux zitiert: *„Ein Ritter Christi tötet mit gutem Gewissen; noch ruhiger stirbt er. Wenn er stirbt, nützt er sich selber; wenn er tötet, nützt er Christus."* (in „Lob der neuen Ritterschaft" III, 4, zitiert nach Ritter/Kügler (Hrsg.), *„Gottesmacht: Religion zwischen Herrschaftsbegründung und Herrschaftskritik"*, S. 178, 2006). Das sind genau die Aussagen, die Christi Namen verunehren, weil sie die Menschen dazu bringt, das Christentum zu verachten.

14

Vgl. Becker/Sänger/Mell, „Paulus und Johannes: exegetische Studien zur johanneischen und paulinischen Theologie und Literatur", 2006

15

Ich kenne solche Geschichten von Schlangenfängern und Schlangenbändigern aus Indien. Weniger die jungen Berufsanfänger fallen ihren Angriffen zum Opfer. Es sind langjährige, erfahrene Leute, die meinen alles im Griff zu haben. Erwin W. Lutzer erzählt eine anschauliche Geschichte, wie eine noch nicht ausgewachsene Gefährlichkeit, mit der man ein Leben lang zurechtzukommen scheint, im ausgewachsenen Zustand doch das Leben kosten kann (Erwin W. Lutzer, *„Unvollkommene Heilige"*, S. 82 , 1999): *„In der Zeit, als Oliver Cromwell in England an der Macht war, sorgte ein Zirkusartist mit einer Schlangennummer für Aufsehen. Wenn er mit seiner Peitsche knallte, wand sich eine mächtige Schlange aus dem künstlichen Gras in der Manege und schlang sich um den Artisten, bis dieser kaum noch sichtbar war. Die Zuschauer hielten den Atem an. Plötzlich hörte man in der lautlosen Stille Knochen knacken. Zum Entsetzen aller Anwesenden hatte die Schlange ihren Dompteur zerquetscht. Dieser Dompteur hatte vierzehn Jahre lang mit der Schlange gelebt, nachdem er sie in einer Größe von nur etwa 18 cm erworben hatte. Damals hätte er sie zwischen dem Daumen und dem Zeigefinger zerquetschen können. Er dressierte sie und machte sie sich zu eigen, aber der Tag kam, an dem sich die Schlange ihren Dompteur zu eigen machte."*

16

Das mag vom medizinischen Standpunkt anders zu bewerten sein. Aber psychologisch kann es keine relative Wahrheit geben. Auch einem bisschen seelischer Krankheit oder Abhängigkeit ist der Kampf anzusagen.

17

An dieser Stelle sei gewarnt vor der bedenkenlosen Übernahme der Ratschläge aus der weltlichen Psychotherapie oder Pyschoanalyse. Sie steht zunehmend unter dem Einfluss der „Human-Potential-Bewegung", die vom New-Age-Denken her stammt. Immer mehr kommen okkulte und esoterische Methoden zur Geltung (Antholzer/Schirrmacher, *„Was hilft wirklich? Biblische Seelsorge kontra Psychotherapie"*, S. 126., 2001)

18

Heb 9,12; 10,2.10

19

Der Angriff der Gnosis auf die Schlichtheit des Evangeliums wurde zwar abgewehrt, aber nach Schnepel bemerkte man einen subtileren Angriff des griechischen philosophischen Denkens hingegen nicht. *„Zur gleichen Zeit setzte im zweiten Jahrhundert ein verdeckter Angriff des griechischen Denkens ein, der von den Christengemeinden nicht erkannt wurde und bis auf unsere Tage die ernstesten Folgen gehabt hat."* Schnepel meint das vernunftbegründete Suchen nach der Wahrheit. Wahrheit ist zwar nie falsifizierbar, aber sie ist nicht immer zugänglich. Das stimmt für alles was zwischen Gott und Mensch auf der rein geistlichen Ebene abläuft. (vgl. Erich Schnepel, *„Christus im Römerreich"*, S. 77, 1936) *„Die Gemeinde erwächst nicht mehr aus demselben Lebensverhältnis zu Christus heraus, sondern aus derselben Gedanken- und Lehrbildung über ihn... Hier bahnt sich eine Krankheit zum Tode an."* (S. 78) Die Kirche Ostroms geriet unter den Machtbereich des Islam. Die Kirche Westroms verirrte sich im scholastischen Denken des Mittelalters und im aristotelischen Denken der Renaissance, während sie gleichzeitig einen moralischen Verfall ihrer Kirchenvertreter, allen voran der Päpste, mitmachte. Dieser scheint, nach neuesten „Enthüllungen", noch lange nicht aufgehalten worden zu sein.

20

Siehe Christoph Markschies, *„Gnosis und Christentum"*, S. 53ff, 2009

21

Joh 14,16.26; 15,26; 16,7

22

Vgl. Friedrich Düsterdieck, *„Die drei Johanneischen Briefe"*; S. 289; 1852

23

322

Griechisch „anomias", von „a" – „nicht" und „nomos" – „Gesetz"; Nr. 458 Helps Word studies, 1987, 2011

24

Die Diskussion, die von manchen Kirchenleuten geführt wird, ob die Mohammedaner nicht doch auch an Gott und Jesus Christus glauben, ist aus biblischer Sicht unsinnig, da der Allah des Islam kein Vater ist, auch nicht von Jesus, der ausdrücklich nicht als Sohn Gottes verstanden wird, sondern lediglich als Prophet. Eine ähnliche Diskussion betrifft solche „christlichen" Glaubensrichtungen, die Abstriche vom biblischen, damit auch theologischen Jesus machen. Wer Gott, dem Vater, oder Christus einen Teil der Göttlichkeit nimmt, vertritt zumindest teilweise antichristliche Positionen.

25

Es stellt sich die Frage, ob ein Papst, der solche Treffen auf der Grundüberlegung führt, dass es verschiedene Wege zu Gott gibt, damit überhaupt noch Grundsätze des biblisch-christlichen Glaubens vertritt und ob er nicht sogar in Gegnerschaft zum Vater und zum Sohn gegangen ist.

26

Jülicher nennt es *„wild wachsendes gesetzloses Heidenchristentum"* (Adolf Jülicher, *„Einleitung in das Neue Testament"*, S. 76, 1894)

27

Der Glauben an Mariä Sündlosigkeit begann, nach allem was man weiß, im 9. Jhdt.

28

Es gibt noch ein weiteres dominantes Merkmal, welches die katholische Kirche als anti-christlich ausweist. Sie verfügt über Christus nach Belieben in ihren Okkultmessen, die sie auch als Abendmahl bezeichnen. Wann immer der Priester es will, muss Christus von Seinem Thron beim Vater heruntersteigen und sich realpräsent bei der Transubstantiation auf den Opferaltar legen. Der Priester opfert Jesus immer wieder. Und das geschieht weltweit tagtäglich hunderttausendfach, denn es gibt weltweit ungefähr 400.000 Priester. Die Kirche hat also Macht über Gott. Dieser katholische Gott kann dann aber nicht der biblische Gott sein, denn der ist immer souverän. Und Christus ist nur einmal geopfert worden (Röm 6,10; Heb 7,27; 9,12.26; 10,2.10). Der Christus, den die katholische Kirche kennt, muss ebenfalls ein anderer sein.

29

„Die große Mehrheit der Christen, sogar der gebildeten, weiß über das, was mit den Juden in der Geschichte passiert ist, und über die schuldhafte Verwicklung der Kirche darin beinahe gar nichts ... Es ist kaum übertrieben zu behaupten, dass diese Seite der Geschichte, die sich Juden eingeprägt haben, genau die sind, die aus christlichen (und säkularen) Geschichtsbüchern herausgerissen wurden." Edward Flannery, *„The Anguish of the Jews"*, 1965.

30

Gal 3,20; Heb 8,6; 9,15; 12,24

31

Bei dem Verfasser des Judasbriefes handelt es sich vermutlich um einen Halbbruder von Jesus.

32

Röm 10,12; Gal 3,28; Kol 3,11

33

Damals gab es noch keine Mohammedaner. Für sie gilt das natürlich ebenso. Ihr Allah kann nicht der Gott der Bibel sein. Da Mohammed nach eigenem Bekunden Allah nie begegnet und nie mit ihm gesprochen hat, bleibt der Islam eine Religion mit einem Engel als Wortgeber und Begründer.

34

Wenn von kirchlicher Seite immer wieder behauptet wird, dass die drei Parteien, bestehend aus ihrem Kirchenchristentum, Juden und Mohammedaner den gleichen Gott anbeten, so mag das stimmen, aber es kann nicht der Gott der Bibel sein, den alle drei anbeten.

35

Alexander Demandt, „*Geschichte der Spätantike*", S. 424f, 2008

36

Alberto da Silva Moreira schreibt in Klinger/Francis X. D`Sa: „*Gerechtigkeit im Dia-
log der Religionen*" im Jahr 2006: „*Die neue Kirche, von der wir träumen, ...*" mit
ihren „*Basisgemeinden*" „*gehen kreativ mit der Bibel um. Sie lesen die Schrift nicht
fundamentalistisch. Sie bleiben offen dafür, was die Bibel uns heute in den verschiedenen Situationen des Lebens sagen will.*" Zitiert nach Nils Horn in „*Atheisten
und Kirchen*", S. 141, 2008.

37

Weshalb sie dann, wenn sie es bequem haben wollen eher zu grenzenloser Toleranz neigen als zum Widerstand und Kampf. Doch daraus entstehen neue Prob-
lemlagen (Vgl. Augustin/Wienand/Winkler (Hrsg.), „*Religiöser Pluralismus und Toleranz in Europa*", 2008).

38

Z.B. erkennbar bei den Schriften von Thomas Mann, Ludwig Wittgenstein, Ernst
Jünger u.a.

39

Zwar ist die „Wahrheit" in jeder Religion ein zentraler Begriff, aber von Wahrheit zu
reden und sie zu kennen, bleibt der entscheidende Unterschied (siehe hierzu Wieß-
ner/Köhler (Hrsg.), „*Religion und Wahrheit*", S. 89ff., 1998).

40

Siehe bei Hammacher/Schottky/Schrader (Hrsg.), „*Religionsphilosophie*", S. 10,
1995

41

Vgl. Thomas Nagel, „*Geist und Kosmos*", 2013; Hans Kessler, „*Evolution und
Schöpfung in neuer Sicht*", 2009

42

Siehe Thomas Nagel, „*Geist und Kosmos*", S. 181ff., 2012

43

Ham/Sarfati/Wieland (Hrsg.), *„Fragen an den Anfang: die Logik der Schöpfung"*, 2001

44

Erich Schnepel fragt in, *„Christus im Römerreich"*, S. 58, 1936 wie diese Fehlentwicklung zu erklären sei, dass die Kirche irgendwann dazu überging Andersgläubige zu verfolgen. *„Weil die Kirche längst nicht mehr die schlichte Gemeinde Jesu war, sondern sich zu einer gewaltigen Machtorganisation ähnlich wie der Staat ausgebaut hatte."* Für ihn war die Verschiebung in Botschaft und Aufbau der Gemeinde bereits im zweiten Jahrhundert deutlich geworden. Und so wurde die Kirche ein Staat im Staate und zuerst die Kirche mit dem Staat gleichgeschaltet und, nachdem die Kirche mächtiger geworden war, der Staat mit der Kirche gleichgeschaltet. Wenn Schnepel Recht hat, dann müsste also die Kirche wieder eine schlichte Gemeinde werden, um zumindest nicht mehr in die Verlegenheit des Machtmissbrauchs zu kommen. Umgekehrt könnte das bedeuten, dass der Grund, warum die Kirche zur Zeit keine Andersgläubigen verfolgt, daran liegt, dass sie keine Macht über den Staat hat. Die Macht abzulegen, braucht die gleiche Eigenschaft wie wieder zum rechten biblischen Glauben zurückzukehren: Demut!

45

Laut De Boor verstand Johannes unter dem „äonischen Leben" nicht ein ewiges Leben im philosophisch und sonst unfassbaren, weil nicht erfahrbaren Sinne, sondern es ist das kommende Leben gemeint (Wuppertaler Studienbibel, Bd. 19, S. 28, 1999). Dem kann insofern zugestimmt werden, als das Leben im bald kommenden Reich, wie es auch die Jünger Jesu erwartet hatten, damit gemeint ist.

46

James G. McCarthy, *„Das Evangelium nach Rom"*, S. 73, 1995; vgl. Röm 3,22; 5,8-9; 8,33; 2 Kor 5,21.

47

Es handelt sich um gefangennehmende Irrtümer (Vgl. Kurt Aland, *„Martin Luther, Predigten"*, S. 425, 2002).

48

Nr. 3954 Helps Word studies, 1987, 2011

49

Nr. 1343 Helps Word studies, 1987, 2011

50

Nr. 1080 Helps Word studies, 1987, 2011

51

Luther Deutsch, Ergänzungsband III, Lutherlexikon, S. 143. Vgl. WA 40 I, 579, 17-22

52

Das heilige, allgültige und allgemeine Concilium von Trient, URL: http://document.kathtube. com/34919.doc

53

Das heilige, allgültige und allgemeine Concilium von Trient, URL: http://www.kath-pedia.com/index. php?title=Cum_hoc_tempore.

54

Buddeberg/Pflaum, „Wie gelange ich zur Heilsgewissheit?", S. 17; 1980

55

Vgl. A.W. Tozer, „Das Wesen Gottes", S. 24, 1985

56

Der Maßregelung durch Jesus erfolgte auf die Frage der Pharisäer und die Schrift-gelehrten: „Warum leben deine Jünger nicht nach der Überlieferung der Ältesten?" (Mk 7,5)

57

Kurt Aland, „Studien zur Überlieferung des Neuen Testaments und seiner Texte", S. 139ff, 2019

58

Daher muss Er sich auch nicht an eine Torah halten, denn Er ist sich selbst Gesetz. Oder wie Andrew Jukes es in „Der neue Mensch und das ewige Leben", S. 51, 1956, engl. 1881 ausdrückt: *„Gott ist nicht gerecht, weil ein Gesetz auf Ihn gelegt wäre, welches spricht: „Du sollst", oder „Du sollst nicht"."*

59

Vgl. Martin Schacke *„Die Neuordnung Gottes und das Sein in Christus"*, S. 57; 1979

60

Diese Zusammenhänge zwischen der Entstehung des Christentums und des Hellenismus, als auch das Übergewicht messianisch-jüdischer Gedankeninhalte in der Offenbarung werden nur von ganz wenigen Historikern, Theologen und Schriftforschern gesehen (siehe auch vom Verfasser *„Apokalypsis"*, S. 20ff, 2018)

61

1 Joh 2,9; 3,15

62

Vgl. Wuppertaler Studienbibel, S. 105

63

de Boor in der Wuppertaler Studienbibel (S. 105)

64

de Boor wiederholt auch zu 1 Joh 4,13 seinen traditionellen Irrtum (Wuppertaler Studienbibel, S. 129. 133). Durch ständige Wiederholung wird eine Falschaussage nicht richtiger, aber sie wird dadurch verschlimmert, weil sie sich so in der Erinnerung festsetzt. Laien, die die Bibel nicht studiert haben, geben den Bibelauslegern und Theologen einen Vertrauensvorschuss, dem diese aber nur gerecht werden können, wenn sie bibeltreu sind. Wer kirchliche Tradition über Gottes Wort stellt, handelt unbiblisch und letzten Endes gottwidrig.

65

Nr. 500 Helps Word studies 1987, 2011, Nr. 473 „anstelle von", „im Gegensatz zu"

66

„Aber wir dürfen ehrfürchtig sagen, dass dieser eine Satz über Gott der Schlüssel zu allen Taten und Wegen Gottes ist, ... zu den Wundern der Schöpfung, ... der

Erlösung ... und des Wesens Gottes selbst." (G. S. Barrett, *"The First Epistle General of St. John"*, S. 170-173, 1910.

67

ElbÜ hat „durch ihn leben möchten", das ist eine interpretatorische Setzung. Anscheinend haben die Elberfelder Gott nicht ganz zugetraut, dass Er das Heil auch bewirkt ohne das „Mögen" des kenntnislosen Menschen. Lu2017 macht aus dem „leben" bzw. „leben werden" ein „sollen". Wie wenn es darauf ankäme, dass der Mensch etwas „muss", damit Gott können kann. So ist es aber nicht. Gott handelt jederzeit souverän.

68

„Man beachte das scheinbare Paradox dieses Verses, dass Gott gleichzeitig liebt und zornig ist, dass seine Liebe die Sühnung vollbringt, die seinen Zorn von uns abwendet. So kann Johannes, weit davon entfernt, einen Widerspruch zwischen Liebe und Sühnung zu sehen, die Vorstellung von Liebe nur vermitteln, indem er auf die Sühnung verweist." (James R. Denney, *"The Death of Christ"*, S. 276, 1902)

69

Heinz Schumacher in: *"Das Wesen Gottes"*, in „Gnade und Herrlichkeit", 1/2015, S. 31, schreibt: *"Alle Seine Planungen, Zielsetzungen, Methoden und Handlungen entspringen Seiner vollkommenen Liebe. Auch wenn Er daher zürnt und richtet, sich „in einen Feind wandelt"* (Jes. 63, 10), entstammt doch dies alles niemals Motiven des Hasses, sondern ist, wie Jes. 28, 21 sagt, eine „fremdartige Arbeit" für unseren Gott, die Er aber, weil ja der Gesetzlose nur auf diesem Wege Gerechtigkeit lernt und nicht, wenn ihm Gnade erzeigt wird (Jes. 26, 10), nicht unterlassen kann.

70

Nr. 3954 Helps Word studies, 1987, 2011

71

Nr. 1080 Helps Word studies, 1987, 2011.

72

Wenn man die Geschichte des messianischen Judentums der letzten zweitausend Jahre betrachtet, könnte man auf den Gedanken kommen, dass sein Verschwinden vielleicht eine Folge der Gegnerschaft zu den Lehren von Paulus sein könnte, in ähnlicher Weise wie das Judentum insgesamt eine Verstockung erlitten hat, weil es den Messias ablehnte. Das ist allerdings pure Spekulation, zumal das messianische Judentum schon zur Zeit von Paulus nicht einheitlich war und Versäumnisse eines Teils, wie sie sich aus der Apostelgeschichte und den Briefen von Paulus erschließen lassen, nicht dem Ganzen zugerechnet werden müssen.

73

de Boor in der Wuppertaler Studienbibel, S. 151),

74

Vgl. Gerhard Barth, *„Die Taufe in frühchristlicher Zeit"*, 2002

75

So sieht das auch Theodor Böhmerle in *„Zeit- und Ewigkeitsfragen im Lichte der Bibel"*, S. 135, 1925/1926: *„Wir fassen den Geist nicht als Person in dem Sinne von einer eigenen selbstbewussten Existenz mit göttlicher Art und Durchdringung, wir fassen vielmehr den Geist als den Hauch und Ausfluss des Vaters- und Sohnes-Personenlebens…. Wir finden nämlich in der Heiligen Schrift wohl eine Anbetung des Vaters und des Sohnes, aber keine des Heiligen Geistes."* Wo Böhmerle von Trinität redet, meint er Vater, Sohn und Heiliger Geist, versteht aber letzteren nicht als Person, sondern dem Vater und dem Sohn zugehörig.

76

Die protestantische Theologie tappt hier traditionsgemäß ebenfalls noch immer im Dunkeln (siehe auch Düsing/Neuer/Klein (Hrsg.), *„Geist und Heiliger Geist: philosophische und theologische Modelle von Paulus und Johannes bis Barth und Balthasar"*, S. 38ff, 2009 und die Kapitel über den „Dreieinen" Gott. Eine Wortbildung, die der Bibel völlig fremd ist.

77

Reinhard Möller bezeichnet den Werdegang der EKD im 21. Jahrhundert gar als Absturz. *„Zwar versucht man, den Absturz mit netten und mitunter gar frommen Worten schönzureden, doch zugleich hat man jede reformatorische Wahrheit längst begraben. Zwar will man gesellschaftspolitisch beachtet werden, wenn man Luther und die Reformation feiert, doch eigentlich hat man sich vom Reformator und allen biblischen Wahrheiten längst verabschiedet!"* S.180, in *„Die Reformation und die Inspiration der Heiligen Schrift"*, Hrsg. Pflaum Reinhard Möller

78

Vgl. Dave Hunt, *„Die Verführung der Christenheit"*, S. 51, 1985

79

Ob alle Wege nach Rom führen, fragt Johannes Pflaum in *„Das verschleuderte Erbe"*, S. 349, 2017.

80

„Luther Deutsch, Tischreden", Bd. 9, Kurt Aland, 1983, S. 133 Vgl. auch [IV. Reformation - Katholische Reform und Gegenbewegung: Erster Abschnitt: Martin Luther und der Aufbruch der Reformation 1517-1525 (Erwin Iserloh). Jedin: Kirchengeschichte, S. 6968 (vgl. HKG Bd. 4, S. 65) (c) Verlag Herder], oder Brief an W. Link vom 18. 12. 1518 (WA Br 1, 270).

81

Dem entspricht auch die „Cambridge-Erklärung", von Evangelikalen aus dem angelsächsischen Raum (Allianz Bekennender Evangelikaler), vom 20. April 1996, wenn sie feststellt: *„Wir leugnen …, dass eine Institution, die behauptet, Kirche zu sein, die aber das sola fide verleugnet oder verdammt, als legitime Kirche anerkannt werden kann."*

82

Weiter die Cambridge – Erklärung: *„In dem Maß, wie der evangelikale Glauben sich verweltlicht, sind seine Anliegen mit denen der Kultur vermischt worden. Infolgedessen kommt es zum Verlust absoluter Werte und zu permissivem Individualis-*

mus, und Heiligkeit wird durch Ganzheitlichkeit ersetzt, Buße wird durch Gesundung ersetzt, Wahrheit durch Intuition, Glaube durch Gefühl, Vorsehung durch Zufall, und ausdauernde Hoffnung wird durch augenblickliche Befriedigung ersetzt. Christus und Sein Kreuz sind aus dem Zentrum unseres Blickfeldes verdrängt worden."

83

Die Anti-Christusnachfolge unterscheidet sich nicht gleich unbedingt anfangs, aber je länger, desto mehr von der Christusnachfolge. Lenski bringt es so zum Ausdruck: *„Das Lob ersetzen sie durch Verunehrung, die Erkenntnis durch Blindheit, die Selbstbeherrschung durch libertinistische Zügellosigkeit, das Ausharren im Guten durch das Ausharren im Bösen, die Gottseligkeit durch die Gottlosigkeit, die brüderliche Freundlichkeit durch Hass auf die Kinder Gottes, die echte Liebe durch schreckliche Lieblosigkeit."* (R. C. H. Lenski, *„The Interpretation of the Epistles of St. Peter, St. John and St. Jude"*, S. 266.) Es ist aber wichtig zu wissen, dass das nur auf der einen Seite der Fratze zum Vorschein kommt, die andere sieht viel freundlicher aus und gibt nicht das wieder, was wirklich innen drin ist.

84

Bernhard von Clairvaux, Franz von Assisi, Meister Eckhart, Johannes Tauler, Teresa von Avila, George Fox, Jeanne Marie Guyon, Smith Wigglesworth, Albert Schweitzer, Pierre Teilhard de Chardin, Sadhu Sundar Singh, Hermann Zaiss, Klara Schlink, Hanna Hümmer, Friso Melzer, Mutter Teresa, Thomas Merton, Henri Nouwen, Anselm Grün, Frère Roger Schutz, Paul Toaspern, John Wimber.

85

Alexander Seibel in: *„Stellungnahme zu Gesichter der Reformation"*, S. 20, 2017

86

Schon Luther wusste, dass die Mehrheit derer, die sich Christen nennen, nur dem Namen nach welche sind. (Hermann Kunst, *„Martin Luther – Ein Hausbuch"*, S. 319, 1982

87

Fritz Binde, *„Vom Geheimnis des Glaubens"*, Nachdruck 1979

88

Dto.

89

Dto.

90

Dto.

91

Dto.

92

Johannes Pflaum formulierte es so: *„Mit Luthers Durchbruch zur Glaubensgewiss-heit haben wir alle »Sola Bestimmungen« (Allein ...) der Reformation vereint. Es war die Heilige Schrift (sola scriptura), durch die der Heilige Geist Luther die Augen öffnete. Er erkannte, dass er allein durch den Glauben (sola fide) an Jesus Christus (solus Christus) vor Gott gerecht werden kann, indem ihm die Gerechtigkeit Christi zugerechnet wird. Das Ganze geschieht durch die unverdiente Gnade Gottes (sola gratia). All das ist Gottes Werk, so dass damit allein er geehrt wird (soli Deo gloria)."* In *„Allein durch Glauben – die Entdeckung der Heilsgewissheit"*, Johannes Pflaum, S. 242, 2017.

93

Zitiert in: John F. MacArthur, *„Wenn Salz kraftlos wird"*, S. 4244; 2. Auflage 1997.

94

Zu den Messiasvorstellungen der Juden siehe Walter Homolka, *„Die Messiasvor-stellungen im Judentum der Neuzeit"*, in „Berliner Theologische Zeitschrift", 1/2014

95

William MacDonald, *„Kommentar zum Neuen Testament"*, S. 1389, 1992

96

Vgl. am Briefschluss 2 Joh 13.

97

Vgl. Albert Barnes, *„Notes on the New Testament"*, Bd. 14, S. 334ff, 1884

98

Vom Verfasser, *„Die Bergpredigt aus heilsgeschichtlicher Sicht"*, S. 366f, 2020

99

2 Joh 5, vgl. 1 Thes 4,9

100

Ein Grundlagentext des Rates der Evangelischen Kirche in Deutschland (EKD), Gütersloh, S. 83-84, 2014

101

Das *„gehe hinaus..."* in Jes 52,11 und Of 18,4 gilt dem Volk Israel, gilt aber analog natürlich auch der Gemeinde Jesu.

102

Es bleibt unbenommen, dass viele evangelische Christen am Evangelium festhalten und nach wie vor davon überzeugt sind, dass die Bibel das Wort Gottes ist. Die Frage stellt sich jedoch, ob für sie nicht das gilt, was Gott in Jes 52,11; Of 18,4 gesagt hat. Dazu muss sich jeder selber prüfen. Es mag noch einzelne Ortsgemeinden geben, die von gläubigen Christen geleitet werden, die für sich entschieden haben, dass sie dort eine Aufgabe haben. Man muss sich aber darüber im Klaren sein, welche unbiblische Entwicklung die Kirchen in Deutschland nehmen.

103

Francis A. Schaeffer, *„Die große Anpassung"*, S. 215; 1988

104

Martin Luther, *„Kurzes Bekenntnis vom heiligen Sakrament"*, 1544, WA 54, 158, 2130,

105

Johannes Calvin, Institutio Christianae Religionis / Unterricht in der christlichen Religion, 1559, deutsch von O. Weber, 1963, 2. Auflage, I,7,1.

106

Huldrych Zwingli, *„Von der Untrüglichkeit und Kraft des Wortes Gottes"*, 1522, neu überarbeitet von Reinhard Möller, in: FUNDAMENTUM, Heft 3/1981, S. 83.

107

Heinrich Bullinger, *„Heinrich Bullingers Sendschreiben an die ungarischen Kirchen und Pastoren"*, 1551 (Lateinisch & Deutsch), S.8, 1968

108

Heinrich Fausel, *„D. Martin Luther – Sein Leben und Werk"*, Bd. 2, S. 222. Vgl. WA TR 5, 169, 1018. 1966/2008

109

Vgl. Lk 6,16; Ap 1,13

110

siehe auch Jörg Frey, *„Der Judasbrief zwischen Judentum und Hellenismus"*, S. 180-210, 2003

111

Nr. 2087 Helps Word studies, 1987, 2011 „heteros" bedeutet „von anderer Art". Gemeint ist etwas Unerlaubtes. Im Deutschen „fremd" weniger als im „befremdlich" schwingt das mit. Das ist bei dem Begriff „Heterosexuell" nicht gemeint und sollte deshalb hier auch nicht missinterpretiert werden, denn die Geschichte um Sodom und Gomorra legt eindeutig fest, was Judas gemeint hat.

112

Briskina/Schneider (Hrsg.), *„Orthodoxie und Reformation"*, S. 89, 2011

113

http://kath.net/news/57293

114

Johannes Pflaum fasst den fatalen Irrtum der katholischen Kirche so zusammen: *„Nach Roms Lehre ist der Mensch durch den Sündenfall verwundet oder verletzt, aber nicht durch und durch schlecht und verloren. Er ist bildlich gesprochen vor Gott kein Totalschaden, sondern nur beschädigt. Und diese Beschädigung wird durch die eingegossene Gnade in der Taufe repariert. So ist der Mensch wieder*

selbst fähig, an seiner Gerechtigkeit vor Gott und an seiner Errettung mitzuwirken.“
„Allein durch Glauben – die Entdeckung der Heilsgewissheit“, Johannes Pflaum, S. 240 in *„Das verschleuderte Erbe“*, 2017.

115

Johannes Calvin, *„Um Gottes Ehre!“*, Vier kleinere Schriften Calvins, Matthias Simon (Hrsg.), S. 90, 1924

116

Martin Luther, *„Tischreden. Vom Einfachen und Erhabenen“*, 2014. Vgl. WA TR 5, 385, 21 – 386, 10

117

„Für die Reformation um Vergebung bitten? Niemals!“, Reinhard Möller in *„Das verschleuderte Erbe“* S. 273, 2017. Der gleiche Autor schreibt auch in idea Spektrum, Nr. 38/2012, 19. 9. 2012, S. 42, unter der Überschrift »Martin Luther ging in Rom ein Licht auf – andere scheinen dort zu ›erblinden‹«

118

„Es beugt zutiefst, wie weit die geistliche Deformation von uns Evangelikalen ein Jahr vor dem Reformationsjubiläum fortgeschritten ist. Und wie offen die Destruktion statt Reformation des Fundamentes sola scriptura – allein die Schrift – vorangetrieben wird.“ In *„Die falsch verstandene Freiheit.“* Johannes Pflaum, S. 131, 2012)

119

KÜ: *„seelische [Menschen], [die] keinen Geist haben“*

Literaturverzeichnis

Kurt Aland, „Luther Deutsch, Tischreden", 1983

Kurt Aland, „Martin Luther, Predigten", 2002

Kurt Aland, „Studien zur Überlieferung des Neuen Testaments und seiner Texte", 2019

Antholzer/Schirrmacher, „Was hilft wirklich? Biblische Seelsorge kontra Psychotherapie", 2001

Augustin/Wienand/Winkler (Hrsg.), „Religiöser Pluralismus und Toleranz in Europa", 2008

G. S. Barrett, „The First Epistle General of St. John", 1910

Albert Barnes, „Notes on the New Testament", 1884

Gerhard Barth, „Die Taufe in frühchristlicher Zeit", 2002

Becker/Sänger/Mell, „Paulus und Johannes: exegetische Studien zur johanneischen und paulinischen Theologie und Literatur", 2006

Buddeberg/Pflaum, „Wie gelange ich zur Heilsgewissheit?", 1980

Fritz Binde, „Vom Geheimnis des Glaubens", Nachdruck 1979

Theodor Böhmerle, „Zeit- und Ewigkeitsfragen im Lichte der Bibel", 1925/1926

Briskina/Schneider (Hrsg.), „Orthodoxie und Reformation", 2011

Heinrich Bullinger, „Heinrich Bullingers Sendschreiben an die ungarischen Kirchen und Pastoren", 1551, 1968

Alexander Demandt, „Geschichte der Spätantike", 2008

James R. Denney, „The Death of Christ", 1902

Düsing/Neuer/Klein (Hrsg.), „Geist und Heiliger Geist: philosophische und theologische Modelle von Paulus und Johannes bis Barth und Balthasar", 2009

Friedrich Düsterdieck, „Die drei Johanneischen Briefe", 1852

Johannes Calvin, „Um Gottes Ehre!", Vier kleinere Schriften Calvins, Matthias Simon (Hrsg.), 1924

Heinrich Fausel, „D. Martin Luther – Sein Leben und Werk", 1966/2008

Edward Flannery, „The Anguish of the Jews", 1965

Jörg Frey, „Der Judasbrief zwischen Judentum und Hellenismus", 2003

Ham/Sarfati/Wieland (Hrsg.), „Fragen an den Anfang: die Logik der Schöpfung", 2001

Hammacher/Schottky/Schrader (Hrsg.), „Religionsphilosophie", 1995

Nils Horn in „Atheisten und Kirchen", 2008

Dave Hunt, „Die Verführung der Christenheit", 1985

Adolf Jülicher, „Einleitung in das Neue Testament", 1894

Hans Kessler, „Evolution und Schöpfung in neuer Sicht", 2009

Hermann Kunst, „Martin Luther – Ein Hausbuch", 1982

R. C. H. Lenski, „The Interpreation of St. Paul's Epistles to the Colossians, to the Thessalonians, to Timothy, to Titus, and Philemon", 1937

Martin Luther, „Tischreden. Vom Einfachen und Erhabenen", 2014

Erwin W. Lutzer, „Unvollkommene Heilige", 1999

John F. MacArthur, „Wenn Salz kraftlos wird", 1997

James G. MacCarthy, „Das Evangelium nach Rom", 1995

William MacDonald, „Kommentar zum Neuen Testament", 1992

Christoph Markschies, „Gnosis und Christentum", 2009

Johannes Pflaum (Hrsg.), „Die Reformation und die Inspiration der Heiligen Schrift", 2017

Thomas Nagel, „Geist und Kosmos", 2013

Roman Nies, „Apokalypsis", 2018

Roman Nies, „Die Bergpredigt aus heilsgeschichtlicher Sicht", 2020

Johannes Pflaum, „Allein durch Glauben – die Entdeckung der Heilsgewissheit", 2017

Johannes Pflaum in „Das verschleuderte Erbe", 2017

Ritter/Kügler (Hrsg.), „Gottesmacht: Religion zwischen Herrschaftsbegründung und Herrschaftskritik", 2006

Martin Schacke „Die Neuordnung Gottes und das Sein in Christus", 1979

Francis A. Schaeffer, „Die große Anpassung", 1988

Erich Schnepel, „Christus im Römerreich", 1936

Alexander Seibel in: „Stellungnahme zu Gesichter der Reformation", 2017

Christian Stettler, „Das Endgericht bei Paulus", 2017

A.W. Tozer, „Das Wesen Gottes", 1985

Wießner/Köhler (Hrsg.), „Religion und Wahrheit", 1998